Barbara Gillig-Riedle,
Herbert Riedle, Brigitte Riedle

Adoption

Alles, was man wissen muß

TiVan-Verlag

Inhaltsverzeichnis

Häufige Aussagen von Adoptionsvermittlungsstellen

Vorbereitungen

Das Adoptionsverfahren

Das Adoptionsverfahren – Sonderfälle

Voraussetzungen der Adoption

Die rechtlichen Folgen der Adoption

Das Leben mit Adoptivkindern

Die erste Zeit

Einleitung

Für die überwiegende Zahl junger Menschen ist die Familie nach wie vor die erstrebte Lebensform. Die meisten haben dabei die herkömmliche Kleinfamilie mit Vater, Mutter und Kindern vor Augen. Auch wenn die Geburtenraten von Jahr zu Jahr sinken - der Wunsch nach einem Kind scheint ungebrochen. Knapp 80 Prozent der noch Kinderlosen wünschen sich eigene Kinder und jedes dritte Elternpaar hätte gern weiteren Nachwuchs.

Für mindestes eines von sechs Paaren wird sich der Wunsch nach einem leiblichen Kind jedoch nicht erfüllen. Unfruchtbarkeit ist ein sehr weit verbreitetes Problem und fast jeder kennt ein Paar in seinem Freundes- und Bekanntenkreis, das ungewollt kinderlos ist.

Sie sind gerne das Ziel von Fragen, Ratschlägen und klugen Kommentaren:

Schwiegermutter	'Wann werde ich denn nun Großmutter'
Freunde	'Wann bekommt ihr denn ein Kind?' 'Fahr doch mal in Urlaub und entspannt etwas, dann klappt es auch.'
Bekannte	'Ich weiß gar nicht warum ihr so viel arbeitet. Ihr habt doch keine Kinder, denen ihr etwas vererben könnt.'
Nachbarn	'Ohne Kinder hat doch alles keinen Zweck.'
Kollegen	'Sie haben doch keine Kinder. Könnten Sie ein wenig länger bleiben? Ich muss leider meine Tochter von der Schule abholen.'
Verwandte	'Geht doch mal zu Doktor Müller. Die Schwägerin der Tochter unseres Vermieters war dort. Er ist wirklich sehr gut.'

Und manchmal kommt auch der Ratschlag: 'Adoptiert doch einfach. Es gibt genug Kinder auf der Welt.'

Dies ist aber nur für manche ein guter Weg. Es gibt viele Paare, die schon immer ein Kind adoptieren wollten, es gibt welche, die erst durch ihre Kinderlosigkeit auf diesen Gedanken gekommen sind, und es gibt welche, die sich eine Adoption überhaupt nicht vorstellen können.

Dieses Buch soll den Leser in die Lage versetzen, besser abschätzen zu können, ob eine Adoption für ihn persönlich in Frage kommt und denjenigen Anregungen und Wissen vermitteln, die sich bereits dazu entschlossen haben, schon adoptiert haben oder sich professionell mit dem Thema befassen.

Auch wenn bei jeder Adoption viele Unwägbarkeiten bleiben, so kann doch vieles positiv beeinflusst werden.

Ein ungünstiger Start ins Leben muss nicht zwingend zu einem Lebenstrauma werden. Auch hierzu soll das Buch seinen Beitrag leisten.

Life is not a matter
of holding good cards,
but of playing
a poor hand well

Louis Stevenson (1850 - 1894)

Warum adoptieren Menschen Kinder?

Zur Liebe gehört, denke ich, vor allem eine gemeinsame Geschichte. Das Zusammen-das Miteinanderleben. Was ja etwas ganz Großes ist - dass man es schafft, mit jemandem lange Zeit, vielleicht über Jahrzehnte zusammen zu sein. Ich glaube, man lernt so etwas schon als Kind im Zusammensein mit den Eltern, in der langen Liebesgeschichte - wenn sie denn glücklich verläuft - die man mit den Eltern hat. Liebe kann dann etwas sein, das aus der Elternerfahrung des Kindes übergeht in die eigene Liebeserfahrung der 'großen Liebe', die dann wiederum die Voraussetzung für ein Eltern- Dasein der beiden Liebenden ist. Anders gesagt: Die Liebe ist in meinem Verständnis eine Art kindlicher Ur - Erfahrung, die sich im idealen Falle dann weiter entwickelt, bis hin zu einem Geschichtenzusammenhang, der sich über mehrere Generationen erstreckt (Hanns-Josef Ortheil) [1].

Beim Gespräch in der Adoptionsvermittlungsstelle kommt es meist schnell zur Frage: 'Warum wollen Sie adoptieren?' Da ist es schwierig, eine gute Antwort zu finden. Sicherlich kann man sagen: 'Weil wir keine leiblichen Kinder bekommen können'. Das beantwortet die Frage aber letztlich nicht, denn wenn man keine leiblichen Kinder bekommen kann, so könnte man doch ohne Mühen und Kosten einfach ganz auf Kinder verzichten.

Könnte der Grund darin liegen, dass 'es einfach zur Ehe dazugehört', 'dass man sich in seinen Kindern wiederfindet' oder 'dass Kinder dem Leben einen Sinn geben'?

Aus irgendeinem Gunde scheint es für viele Menschen wichtig zu sein, mit Kindern zu leben. Aber wieso soll es zu einer Ehe gehören? Weil so viele andere Ehepaare auch Kinder haben? Warum soll ein fremdes Kind dem eigenen Leben einen Sinn geben? Woher kommt die Hoffnung, dass man sich in seinen Kindern wiederfindet?

Welchen Gewinn hat man, ein völlig fremdes Kind bei sich aufzunehmen?

Stattdessen wäre es doch auch möglich, seine Freiheit zu genießen, ohne Kleinkindergenöle außerhalb der Schulferienzeiten in den Urlaub zu fahren, am Wochenende auszuschlafen und sich die Dinge zu leisten, die für die meisten Familien mit Kindern unerschwinglich sind, denn *'Familie haben, heißt verzichten'*[2].

Menschen nehmen schlaflose Nächte und oft auch erhebliche Kosten in Kauf, um sich um ein Kind zu kümmern, das sie vor der Adoption noch nie gesehen haben, von dem sie (fast) nichts wissen und das sich eventuell ganz anders entwickelt, als sie sich das in ihren Träumen ausmalen. Warum tun sie das?

Nur dem Kind zuliebe? Aber dann wäre es einfacher, einem bedürftigen Kind in der Dritten Welt ein wenig Geld zukommen zu lassen, oder sich hier um eines der vielen emotional unterversorgten Kinder zu kümmern. Um einem Kind zu helfen, muss man nicht gleich eines bei sich aufnehmen.

Die Adoptionsforscherin Christine Swientek weiß: *'Das Kind als Statussymbol - wenn alles andere bereits vorhanden ist und um Zeugungs- und Gebärfähigkeit zu demonstrieren - ist ausreichend Grund, Kinder zu bekommen oder sie zu adoptieren,'Ein Kind gehört dazu' ist das häufigst genannte Argument für eine Adoption - nicht viel anders als das dazugehörende Auto, ohne das sich viele Menschen das Leben ebenso wenig vorstellen können*[3]. All die Mühen der Adoption also nur, um ein Statussymbol zu bekommen? Ist die Adoption eines Kindes vergleichbar mit der Anschaffung eines Autos?

Es mag sein, dass der Satz ʹEin Kind gehört dazuʹ, das häufigst genannte Argument für eine Adoption ist. Aber besonders aussagekräftig ist das nicht, denn die meisten Eltern leiblicher Kinder finden für die Existenz ihrer Kinder auch keine andere Begründung. Die Empfindung, dass ein Kind dazugehört, ist noch kein Beweis dafür, dass man dieses lediglich als Statussymbol betrachtet.

Sicherlich gibt es Fälle, in denen durch eine Adoption die Zeugungs- und Gebärfähigkeit demonstriert werden soll. Aber kann man das verallgemeinern? Gilt es auch für diejenigen, die aus dem Ausland adoptiert haben oder die im Inland ein Kind angenommen haben, dessen andere genetische Herkunft offensichtlich ist? Will ein Elternpaar, das mit einem Kind aus Südafrika durch eine Fußgängerzone spaziert, damit seine Gebärfähigkeit demonstrieren? Beweist ein schwarzes Kind aus Haiti die eigene Zeugungsfähigkeit?

Christine Swientek, die an anderer Stelle schreibt: ʹ*Adoptiveltern blieben mir ein Buch mit sieben Siegeln mit wenigen Ausnahmen*ʹ[4], hat sich der Frage nach den Gründen einer Adoption etwas voreingenommen angenähert. Bei näherer Betrachtung stellt man fest, dass es unzählige Gründe für eine Adoption geben kann:

- Der Wunsch, einem Kind ein glückliches Zuhause zu geben
- Der Wunsch, selbst durch die Adoption glücklich zu werden
- Der Wunsch, seine Lebenserfahrungen an ein Kind weiterzugeben und damit selbst ein Stück weit unsterblich zu werden
- Der Wunsch, sich durch den Aufbau einer Familie von den eigenen Eltern abzulösen
- Der Wunsch, das an seine Kinder weiterzugeben, was man selbst als Kind bekommen hat
- Der Wunsch, eigene Probleme durch eine Adoption zu lösen
- Der Wunsch nach einer sinnvollen Zukunftsperspektive

Darüber hinaus steht hinter dem Wunsch nach einem Kind vieles, was in Worte schwer zu fassen ist. Die Süddeutsche Zeitung beschreibt es so: ʹ*Warum wollen eine Frau und ein Mann unbedingt ein Kind haben und würden dafür fast alles tun? Das zu erklären, ist, als ob man jemandem, der noch nie durstig war, erklären wollte, was Durst ist*ʹ[5].

Es könnte sein, dass dieses Durstgefühl schon in unseren Genen angelegt ist. Nach der Evolutionstheorie von Darwin besteht der wesentliche Zweck des Daseins darin, möglichst viel Nachwuchs zu zeugen. Das erklärt zwar den Wunsch nach einem leiblichen Kind, kann aber kaum als Begründung für Adoptionen dienen. Denn diese sind aus darwinistischer Sicht völlig sinnlos und vielleicht sogar schädlich. Sie dienen nicht der eigenen Reproduktion und verbessern sogar die Reproduktionschancen der leiblichen Eltern der Kinder, die letztlich nichts anderes als Konkurrenten im großen genetischen Wettkampf sind. Während die leiblichen Eltern vielleicht schon wieder dabei sind, neuen Nachwuchs zu gebären, kümmert sich das annehmende Paar noch immer um deren Kinder. Ganz zu schweigen davon, dass ein adoptiertes Kind bereits vorhandenen Kindern die Ressourcen beschneidet und damit zur Gefährdung der eigenen Art beiträgt. Vom Standpunkt Darwins aus spricht also alles gegen Adoptionen.

Die Evolutionstheorie sollte man aber nicht allzu wörtlich nehmen. Zum einen gibt es nun einmal Menschen, die bewusst auf Kinder verzichten oder die Kinder anderer adoptieren.

Zum anderen streben die Menschen wohl eher nicht danach, ihre Gene zu replizieren. *'Wäre dem so, stünden die Männer vor den Samenbanken Schlange, und die Frauen würden dafür zahlen, dass man ihnen Eizellen entnähme, um sie unfruchtbaren Paaren zu geben'*[6].

Sicher ist aber eines: Die Menschen sind nicht die Einzigen, die sich um den Nachwuchs anderer kümmern. Adoptionen sind in der Natur an der Tagesordnung.

So wurde auch bei Mäusen, Stinktieren, Seelöwen, Schafen, Bären, Lamas und Hunden beobachtet, dass Tiere den Nachwuchs des anderen wie ihre eigenen Jungen versorgten.

Studien an Erdmännchen haben gezeigt, dass ein dominantes Weibchen die Kinder zur Welt bringt und diese dann von untergeordneten Weibchen aufgezogen werden[7]. Dieses Pflegeverhalten führt nicht nur dazu, dass anderes Erbgut verbreitet wird, sondern sorgt auch dafür, dass die untergeordneten Weibchen selbst nicht zum Paaren kommen und deshalb keinen eigenen Nachwuchs haben. Wenn man Darwin folgt – ein sehr ungewöhnliches Verhalten.

Biologen finden für solches Verhalten meist eine nachvollziehbare Erklärung. Im täglichen Überlebenskampf bleibt vielen Tieren nichts anderes übrig, als auf den eigenen Nachwuchs zu verzichten und sich um die Kinder des anderen zu kümmern. Bei Löwen werfen die Weibchen in kurzen Abständen, damit jedes Junge auch bei anderen Müttern Milch bekommen kann. Die Überlebenschancen erhöhen sich so für alle Jungen. Ein möglichst großes Rudel sorgt dafür, Gefahren von außen besser begegnen zu können.

Auch bei Wildhunden sorgen Adoptionen dafür, dass die Rotte möglichst groß ist. Sie kann dann ihren Feinden, den Löwen, besser Paroli bieten.

Dies könnte auch eine Erklärung für Adoptionen unter Menschen sein. Bedingt durch einen kleinen Geburtskanal ist die Geburt eines Menschenkindes eine große Gefahr und unzählige Frauen sind schon an den Folgen der Geburt gestorben. Sicherlich war es früher von Vorteil, wenn das überlebende Kind dann von einer anderen Mutter aufgezogen wurde und dafür später mit auf dem Feld arbeiten konnte. Die Adoption war in diesem Fall eine Methode zur Sicherung des eigenen Wohlstandes. Vielleicht sorgt also unsere genetische Programmierung dafür, dass wir uns um Kinder anderer Leute kümmern, auch wenn Kinder heute eher zum Wohlstandsrisiko geworden sind.

Unter Umständen ist eine Adoption aber auch im Sinne von Darwin ein *'gelerntes Verhalten'*. Auf Bellona, einem Teil der Salomon Inseln, sind 27 Prozent der Bevölkerung adoptiert[8] und eine Untersuchung der Baatombu in Benin hat wohl den absoluten Spitzenreiter unter den adoptionsfreudigsten Völkern ermittelt. Ungefähr 90 Prozent der dortigen Bevölkerung sind adoptiert. Ein Baatombu lernt, dass nicht die Adoption, sondern die Nichtadoption etwas Ungewöhnliches ist und diese Erfahrung wird er an seine Nachkommen weitergeben. Auch er wird seine Kinder zur Adoption freigeben und dafür andere Kinder bei sich aufnehmen.

Doch selbst wenn das Adoptieren im Überlebenskampf einen Vorteil bietet und gelerntes Verhalten den Wunsch nach einem Kind erklärt, so ist dies doch nicht die ganze Wahrheit.

Der Adoptivvater Evan Eisenberg bringt es auf den Punkt: *'Was ist dann mit meinen Verwandten, die bereits selbst Kinder hatten? Warum haben meine Eltern nicht nur genauso viel in ihr Adoptivenkelkind investiert wie in ihre genetischen Abkömmlinge, sondern sogar mehr? Wie kann es sein, dass die ganze Familie – Onkel, Tanten, Cousinen – meiner aus China stammenden Tochter nicht nur einen Platz in ihrem Nest freimachte, sondern sie zu ihrem Liebling erklärt hat und sie mit den süßesten Früchten fütterte? Ich weiß es nicht. Vielleicht passiert hier etwas, was die Evolutionsbiologie nicht erklären kann*[9].

Es gibt Menschen, die schon leibliche Kinder haben und dennoch ein Kind adoptieren. Manchmal stehen diese Menschen in einem Heim der Dritten Welt, halten überglücklich ihr neues Kind in den Armen, das unterernährt und von Krätzepusteln überdeckt ist, das schreit und allen Vorstellungen eines süßen kleinen Babys widerspricht. Spätestens dann wird klar, dass einer Adoption meist mehr zugrunde liegt, als es Evolutionsbiologie und Adoptionsforschung erklären können.

Manchmal ist es einfach Liebe.

Der schwierige Weg zur Entscheidung

Vor der Adoption stehen meist langjährige Versuche, mit Hilfe der Reproduktionsmedizin ein Kind zu bekommen. Versuche, die für die Betroffenen in der Regel mit großen körperlichen und psychischen Belastungen verbunden sind.

'Wieso werden wir für diese ganzen Qualen nicht endlich belohnt?'
'Wieso habe ich keine Freude mehr am Leben?'
'Wieso habe ich Jahre meines Lebens für nichts geopfert?'
'Wieso konnte ich nicht einfach wie andere ein Kind bekommen?'
'Wieso hat es ausgerechnet mich getroffen?'
'Wieso habe ich das alles über mich ergehen lassen müssen?'
'Wieso ist bei uns alles so schwierig?'

Die Frage nach dem 'Warum' beschäftigt und quält viele Betroffene. Üblicherweise unterscheidet man bei unerfülltem Kinderwunsch 6 Phasen:

1. Schock
2. Verleugnung
3. Wut
4. Schuldgefühl
5. Isolation
6. Trauer

Schock

In den wenigsten Fällen hat sich das Paar mit dem Gedanken beschäftigt, dass es Probleme bei der Erfüllung des Kinderwunsches geben könnte. 'Man meint, weil man eine Schwangerschaft über Jahre verhütet hat, kann man dann auch auf Knopfdruck schwanger werden. Aber das ist ein Irrtum' sagte eine Betroffene in einem Interview. Mit großer Selbstverständlichkeit gehen die meisten davon aus, dass sie sicherlich nicht zu den ca. 15% ungewollt Kinderlosen zählen. Kinder werden als ganz natürliche, selbstverständliche Erfüllung des Lebens betrachtet. Umso größer ist dann der Schock, dass sich die anvisierten Lebensziele unter Umständen nicht verwirklichen lassen. Für viele stürzt mit der Diagnose 'Unfruchtbarkeit' eine Welt ein. Frauen, die ihre Weiblichkeit vor allem über ein Kind definieren, fühlen sich ausgestoßen und ihres Lebensplanes beraubt und auch Männer, die Männlichkeit stark mit ihrer Fähigkeit zur Fortpflanzung verbinden, sind in ihrem Selbstwertgefühl erschüttert.

Verleugnung

Nach dem ersten Schock folgt eine Phase der Verleugnung. Die Betroffenen wollen sich nicht eingestehen, dass sie unter Umständen auf Dauer außerstande sind, sich fortzupflanzen. Sie sind auch dann bereit, weitere ärztliche Untersuchungen und Behandlungen durchzuführen, wenn sie von fachlicher Seite auf die Ausweglosigkeit der Bemühungen hingewiesen werden.

Wut, Ohnmacht

Die Betroffenen erleben Gefühle von Ohnmacht, Wut und Ärger, die sich häufig gegen die behandelnden Ärzte oder gegen Paare mit Kindern richten. Oft werden sämtliche Techniken der Reproduktionsmedizin angewendet, um wieder Kontrolle über den eigenen Körper zu bekommen und den Wunsch nach dem eigenen Kind zu erfüllen.

Schuldgefühle

Fragen wie: 'Warum passiert das ausgerechnet mir? Womit habe ich das verdient?' treten auf. Oft wird in früheren Versäumnissen, Verfehlungen, Schwangerschaftsabbrüchen oder Krankheiten nach einer persönlichen Schuld gesucht. Viele werfen sich vor, allzu lange berufliche Ziele verfolgt zu haben und mit der Erfüllung des Kinderwunsches zu lange gewartet zu haben.

Isolation

In der Phase der Isolation ziehen sich Betroffene oft vollständig zurück.

'Ich will keinen Kontakt mehr zu Leuten, die Kinder haben oder schwanger sind. Vor allem bei Schwangeren habe ich das Gefühl irgendwie behindert zu sein. Wenn ich eine sehe, wechsle ich sofort die Straßenseite. Die dummen Fragen aus der Familie: 'Na, wann ist es denn jetzt bei Euch so weit? Wollt ihr denn keine Kinder?' kann ich nicht mehr ertragen. Am liebsten will ich überhaupt keinen mehr sehen.'

Um Kränkungen zu vermeiden, brechen viele den Kontakt zu Freunden, Bekannten und Verwandten vollständig ab und erklären das Thema Kinder und Kinderwunsch zum Tabu.

Trauer

Für Betroffene ist es schwierig, den unerfüllten Kinderwunsch zu betrauern. Zum einen ist der Verlust nicht fassbar, zum anderen machen manche Ärzte immer wieder schnell Hoffnungen auf neue Therapien und Behandlungen.

Oft kann sich Trauer erst dann einstellen, wenn nach mehreren erfolglosen Versuchen die Entscheidung fällt, mit der Behandlung aufzuhören. Meist treten hier Gefühle von Schmerz, Leere und Verlust auf, die jedoch häufig auch von einem Gefühl der Erleichterung begleitet werden, wenn man wagt, sich diesen Gefühlen zu stellen.

Dies ist der Zeitpunkt, an dem viele Paare ihren Kinderwunsch neu überdenken, sich für ein Leben ohne Kinder entscheiden oder den Weg der Adoption wählen.

Literatur:

Wie weit gehen wir für ein Kind? Im Labyrinth der Fortpflanzungsmedizin.
von Martin Spiewak
ISBN: 3821839252
Eichborn 2002

Adoption?

Wer sich für das Thema Adoption interessiert, hat viele Möglichkeiten, sich zu informieren. Es gibt zahlreiche Bücher zum Thema und immer wieder nehmen sich auch einschlägige Illustrierte und Fernsehsendungen des Themas an.

Es ist jedoch zu beobachten, dass es in der Berichterstattung eine gewisse Einseitigkeit gibt, indem vor allem über Probleme wie Ausländerfeindlichkeit, Hospitalismus, Deprivation, Vernachlässigung, und Kindheitstraumata berichtet wird.

Adoptionsbewerber stehen deshalb vor dem Problem, dass sie zwar ein Kind annehmen möchten und dabei viele Entscheidungen zu treffen haben (Hautfarbe des Kindes, behindertes Kind- ja oder nein, Alter des Kindes, usw.), von den einschlägigen Medien aber in erster Linie auf die damit verbundenen Risiken hingewiesen werden.

Der folgende Abschnitt soll helfen, Chancen und Risiken einer Adoption gut abwägen zu können

Kann man nur mit Kindern glücklich sein?

Als Rahel sah, dass sie Jakob keine Kinder gebar, wurde sie eifersüchtig auf ihre Schwester. Sie sagte zu Jakob: 'Verschaff mir Kinder! Wenn nicht, sterbe ich!'
(Genesis, 30:1)

Die Gefühle von Rahel kommen vielen bekannt vor. Unerfüllter Kinderwunsch kann zu so großer Trauer und so viel Leid führen, dass sich viele nicht mehr vorstellen könne, ein glückliches Leben ohne Kinder zu führen.

Jenaer und Freiburger Psychologen haben sich für die Frage interessiert, ob kinderlose Paare weniger glücklich, weniger sozial eingebunden und weniger gesund sind. Hierfür wurden 424 Personen im Alter zwischen 43 und 65 über ihr Leben befragt. Zur untersuchten Gruppe gehörten:
- Paare, die ungewollt kinderlos waren
- Paare, die sich einer Kinderwunschbehandlung unterzogen hatten
- Paare, die sich keiner Kinderwunschbehandlung unterzogen hatten und
- Paare, die auf natürlichem Weg Eltern geworden waren.

Die Untersuchung zeigte, dass bei den kinderlosen Paaren psychosomatische Störungen, Depressionen und andere Erkrankungen nicht häufiger auftraten als bei den Paaren mit Kindern.

Es wurde allerdings festgestellt, dass von den Kinderlosen diejenigen am besten zurechtkamen, die ein Konzept entwickelt haben, auch ohne Kinder glücklich zu werden. Positiv wirkten sich etwa gemeinsame Hobbys aus, während es sehr negativ war, wenn sich das Paar in Selbstvorwürfen und Schuldzuweisungen vergrub.

´Eigene Kinderlosigkeit muss ja nicht zwangsläufig ein Leben ohne Kinder bedeuten` so Karla Ningel, eine der beteiligten Psychologinnen. ´Im umgekehrten Fall heißt eigene Kinder zu haben ja auch nicht automatisch, dass man wirklich eine intensive Familienbeziehung aufgebaut hat`.

Es ist deshalb durchaus möglich, auch ohne Kinder ein erfülltes Leben zu führen. Kinder sind keine Voraussetzung für das Lebensglück.

Literatur:

Der Traum vom eigenen Kind
Von Tewes Wischmann / Heike Stammer
Kohlhammer 2001

Pflegekind oder Adoption?

Am Anfang der Adoptionsüberlegungen steht oft der Gedanke, ob vielleicht auch ein Pflegekind in Frage käme. Da die Zahl der zur Adoption vermittelten Kinder seit langem rückläufig ist und von den Jugendämtern oft händeringend Pflegeeltern gesucht werden, liegt es nahe, sich auch mit der Vorstellung zu beschäftigen, ein Kind zur Pflege aufzunehmen.

Adoption und Pflege haben gemeinsam, dass ein fremdes Kind in die Familie kommt. Beide Formen unterscheiden sich jedoch vor allem in ihrer rechtlichen Konstruktion ganz wesentlich voneinander.

Während bei einer Adoption die rechtlichen Verbindungen zwischen Adoptivkind und seinen leiblichen Eltern vollständig gekappt werden, bleibt ein Pflegekind immer ein Mitglied seiner Herkunftsfamilie. Dies liegt daran, dass eine Pflegschaft als vorübergehende Maßnahme verstanden wird, die zum Ziel hat, das Kind wieder zu seinen leiblichen Eltern zurückzuführen. Die leiblichen Eltern verlieren nicht den Schutz des Art. 6 Grundgesetz (Schutz von Ehe und Familie) und die Pflegeeltern müssen sich darauf einstellen, dass das Kind irgendwann einmal zu seiner Herkunftsfamilie zurückkehrt.

Es gibt verschiedene Gründe, weshalb ein Kind zu Pflegeeltern kommt (näheres zu den Ergebnissen wissenschaftlicher Untersuchungen über Pflegekinder im Internet unter http://www.sgbviii.de/S13.htm). Deshalb haben sich auch verschiedene Formen von Pflegeverhältnissen entwickelt.

– Kurzzeitpflege:

Dabei handelt es sich um eine Unterbringung für kurze Zeit (bis 6 Monate) in einer Pflegefamilie, wenn etwa eine alleinerziehende Mutter zur Kur oder ins Krankenhaus muss, oder die Eltern aus sonstigen Gründen wegen einer vorübergehenden Notlage nicht für ihr Kind sorgen können. Eine besondere Form der Kurzzeitpflege ist die sogenannte Bereitschaftspflege, bei der das Kind wegen einer akuten Krise schnell und unbürokratisch in einer Pflegefamilie untergebracht werden muss bis eine andere geeignete Perspektive gefunden wird.

– Dauerpflege/ Langzeitpflege

Dabei handelt es sich um eine längerfristige Unterbringung des Kindes in einer Pflegefamilie. Es ist möglich, dass das Kind bei seinen Pflegeeltern bleibt, oder dass es zu seinen Herkunftseltern zurückkehrt.

Die Gründe für die Unterbringung des Kindes in einer Dauerpflegestelle sind so vielfältig wie die Gründe, die zu einer Adoption führen. So können etwa Suchtprobleme, Erkrankungen, Missbrauch, Trennungen, finanzielle Notsituationen oder sonstige Krisen das ungestörte Aufwachsen des Kindes bei seinen Herkunftseltern unmöglich machen.

Wie aber sieht das alltägliche Leben mit einem Pflegekind aus? Ist eine Pflegefamilie in erster Linie von Jugendamt und den leiblichen Eltern fremdbestimmt? Muss sie sich darauf einstellen, dass sich andere ständig in die Erziehung einmischen oder versuchen, das Kind kurzfristig aus der Familie herauszuholen?

Zunächst ist es wichtig zu verstehen, wer nach dem Gesetz die alltäglichen Dinge des Pflegekindes regeln darf. Hierüber gibt § 1688 BGB Auskunft:

Entscheidungsbefugnisse der Pflegeperson

(1) Lebt ein Kind für längere Zeit in Familienpflege, so ist die Pflegeperson berechtigt, in Angelegenheiten des täglichen Lebens zu entscheiden, sowie den Inhaber der elterlichen Sorge in solchen Angelegenheiten zu vertreten. Sie ist befugt, den Arbeitsverdienst des Kindes zu verwalten sowie Unterhalts-, Versicherungs-, Versorgungs- und sonstige Sozialleistungen für das Kind geltend zu machen und zu verwalten. § 1629 § Abs. 1 Satz 4 gilt entsprechend.

(2) ……

(3) Die Absätze 1 und 2 gelten nicht, wenn der Inhaber der elterlichen Sorge etwas anderes erklärt. Das Familiengericht kann die Befugnisse nach den Absätzen 1 und 2 einschränken oder ausschließen, wenn dies zum Wohl des Kindes erforderlich ist.

(4) Für eine Person, bei der sich das Kind auf Grund einer gerichtlichen Entscheidung nach § 1632 Abs. 4 oder § 1682 aufhält, gelten die Absätze 1 und 3 mit der Maßgabe, dass die genannten Befugnisse nur das Familiengericht einschränken oder ausschließen kann.

Was heißt das nun konkret?

Die Pflegepersonen sind berechtigt, in allen Angelegenheiten des täglichen Lebens alleine zu entscheiden.

Über ganz alltägliche Fragen bestimmen also nur sie.

Alltägliche Angelegenheiten sind etwa:

- Ob und wann das Kind Freunde besuchen darf,
- wann es ins Bett gehen muss,
- wohin die Familie in Urlaub fährt,
- ob und wann das Kind ärztlich behandelt werden muss
- ob das Kind Mitglied in einem Verein wird.

Wenn die Pflegeeltern in allen alltäglichen Angelegenheiten alleine entscheiden dürfen, so bedeutet dies natürlich auch, dass sie es in allen nicht – alltäglichen Angelegenheiten nicht dürfen.

Nicht alltägliche Angelegenheiten sind etwa:

- Anmeldung zu Schule und Kindergarten
- Operationen
- lange Auslandsaufenthalte

Etwas anderes gilt, wenn Gefahr in Verzug ist. In diesen Fällen dürfen die Pflegeeltern alle Rechtshandlungen vornehmen. Wenn also das Kind von einem Auto angefahren wird, müssen die Pflegeeltern nicht erst die leiblichen Eltern um Zustimmung für eine Operation bitten. Im Grunde ist dies eine Selbstverständlichkeit.

Nach Absatz 3 der Vorschrift können die Inhaber der elterlichen Sorge die Befugnisse der Pflegeeltern durch Erklärung ausschließen oder einschränken. Soweit es hier zu Meinungsverschiedenheiten kommt oder durch eine solche Erklärung die Vertretungsmacht der Pflegeeltern soweit eingeschränkt wird, dass eine dem Wohl des Kindes dienende Erziehung nicht mehr möglich ist, kann nach § 38 SGB VIII das Jugendamt eingeschaltet werden. Wenn alle Vermittlungsversuche nichts fruchten, kann das Familiengericht eine Entscheidung herbeiführen, indem es entweder die Befugnisse der Pflegeeltern einschränkt bzw. ausschließt (§1688 III 2 BGB) oder das Sorgerecht der leiblichen Eltern auf Dritte oder die Pflegeeltern überträgt (§1909 BGB).

Besonderheiten gelten dann, wenn sich das Kind auf Grund einer gerichtlichen Entscheidung nach § 1632 Abs. 4 BGB oder 1682 BGB in der Familie aufhält.

➤ **Beispiel:**

Die kleine Karin ist seit 3 Jahren in einer Pflegefamilie. Ihre leibliche Mutter hat sich in dieser Zeit wegen starker persönlicher Probleme kaum um das Kind gekümmert. Seit 2 Monaten lebt sie jedoch in einer neuen Beziehung und will deshalb das Kind wieder bei sich aufnehmen. Wegen ihrer weiterhin bestehenden Probleme und der ungünstigen Prognose beschließt das Familiengericht, dass das Kind bei seinen Pflegeeltern verbleibt.

In diesem Fall können die Befugnisse der Pflegeeltern nicht mehr durch die leiblichen Eltern, sondern nur noch vom Familiengericht eingeschränkt oder ausgeschlossen werden. Das Gesetz geht davon aus, dass es aufgrund der bisherigen Auseinandersetzungen sinnvoll ist, eine neutrale Stelle – das Familiengericht – entscheiden zu lassen.

Internet:
http://www.pflegeelternschule.org
http://www.moses-online.org

Können die leiblichen Eltern das Kind wieder aus der Pflegefamilie herausnehmen?

Der wesentlichste Unterschied zwischen Adoption und Pflege besteht darin, dass das Pflegekind das Kind seiner leiblichen Eltern bleibt. Es wird nicht zum Kind der Pflegeeltern, es bekommt nicht deren Namen, es ist ihnen gegenüber nicht erbberechtigt, etc.

Es kann sein, dass die Pflegeeltern ihr Pflegekind wie ein leibliches Kind behandeln und es auch so lieben. Juristisch gesehen ist es aber das Kind anderer Eltern.

Das hat Bedeutung, wenn es um die Frage geht, ob die leiblichen Eltern das Kind wieder aus der Pflegefamilie herausnehmen können. Ganz grundsätzlich haben Eltern das Recht auf Herausgabe ihres Kindes gegenüber jedermann. Nun ist unbestritten, dass die Herausnahme eines Kindes aus seiner Pflegefamilie dann nicht im Interesse des Kindes liegt, wenn es dort seine Bezugswelt gefunden hat und zur Unzeit aus seiner gewohnten Umgebung gerissen würde. Der für Pflegefamilien sehr wichtige § 1632 Abs. 4 BGB bestimmt deshalb folgendes:

> ´Lebt das Kind seit längerer Zeit in Familienpflege und wollen die Eltern das Kind von der Pflegeperson wegnehmen, so kann das Familiengericht von Amts wegen oder auf Antrag der Pflegeperson anordnen, dass das Kind bei der Pflegeperson verbleibt, wenn und solange das Kindeswohl durch die Wegnahme gefährdet würde´.

Das Familiengericht kann also durch eine sogenannte ´Verbleibensanordnung´ beschließen, dass das Kind entgegen dem Wunsch der leiblichen Eltern bei seinen Pflegeeltern verbleibt. Voraussetzung ist aber, dass das Kind seit ´längerer Zeit in Familienpflege´ lebt und dass eine Herausgabe dem ´Kindeswohl´ widersprechen würde.

Wann ist das der Fall?

Bei der Bestimmung der ´längeren Zeit´ kann man keine festen Zeiträume nennen, nach deren Ablauf ein Pflegekind nicht mehr aus der Pflegefamilie herausgenommen werden kann. Es ist deshalb nicht möglich zu sagen: ´Jetzt sind schon 6 Monate vorbei, da kann das Kind sicherlich für immer bei uns bleiben´. Der Zeitbegriff ist ´nicht absolut zu verstehen, sondern kinderpsychologisch, d.h. es gilt ein relativer, an der Erlebnisverarbeitung von Kindern orientierter Zeitbegriff´[10]. So hat etwa die Rechtsprechung bereits entschieden, dass bei einem 6-Monate alten Kind eine Herausnahme möglich ist, im Fall eines 1-jährigen Kindes, das seit 6 Monaten in einer Pflegefamilie lebte, die Herausnahme aber abgelehnt. Hat sich das Pflegekind auch nach mehreren Jahren noch nicht in der Pflegefamilie eingelebt, so kann auch nach dieser Zeit noch eine Herausnahme erfolgen.

Nach der Rechtsprechung soll eine Herausnahme dann nicht erfolgen, wenn das Pflegeverhältnis dazu geführt hat, dass ein Kind seine Bezugswelt in der Pflegefamilie gefunden hat und durch die Herausnahme das körperliche, geistige oder seelische Wohl nicht unwesentlich gefährdet ist.

Pflegeeltern, die sich seit Monaten oder Jahren liebevoll um das ihnen anvertraute Kind gekümmert haben, können sich meist nicht vorstellen, dass eine Herausgabe ohne eine wesentliche Gefährdung des Kindeswohls vonstatten gehen soll. Sie müssen dennoch damit rechnen, dass der zuständige Richter die Sachlage anders beurteilt und das Kind nicht in der Pflegefamilie bleiben kann.

Grundsätzlich kann man davon ausgehen, dass etwa *'60 Prozent der Pflegekinder in den Pflegefamilien bleiben und in ihnen groß werden.'*[11]

Wer sich für ein Pflegekind interessiert, kann sich zur Beratung an sein Jugendamt wenden, oder mit den einschlägigen Interessengruppen Kontakt aufnehmen.

> Pfad für Kinder
> Bundesverband der Pflege- und Adoptivfamilien
> 61440 Oberursel, Lindenstr. 2A
> (06171) 58 03 53
> (06171) 58 03 39
> pfad-lv-hessen@t-online.de

Kann man ein adoptiertes Kind genauso lieben wie ein 'eigenes'?

Not flesh of my flesh, not bone of my bone,
still miraculously -- my own.
Never forget, for a single minute,
you didn't grow under my heart, but in it. (Shaba Viswanath)

Wer sich ein leibliches Kind wünscht, träumt davon, einen Teil von sich und einen Teil seines geliebten Partners zu vereinen und daraus einen neuen Menschen entstehen zu lassen, der die Eigenschaften seiner Eltern weiterträgt. Im Kind sollen seine Eltern und ihre Liebe weiterleben.

Bei einem Adoptivkind liegt der Fall anders. Selbstverständlich leben auch in ihm seine Eltern weiter. Genetisch gesehen allerdings nur seine leiblichen Eltern. Das ist nicht nur bei Adoptionen so. Es gibt auch andere Kinder, die zumindest mit einem ihrer Elternteile genetisch nichts gemeinsam haben:

- Stiefkinder
- Kinder, die durch heterologe Insemination gezeugt wurden oder
- Kinder, die zu den 10 Prozent so genannter 'Kuckuckskinder' gehören, also von einem Vater aufgezogen werden, der irrtümlich annimmt, er sei der Erzeuger des Kindes. Im Grunde haben auch diese Väter ein Kind adoptiert - sie wissen es nur nicht.

Wie aber wirkt es sich auf die Liebe aus, wenn man ein Kind aufzieht, mit dem man genetisch nichts gemeinsam hat. Ist es schwieriger diese Kinder zu lieben? Manche Äußerungen von Vermittlungsstellen deuten darauf hin. *'Zwar kann man insbesondere kleinen Kindern viel Nähe und Wärme vermitteln. Trotzdem werden adoptierte Kinder dadurch nicht zu eigenen,'* meint etwa der Leiter einer Schweizer Vermittlungsstelle in einem Interview[12]. Spätestens in der Pubertät müssten Adoptiveltern seiner Meinung nach meist erkennen, dass das Kind nicht ihnen gehöre, sondern seine eigene Identität entwickle.

Das ist nicht leicht zu verstehen.

Gehört leiblichen Eltern ihr Kind, oder gehört auch hier das Kind sich selber? Entwickeln Kinder, die bei ihren leiblichen Eltern aufwachsen, etwa keine eigene Identität?

Adoptiveltern ziehen ein Kind groß, dass genetisch nicht von ihnen stammt. Es wird niemals ihr leibliches Kind werden. Das ist eine Selbstverständlichkeit. Aber weshalb können Adoptivkinder nicht zu eigenen Kindern werden? Eine Ehefrau, die klagt: *'mein eigener Mann hintergeht mich'*, wird nicht annehmen, dass dieser Mann genetisch von ihr abstammt oder in ihrem Besitz steht. Es ist ihr Mann, den sie liebt und schätzt, dem sie vertraut hat und mit dem sie ihr Leben verbringt. Deshalb betrachtet sie ihn als ihren 'eigenen' Mann. Wenn eine Frau von ihrem 'eigenen' Mann oder ein Mann von seiner 'eigenen' Frau spricht, so wird dies niemanden wundern. Weshalb aber dürfen Adoptiveltern ihre Kinder nicht als ihre 'eigenen' Kinder betrachten?

Manche Vermittlungsstellen haben Schwierigkeiten mit der Bezeichnung 'eigenes Kind', weil sie befürchten, Adoptiveltern würden so die Besonderheit ihrer Elternschaft verdrängen und die Tatsache leugnen, dass das Kind auch noch andere Eltern hat. Das lässt sich aus dieser Bemerkung aber nicht ableiten. Wer ein Kind als das 'eigene' betrachtet, will damit etwas Positives ausdrücken: eine innige Beziehung, eine tiefe Verbundenheit und ein starkes Gefühl von Verantwortung. Es schließt niemanden aus. Man kann sich durchaus der Besonderheiten der Adoption und der Nicht-Leiblichkeit bewusst sein und dennoch sein Adoptivkind als eigenes Kind betrachten.

Zwischen leiblichen und eigenen Kindern zu unterscheiden ist nicht nur Wortklauberei und Begriffsdeuterei. Es gibt tatsächlich die Befindlichkeit in den allermeisten Adoptivfamilien wieder: 'Adoptivkinder sind die eigenen Kinder'. Dass Adoptiveltern das adoptierte Kind als eigenes Kind bezeichnen, beantwortet auch schon fast die Frage danach, wie sehr man ein adoptiertes Kind lieben kann.

Es sind nicht nur die unzähligen gemeinsamen Erlebnisse, die Eltern und Kinder zusammenschweißen. Die Liebe zum Kind entsteht nicht erst durch diese Erfahrungen, sie wird höchstens verstärkt. Viele Adoptiveltern vergleichen den Moment, in dem ihnen die Adoptionsvermittlungsstelle einen konkreten Kindervorschlag unterbreitet, mit einer Geburt. Sie sind voller Glück und davon überzeugt, dass nur dieses eine Kind zu ihnen passt.

Die meisten Adoptivkinder fühlen sich genauso geliebt wie alle anderen Kinder und auch die meisten Adoptiveltern lieben ihr Kind über alles.

Ein amerikanischer Reporter, der eine Adoptivmutter in einem Interview fragte, ob sie ihre adoptierten Kinder genauso liebe wie leibliche Kinder, bekam folgendes zur Antwort: 'Wissen Sie, ich habe diese Frage noch nie verstanden. Ich liebe meinen Mann über alles auf der Welt. Ich liebe auch meine beste Freundin. Beide haben mit mir genetisch nichts zu tun. Warum um Himmels Willen soll ich also ausgerechnet meine Kinder weniger lieben, nur weil sie andere Gene haben.`

Besser kann man es nicht ausdrücken.

Literatur:

Sirintra, wunderschöner Mond
Von Andrea Dück - Mertins
Kirchturm Verlag 2000

Und wie ist das mit den Genen?

➤ Beispiel:

Paul M. ist beunruhigt. Einerseits freut er sich, zusammen mit seiner Frau ein Kind aus Russland zu adoptieren. Andererseits hat er aber auch schon viel Schlechtes über die Aggressivität russischer Kinder und Jugendlicher gehört. Die örtliche Tageszeitung berichtet regelmäßig über Krawalle unter russischen Aussiedlern und auch die Berichte über hohen Alkoholkonsum, Bandenkriminalität und übervolle Gefängnisse in Russland sorgen ihn sehr. Er fürchtet, dass aggressives Verhalten bei russischen Kindern vielleicht schon erblich angelegt sei und er sich deshalb in Zukunft mit Aggressionen auch in seiner eigenen Familie auseinandersetzen muss.

➤ Beispiel:

Familie S. hat den kleinen Roberto aus Brasilien adoptiert. Leider hat sich der Junge nicht besonders gut entwickelt. Er ist ein sehr schlechter Schüler, verhält sich oft aufbrausend und jähzornig und nach Aussage des Kinderarztes schreitet er in seiner ganzen Entwicklung langsamer voran als seine Alterskameraden.
Seine Eltern überlegen sich oft, ob sie in ihrer Erziehung etwas falsch gemacht haben. Vielleicht wäre mit einer anderen Erziehungsweise und zusätzlicher Förderung mehr zu erreichen gewesen. Manchmal denken sie sich auch, dass die ganze Entwicklung von Roberto wahrscheinlich schon in seinen Genen vorbestimmt war und dass sie darauf unter Umständen gar keinen nennenswerten Einfluss nehmen konnten.

Die Frage, ob und inwieweit die Entwicklung des Kindes von seinen Erbanlagen geprägt wird, beschäftigt viele Adoptionsinteressierte und wird auch in der Wissenschaft heftig diskutiert.

Früher war diese überwiegend der Meinung, es gebe keine besonderen Talente und Fähigkeiten und alle Eltern könnten ihre Kinder wie Lehm formen: 'Gebt mir ein Dutzend gesunde, gut gebaute Kinder und meine eigene spezifizierte Welt, um sie darin großzuziehen, und ich garantiere, dass ich irgendeines aufs Geratewohl herausnehme und es so *erziehe, dass es irgendein beliebiger Spezialist wird, zu dem ich es erwählen kann - Arzt, Jurist, Künstler, Kaufmann, ja sogar Bettler und Dieb, ungeachtet seiner Talente, Neigungen, Absichten, Fähigkeiten und Herkunft seiner Vorfahren'* versprach John B. Watson 1924[13]. Eltern ahnten schon immer, dass es mit dieser Theorie nicht allzu weit her ist, denn *'dass Kinder nicht so werden wie die Eltern sich das wünschen ist eine der bittersüßen Lektionen der Elternschaft'*[14].

Üblicherweise wird zwischen den so genannten 'Anlagen' und der 'Umwelt' unterschieden. Auch wenn die Umwelt noch so günstig gestaltet wird, so können doch die Anlagen eine bestimmte Entwicklung verhindern.

Unter Umwelt versteht man in diesem Zusammenhang unter anderem:
- die Qualität des Wohnraums und der Wohngegend
- die Verfügbarkeit von Büchern, Bildungseinrichtungen, ...
- Erziehungseinflüsse
- Beziehung zu anderen Kindern und Familienmitgliedern....

Die Anlagen sind die genetischen Erbinformationen, die von den leiblichen Eltern an ihr Kind weitergegeben werden. Dabei verändert sich die genetische Ausstattung des Menschen, also das, was er an Erbinformationen mitbekommen hat, während seines gesamten Lebens nicht.

Haben nun Gewalt und Aggression ihren Ursprung in den Genen bzw. werden manche Menschen einfach damit geboren, dass ihnen schneller als anderen eine Sicherung durchbrennt und sie eher als andere zu Handgreiflichkeiten neigen?

Mittlerweile ist in der Forschung völlig unumstritten, dass an der Entwicklung des Kindes mit all seinen Merkmalen (Intelligenz, Temperament, Aggressivität, emotionale Stabilität ..) sowohl Anlage als auch Umwelt beteiligt sind. Der Mensch ist nicht nur Spielball seiner Gene und er ist auch nicht nur die Marionette seiner Umwelt. Auch wenn die Erklärung, die Vererbung könne für die Erklärung des menschlichen Verhaltens eine Rolle spielen, für viele noch immer empörend ist, so zeigen doch zahllose Forschungsergebnisse, dass bei jedem Menschen genetische Ausstattung und Umwelteinflüsse zusammenwirken.

Die Frage ist nur: Wie stark? Ist also ein aggressives Verhalten bei einem Kind eher auf seine Erbanlagen oder eher auf eine verfehlte Erziehung zurückzuführen?

Der Stand der Forschung lässt sich hier auf einen kurzen Nenner bringen: Man weiß es nicht.

Das liegt schon daran, dass bislang noch weitgehend unbekannt ist, welches Gen in welcher Kombination für welches Persönlichkeitsmerkmal verantwortlich ist. Es hängt auch damit zusammen, dass immer Anlage und Umwelt zusammenwirken, es aber nicht möglich ist, deren genauen Beitrag zum Endprodukt zu quantifizieren .

Bei der Ausprägung individueller Eigenschaften wie Intelligenz und Aggression spielt immer auch die Vererbung eine Rolle. Wie stark sie diese Rolle spielt, ist nicht bekannt.

Als in einer großen schwedisch - britischen Studie an über 1.500 Zwillingspaaren der Einfluss der Gene auf aggressives und antisoziales - nichtaggressives Verhalten bei Jungen und Mädchen untersucht wurde, stellten die Forscher Folgendes fest[16] :
- aggressives Verhalten ist vererbbar

– vor allem bei antisozialem – nichtaggressivem Verhalten spielen Umwelteinflüsse eine größere Rolle als die Vererbung. Jungen sind hier viel stärker von Umwelteinflüssen beeinflussbar als Mädchen, bei denen dieses Verhalten in erster Linie auf Vererbung beruht

– Jungen sind umweltbeeinflussbarer als Mädchen.

Nun bedeutet dies natürlich nicht, dass ʹgenetisch geprägtʹ auch gleich mit ʹnicht veränderbarʹ gleichzusetzen ist. Auch wenn sich die Gene auf die geistigen Funktionen auswirken, so legen sie doch nicht jede Einzelheit fest.

Woody Allen, den die Natur mit einem außergewöhnlichen Sinn für Humor ausstattete, der ihm zu Reichtum und Erfolg verhalf, erklärt in Stardurst Memories, dass auch Umweltfaktoren eine entscheidende Rolle spielten:

ʹWir leben in einer Gesellschaft, die großen Wert auf Witze legt ... Als Apache wäre ich arbeitslos, diese Leute brauchen keinen Komikerʹ[17].

Die Gene legen nicht alle Verhaltensweisen und Persönlichkeitsmerkmale fest. Sie bestimmen nicht, welche Partei man wählt oder welche Sprache man spricht.

ʹVerhaltensmerkmale hingegen, in denen sich grundlegende Begabungen und Temperamente manifestieren, sind erblich. Wie sprachgewandt Sie sind, wie religiös, wie liberal oder wie konservativ. Allgemeine Intelligenz ist erblich, desgleichen Offenheit für neue Erfahrungen und Gewissenhaftigkeit. Selbst sehr spezifische Merkmale erweisen sich überraschenderweise als erblich, beispielsweise Abhängigkeit von Nikotin oder Alkohol, die Dauer des Fernsehkonsums und die Wahrscheinlichkeit von Scheidungenʹ.[18] Wenn Persönlichkeitsmerkmale des Menschen genetisch beeinflusst werden, bedeutet dies nicht, dass sie dadurch für alle Zeiten festgelegt wären. Vielmehr sind sie durch geeignete Maßnahmen veränderbar. So haben zahlreiche Studien gezeigt, dass sich Adoptivkinder besser entwickeln, wenn in ihrer Familie viele positive Anregungen geboten werden.

Eine Veränderbarkeit von Persönlichkeitsmerkmalen ist allerdings nur in bestimmten Grenzen möglich. Die Gene behalten in jedem Lebensalter ihren Einfluss und verstärken diesen sogar mit zunehmendem Alter. Der Unterschied zwischen Adoptierten und ihren Adoptiveltern vergrößert sich deshalb oft im Erwachsenenalter.[19] Wer von Natur aus viel Aggression mitbringt, kann durch erzieherische Maßnahmen vielleicht davon abgehalten werden, seine Aggression an unschuldigen Dritten auszuleben. Er wird sich jedoch voraussichtlich nicht in ein sanftes Schäfchen verwandeln lassen. Wer von seinen Genen mit einer nur unterdurchschnittlichen Intelligenz ausgestattet wurde, kann durch entsprechende Förderung meist den regulären Schulweg bestehen, aber er wird voraussichtlich nicht Atomphysik studieren können. Übertriebene Erwartungen sind hier nicht sinnvoll und verhindern manchmal sogar eine angemessene pädagogische Förderung.

Und was bringen diese Erkenntnisse Paul M., der aus Russland adoptieren will? Nun - nicht viel. Niemand weiß, ob die Eltern des potentiellen Adoptivkindes aggressiv sind oder nicht. Man kann auch kaum behaupten, dass Russen aggressiver sind als andere Nationen. Wer so argumentiert, vergisst, dass die Gene das Schicksal von einzelnen mitbestimmen, aber nicht über das Gewaltpotential eines ganzen Volkes entscheiden.

Literatur:

Das unbeschriebene Blatt
Von Steven Pinker
Berlin Verlag 2003
ISBN: 3827005094

Unsere Gene. Eine Gebrauchsanleitung für ein besseres Leben.
von Terry Burnham, Jay Phelan
Fischer (Tb.), Frankfurt 2003
ISBN: 3596155983

Kinderglück ohne Schwangerschaft?

Kann man überhaupt glücklich sein mit einem Kind, ohne selbst mit diesem Kind schwanger gewesen zu sein? Fehlt da nicht immer etwas Wesentliches?

Das lässt sich so pauschal nicht beantworten. Manche möchten auf keinen Fall auf die Erfahrung einer Schwangerschaft verzichten. Andere stellen fest, dass ihnen nichts daran liegt, einen dicken Bauch und dicke Beine zu bekommen und Übelkeit und Geburtsschmerzen zu ertragen.

Viele Frauen bedauern, dass sie nicht schwanger werden konnten und sind dennoch ihren Adoptivkindern gute Mütter. Das Trauern über die nicht eingetretene Schwangerschaft heißt nicht, dass man deshalb für eine Adoption ungeeignet wäre. Vielleicht fehlt etwas – aber es muss nicht dazu führen, dass man deshalb eine schlechte Adoptivmutter wäre.

Viele Adoptiveltern empfinden die Zeit vor einer Adoption wie eine Schwangerschaft. Sie warten, hoffen und bangen und wie alle anderen Eltern fragen sie sich: 'Wird unser Kind wohl gesund sein? Wird es ein Junge oder ein Mädchen? Wie sieht es wohl aus? Wenn sie dann nach langem Warten endlich überglücklich ihr Kind im Arm halten, fühlen sie sich wie nach einer Schwangerschaft – glücklich, hoffnungsvoll und sehr erschöpft.

Ihr werdet bestimmt schwanger, wenn das Kind dann da ist

'Ihr werdet bestimmt schwanger, wenn das Adoptivkind dann da ist' ist ein häufiger Kommentar, wenn Kinderwunschpaare andere an ihren Adoptionsüberlegungen teilhaben lassen.

Es scheint so, dass fast jeder ein Paar kennt, von einem gehört hat, oder zumindest glaubt, von einem gehört zu haben, bei dem sich nach einer Adoption noch leiblicher Nachwuchs eingestellt hat. Natürlich meinen es die meisten nur gut mit diesen tröstenden Worten. Sie stellen sich eine Adoption als eine Sache vor, die man nur schweren Herzens angeht und die mit viel Trauer und Leid verbunden ist. Sie vergessen dabei, dass Adoptieren für die Allermeisten nicht mit Kummer, sondern mit dem genauen Gegenteil verbunden ist. Adoption ist kein Schicksalsschlag, sondern eine bewusste Entscheidung und eine wunderbare Möglichkeit, eine Familie zu gründen.

Die Vorstellung, es werde sicherlich noch ein Baby kommen, wenn der ganze Stress vorbei ist, findet man auch in der Literatur: *'Ich habe gar nicht selten erleben dürfen, dass Paare, die dann wirklich Abschied genommen hatten von ihrem Kinderwunsch, spontan ein Kind bekamen. Die offiziellen Statistiken bestätigen diese Erfahrung. Die Erleichterung, die durch das Loslassen erfolgte, und damit auch die Entspannung, machen auf natürliche Art und Weise möglich, was zuvor so heftig gefordert wurde'.*[20]

Diese Aussage ist nicht richtig. Statistisch lässt sich nicht nachweisen, dass viele Paare nach dem 'Loslassen' ein Kind bekommen. Nach wissenschaftlichen Untersuchungen beträgt der Anteil derer, die nach einer abgeschlossenen Kinderwunschbehandlung spontan schwanger werden, 5 Prozent. 95 Prozent bleiben kinderlos. An dieser Verteilung ändert auch eine Adoption nichts.

Wenn man den Ihr – werdet – nach – der – Adoption – bestimmt – noch – schwanger – Spruch ein paar mal gehört hat, kann man sich oft nur noch in bissige Antworten flüchten:

➤ **Mögliche Reaktionsweisen:**

'Ich weiß, aber was machen wir dann eigentlich mit dem adoptierten Kind?'
'Ich hoffe ja so, dass ihr recht habt. Habt ihr eine Idee, was wir machen könnten, wenn es auch damit nicht klappt?'
'Die Vorstellung ist lustig. Ich habe bisher noch nie gehört, dass man vom Adoptieren schwanger wird.'
'Ja ich weiß. Wir haben uns dann vorgenommen, das leibliche Kind zur Adoption freizugeben, damit andere auch schwanger werden können.'

Wieso geben Menschen ihr Kind zur Adoption frei?

Obwohl allein in Deutschland seit dem Ende des zweiten Weltkrieges etwa 250.000 Kinder zur Adoption freigegeben worden sind, weiß man doch sehr wenig über die Gründe, die dazu führten, dass sich Mütter von ihren Kindern getrennt haben[21]. Es gibt zwar einige Studien, diese kommen aber zu völlig unterschiedlichen Ergebnissen und geben deshalb wenig Aufschluss über die Ursachen der Freigabeentscheidung.

Folgendes kann als gesichert gelten:

Die biologischen Mütter deutscher Kinder sind in der Regel volljährig, stammen aus allen Altersgruppen, haben eine eher schlechte Schulbildung und gehören überproportional oft der Unterschicht an.

Bei den zur Adoption freigegebenen Kindern handelt es sich in der Regel nicht um Wunschkinder, sondern um die Folgen ungewollter Schwangerschaften. Viele der abgebenden Mütter fühlen sich von ihren Partnern nicht ausreichend unterstützt bzw. unter Druck gesetzt[22].

Ungünstige Wohnbedingungen, wirtschaftliche Probleme, Krankheiten und Behinderungen sind ebenfalls Gründe für die Entscheidung, das Kind zur Adoption freizugeben.

Nach Ansicht der von Wittland-Mittag befragten Adoptionsvermittler ist es vor allem die fehlende Berufsausbildung, sich abzeichnende finanzielle Probleme und eine eigene Bindungsunfähigkeit, die Mütter über eine Adoptionsfreigabe nachdenken lassen[23].

Während es für Inlandsadoptionen nur wenig Informationen über abgebende Mütter gibt, geht der Erkenntnisstand bei Auslandsadoptionen fast gegen Null. So berichtet die deutsche Adoptionsforscherin Christine Swientek, dass ihr *'Untersuchungen über das Adoptionsgeschehen in den Ländern der dritten Welt nicht bekannt'* sind. Dennoch teilt sie die Mütter ausländischer Adoptivkinder *'nach allem, was wir über die Kindergewinnungsmethoden für Dritte - Welt Adoptionen wissen'* in drei Gruppen ein:

- *'Mütter, die ihre Kinder bewusst aussetzen, verlassen oder in Kliniken oder Heimen abgeben und auch nach vielfältigen Bemühungen um spätere Kontaktaufnahme nicht mehr auffindbar sind.*
- *Mütter, die beschwatzt und gelinkt werden, die in noch stärkerem Ausmaß als in den Industrieländern auf ihre Armut und Erziehungsunfähigkeit hingewiesen werden und denen das zukünftige Schicksal ihres Kindes bei reichen Eltern in den USA oder in Europa in buntesten Farben geschildert wird.*
- *Die dritte Gruppe scheinen Mütter zu sein, die ihrer Kinder verlustig gehen aufgrund von Lügen, Betrug und Menschenraub'[24].*

Der Nutzen solcher Aufzählungen hält sich in engen Grenzen. Es macht wenig Sinn, ohne die Kenntnis aussagekräftiger Studien über die 'Kindergewinnungsmethoden' in der Dritten Welt zu mutmaßen. Was hat es mit Kindergewinnung zu tun, wenn eine Mutter ihr Kind aussetzt? Hier verliert ein Kind seine Mutter und eine Mutter verliert ihr Kind. Niemand gewinnt an diesem Vorgang. Auch in der so genannten Dritten Welt gibt es Mütter, die sich nach reiflicher Überlegung zur Freigabe ihres Kindes entscheiden, die dennoch nicht untertauchen und ihre Entscheidung auch später nicht bereuen. Eine vorurteilsfreie Beschreibung des ausländischen Adoptionsgeschehens sollte diese Fälle nicht außer Acht lassen.

Gestaltet sich das Leben mit ausländischen Adoptivkindern schwieriger?

➤ **Beispiel:**

Peter und Christina S. wollen ein Kind adoptieren. Für beide kommt sowohl eine Inlands- als auch eine Auslandsadoption in Frage. Als sie bei ihrem ersten Gespräch im Jugendamt erwähnen, dass es ihnen relativ gleichgültig sei, woher das Kind kommt, reagiert die zuständige Sachbearbeiterin wenig begeistert und meint: 'Also Sie müssen sich schon im Klaren sein, dass sich das Leben mit ausländischen Adoptivkindern schwieriger gestaltet. Wir stellen hier immer wieder fest, dass die Bewerber die speziellen Anforderungen dieser Kinder völlig unterschätzen. '

Wer sich für die Adoption eines ausländischen Kindes interessiert, erlebt nicht selten, dass das Jugendamt skeptisch ist, die zukünftigen Großeltern vor Schreck die Hände über dem Kopf zusammenschlagen und Freunde mit einem verlegenen *'Wollt ihr es nicht erst einmal im Inland versuchen?'* reagieren.

Es scheint die Meinung vorzuherrschen, das Leben mit Adoptivkindern aus dem Ausland sei viel problematischer und komplizierter als das mit inländischen Adoptivkindern. Warum aber ist das so?

Es könnte damit zusammenhängen, dass viel Unklarheit darüber herrscht, welche Kinder in anderen Ländern zur Adoption vermittelt werden.

Wer an verlassene Kinder im Ausland denkt, hat nicht selten die fürchterlichen Bilder schwarzafrikanischer Kinder vor Augen, die mit einem aufgeblähten Hungerbauch durch die Strassen irren und sich ihre Nahrung aus dem Unrat der Reichen zusammensuchen.

Es ist jedoch sehr selten, dass solche Kinder ins Adoptionsverfahren kommen. Man kann zu Recht beklagen, dass ältere und schwer traumatisierte Kinder, die nur unter größten Schwierigkeiten ihr tägliches Überleben sicherstellen können, kaum zur Adoption kommen – gleichwohl ist es Realität, dass es sich bei ausländischen Adoptivkindern in der Regel um Heimkinder und nicht um Straßenkinder handelt.

Meist arbeiten die Adoptionsvermittlungsstellen mit einzelnen Kinderheimen im Ausland zusammen. Die Verhältnisse in diesen Einrichtungen sind sicherlich nicht optimal. Ausreichend Essen und eine medizinische Grundversorgung sind aber sichergestellt, da die Vermittlungsstellen in aller Regel ihre Partnerheime vor Ort finanziell unterstützen.

Jedes im Ausland adoptierte Kind hat außer der neuen Elternschaft noch zusätzliche gravierende Umstellungen zu verarbeiten. Es kommt aus einem anderen Sprachraum, einer anderen Kultur und unterscheidet sich in seinem Aussehen oft sehr deutlich von den hier lebenden Menschen. Da liegt die Vermutung nahe, das Zusammenleben mit einem Kind, das so starken Brüchen ausgesetzt ist, sei besonders schwierig.

Unter den Untersuchungen, die zu diesem Thema durchgeführt wurden, hat es eine schwedische Adoptionsstudie zu einiger Bekanntheit gebracht. Darin wurde bei adoptierten Kindern aus dem Ausland eine erhöhte Rate an Suiziden und Drogenabhängigkeit festgestellt. Die Süddeutsche Zeitung berichtete ausführlich darüber: *'Die Kinder machen in Europa oft eine problematische Entwicklung durch. Ihr Leben bleibt ein Spagat zwischen zwei Kulturen. Mehr Selbstmordversuche, mehr Drogenabhängigkeit..."Ich bin sehr froh, dass eine so umfassende Studie endlich auf diese Problematik hinweist", sagt Bernd Wacker, Adoptionsexperte bei der Kinderhilfsorganisation Terre des Hommes.*

Wenn er Recht hat, wird die Entwicklung in Zukunft sogar noch ungünstiger werden..."Auslandsadoption war einmal eine Kinder- und Jugendhilfe", klagt Wacker, der selbst zwei Töchter aus Indien und Korea hat. "Jetzt droht sie zu einer Hilfe für Unfruchtbare in Not zu werden."[25]

Wäre es nicht sinnvoll, Auslandsadoptionen zu beenden, wenn doch die im Ausland adoptierten Kinder in Europa oft eine problematische Entwicklung durchmachen und die Entwicklung zunehmend ungünstiger wird?

Dies wäre voraussichtlich etwas voreilig.

Die genaue Analyse der schwedischen Adoptionsstudie zeigt eine wenig dramatische Situation.

Fast 90 % der untersuchten Adoptierten zeigten keinerlei Auffälligkeiten. Die schwedische Studie ergab deshalb wie bereits zahlreiche vorangegangene Untersuchungen[26], dass die allermeisten der im Ausland adoptierten Kinder eine überaus erfreuliche Entwicklung durchmachen.

Für die Probleme der 10 Prozent der Adoptierten mit schwieriger Entwicklung wird der Spagat zwischen den Kulturen verantwortlich gemacht. Aber lässt die Studie tatsächlich eine solche Schlussfolgerung zu?

Adoptierte kommen immer aus einem schwierigen Umfeld. Hätte es für ihre Eltern keine Probleme gegeben, wäre es nicht zur Abgabe des Kindes gekommen. Das unterscheidet sie von den meisten anderen Kindern, die gewünscht sind und in relativ stabilen Verhältnissen bei ihren leiblichen Eltern aufwachsen können.

Um zu erfahren, wie sich eine Adoption bzw. eine Auslandsadoption auf das Kind auswirkt, sollten die Adoptierten mit den Kindern verglichen werden, die unter ähnlichen Umständen gelebt haben und nicht adoptiert wurden. Welchen Schulweg haben die im Land Verbliebenen eingeschlagen, wie hoch ist ihre Kriminalitätsrate, wie ist ihr Drogenverhalten? Unbehagen würde erst dann aufkommen, wenn die Adoptierten über größere Schwierigkeiten berichten würden, als die in ihrem problematischen Umfeld Verbliebenen. Untersuchungen, die dies aufzeigen würden, gibt es nicht.

Aus der schwedischen Studie den Schluss zu ziehen, die Entwicklung im Bereich der Auslandsadoptionen deuteten auf zunehmende Probleme hin, da sie droht, 'zu einer Hilfe für Unfruchtbare in Not zu werden`, ist verfehlt. Weder die Studie selbst noch andere Untersuchungen deuten auf eine solche Entwicklung hin. Es ist zu bezweifeln, dass in der guten alten Zeit Ehepaare immer nur selbstlos das Wohl des Kindes im Blick gehabt haben, während heute nur mehr das Interesse der Eltern im Vordergrund steht.

Nichts weist darauf hin, dass adoptierte Kinder früher glücklicher waren als heute. Man kann deshalb nicht annehmen, dass die Welt damals viel besser war.

Wenn das Kind eine andere Sprache spricht, aus einer anderen Kultur kommt und eine andere Hautfarbe hat, kann die Integration für das Kind und seine neuen Eltern eine große Herausforderung sein. Wie zahlreiche Untersuchungen aufzeigen, gelingt es jedoch in der Regel sehr gut.

Ausländische Adoptivkinder unterscheiden sich in ihrer Entwicklung kaum von anderen Adoptivkindern und von Nichtadoptierten. Sie sind im Schnitt nicht weniger selbstbewusst, nicht weniger erfolgreich und nicht weniger ausgeglichen und zufrieden als die anderen.

'Auch für aus dem Ausland stammende Adoptivkinder gilt, dass sie in gesicherten Mittelschichtverhältnissen aufwachsen, in einem positiven Familienklima leben und eine gute

Beziehung zu ihren Eltern haben. Auch aus dem Ausland stammende Adoptivkinder haben zumeist mit der sozialen Integration keine Probleme. Ihr Selbstkonzept zeigt keine Unterschiede zu dem anderen Jugendlicher.[27]

'Nach mehreren amerikanischen und niederländischen Untersuchungen ist bei zwei Dritteln bis drei Vierteln aller Auslandsadoptionen von einer guten und bei etwas mehr als 10% von einer schlechten Anpassung der Adoptivkinder auszugehen. Nach einer amerikanischen Studie über 161 koreanische und 46 kolumbianische Kinder wurden sogar weniger emotionale Anpassungsprobleme festgestellt als bei Inlandsadoptionen: 37% bzw. 26% gegenüber 40% bei einheimischen Adoptivkindern. Nur 10% der koreanischen Kinder und kein einziges der kolumbianischen Kinder mussten einem psychosozialen Dienst vorgestellt werden - gegenüber 25% bei der Vergleichsgruppe.[28]

Eine Studie kam sogar zu dem Ergebnis, dass Auslandsadoptierte eine konfliktfreiere Beziehung zu ihren Eltern haben als nicht adoptierte Gleichaltrige.

'Für Auslandsadoptionen konnten Rosnati und Marta sogar eine konfliktfreiere Beziehung zwischen adoptierten Jugendlichen und ihren Eltern als zwischen nicht – adoptierten Gleichaltrigen und deren Eltern finden.'[29]

Die meisten Eltern ausländischer Adoptivkinder empfinden ihr Kind als Geschenk des Himmels. Die Tatsache, dass ihr Kind aus einem anderen Kulturkreis kommt, ist für sie keine Last, sondern eine Herausforderung und eine Bereicherung ihres Lebens. Es macht ihnen Freude, sich mit dem Herkunftsland des Kindes und dessen Kultur zu beschäftigen. Viele identifizieren sich damit so stark, dass sie sich bei einer weiteren Adoption nicht vorstellen können, ein Kind aus einem anderen Land als diesem anzunehmen.

Manchmal ist nicht das Kind oder sein Verhältnis zu seinen Eltern das Problem, sondern der Irrglaube, in Familien mit ausländischen Adoptivkindern gehe es ganz anders zu als in anderen Familien. Dies führt dazu, dass diese Familien von ihrer Umwelt als etwas Besonderes betrachtet werden, obwohl sie sich selbst nicht so empfinden. Es ist ein Klischee, dass mit leiblichen Kindern alles prima, mit Adoptivkindern alles problematisch und mit ausländischen Adoptivkindern alles noch viel schwieriger ist.

Im alltäglichen Leben spielt es meist keine große Rolle, ob das Kind aus dem Ausland kommt oder nicht. Trödelei beim Schuhe anziehen, verschütteter Kakao am Frühstückstisch und Buntstiftmalereien an der frisch renovierten Wohnzimmerwand nerven völlig unabhängig davon, ob das Kind aus Kelheim oder aus Kenia kommt. Und ein gebasteltes Geburtstagsgeschenk, der erste Purzelbaum und Kissenschlachten am Sonntagmorgen lassen Elternherzen ganz unabhängig davon höher schlagen, ob das Kind in Sigmaringen oder in Sibirien zur Welt kam.

Literatur:

Ratgeber Auslandsadoption
Von Barbara Gillig - Riedle und Herbert Riedle
ISBN: 3980866009
TiVan Verlag 2003

Uns ist egal wo das Kind herkommt

Manche Paare, die sich für eine Auslandsadoption entschieden haben, können sich für die Adoption nur bestimmte Länder vorstellen, während die Herkunft des Kindes für andere Bewerber überhaupt keine Rolle spielt: *'Uns ist egal aus welchem Land das Kind kommt. Kinder sind doch alle gleich'*

➤ **Beispiel:**

Daniela und Norbert haben viele Jahre lang versucht, ein leibliches Kind zu bekommen. Nachdem auch eine Inlands - Adoptionsbewerbung zu keinem Erfolg geführt hat, entschließen sie sich, ein Kind aus dem Ausland zu adoptieren. Sie suchen deshalb die Adoptionsvermittlungsstelle Musterverein auf, die Kinder aus Bulgarien, Philippinen und Peru vermittelt. Als sie gefragt werden, aus welchem Land das Kind kommen soll, sagen beide übereinstimmend, das sei ihnen völlig gleichgültig.

Was soll man von dieser Aussage halten? Ist sie der Beweis dafür, dass die Bewerber völlig unvoreingenommen hinsichtlich der Herkunft ihres Kindes sind und deshalb besonders gut für eine Adoption geeignet sind? Oder ist es im Gegenteil ein Anzeichen dafür, dass sich die Bewerber überhaupt keine Gedanken über die Herkunft des Kindes gemacht haben und es ihnen nur darum geht, ein Kind zu bekommen - egal aus welchem Land - und sie deshalb eher ungeeignet sind?

Die Aussage kann wohl in beide Richtungen interpretiert werden und im Gespräch mit der Fachkraft der Adoptionsvermittlungsstelle wird sich meist klären, wie sie gemeint ist.

➤ **Beispiel:**

Edmund und Beate geben beim Erstgespräch in der Adoptionsvermittlungsstelle an, keine Einschränkungen hinsichtlich des Aussehens und der Herkunft des Kindes zu haben.
Beide waren aus beruflichen Gründen einige Zeit in Afrika und haben mehrmals ihre Urlaube in Asien verbracht. Sie können sich deshalb gut vorstellen, dass ihr Kind aus einem der dortigen Länder kommt. Edmund meint: 'Wissen Sie, wir sind schon so viel gereist und sind schon viel herumgekommen und wir haben uns immer wohl gefühlt. Ich kann eigentlich nicht erkennen, wieso unser Kind nicht schwarz sein soll. Egal woher das Kind kommt, wir werden immer versuchen, ihm ein positives Bild seiner Herkunft zu vermitteln. '

Diese Bewerber scheinen sich schon Gedanken um die Herkunft des Kindes gemacht zu haben. Es liegt die Vermutung nahe, dass es ihnen nicht nur darum geht, so schnell wie möglich ein Kind vermittelt zu bekommen.

➤ **Beispiel:**

Günter und Gisela M. wollen ebenfalls adoptieren. Da sie sich keine Hoffnungen machen, in Deutschland zu einem Erfolg zu kommen, bewerben sie sich bei der Auslandsvermitt-

lungsstelle Muster, die Kinder aus verschiedenen Ländern vermittelt. Auch sie geben an, hier keine besonderen Präferenzen zu haben. Kinder seien doch alle gleich. Wenn das Kind einmal hier sei, werde es schließlich Deutscher und dann sei es eigentlich egal, welche Nationalität es früher einmal gehabt habe.

Hier sind erhebliche Zweifel angebracht, ob sie sich ausreichende Gedanken über eine Adoption gemacht haben. Egal wo das Kind herkommt, es wird später einmal daran interessiert sein, mehr über seine Wurzeln zu erfahren und sehr wahrscheinlich wird es einmal das Land bereisen wollen, in dem es geboren wurde. Ob das Ehepaar M. ihm im Vorfeld Informationen zu seiner Herkunft geben kann und will, scheint allerdings fraglich. Es deutet hier einiges darauf hin, dass sie nach der Adoption nicht mehr mit dem Thema Herkunft behelligt werden wollen.

Ein weißes Kind hat es leichter

Eine wichtige Frage bei den Adoptionsüberlegungen ist die Hautfarbe des Kindes. Sehr viele wünschen sich ein möglichst hellhäutiges Baby. Sie glauben, das Kind habe es dann später sicherlich leichter und werde nicht sofort als Adoptivkind erkannt. Nachbarn, Verwandte und Freunde, so die Hoffnung, werden das Kind besser akzeptieren und die Integration werde leichter fallen, wenn nicht sofort ein Rassenunterschied zu erkennen sei.

Der Wunsch nach möglichst hellhäutigen Kindern ist nicht nur in Deutschland sehr verbreitet. Weltweit haben es dunkelhäutige Kinder schwerer, zur Adoption vermittelt zu werden.

Das führt manchmal zu grotesken Zuständen. Südafrika mit einer der weltweit höchsten Raten an elternlosen schwarzen Kindern beschäftigt seine Adoptionsvermittlungsstellen in erster Linie damit, weiße Adoptivkinder aus Russland und der Ukraine zu weißen südafrikanischen Adoptionsbewerbern zu bringen. Ähnliches lässt sich auch in anderen Ländern, etwa Brasilien, feststellen.

Die Adoption dunkelhäutiger Kinder in weiße Familien stößt nicht nur bei Weißen auf Vorbehalte. 1972 veröffentlichte die Nationale Vereinigung der schwarzen Sozialarbeiter in den USA eine Erklärung, in der sie die Adoption schwarzer Kinder durch Weiße scharf verurteilte und als eine Form von kulturellem Völkermord bezeichnete. Schwarze Kinder hätten fundamental andere Bedürfnisse als weiße Kinder, da sie schon in jungen Jahren Techniken erlernen müssten, um in einer rassistischen Welt zu überleben. Es sei nur möglich, solche Techniken zu erlernen, wenn die Kinder von schwarzen Eltern erzogen würden. Jemand, der Rassismus nicht am eigenen Leib erfahren habe, sei grundsätzlich ungeeignet, ein Kind auf die Anfeindungen einer rassistischen Gesellschaft vorzubereiten.

Einen ganz anderen Standpunkt vertreten weltweit zahlreiche Adoptionsvermittlungsstellen, die ausschließlich dunkle Kinder an hellhäutige Eltern vermitteln, weil es dann unmöglich sei, ein Geheimnis aus der Adoption des Kindes zu machen und damit ein offenerer und für das Kind gesünderer Umgang mit dem Thema Adoption fast zwingend sei.

Adoptionsbewerber, die lieber ein weißes Kind hätten, begründen dies oft so:

- 'Wir wollen es dem Kind angesichts fremdenfeindlicher Übergriffe nicht zumuten, in Deutschland zu leben'
- 'Wir fühlen uns nicht stark genug, ein dunkelhäutiges Kind zu erziehen'
- 'Wir wollen nicht, dass jeder sieht, dass das Kind adoptiert ist.'

Nicht immer finden die Fachkräfte der Adoptionsvermittlungsstellen diese Argumentation sehr überzeugend.

Kann man es einem dunkelhäutigen Kind zumuten, in Deutschland zu leben?

➤ **Beispiel:**

'Ich kann mir nicht vorstellen, dass sich in unserem Dorf ein dunkelhäutiges Kind wohl fühlen kann. Ich denke, dass bei uns ein dunkelhäutiges Kind von klein auf Probleme haben würde. Bei uns im Dorf wohnt eine Familie, da ist der Vater schwarz und die Kinder deshalb auch sehr dunkel. Die sind einfach nicht so akzeptiert, wie die anderen weißen Kinder. Also es tut mir wirklich leid, aber ein farbiges Kind würde sich da nicht wohl fühlen. Das Kind selbst spürt die Ablehnung schließlich am stärksten. Natürlich kann die Liebe der Eltern da etwas abfangen, aber ohne eine Akzeptanz von Nachbarn, Schule etc. kann es hier keinen Platz finden, um geborgen aufwachsen zu können. Ich denke man sollte den Kindern das ersparen.'

Diese Argumentation kann man oft hören. Ist sie auch überzeugend?

Ein haitianischer Junge, der in einem Heim lebt, zur Adoption freigegeben ist und keine Adoptiveltern in Haiti findet, bleibt aller Wahrscheinlichkeit nach in diesem Heim. Er muss weiterhin ohne jegliche Zukunftsperspektive, ohne Familie, ohne Geborgenheit und ohne Liebe aufwachsen. Es ist fraglich, ob er versteht, dass er in seinen erbärmlichen Lebensverhältnissen weiterleben soll, weil man ihm ein Leben im reichen Deutschland ersparen will.

In den meisten Ländern haben Kinder umso schlechtere Karten, je dunkler sie sind. Kann man ausgerechnet diesen am meisten benachteiligten Kindern eine Adoption mit dem Argument verwehren, man wolle ihnen nur Leid ersparen?

In manchen Adoptionsvermittlungsstellen stößt man auf Ablehnung, wenn man argumentiert, es sei für schwarze Kinder das Beste, nicht adoptiert zu werden. So weist etwa die Adoptionsvermittlungsstelle AdA *'von vornherein alle diejenigen Bewerber ab, die sich von der Adoption ... die Aufnahme eines möglichst unauffälligen hellhäutigen Kleinkindes erhoffen. Jede Form der Ausgrenzung, auch die vermeintlich wohlwollende, die Kinder vor Belästigung in der Nachbarschaft schützen will, geht nicht mit den Prinzipien der AdA konform* '[30].

Diese Haltung wird auch von zahlreichen anderen Stellen geteilt.

Die Ausgangsfrage, ob man es einem dunkelhäutigen Kind zumuten kann, in Deutschland zu leben, ist aber auch damit noch nicht beantwortet. Könnte es sein, dass ein Leben in einem rassistischen reichen Deutschland für ein schwarzes Kind schlimmer ist, als ein

Leben in seiner Heimat, wo es zwar unter schlimmen Bedingungen lebt, aber dafür in einer Gesellschaft, in der es sich optisch nicht von der Bevölkerungsmehrheit unterscheidet?

Die Beantwortung der Frage hängt von mehreren Faktoren ab:
- Wie schlimm sind die Zustände, in denen das Kind in seiner Heimat lebt?
- Wie rassistisch ist Deutschland?

Wie schlimm sind die Zustände, in denen das Kind in seiner Heimat lebt?

Generell ist eine Auslandsadoption nur dann das Mittel der Wahl, wenn es sonst keinen Weg gibt, dem Kind das Aufwachsen in einer Familie vor Ort zu ermöglichen.

Vor allem schwarze Kinder kommen oft aus Ländern, in denen die Zustände geradezu katastrophal sind. Wer einmal die Gelegenheit hatte, ein haitianisches Heim zu besuchen, wird kaum noch die These vertreten, dass dort auf Dauer ein menschenwürdiges Leben möglich sei.

Wie rassistisch ist Deutschland?

Auch diese Frage lässt sich pauschal nicht beantworten. Man hört allerdings oft, es sei für dunkelhäutige Kinder in der Stadt besser als auf dem Land.

➤ **Beispiel:**

_____

Martina und Heinz wollen ein Kind adoptieren. Sie leben in einem kleinen Dorf in Niedersachsen und besitzen dort ein Haus. Da sie sich für eine Auslandsadoption interessieren, kommt für sie nur der 'ehemalige Ostblock' in Frage. Sie können sich nicht vorstellen, dass in ihrem kleinen Dorf ein fremdländisch aussehendes Kind integrierbar ist. Das sei allenfalls in einer Großstadt denkbar, wo ja auch sonst viele Ausländer wohnten. In ihrem Dorf aber seien sonst keine Ausländer. Da habe es ein farbiges Kind sicherlich sehr schwer.

Die bekannten Untersuchungen zum Thema Ausländerfeindlichkeit können diese Meinung nicht bestätigen. Fremdländische Kinder in kleineren Gemeinden erregen zwar sofort die Aufmerksamkeit der Bevölkerung. Nach einiger Zeit jedoch, wenn jeder festgestellt hat, dass von dem Neuzugang keine Bedrohung ausgeht und es bis auf die Hautfarbe genauso ist wie die anderen Kinder, stört sich meist keiner mehr an der dunkleren Hautfarbe.

Auch die Statistik fremdenfeindlicher Übergriffe spricht gegen die Theorie von der sicheren Großstadt. Hier kommt es weitaus häufiger zu Gewalttaten als in ländlichen Gebieten (Spitzenreiter bei der Ausländerfeindlichkeit ist nach der Pfeiffer-Studie von 2000 Leipzig, wo 26,6 % der Jugendlichen als ausländerfeindlich einzustufen sind. Die meiste Gewalt und den höchsten Drogenkonsum unter Jugendlichen gibt es in München).[31]

Es ist deshalb nicht richtig, pauschal davon auszugehen, dass es ein fremdländisches Kind leichter hat, wenn es in einer großen Stadt aufwächst.

Ob und in welchem Ausmaß international Adoptierte später mit Rassismus zu kämpfen haben, ist im Vorfeld einer Adoption kaum abzuschätzen. Es ist möglich, dass sie es später schwerer haben, einen Kredit zu bekommen, dass sie häufiger von der Polizei kontrolliert werden, dass sie größere Probleme bei der Lehrstellensuche haben und sich vielleicht auch die Partnersuche schwieriger gestaltet. Das alles muss jedoch nicht so sein. Es gibt viele Adoptierte, die weder mit ihrem Adoptiertsein, noch mit ihrem fremdländischen Aussehen nennenswerte Probleme haben, die beruflich erfolgreich und gesellschaftlich anerkannt sind und die sich selbst nicht als diskriminiert empfinden.

Eine Auslandsadoption eröffnet Kindern eine Chance, die sie in ihrem Herkunftsland nicht gehabt hätten. Gerade für dunkelhäutige Kinder gilt dies besonders, da sie meist aus Ländern kommen, in denen ein Leben ohne Eltern ein Leben ohne Perspektive bedeutet. Die Adoption eines schwarzen Kindes mit der Begründung abzulehnen, man wolle ihm ein Leben in Deutschland ersparen, ist deshalb nicht überzeugend.

Die gelungene Integration des Kindes hängt nicht davon ab, ob es weiß, braun oder schwarz ist. Viele Kriterien spielen hier eine Rolle. Es gibt deshalb auch keine Untersuchungen, die bestätigen würden, dass dunkelhäutige Adoptierte besonders unglücklich über ihre Adoption sind.

Könnte dies daran liegen, dass sie bei Eltern aufwachsen, die ein ganz besonderes Geschick in der Kindererziehung haben und ihren Kindern deshalb besonders viel Selbstvertrauen schenken können? Ist die Adoption dunkelhäutiger Kinder deshalb etwas für Menschen mit besonderen Fähigkeiten?

Muss man für ein schwarzes Kind besonders stark sein?

Die meisten, die die Adoption eines dunkelhäutigen Kindes ablehnen, begründen dies damit, dass sie es sich nicht zutrauen würden, mit den Anfeindungen umzugehen, denen das Kind später ausgesetzt sein könnte. Sie sind nicht grundsätzlich dagegen, dass dunkelhäutige Kinder adoptiert werden, sehen sich selbst aber nicht als stark genug an, diese Aufgabe zu bewältigen und den Kindern die nötige Unterstützung und Hilfe zu geben.

Grundsätzlich gilt auch hier, das es sehr positiv ist, wenn sich ein Paar bereits vor der Adoption darüber Gedanken macht, für welches Kind es sich geeignet fühlt und für welches nicht. Es ist sicherlich sinnvoller, bereits vor der Adoption festzustellen, dass man für manche Aufgaben nicht geschaffen ist, als hinterher zu dieser bitteren Erkenntnis zu gelangen. Wer sich nicht für die Erziehung eines dunkelhäutigen Kindes berufen fühlt, sollte die Finger davon lassen. Er würde sonst weder sich noch seinem Kind einen Gefallen tun.

Folgendes sollte in jedem Fall bedacht werden:
- Viele Adoptivkinder aus dem 'ehemaligen Ostblock' sind Sinti- oder Roma-Kinder. Im Sommer verwandelt sich ihre Haut oft in ein sattes Dunkelbraun, das sich von der Hautfarbe indischer oder sri-lankischer Kinder nur wenig unterscheidet. Auch die, die aus Russland, Bulgarien, Rumänien etc. adoptieren, können also ein Kind bekommen, das sich farblich deutlich von weißen Kindern unterscheidet.
- Da niemand im Vorfeld genau weiß, welche Behinderungen und Beeinträchtigungen das Kind genau mitbringt, ist eine gewisse Stärke bei jeder Adoption erforderlich. Wer sich nicht stark genug fühlt, sein Kind gegen ausländerfeindliche Bemerkungen in Schutz zu nehmen, muss wissen, dass er vielleicht in die Situation geraten kann, sein Kind aus anderen Gründen gegen diskriminierende Behauptungen in Schutz nehmen zu müssen. Vielleicht ist das Kind ein miserabler Schüler, dauerhaft ent-

wicklungsverzögert und verhaltensauffällig. Es ist nicht weniger grausam, wenn ein Kind wegen seiner schlechten Noten oder seinem auffälligen Verhalten gehänselt wird, als wenn sich jemand über seine Hautfarbe lustig macht.

In jedem Fall ist es sehr empfehlenswert, vor der Adoption Kontakt zu Familien aufzunehmen, die bereits ein dunkelhäutiges Kind adoptiert haben. Das Leben dort spielt sich oft in einer Normalität ab, die sich viele nicht vorstellen können.

Wir wollen nicht, dass jeder sieht, dass das Kind adoptiert ist

➤ **Beispiel:**

Silvia ist Adoptionsbewerberin: 'Als wir vom Jugendamt gefragt wurden, ob wir uns auch ein farbiges Kind vorstellen können, haben wir uns dagegen entschieden. Wir haben es damit begründet, dass das Kind später mal selbst entscheiden soll, wem es vom der Adoption erzählt und wem nicht. Wir selbst gehen völlig offen mit dem Thema um, und unsere ganze Familie und unsere Freunde wissen von unseren Plänen. Wenn unser Kind später mal selbst Freunde hat, soll es aber selber entscheiden können, wie es mit der Situation umgeht. Da soll nicht gleich jeder sehen, dass es nicht von uns abstammt.'

Relativ häufig werden Entscheidungen mit dem angeblichen Kindeswohl begründet. Besonders deutlich wird dies, wenn es um farbige Kinder geht. So soll das Kind von Silvia selbst entscheiden können, wie es mit einer Situation umgeht. Es soll also die Möglichkeit haben, die Adoption für sich zu behalten. Das - so glaubt Silvia - sei das Beste für das Kind.

Natürlich muss sich kein Adoptierter gegen seinen Willen eine Diskussion über seine Adoption aufzwängen lassen. Wenn ein adoptiertes schwarzes Schulkind von seinen Klassenkameraden gefragt wird, weshalb es schwarz und seine Eltern weiß sind, so genügt ein 'weil das bei uns so ist' oder ein 'das war in unserer Familie schon immer so' völlig. Wie, weshalb und wann es zur Adoption kam, ist Privatsache. Man kann darüber sprechen, muss es aber nicht.

Es ist immer möglich, die Frage nach der Adoption gegenüber Außenstehenden abzublocken. Aber gibt es auch Situationen, in denen es vorteilhaft ist, wenn man so tun kann, als wäre man das leibliche Kind seiner Eltern? Adoptiertsein ist nichts Anrüchiges, es hat keinen Makel. Adoptiert zu sein gehört zum Leben eines Adoptierten wie die Tatsache, eine Nase zu haben und auf zwei Beinen zu laufen. Welchen Sinn soll es haben, manchmal so zu tun, als hätte man keine Nase?

Vorzugeben, jemand anderer zu sein, ist nur dann nötig, wenn man etwas zu verbergen hat. Selbstbewusst erzogene Adoptivkinder betrachten ihre Adoption als etwas völlig Natürliches. Wenn sie über die Adoption sprechen wollen, tun sie es und wenn sie es nicht wollen, tun sie es nicht. Dafür braucht man keine spezielle Hautfarbe.

In unzähligen Studien wurden Adoptierte befragt, wie es ihnen damit geht, adoptiert zu sein. In keiner dieser Studien findet sich der Satz: 'Ich hätte gerne öfter so getan, als wäre ich das leibliche Kind meiner Eltern.'

Wir wollen uns nicht überfordern

Im Vorfeld einer Adoption überlegt wohl jeder Interessierte, wie das denn so wäre mit einem fremden Kind. Ist so ein adoptiertes Kind wohl intelligent? Wird es nur Ärger machen? Wird es ganz anders aussehen als seine Adoptiveltern? Wird es sich komisch benehmen? Wird es krank sein? Wird es seine neuen Eltern lieben und als Vater und Mutter akzeptieren?

Fragen über Fragen, auf die man leider keine verbindlichen Antworten bekommen kann.

Niemand weiß, wie hübsch, gesund, klug und integrationsfähig das Kind später sein wird. Manchen Adoptivbewerbern geht es in erster Linie darum, einem Kind, das keine Eltern hat, ein Zuhause zu geben. Sie denken sich: 'Wenn wir ein leibliches Kind bekommen hätten, so hätten wir es auch dann geliebt und angenommen, wenn es krank, behindert, unintelligent oder sonst auffällig gewesen wäre. Für ein Adoptivkind kann deshalb nichts anderes gelten. Auch dieses Kind wollen wir so nehmen, wie es kommt.'

Bei diesen Eltern finden dann tatsächlich solche Kinder ein Zuhause, bei denen man wegen Ihrer geistigen und körperlichen Schädigungen mit Sicherheit davon ausgehen kann, dass sie sonst im Leben keine Chance gehabt hätten.

➤ **Beispiel:**

Das Ehepaar Müller adoptiert ein Kind, bei dem sich bereits vor der Adoption zeigte, dass es mehrmals operiert werden muss. Zum jetzigen Zeitpunkt kann keiner der behandelnden Ärzte sagen, ob die Operationen zu einem Erfolg führen werden.

Die Müllers sind eine Ausnahme. Die meisten Bewerber wünschen sich ein Kind, das keine Beeinträchtigungen mitbringt. Spätestens beim Ausfüllen der Antragsformulare gibt es dann die ersten Schwierigkeiten, wenn danach gefragt wird:
'Würden Sie auch ein beeinträchtigtes Kind oder ein behindertes Kind akzeptieren?
Ja ( ) Nein ( )'

Was soll man darauf antworten? Natürlich hoffen die meisten auf ein völlig gesundes Kind. Wenn man nun aber sein Kreuz bei 'Nein ( )' macht, führt dies dann dazu, dass man im Amt ganz unten im Aktenstapel landet und keine Chancen auf Vermittlung hat? Wenn man allerdings bei 'Ja ( )' ankreuzt - wird einem dann vielleicht ein behindertes Kind vermittelt, das man so gar nicht wollte?

Grundsätzlich ist zu sagen, dass sich diese Frage mit 'ja' oder 'nein' nicht beantworten lässt. Ein Kind, dem an einer Hand ein Finger fehlt, ist beeinträchtigt und ein Kind, das eine Lippen - Kiefer - Gaumenspalte hat, ist es auch. Eine Beeinträchtigung liegt dann vor, wenn das Kind einen schweren Herzfehler hat, aber auch dann wenn es an einer leichten Spastik leidet. All diese Fälle sind kaum miteinander zu vergleichen.

Es empfiehlt sich deshalb bei der Frage nach Beeinträchtigungen zu antworten: 'Das kommt darauf an'. Man kann dies dann später im persönlichen Gespräch mit der Fachkraft der Vermittlungsstelle präzisieren.

Spätestens in diesem Gespräch muss man dann aber darlegen, welche Vorstellungen man sich von seinem zukünftigen Kind macht. Viele antworten: 'Wissen Sie, es soll ja auch ein Kind sein, das zu uns passt. Es ist ja auch für das Kind nicht gut, wenn wir uns überfordern.'

Dies ist natürlich völlig richtig. In der Tat sollte sich niemand überfordern. Selbstverständlich ist es für ein körperlich oder geistig behindertes Kind nicht gut, in eine Familie zu kommen, die Behinderungen als Makel erlebt und mit den Einschränkungen des Kindes nichts anfangen kann. Es ist auch sicherlich nicht gut für das Kind, wenn seine Eltern nicht angemessen auf die Anforderungen reagieren, sondern in ihrer Hilflosigkeit die Situation nur verschlimmern.

Es ist dennoch problematisch, wenn sich Bewerber nur in der Lage sehen, ein süßes kleines, gesundes und intelligentes Mädchen zu erziehen und glauben, bei der Erziehung eines beeinträchtigten Kindes überfordert zu sein. Vielfach werden so an ein Adoptivkind höhere Anforderungen gestellt als an ein leibliches Kind.

Viele Adoptionsbewerber haben Maßnahmen der künstlichen Befruchtung hinter sich. Hier lässt sich kaum einer von Meldungen wie diesen abschrecken: *'Das Mainzer Geburtsregister zeigt bei natürlich gezeugten Kindern gut fünf Prozent Fehlbildungen, bei denen nach ICSI jedoch 16 Prozent. Retortenkinder leiden auffallend oft an Geburtsschäden, Entwicklungsstörungen und Erbdefekten. Auch Krebsleiden scheinen häufiger vorzukommen. Weltweit - auch in Deutschland - sind bis zu vierzig Prozent jener Neugeborenen, die mit medizinischer Hilfe gezeugt werden, Mehrlinge, meist Zwillinge. Die oft viel zu frühe Geburt dieser Kinder geht häufig mit Defekten einher, die eine Hypothek für das ganze Leben darstellen. Die von der kassenärztlichen Bundesvereinigung herausgegebenen Richtlinien über künstliche Befruchtung verlangen daher ausdrücklich die Beratung der Paare auch über die höheren genetischen Risiken der Spermieninjektion.'* [32]

Manche Paare haben trotz aller Risiken über Jahre versucht, auf diesem Weg schwanger zu werden. Über jedes Kind, das ihnen so geschenkt worden wäre, hätten sie sich unermesslich gefreut. Es ist dann nicht immer nachvollziehbar, wenn später bei der Adoption Anforderungen an ein angenommenes Kind gestellt werden, die kaum zu erfüllen sind.

Adoptivkinder kommen sehr oft aus einem Umfeld, das schon während der Schwangerschaft nicht optimal war. Man kann deshalb auch bei sehr kleinen Kindern nicht unbedingt erwarten, dass das bisherige Leben spurlos an dem Kind vorbeigezogen ist. Es ist nicht so, dass alle Adoptivkinder ausnahmslos stark beeinträchtigt wären. Es gibt jedoch keine Garantie, dass man nicht ein Kind bekommt, das viele Probleme in sich vereinigt. Auch die Adoption eines kleinen Babys bietet hier keine Sicherheit, da niemand ausschließen kann, dass im Laufe der Jahre Spätschäden auftreten, die zum Zeitpunkt der Adoption keiner erkennen konnte.

Viele Bewerber haben zum Zeitpunkt der Antragstellung bereits eine lange Leidensgeschichte hinter sich. Manche sind von den jahrelangen vergeblichen Bemühungen, auf natürlichem Weg ein Kind zu bekommen, so entkräftet, dass sie es mit dem adoptierten Kind nicht schwer haben wollen. Am Ende vieler Rückschläge soll ein Kind stehen, das keine weiteren Probleme macht.

Das ist jedoch zum Zeitpunkt der Adoption oder auch noch Monate bis Jahre danach nicht abzusehen. Niemand (auch kein Arzt) kann sagen, ob ein Baby später eine Lernbehinderung zeigen wird oder nicht, ob es Hirnschädigungen aufweist oder nicht, etc.

Hier liegt das Problem vieler Adoptionswünsche. Einerseits wollen die meisten Paare ein Kind, das noch ein Baby ist, andererseits soll es aber auch völlig gesund sein. Das ist jedoch bei Babys nur sehr eingeschränkt nachprüfbar.

Was aber macht jemand, der angibt, bei der Erziehung eines Kindes mit Beeinträchtigungen überfordert zu sein, wenn die Probleme erst nach der Adoption auftreten? Zum Zeitpunkt der Adoption ist es oft nur sehr schwer möglich, verlässliche Angaben darüber zu machen, welche Anforderungen auf die Adoptiveltern in Zukunft zukommen. Es ist gut möglich, dass die Adoptivbewerber ein Kind vermittelt bekommen, bei dem zum Zeitpunkt der Adoption niemand etwas Auffälliges feststellen kann. Keiner wird die Hand dafür ins Feuer legen wollen, dass auf die Adoptiveltern nicht später Belastungen zukommen, die sie dann doch überfordern. Letztlich ist es deshalb von eingeschränkter Bedeutung, ob das Kreuz bei 'Ja ( )' oder 'Nein ( )' gemacht wird. Wenn sich beim Kind später starke Beeinträchtigungen zeigen, müssen seine neuen Eltern damit klarkommen und kaum einer wird danach fragen, ob sie sich dabei für überfordert halten oder nicht.

Ein Kind bis zu einem Jahr

Es ist heute Allgemeinwissen, dass die Bedingungen der Kindheit darüber mitentscheiden, wie sich ein Kind später entwickelt. Aus diesem Wissen heraus denken viele: 'Ein Kind, das schon ein paar Jahre in einer schlimmen Umgebung gelebt hat, ist sicherlich bereits so geschädigt, dass da nicht mehr viel auszurichten ist. Da ist es sicherer, ein kleines Kind zu adoptieren, das noch nicht so viel Schreckliches erlebt hat'

Aber ist es tatsächlich so, dass kleinere Kinder weniger geschädigt sind als große und dass es generell einfacher ist, ein Baby zu erziehen als ein schon etwas älteres Kind?

➤ **Beispiel:**

Heidi Blum und Ihr Mann Erich kommen in die Adoptionsvermittlungsstelle und wünschen sich ein Kind bis zu einem Jahr. Älter soll es nicht sein, denn dann habe es schon zu viel erlebt und sei vielleicht schon zu sehr geschädigt. Außerdem soll sich das Kind auch möglichst schnell an seine neuen Eltern gewöhnen und das sei nun mal bei kleinen Kindern einfacher.

Die Blums sind mit ihrer Meinung nicht allein. Die meisten Adoptionsbewerber versprechen sich weniger Probleme, wenn das Kind noch sehr klein ist, und tatsächlich deuten einige Studien darauf hin, dass Adoptionen problematischer verlaufen, wenn das Kind schon älter ist.[33]

Die Hoffnung, mit der Adoption eines sehr kleinen Kindes weniger Probleme zu bekommen, kann jedoch trügerisch sein. Manche Kinder wurden schon in den ersten

Lebensmonaten so vernachlässigt, dass es später sehr schwierig ist, sie in die Familie zu integrieren.

➤ **Beispiel:**

Die Blums adoptieren die kleine Salome. Das Mädchen ist 10 Monate alt und wurde seiner leiblichen Mutter vom Jugendamt weggenommen, weil sie sich kaum um das Kind kümmerte. Nach der Adoption nimmt Salome so gut wie keinen Kontakt zu ihren neuen Eltern auf. Sie schreit oft und lang und ist mit nichts zu beruhigen. In den folgenden Jahren zeigt sich, dass das Mädchen erheblich entwicklungsverzögert ist.

Schädigungen in der Schwangerschaft oder Vernachlässigung nach der Geburt können bei Babys zu schweren Beeinträchtigungen führen, die oft erst nach langer Zeit diagnostiziert werden können. Manche Adoptionsvermittlungsstellen berichten deshalb, dass die Kinder, die am wenigsten Probleme nach der Adoption machten, durchweg schon etwas älter waren, und sich vor allem bei Kleinkindern und Säuglingen nach der Adoption Probleme einstellten.

➤ **Beispiel:**

Blums adoptieren einige Jahre später noch ein Kind, den kleinen Roberto. Der Junge ist zum Zeitpunkt der Adoption schon 5 Jahre alt. Dennoch gelingt seine Eingewöhnung in die Familie leichter als beim ersten Kind

Das kann daran liegen, dass die Blums schon Erfahrungen mit der Erziehung von Kindern haben oder von der Vermittlungsstelle besonders gut betreut werden.

Dass der Adoptionserfolg nicht nur von den Eigenschaften des Kindes abhängt sondern auch von der Persönlichkeit der Adoptiveltern und der Intensität der Betreuung zeigt die Zahl der gescheiterten Adoptionen, die bei Spätadoptierten, *'nicht über der bei Säuglingsadoptionen liegt und bei schwer behinderten Kindern sogar noch niedriger ausfällt'*[34].

Diese Erfolge bei der Adoption von Spätadoptierten können daran liegen, dass die Adoptiveltern besonders geeignet sind, dass die Betreuung besser ist, oder daran, dass ältere Kinder in vielen Fällen die ersten Lebensjahre in einem relativ stabilen Umfeld verbracht haben. Wer seit seiner Geburt bei der leiblichen Mutter oder anderen Familienmitgliedern gelebt hat und erst später durch Schicksalsschläge zur Adoption freigegeben wurde, hat oft ein stabileres Bindungsverhalten entwickelt als ein Säugling, der unmittelbar nach der Geburt in ein Kinderheim kommt oder bei wechselnden Pflegefamilien aufwächst.

Ein jahrelanges Leben unter schlechten Bedingungen hinterlässt immer seine Spuren. Das führt aber nicht zwangsläufig zu schweren Schädigungen. Zum einen haben Kinder große Selbstheilungskräfte, die dafür sorgen, dass nicht jede seelische Verletzung auch zu einer dauerhaften Beeinträchtigung führt. So ist bekannt, dass zwei Drittel der Gewaltopfer, bei denen nach dem Trauma eine Belastungsstörung diagnostiziert wurde, im Verlauf der ersten sechs bis zwölf Monate die Diagnose auch dann verlieren, wenn sie nicht therapeutisch unterstützt werden.[35]

Zum anderen hängt es von vielen Faktoren ab, ob ein Ereignis auf ein Kind traumatisierend wirkt oder nicht. Die wichtigsten sind:

- der Stand der Entwicklung des Kindes: Es ist möglich, dass Gräueltaten während eines Krieges für einen Säugling keine Belastung sind, weil er die Bedrohlichkeit der Situation noch gar nicht erfassen kann. Hingegen kann es für ihn - im Gegensatz zu einem Jugendlichen - traumatisierend sein, für längere Zeit von seiner Mutter getrennt zu sein.
- die traumatische Situation: Das Kind kann sowohl durch ein einmaliges Ereignis (Schocktrauma) oder durch ein Geschehen über einen längeren Zeitraum traumatisiert werden. Es ist auch möglich, dass mehrere Ereignisse, die für sich genommen keine Auswirkungen gehabt hätten, zusammen ein Trauma hervorrufen.
- Vorhandensein von schützenden Faktoren: Wer nach dem traumatischen Ereignis fürsorglich und liebevoll behandelt wird, hat höhere Chancen, keine dauerhafte Schädigung davonzutragen.

Vor der Adoption erfahren die neuen Eltern meist einiges über die physische und wenig über die psychische Verfassung ihres Kindes. Niemand kann sagen, ob und wie sehr das Kind durch vergangene Erlebnisse traumatisiert wurde. Es mag sein, dass ein Kind über Jahre in einem Heim war und dennoch seelisch weniger verletzt ist als ein Baby, das von seiner Mutter verlassen wurde. Wenn ausreichend schützende Faktoren vorhanden sind, können in der Regel auch sehr belastende Situationen von Kindern gut verarbeitet werden. Darüber, ob diese schützenden Faktoren vor der Adoption vorhanden waren, erfahren die meisten Adoptiveltern kaum etwas. Wer weiß schon, ob das Kind im Heim eine liebevolle Bezugsperson hatte oder nicht.

Es ist deshalb keineswegs so, dass kleinere Kinder immer weniger geschädigt sind als große.

Auch die Vorstellung, ein Baby zu erziehen sei generell viel einfacher als ein schon etwas älteres Kind, entspricht nicht der Realität. Wer schon einmal ein Schreibaby und seine völlig entkräfteten Eltern gesehen hat, weiß, dass auch ein ganz kleines Kind seine Eltern an den Rand des körperlichen Zusammenbruchs bringen kann.

Im Grunde sind die Erziehungsaufgaben bei einem Säugling und bei einem Kind, das schon ein paar Jahre alt ist, nicht miteinander zu vergleichen. Das eine ist nicht schwerer als das andere – es ist einfach etwas völlig anderes.

Ein Mädchen

Wenn es die Adoptionsvermittlungsstelle den Bewerbern überlässt, sich das Geschlecht des Kindes auszusuchen, fällt die Wahl meist auf ein Mädchen. Offensichtlich sind viele davon überzeugt, dass Mädchen leichter zu erziehen und leichter zu integrieren sind und spätere Erziehungsprobleme deshalb problemloser bewältigt werden können. Es dürfte sich hierbei um ein Klischee handeln. Es gibt keine wissenschaftlichen Erkenntnisse darüber, dass das Geschlecht des Kindes den Erfolg oder Misserfolg der Adoption mitbestimmt. Wer sich trotz allem die Adoption eines Jungen nicht vorstellen kann, muss wissen, dass dies vor allem bei Auslandsadoptionen die Vermittlung stark erschwert. Viele Vermittlungsstellen sind nicht bereit, die Bewerber über das Geschlecht des Kindes mitentscheiden zu lassen.

Ein Waisenkind

Waisenkinder haben ein schreckliches Schicksal zu erleiden. Es gibt unzählige Geschichten und Erzählungen über Kinder, die das Glück verließ, als ihre Eltern starben. In der Literatur sind sie immer die Sympathieträger und die meisten Geschichten gehen so aus, dass sich das Waisenkind zum Schluss behauptet und doch noch glücklich wird. Vielleicht ist dies der Grund dafür, weshalb viele Adoptionsbewerber annehmen oder wünschen, bei Adoptivkindern handele es sich um Waisenkinder. Bei manchen Bewerbern steht auch die Angst dahinter, sich mit der Nicht-Leiblichkeit des Kindes auseinandersetzen zu müssen. Jedes Adoptivkind hat leibliche Eltern und es wird sich in der Regel auch für diese interessieren - gleichgültig, ob sie tot sind oder nicht.

Die Vermittlungsstellen legen deshalb viel Wert darauf, dass das Vorhandensein leiblicher Eltern anerkannt und akzeptiert wird und die Bereitschaft besteht, sich mit ihnen auseinanderzusetzen.

In der Regel kommen nur die allerwenigsten Kinder zur Adoption, weil ihre Eltern gestorben sind. Bei der überwiegenden Zahl der Adoptivkinder handelt es sich nicht um Waisenkinder.

Die Tatsache, dass in der Regel noch mindestens ein Elternteil des Kindes lebt, hat zur Konsequenz:

- dass sich die leibliche Mutter von dem Kind getrennt hat oder den Eltern das Sorgerecht entzogen wurde. Jedenfalls war die Geschichte des Kindes nicht so, dass sich eine gesunde glückliche Familie ihres Lebens erfreute, bis ein Unglücksfall die Eltern aus dem Leben riss und das Kind allein zurückblieb. Es ist oft schwer, die Realität zu akzeptieren und sich damit auseinanderzusetzen, dass das Kind vielleicht aus einem Elternhaus kommt, das den gängigen Vorstellungen einer heilen Familie gründlich widerspricht.
- dass das Kind eventuell später den Kontakt zu seinen leiblichen Eltern sucht.

Bei Adoptionen aus dem Ausland wird der Eindruck, nur Waisenkinder würden adoptiert, noch dadurch untermauert, dass nach der Gesetzeslage in mehreren Ländern nur Waisenkinder zur Adoption freigegeben werden. Auch hier kann man sich jedoch nicht sicher sein, dass nicht doch noch zumindest ein Elternteil lebt. In vielen Heimen werden nur Kinder aufgenommen, die keine Eltern mehr haben. Dies führt dann fast zwangsläufig dazu, dass das Kind ausgesetzt wird, um seine Herkunft zu verschleiern.

Ein intelligentes Kind

Viele Adoptionsbewerber geben bei ihrer Bewerbung an, es sei ihnen wichtig, ein Kind von mindestens 'durchschnittlicher Intelligenz' zu bekommen.

➤ **Beispiel:**

Günter und Annika interessieren sich für eine Adoption. Beide können sich gut vorstellen, ein Kind anzunehmen, das auch körperliche Beeinträchtigungen hat. Nur einen Makel darf das Kind nicht haben - es darf nicht dumm sein. 'Dumme Kinder machen mich wahnsinnig. Ich hab doch nicht jahrelang studiert, um dann mit einem Kind zusammenzuleben, das es allenfalls bis zur Hauptschule bringt' denkt sich Günter.

Viele Bewerber teilen die Ängste von Günter und sorgen sich um die Intelligenz des Kindes. Manche äußern sich auch dahingehend, dass sie vor der Adoption sogar eine genetische Untersuchung bezahlen würden, um dadurch herauszufinden, wie klug das Kind ist. Das ist allerdings nicht möglich. Intelligenz lässt sich nicht durch genetische Untersuchungen nachweisen, sondern nur durch Intelligenztests, die oft nicht besonders aussagekräftig sind und keine Aussage über die Intelligenzentwicklung nach der Adoption zulassen. Von den Adoptionsvermittlungsstellen werden solche Tests nicht durchgeführt. Wer nur ein intelligentes Kind adoptieren will, kann auf wenig Verständnis hoffen.

Vielleicht sind die Befürchtungen aber auch völlig unbegründet und jedes Adoptivkind kann sich nach der Adoption bei ausreichender Förderung zu einem Bill Gates oder einem Albert Einstein entwickeln. Manche Autoren, die die Vererblichkeit von Intelligenz leugnen[36], sehen dies tatsächlich als möglich an. Nach ihrer Meinung sind nur die Bedingungen entscheidend, unter denen das Kind aufwächst.

Dies hat sich allerdings als falsch herausgestellt. Zu einem gewissen Prozentsatz ist Intelligenz erblich und dieser ererbte Anteil gewinnt sogar im Laufe des Lebens an Bedeutung.[37]

Für Adoptivkinder bedeutet dies, dass ihre Intelligenz nach der Adoption meist deutlich ansteigt. Wie eine französische Studie nachwies, konnten missbrauchte und vernachlässigte Adoptivkinder in harmonischen und wohlhabenden Familien ihren IQ um 19 Punkte steigern[38]. Je älter die Adoptierten werden, desto mehr gleicht sich ihr IQ allerdings wieder dem der leiblichen Eltern an.

Wir möchten mehrere Kinder

In Adoptivfamilien gibt es die unterschiedlichsten Konstellationen. Es gibt Paare, die sich auf ein Kind beschränken und Paare, die im Laufe der Jahre mehrere Kinder adoptieren oder auf einmal mehrere Geschwister aufnehmen. Manche haben schon leibliche Kinder und adoptieren dann und in einigen Fällen kommt nach der Adoption noch leiblicher Nachwuchs. Wie viele Kinder man sich wünscht, ist sehr stark von der eigenen Vergangenheit geprägt. Wer selbst als Einzelkind aufgewachsen ist, die ungeteilte Aufmerksamkeit seiner Eltern genossen hat und voller Glück darauf zurückschaut, dass kein anderer um die elterliche Zuwendung konkurrierte, wird seinem Kind oft dieselbe Kindheit wünschen und ein Aufwachsen unter Geschwistern nur als zweitbeste Variante betrachten. Wer selbst unter Geschwistern aufgewachsen ist und dies genossen hat, wird vermutlich auch sein

Kind in dieser Konstellation aufwachsen sehen wollen. Manchmal ist es dann schlicht unvorstellbar, nur ein Kind großzuziehen. Die Tatsache, dass bereits ein Kind in der Familie ist, muss deshalb nicht bedeuten, dass der Wunsch nach einem weiteren Kind automatisch weniger stark ausgeprägt ist als bei denen, die noch überhaupt keine Kinder haben. Verzweifelten unerfüllten Kinderwunsch gibt es auch in Familien, in denen schon ein Kind lebt.

➤ Beispiel:

Eine Mutter beschreibt dies so:

Nach unserem ersten Kind konnte ich es mir überhaupt nicht vorstellen, dass es bei dem einen Kind bleiben sollte. Ich wollte unbedingt, dass meine Tochter mit Geschwistern aufwächst. Ich wollte mich nicht immer nur mit einem Kind beschäftigen, mich nur um eines kümmern und mich nur um eines sorgen. Ich hatte das Gefühl, dass dies weder für meine Tochter noch für mich gesund wäre.

Dazu kommt, dass ich selbst als Einzelkind aufgewachsen bin und nach dem Tod meiner Eltern keinen mehr habe, der sich mit mir zusammen an meine Kindheit erinnern würde und der mich, meine Herkunft und meine Vergangenheit wirklich kennt. Das wollte ich meinem Kind ersparen.

Als sich nach unserer Tochter keine weiteren Kinder mehr anmeldeten, war ich deshalb sehr unglücklich. Meine Freundinnen haben mich damals kaum verstanden, weil wir ja schon ein Kind hatten. Für mich waren wir aber einfach nicht komplett.

In erster Linie entscheiden also die Erfahrungen der eigenen Kindheit. Manchmal bringt den Eltern aber auch die Adoption so viel Freude und Erfüllung, dass sie dieses Glücksgefühl gerne öfter erleben möchten. Auf einer amerikanischen Internetseite findet sich deshalb die 'Warnung' einer siebenfachen Adoptivmutter an potentielle Adoptiveltern: 'Be careful – adoption can be habit – building' (Seien Sie vorsichtig – Adoptieren kann zur Gewohnheit werden).

Natürlich sollte eine Adoption immer dann besonders gut und sorgfältig geplant werden, wenn bereits Kinder in der Familie sind. Schließlich geht es dann nicht mehr nur um die eigenen Wünsche und Vorstellungen, sondern auch um die Interessen der anderen Kinder. Mehrere Fragen sind hier von besonderem Interesse:

- Wie viel Arbeit macht ein weiteres Kind?
- Kann ich ein weiteres Kind genauso lieben wie mein anderes Kind / meine anderen Kinder?
- Ist es schwierig, zu leiblichen Kindern noch Kinder dazuzuadoptieren?
- Welcher Altersabstand ist am besten?
- Können die Kinder verschiedenen Ethnien angehören? Ist es schädlich, wenn ein leibliches Kind noch eine Schwester aus Kolumbien oder ein Kind aus Vietnam noch einen Bruder aus Nepal bekommt?

Wie viel Arbeit macht ein weiteres Kind?

Das ist eine schwierig zu beantwortende Frage. Wer andere Eltern nach ihren Erfahrungen befragt, erhält oft die Auskunft, es sei einfacher mit zwei oder mehreren Kindern, weil die Geschwister miteinander spielen und nicht so sehr darauf angewiesen seien, von ihren Eltern beschäftigt zu werden. Manche Eltern haben allerdings auch die genau gegenteilige Erfahrung gemacht und festgestellt, dass ein Kind und noch ein Kind zusammen weit mehr als doppelt so viel Arbeit machen als ein Kind allein. In erster Linie hängt es vom Alter des Kindes ab, ob ein weiteres Geschwisterchen mehr Belastung oder mehr Entlastung bringt. Wer ein einjähriges und ein dreijähriges Kind hat, wird bald bemerken, dass Kinder in diesem Alter nicht sehr lange still und ungestört miteinander spielen. Doch auch wenn beide ein wenig älter sind, folgt daraus noch nicht automatisch, dass deshalb auch gleich die Arbeit weniger wird. Zwei Kinder zu haben bedeutet, zwei unterschiedlichen Anforderungen, Bedürfnissen und Wünschen gerecht werden zu müssen. Und es bedeutet, zwei Menschen vor sich zu haben, die zwar Zeit in trauter Einigkeit miteinander verbringen, aber auch Zeit, in denen sie sich mit Holzhämmerchen malträtieren, sich streiten und zanken, sich gegenseitig das Spielzeug wegnehmen, etc.

Gerade die Anforderung, die Beziehung der Kinder untereinander zu moderieren und zu lenken ist es, was die Erziehung mehrerer Kinder zu einer anstrengenden Beschäftigung machen kann.

Ein weiteres Kind – wird das gut gehen?

Viele Eltern, die ihr Kind oder ihre Kinder über alles lieben, fragen sich, ob sie einem weiteren Kind wohl die gleiche Liebe entgegenbringen können, oder ob sie durch eine weitere Adoption nicht vielmehr die Familienidylle einem großen Risiko aussetzen.

➤ Beispiel:

Das Ehepaar M. hat vor zwei Jahren den kleinen Peter adoptiert. Vater, Mutter und Kind verstehen sich prächtig und vor alle Frau M. und Peter sind ein Herz und eine Seele. Als irgendwann die Überlegung aufkommt, eventuell noch ein zweites Kind zu adoptieren, ist Frau M. eher beunruhigt. Sie hält es für sehr unwahrscheinlich, noch einmal ein Kind zu bekommen, das so perfekt ist wie Peter. 'Und wenn ich das andere Kind nicht mag, oder wenn Peter es nicht mag', überlegt sie sich. 'Ob man überhaupt so ein Risiko eingehen sollte, wo es doch momentan so perfekt ist?'

Die Adoption jedes weiteren Kindes ist mit vielen Ungewissheiten verbunden. Eine der Unsicherheiten besteht darin, dass niemand im Vorfeld sagen kann, ob das neue Kind später genauso geliebt wird wie schon vorhandene Kinder. Meist ist es jedoch so, dass die Eltern nach weiteren Adoptionen überzeugt sind, auch dieses Kind sei für sie bestimmt gewesen. Und nicht nur das: Die meisten sind sogar der Meinung, es könne kein Zufall sein, dass nun ausgerechnet diese Kinder zu Geschwistern geworden sind. Sicherlich seien sie schon immer füreinander bestimmt gewesen.

Ist es schwierig, zu leiblichen Kindern noch Kinder dazu zu adoptieren?

Rechtlich gesehen spricht nichts dagegen, zu einem leiblichen Kind noch ein weiteres Kind zu adoptieren. In den Empfehlungen der Landesjugendämter zur Adoptionsvermittlung steht deshalb auch, dass das Vorhandensein von Kindern in der Bewerberfamilie generell weder als Vorteil noch als Nachteil zu sehen sei. Aufgrund ihrer erzieherischen Erfahrung seien Bewerber mit Kindern üblicherweise besonders qualifiziert. Diese Meinung wird nicht von allen Vermittlungsstellen geteilt und scheint selbst unter den Landesjugendämtern umstritten. Das Landesjugendamt Brandenburg etwa schreibt: *'Viele Bewerber denken, dass die gemeinsame Erziehung von eigenen Kindern und Adoptivkindern Vorteile bietet, weil diese Familie bereits praktische Erfahrungen besitzt. Das Adoptivkind wird bei Erziehungsschwierigkeiten mit den leiblichen Kindern verglichen und könnte dabei schlecht abschneiden. Weil es in seinem jungen Leben bereits Trennungen erleben musste, beansprucht es nun die Adoptiveltern in ganz anderer Weise, als man dies von eigenen Kindern kennt. Muss das Adoptivkind außer zu den Eltern auch noch Beziehungen zu den Geschwistern aufbauen, wird die Situation in der Familie sehr schwierig. Dies spricht dafür, Adoptivkinder nicht in Familien mit eigenen Kindern zu vermitteln.'*[39]

Außer einer etwas unglücklichen Wortwahl (auch Adoptivkinder sind 'eigene' Kinder – sie sind nur nicht leiblich) erkennt man vor allem, dass es in erster Linie auf die Meinung der Vermittlungsstelle ankommt. Ob es tatsächlich angebracht ist, davon zu sprechen, ein Adoptivkind beanspruche seine Eltern *'in ganz anderer Weise, als man dies von eigenen Kindern kennt'*, ist fraglich. Es gibt genügend leibliche Kinder, die ihre Eltern dazu bringen, darüber nachzudenken, ob es nicht vielleicht besser gewesen wäre, ganz auf Kinder zu verzichten. Und es gibt viele Adoptivkinder, die ihren Eltern kaum Schwierigkeiten machen. Die pauschale Feststellung, dass Adoptivkinder ihre Eltern in ganz anderer Weise beanspruchen als leibliche Kinder, widerspricht daher den Erfahrungen vieler Eltern.

Welcher Altersabstand ist am besten?

Falls mehrere Kinder in der Familie leben, wird bei allen Adoptionsvermittlungsstellen darauf geachtet, dass eine natürliche Geschwisterfolge eingehalten wird. Wer schon 2 Kinder im Alter von 2 und 5 Jahren hat, kann deshalb kein 3-jähriges Kind annehmen. Das Adoptivkind muss immer jünger als die bereits vorhandenen Kinder sein. Welcher Altersabstand genau einzuhalten ist, wird von Vermittlungsstelle zu Vermittlungsstelle etwas unterschiedlich gesehen. Während manche den Standpunkt vertreten, man müsse sich am natürlichen Altersabstand leiblicher Kinder (mindestens 1 Jahr) orientieren, sind andere der Meinung, es sollte ein Abstand von mindestens 3 Jahren sein.

Wie bei allen Platzierungen kommt es auch hier auf den Einzelfall an. Wenn das neue Kind schon etwas älter ist oder das letzte Kind erst vor ein bis zwei Jahren adoptiert worden ist und noch Anpassungsprobleme hat, empfiehlt es sich, einen Abstand von drei Jahren einzuhalten. In anderen Fällen kann aber auch ein Jahr genügen.

Können die Kinder verschiedenen Ethnien angehören?

Bei der Frage, ob die Kinder verschiedenen Ethnien angehören können, gehen die Vorstellengen der Adoptionsvermittlungsstellen weit auseinander. Während manche es ausgesprochen begrüßen, wenn Kinder unterschiedlicher Hautfarbe in der Familie sind, sind andere der Meinung, dies behindere die kindliche Integration. Aussagekräftige Studien, die bei der Entscheidungsfindung helfen könnten, gibt es nicht.

➤ **Empfehlungen der Landesjugendämter zur Adoptionsvermittlung:**

Bereits vorhandene Kinder in der Bewerberfamilie sind in die Beurteilung mit einzubeziehen. Es wird vom Einzelfall abhängen, welchen Einfluss die künftige Geschwisterkonstellation auf das Familiensystem haben kann. In der Regel wird nur ein Kind zur Adoption in Betracht kommen, welches jünger als das jüngste vorhandene Kind ist. Vorhandene Kinder sind so einzubeziehen, dass sie das Hinzukommen eines weiteren Geschwisters und seine Integration mitzutragen vermögen.

Welche Kriterien muss man erfüllen?

Untersucht man Adoptivfamilien, so zeigt sich, dass sie durchschnittlich eine bessere Schulbildung haben, in besseren Wohnverhältnissen leben und sehr oft aus der oberen Mittelschicht stammen[40]. *'Auch sind sie bei Aufnahme ihres Kindes im Durchschnitt länger miteinander verheiratet, werden seltener geschieden und schätzen ihre Ehe weitaus häufiger als überdurchschnittlich positiv und sehr harmonisch ein. Darüber hinaus werden Adoptiveltern als durchsetzungsfähiger und selbstsicherer beschrieben und weisen einen besseren psychischen und physischen Gesundheitszustand auf als Eltern mit leiblichen Kindern'.*[41]

Paare mit Kinderwunsch, die in einer Mietwohnung leben, sich ab und an streiten, durchschnittlich verdienen, sich nicht als überaus selbstsicher erleben und auch nicht mehr die Allerjüngsten sind, können bei solchen Sätzen schnell ins Grübeln kommen. Ist eine Adoption vielleicht nur etwas für junge Akademiker mit abbezahltem Eigenheim und Garten? Haben 'normale' Menschen überhaupt eine Chance?

Die folgenden Kapitel sollen hier etwas Klarheit bringen.

Wie alt darf man für eine Adoption sein?

Wenn ein Ehepaar gemeinsam ein Kind annehmen will, muss einer der Ehegatten das 25. Lebensjahr, der andere Ehegatte das 21. Lebensjahr vollendet haben. Von dieser gesetzlichen Regelung gibt es keine Ausnahmen. Auch bei noch so guter Eignung können jüngere Paare deshalb kein Kind adoptieren. Das Mindestalter wirft in der Regel keine Probleme auf. Vor der im Gesetz festgelegten Altersgrenze beschäftigt sich in der Regel niemand mit dem Thema Adoption. Schwieriger wird es, wenn es um die Frage geht: Wie alt darf man höchstens sein? Nicht wenige versuchen zehn Jahre lang, auf natürlichem Wege ein Kind zu bekommen, vertrauen sich dann weitere Jahre den Segnungen der modernen Medizin an, um schließlich festzustellen, dass sich der Wunsch nach einem leiblichen Kind nicht erfüllen wird. Zu diesem Zeitpunkt sind sie dann vielleicht schon Ende dreißig oder Anfang vierzig und kommen damit in einen Altersbereich, in dem sie von vielen Adoptionsvermittlern als zu alt für eine Adoption angesehen werden.

➤ **Beispiel:**

Gerhard (60 Jahre) und Doris (41Jahre) wollen gerne ein Kind adoptieren. Gerhard ist mit Doris in vierter Ehe verheiratet und auch Doris hat bereits eine Ehe hinter sich. Gerhard verfügt über ein gesichertes Einkommen und das Reiheneckhaus ist bald abbezahlt. Als die beiden das Jugendamt aufsuchen, ist die zuständige Sozialarbeiterin von den Adoptionsplänen wenig begeistert. Sie hält das Paar nicht grundsätzlich für ungeeignet, hat aber doch wegen des Alters von Gerhard erhebliche Bedenken. 'Wissen Sie, ich bezweifle gar nicht, dass sie gute Eltern sein könnten und es ist ja auch nicht grundsätzlich verboten, in ihrem Alter zu adoptieren. Aber nach den Bestimmungen der Landesjugendämter sollen der Altersunterschied zwischen Adoptiveltern und ihrem Kind nicht mehr als 40 Jahre betragen. Deshalb muss ich ihren Wunsch leider ablehnen.`

Das Gesetz selbst sieht kein Höchstalter vor. Grundsätzlich ist es deshalb nicht verboten, wenn zwei Fünfzigjährige ein Kind adoptieren.

Die Adoption eines nichtverwandten Kindes im Inland wird in diesem Alter jedoch kaum gelingen. Es gibt zu viele Bewerber und die Adoptionsvermittlungsstellen können aus so vielen geeigneten Paaren auswählen, dass sie sich in der Regel nicht für das Paar entscheiden, bei dem ihnen der Altersabstand zwischen Kind und Eltern zu groß erscheint. Bewerber über vierzig haben daher in Deutschland nur geringe Chancen. Bei manchen Jugendämtern wird die Grenze bereits bei 35 Jahren gezogen.

Wer für eine Inlandsadoption zu alt ist, kann jedoch durchaus bei einer Auslandsadoption Erfolg haben. Die Adoptionsvermittlungsstellen für ausländische Kinder ziehen oft keine starren Altersgrenzen und so haben hier manchmal auch etwas ältere Bewerber noch eine Chance.

Es ist jedoch immer zu beachten, dass es in den einzelnen Ländern Anforderungen an das Alter geben kann, die eingehalten werden müssen. Wenn ein Land festgelegt hat, dass für Adoptivbewerber ein Höchstalter von 40 Jahren gilt, kann die Adoptionsvermittlungsstelle für zwei 45-jährige Bewerber auch dann keine Vermittlung durchführen, wenn sie sie für sehr geeignet hält.

Verheiratete Paare, bei denen einer deutlich älter als der andere ist, sind gegenüber unverheirateten Paaren benachteiligt.

➤ **Beispiel**

Klaus und seine Frau Petra sind seit 5 Jahren glücklich verheiratet. Klaus ist 70 Jahre alt und Petra 38 Jahre. Mittlerweile sind sämtliche Verwandte und Freunde überzeugt, dass die damalige Entscheidung zur Heirat richtig war, da das Paar ein überaus harmonisches und glückliches Leben führt.

Da sich ein schon lange bestehender Kinderwunsch auf natürlichem Wege nicht erfüllen ließ, beschließen sie, ein Kind zu adoptieren. Finanziell sind beide außerordentlich gut gestellt. Klaus bezieht eine hohe Pension und Petra verdient als Abteilungsleiterin in einer großen Firma ebenfalls sehr gut. Darüber hinaus besitzen sie mehrere Immobilien und sind deshalb auf Petras Verdienst nicht angewiesen. Sobald das Kind da ist, möchten sich deshalb beide in erster Linie um die Kindererziehung kümmern.

Viele denken hier spontan: 'Was soll der Unfug? Warum muss ein 70-jähriger Mann noch ein Kind adoptieren? Es ist doch unverantwortlich, einem Kind, das bereits einmal seine Eltern verloren hat, eine Familie zu geben, bei der abzusehen ist, dass der Vater nur noch einige Jahre zu leben hat und vielleicht die Einschulung seines Kindes, sicherlich aber nicht mehr dessen Hochzeit erleben wird. Das Kind braucht schließlich keinen Opa, sondern einen Vater. '

So kann man die Sache durchaus betrachten. Abgesehen davon, dass sich in keinem Alter prognostizieren lässt, wie lange das Leben noch dauert (auch ein 70- Jähriger kann schließlich noch 25 Jahre leben), stellt sich die Frage, was denn eigentlich wäre, wenn Klaus und Petra nicht verheiratet wären.

Würden beide nichtehelich zusammenleben, könnten und dürften sie nicht gemeinsam adoptieren, da dies nur Verheirateten vorbehalten ist. Bei Unverheirateten darf nur einer von beiden das Kind adoptieren und das würde in diesem Fall wegen des Alters sicherlich Petra sein.

Als Single hätte Petra kaum Chancen auf eine Inlandsadoption. Bei Auslandsadoptionen sind die Möglichkeiten jedoch nicht schlecht und es ist nicht unwahrscheinlich, dass angesichts der sonstigen guten Kriterien eine Eignung bejaht wird und Petra ein Kind adoptieren kann.

Wenn beide nicht verheiratet wären, würde der Kinderwunsch deshalb voraussichtlich über kurz oder lang in Erfüllung gehen. Wegen der Heirat ist es jedoch so gut wie unmöglich.

Eine Heirat kann daher in diesen speziellen Fällen geradezu das 'Aus' für die Adoption bedeuten.

➤ **Beispiel:**

Horst und Hedwig leben seit zehn Jahren zusammen. Horst ist mittlerweile 58 Jahre alt, Hedwig ist 20 Jahre jünger. Nach einem längeren Aufenthalt in Nepal beschließen sie, dort ein Kind zu adoptieren. Voller Tatendrang kommen sie in die Adoptionsvermittlungsstelle und erzählen beim Gespräch, dass sie, um ihre Chancen auf eine Adoption zu erhöhen, selbstverständlich auch heiraten würden.

Eine Heirat vor der Adoption würde die Chancen allerdings auch hier nicht erhöhen, sondern im Gegensatz deutlich senken. Wer sich überlegt, wegen der Adoption zu heiraten, sollte deshalb immer erst bei der Adoptionsvermittlungsstelle nachfragen, ob sich die Chancen tatsächlich wie erwartet erhöhen. Beabsichtigen die Bewerber wegen der gemeinsamen Verantwortung für das Kind zu heiraten, so kann es sinnvoll sein, dies auf die Tage nach der Adoption zu verschieben.

In welchem Alter Bewerber von sich aus von einer Adoption Abstand nehmen sollten, lässt sich schwer sagen. Zwischen dem angenommenen Kind und seinen neuen Eltern soll ein Eltern–Kind– und kein Großeltern–Kind–Verhältnis entstehen. Bei welchem Alter man hier die Grenze zieht, ist wohl kaum zu bestimmen. Es gibt 50-jährige, die sich so jung gehalten haben, dass es kaum Zweifel daran gibt, dass sich das geforderte Eltern–Kind–Verhältnis entwickeln wird und es gibt 35-jährige, die ihr bisheriges Leben offensichtlich im Zeitraffer verbracht haben und in Temperament und Jugendlichkeit mit jedem 60- Jährigen vergleichbar sind.

Vollends widersprüchlich wird die starre Anwendung von Altersgrenzen dann, wenn man sich vor Augen führt, dass manche Adoptionsvermittler eine Höchstaltersgrenze von 35 Jahren ziehen und manche Länder (wie etwa die Türkei oder China) ein Mindestalter von 30 Jahren festlegen. In solchen Fällen verbleibt dann nur ein Zeitkorridor von 5 Jahren, um ein Kind zu adoptieren. Logisch ist das nicht.

➤ **Empfehlungen der Landesjugendämter zur Adoptionsvermittlung:**

Das Mindestalter wird durch § 1743 BGB bestimmt. Eine obere Altersgrenze ist gesetzlich nicht festgelegt.

Starre Altersgrenzen sind nur bedingt geeignet, den Erfolg einer Vermittlung sicherzustellen. Das Alter ist aber ein Indikator, der auf andere Merkmale (z.B. Lebenserfahrung, Belastbarkeit, Flexibilität) verweist. Zu bedenken ist, dass auch das heranwachsende Kind belastbare Eltern benötigt. Dem Wohl des Kindes wird es daher in der Regel nicht dienen, wenn der Altersabstand größer als 40 Jahre ist. Oberhalb dieser Grenze wird eine Vermittlung daher nur in begründeten Ausnahmefällen in Betracht kommen.

Wie viel Geld muss man verdienen?

Jeder, der ein Kind adoptieren will, muss über die finanziellen Mittel verfügen, die das Aufwachsen des Kindes in ökonomisch gesicherten Verhältnissen sicherstellen.

Um darüber eine Prognose treffen zu können, lassen sich deshalb alle Adoptionsvermittlungsstellen von den Bewerbern Verdienst- bzw. Vermögensbescheinigungen vorlegen.

➤ **Beispiel:**

Heinz Lohmann und seine Frau Elisabeth bewerben sich um die Adoption eines Kindes aus Haiti. Sie haben bereits ein leibliches Kind, das noch in den Kindergarten geht. Als sie Einkommensbescheinigungen vorlegen müssen, sind sie unsicher, ob ihr durchschnittliches Einkommen ausreichen wird.

Heinz arbeitet als Bäcker in Berlin und verdient ca. 1300 Euro netto. Seine Frau verdient als Verkäuferin etwas weniger. Die Miete beträgt 650 Euro warm. Nach der Adoption wird Elisabeth in Erziehungsurlaub gehen und sich nur noch um das Kind kümmern. Das Paar hat dann nur noch das Einkommen von Heinz zur Verfügung.

´Na ja, das Geld wird dem Jugendamt schon genügen`, sagt Elisabeth. ´Wenn wir selber Kinder bekommen hätten, hätte es ja auch genügen müssen. ´

Wenn ein Paar leibliche Kinder bekommt, fragt in der Tat keiner nach dem Einkommen. Bei einer Adoption ist dies jedoch anders. Auch wenn viele Adoptionsbewerber nur schwer akzeptieren können, dass bei Ihnen im Gegensatz zu anderen Paaren das Geld eine Rolle spielt, so ist es doch nachvollziehbar, dass Kinder bevorzugt in Familien vermittelt werden, die über ausreichende Geldmittel verfügen. Der Grund hierfür liegt darin, dass es nicht Sinn einer Adoption sein kann, ein Kind in eine Familie zu vermitteln, bei der die Gefahr besteht, dass Sozialhilfe in Anspruch genommen wird. So sollte niemand erwarten, dass das Jugendamt einer Gemeinde ein Kind in eine Familie vermittelt, die sich dann den Lebensunterhalt für das Kind vom Sozialamt der Gemeinde finanzieren lässt.

Es wird deshalb von den Bewerbern verlangt, dass sie mindestens so viel verdienen, dass kein Sozialhilfeanspruch entsteht.

Betrachtet man sich die momentane finanzielle Situation der Familie, so ist das Einkommen natürlich ausreichend. Beide Ehepartner verdienen so viel, dass die Familie finanziell gut über die Runden kommt. Wenn ein neues Kind hinzukommen sollte, wird der Verdienst von Frau Lohmann jedoch wegfallen und als Einkommen steht nur noch das Gehalt von Heinz Lohmann, Kindergeld (das auf die Sozialhilfe anzurechnen ist) und eventuell Erziehungsgeld zur Verfügung.

Die Rechnung sieht dann folgendermaßen aus:

Regelsatz für den Haushaltsvorstand	293 Euro
Regelsatz für Haushaltsangehörige ab 18 Jahren	234 Euro
Regelsatz für Kinder bis 7 Jahre	147 Euro
Miete abzüglich Pauschalen	624,6 Euro
Gesamtbedarf	1298,6 Euro
Einkommen	1300 Euro
anzurechnendes Kindergeld	143,75 Euro
Absetzbetrag für Erwerbstätigkeit	220,88 Euro
bereinigtes Nettoeinkommen:	1222,87 Euro

Das Ehepaar hat bereits mit einem Kind einen Bedarf von 1298,6 Euro, dem ein bereinigtes Nettoeinkommen von 1222,87 Euro gegenübersteht.

Wenn Elisabeth jetzt nicht mehr arbeiten würde, könnte das Ehepaar bereits jetzt zum Sozialamt gehen und einen monatlich Anspruch von 75,73 Euro geltend machen.

Günstig ist es in jedem Fall, wenn neben einem Einkommen auch noch etwas Vermögen vorhanden ist. Natürlich besagt das Vorhandensein von Geld nichts darüber, ob die Eltern später geeignet sind, das Kind zu erziehen. Es soll jedoch von vornherein verhindert werden, dass Adoptivkinder wegen fehlenden finanziellen Mitteln in eine Außenseiterrolle kommen.

Für den Bereich der Auslandsadoptionen gilt auch hier, dass es jedem Staat frei steht, für Bewerber aus dem Ausland spezielle Einkommensgrenzen festzulegen. So kann es also sein, dass die zuständige Fachkraft der deutschen Vermittlungsstelle die Einkommensverhältnisse akzeptiert, die ausländischen Stellen die Bewerbung aber wegen nicht ausreichendem Vermögen oder nicht ausreichenden Einkünften zurückweisen.

➤ **Empfehlungen der Landesjugendämter zur Adoptionsvermittlung:**

Die wirtschaftliche Gesamtsituation der Familie stellt eine Rahmenbedingung für die kindliche Entwicklung dar. Von den Bewerbern muss der Nachweis erbracht werden, dass ein Aufwachsen des Kindes in ihrer Familie ökonomisch abgesichert ist.

Muss man seinen Beruf aufgeben?

➤ **Beispiel**

Bernd und Susanne wollen ein Kind adoptieren. Beide sind berufstätig und verdienen gut. Deshalb möchte keiner von beiden seine berufliche Tätigkeit völlig aufgeben.

Wenn das Kind in die Familie kommt, braucht es eine gute und konstante Betreuung. Daran besteht kein Zweifel. Fraglich ist, ob es auch genügt, wenn man sich hierfür der Hilfe einer Kindertagesstätte oder eines Kinderhortes bedient oder selbst eine Kinderpflegerin beschäftigt. Natürlich kann man die Meinung vertreten, dass diese Betreuung immer noch besser ist, als wenn das Kind in einem Heim mit stets wechselnden Betreuungspersonen leben müsste, wo es kaum die Möglichkeit zur Entwicklung sicherer und tragfähiger Beziehungen hätte. Man sollte allerdings nicht vernachlässigen, dass die Veränderungen, die das Kind in den ersten Monaten (und vielleicht sogar Jahren) nach der Adoption zu verarbeiten hat, sehr groß sind. Die Adoptionsvermittlungsstellen legen deshalb viel Wert darauf, dass sich zumindest in den ersten Jahren die Mutter oder der Vater überwiegend der Kindererziehung widmet, und eine gewisse Konstanz in der Betreuung gewährleistet ist.

➤ **Empfehlungen der Landesjugendämter zur Adoptionsvermittlung:**

Das Kind braucht die seinem Entwicklungsstand entsprechende elterliche Zuwendung, die einer zeitlichen Abwesenheit Grenzen setzt. Daher sollte bevorzugt zu Bewerbern vermittelt werden, die bereit und in der Lage sind, ihre berufliche Tätigkeit den Bedürfnissen des Kindes anpassen zu können.
Insbesondere muss sichergestellt sein, dass die Erziehung des Kindes nicht überwiegend durch außerhalb der Familie stehende Personen wahrgenommen wird. Auf die Möglichkeit der Elternzeit ist hinzuweisen (§ 15 BErzGG).

Wie groß muss die Wohnung sein?

Manche Bewerber zittern dem ersten Hausbesuch der Fachkraft der Vermittlungsstelle entgegen, weil sie befürchten, ihre Wohnung könnte zu klein, zu schlecht aufgeteilt, zu unordentlich oder auf eine andere Art und Weise ungeeignet sein. Meistens ist diese Befürchtung unbegründet. Es ist relativ selten, dass eine Adoption daran scheitert, dass die Wohnung den Anforderungen nicht genügt.

Leider gibt es keine verbindlichen Angaben darüber, welche Quadratmeterzahl die Wohnung haben muss. Beim Familiennachzug nach dem Ausländergesetz (einem durchaus vergleichbaren Bereich) werden von den Innenministerien der Länder überwiegend für jeden über sechs Jahre alten Bewohner mindestens zwölf Quadratmeter und für jeden noch nicht sechs Jahre alten Bewohner mindestens acht Quadratmeter gefordert.

Die Adoptionsvermittlungsstellen werden in der Regel höhere Anforderungen stellen. Die meisten Fachkräfte sehen es dabei als notwendig an, dass das Kind ein eigenes Zimmer zur Verfügung hat.

➤ **Empfehlungen der Landesjugendämter zur Adoptionsvermittlung:**

Eine kindgerechte Umgebung mit Kontaktmöglichkeiten zu anderen Kindern sollte gegeben sein. Ein ausreichender Wohnraum für die Familie, der für das Kind eine Rückzugsmöglichkeit bietet, sollte zur Verfügung stehen.

Haben auch kranke Bewerber eine Chance?

Nicht alle Adoptionsbewerber sind frei von Krankheiten und es ist dann ein häufiges Problem, die zuständigen Stellen davon zu überzeugen, dass man dennoch dazu geeignet ist, Kinder zu erziehen. Für Bewerber, die im Ausland adoptieren wollen, stellt sich dabei noch zusätzlich das Problem, auch die ausländischen Behörden von der Adoptionseignung zu überzeugen. So ist es etwa durchaus möglich, dass eine Fachkraft in Deutschland versteht, dass man auch als Rollstuhlfahrer ein Kind erziehen kann, wenn die entsprechenden Hilfsmittel zur Verfügung stehen. Einem Inder oder Nepalesen wird dies so ohne weiteres nicht einleuchten. Dort geben viele körperlich behinderte Eltern ihre Kinder zur Adoption frei, weil sie nicht für sie sorgen können. Dass körperlich Behinderte ein Kind annehmen – diese Vorstellung ist dort eher befremdlich. Behindertengerechte Wohnungen, rollstuhlgerechte Verkehrsmittel, von Krankenkassen bezahlte Heil- und Hilfsmittel – in weiten Teilen der Erde ist dies völlig unbekannt.

Für behinderte Bewerber ist deshalb oft viel Überzeugungsarbeit zu leisten, bevor die zuständigen Stellen von der Adoptionseignung überzeugt sind.

Auch kranke Bewerber stehen vor dieser Herausforderung, wobei das Problem oft schon damit anfängt, dass nicht in allen Fällen sofort klar ist, ob eine Krankheit vorliegt oder nicht. Ist ein Bewerber, dem vor fünf Jahren wegen einer Krebserkrankung ein Zeh amputiert wurde und bei dem seitdem kein neuer Tumor festgestellt wurde, gesund oder krank?

Ist eine Bewerberin, die vor einem Jahr ihren ersten und bislang einzigen epileptischen Anfall hatte, gesund oder krank?

Da den Fachkräften in der Adoptionsvermittlungsstelle für eine genaue Einschätzung meist das medizinische Wissen fehlt, werden solche Bewerber in der Regel dem Amtsarzt vorgestellt. Natürlich gehen die Einschätzungen dort weit auseinander. Was der eine Amtsarzt für gesund hält, ist beim nächsten vielleicht eine Erkrankung. Wo der eine große Bedenken gegen eine Adoption hat, sieht der andere unter Umständen keine Probleme. Es hängt deshalb nicht selten vom Zufall ab, ob ein Bewerber mit ungeklärter Erkrankung für geeignet befunden wird oder nicht.

➤ **Empfehlungen der Landesjugendämter zur Adoptionsvermittlung:**

Es muss gewährleistet sein, dass Bewerber über einen längeren Zeitraum hinweg physisch und psychisch in der Lage sind, die erzieherische und pflegerische Versorgung des Kindes sicherzustellen. Sind diese Voraussetzungen gegeben, kommen auch Bewerber mit Behinderungen oder dauerhaften Erkrankungen in Frage. Von den Bewerbern muss deshalb verlangt werden, dass sie selbst nach bestem Wissen über sich Auskunft geben, behandelnden Ärztinnen bzw. Ärzten oder Psychologinnen oder Psychologen die Auskunft gestatten und erforderlichenfalls auch einer amtsärztlichen Untersuchung zustimmen. Das gleiche gilt für andere im Haushalt lebende Personen.

Der Umfang einer vom Jugendamt vorgeschlagenen ärztlichen oder psychologischen Untersuchung muss sich an den Notwendigkeiten des Einzelfalles orientieren. Die Untersuchung sollte aber insbesondere Auskunft geben über

– ansteckende Krankheiten,

– Krankheiten, die lebensverkürzend wirken oder zu schweren körperlichen Beeinträchtigungen führen können,

– schwerwiegende psychische und psychosomatische Beeinträchtigungen und Erkrankungen,

– Krankheiten und Behinderungen, durch welche die Erziehungsfähigkeit wesentlich herabgesetzt werden kann,

– vorhandene Suchterkrankungen.

Die Kosten für die Untersuchungen tragen die Bewerber.

Partnerschaft und soziales Umfeld

Die Partnerschaft der Bewerber ist eines der wichtigsten Kriterien bei der Adoptionsvermittlung. Die Bewerber mögen sympathisch und aufgeschlossen sein, wenn ihre Partnerschaft in einer Krise ist, wenn einer der beiden nur aus dem Ausland und der andere nur im Inland adoptieren will, wenn der eine sich eine Adoption vorstellen kann und der andere nur widerwillig mitzieht, dann ist die Adoptionseignung nicht gegeben.

Eine der Hauptaufgaben der Vermittlungsstellen ist es deshalb, herauszufinden, ob die Adoption von beiden Partnern gleichermaßen befürwortet wird und ob die Beziehung so stabil ist, dass man davon ausgehen kann, dass das Kind in einer intakten Familie aufwachsen wird.

Das Problem liegt darin, dass es nicht ganz einfach ist, in ein paar Gesprächen herauszufinden, welche Partnerschaft stabil ist und welche nicht. Natürlich hat sich auch die Wissenschaft der Frage angenommen, welche Faktoren gegeben sein müssen, damit

Partner mit ihrer Beziehung zufrieden sind. Dabei hat sich gezeigt, dass es vor allem die Fähigkeit zur Konfliktbewältigung ist, die glückliche von unglücklichen Paaren unterscheidet.

In der Psychologie unterscheidet man fünf Konfliktlösungsmöglichkeiten:
- *Problemlösen* ist der offene und direkte Ausdruck von Gefühlen, das Untersuchen der Ursachen für den Konflikt. Missverständnisse werden geklärt und nach einer annehmbaren Lösung für beide Partner gesucht.
- *Aggression* und minimaler Respekt für die Gefühle des Partners.
- *Vermeidung* als physischer oder emotionaler Rückzug vom Partner. Kein Einlassen auf eine Diskussion.
- *Kompromisse* eingehen, um eine faire Lösung für beide Partner zu finden, die von beiden Seiten Konzessionen verlangt.
- *Beruhigung,* mit dem Ziel, einen offenen Konflikt zu vermeiden.

Die Zufriedenheit in der Partnerschaft ist umso höher, je mehr 'Problemlösen' stattfindet. Negativ wirkt sich aus, wenn der Partner als vermeidend, aggressiv und nicht problemlösungsorientiert erlebt wird.[42]

Paare, die positive Konfliktlösungsstrategien anwenden, zeichnen sich dadurch aus, dass sie:
- sich emotional nahe sind, ein starkes Wir-Gefühl haben und offen und kommunikativ gegenüber dem Partner sind. Sie zeigen Zuneigung, sind an ihm interessiert und schätzen es, Zeit mit ihm zu verbringen. Sie versuchen die Meinung des anderen zu verstehen und selbst wenn eine Diskussion ziemlich heftig verläuft, gelingt es, sie befriedigend zu lösen.

Paare, die negative Konfliktlösungsstrategien anwenden, zeichnen sich dadurch aus, dass sie:
- den anderen sehr negativ sehen, ihn verachten oder ihm Schlechtes unterstellen und bei Diskussionen eine abwehrende Haltung einnehmen. Es besteht wenig gegenseitiges Interesse. Auftretende Konflikte werden als unwichtig abgetan.

Bei jeder Adoptionsbewerbung ist es wichtig, nicht nur die Beziehung der Adoptionsbewerber zueinander zu betrachten, sondern auch das soziale Umfeld, in das diese Beziehung eingebettet ist. Günstig ist, wenn Freunde, Bekannte oder Verwandte zur Verfügung stehen, die die Adoption positiv begleiten und in Krisensituationen ihre Hilfe zur Verfügung stellen.

➤ **Empfehlungen der Landesjugendämter zur Adoptionsvermittlung:**

Für ein Kind ist es von zentraler Bedeutung, sich innerhalb intakter und dauerhafter Familienbeziehungen entwickeln zu können. Eine stabile und lebendige Partnerschaft fußt auch auf der gemeinsamen Bewältigung von Krisen und anderen Belastungen und ist somit eine Voraussetzung für die Entwicklung tragfähiger Familienbeziehungen. In diesem Sinne ist es wichtig, mit den Bewerbern die Entwicklung ihrer Beziehung sowie ihre Konfliktbewälti-gungsstrategien zu reflektieren.

Es ist zu klären, inwieweit das soziale Umfeld (Freunde, Nachbarn, Verwandte etc.) als Stützsystem in Krisen- und besonderen Belastungssituationen zur Verfügung steht.

Lebensziele

Es gibt viele Gründe ein Kind zu adoptieren. Meistens geschieht es aus Liebe und dem Wunsch, für ein Kind zu sorgen und ihm dabei zu helfen, ein glückliches Leben zu führen. Manchmal steht aber auch der Gedanke dahinter, es sei so möglich einen Unternehmens-nachfolger oder Erben zu finden, Steuern zu sparen (FAZ vom 1.6.2001: Adoptieren spart Erbschaftssteuer) oder seine leiblichen Kinder zu disziplinieren, wie es der Verband der Bayerischen Hausbesitzer in einem besonders geistlosen Beitrag empfahl: *'Durch die Adoption weiterer Kinder erhöht sich die Anzahl der gesetzlichen Erben. Je mehr Kinder adoptiert werden, desto geringer wird der Pflichtteilsanspruch des leiblichen Kindes. Die Erfahrung zeigt, dass Einzelkinder, die keinen oder nur sehr schlechten Kontakt zu ihren Eltern hatten, nach Inkenntnissetzung von der Adoption ihr ablehnendes und die Eltern missachtendes Verhalten grundlegend ändern.'* [43]

Um auszuschließen, dass die Adoption aus Gründen betrieben wird, die nicht im Wohl des Kindes liegen, wird bei jedem Antrag geprüft, welche Pläne die Bewerber in ihrem Leben verfolgen und welche Funktion die Aufnahme des Kindes für das Paar hat.

Dabei wird beispielsweise darauf geachtet, dass das Kind nicht adoptiert wird:
- um die Partnerschaft der Bewerber zu retten,
- um die Unternehmensnachfolge zu sichern,
- um den Kinderwunsch zu erfüllen, den nur einer der Partner verspürt.

▶ **Empfehlungen der Landesjugendämter zur Adoptionsvermittlung:**

Vorhandene Lebensziele und Wertorientierungen erlauben Rückschlüsse über den bisheri-gen bzw. antizipierten Lebensverlauf. Sie sind wesentliche Grundlagen allgemeiner Lebens-zufriedenheit und der Handlungsmotivation der Bewerber.

Es ist dabei von besonderer Bedeutung, welche Funktion die Aufnahme eines Kindes für das Paar (die Familie) hat. Dabei wird darauf zu achten sein, inwieweit Kollisionen zwi-schen den Wünschen der Bewerber und der Entwicklung des Kindes entstehen können bzw. völlig unrealistische bzw. nicht kindgemäße Zielvorstellungen mit der Absicht, ein Kind aufzunehmen, verbunden werden. Der unerfüllte Kinderwunsch wird bei vielen Bewerber-paaren von besonderer Bedeutung sein und mit großer Sorgfalt gemeinsam bearbeitet werden müssen. Die Motivation der Bewerber zur Adoption eines Kindes ist in mehreren Gesprächen kritisch zu hinterfragen. Zugleich ist damit die Möglichkeit gegeben, Wünsche der Bewerber mit der Realität in Einklang zu bringen.

Wie sind die Chancen auf ein Kind?

➤ Beispiel

Anita und Jörg sind seit vielen Jahren ungewollt kinderlos. Aus diesem Grund interessieren sie sich für eine Adoption. Als sie bei ihrem zuständigen Jugendamt anrufen, sprechen sie mit einer sehr freundlichen und aufgeschlossenen Mitarbeiterin, die ihnen jedoch keinerlei Hoffnungen macht. Es sei in ihrer Stadt in den letzten Jahren zu keinen Adoptionen gekommen. Auch ein Zeitungsbericht spricht davon, dass es etwa 30 Bewerber pro Kind gebe und die Chancen deshalb minimal seien.

Beide sind deshalb sehr frustriert. Gerne hätten sie ein Kind bei sich aufgenommen, aber bei diesen schlechten Aussichten macht es ihrer Meinung nach keinen Sinn, sich überhaupt zu bewerben. Enttäuscht nehmen sie vom Gedanken an eine Adoption Abschied.

Dieses Schicksal teilen viele Kinderlose. Oft wird von Ämtern und Medien die Meinung verbreitet, die Beantragung einer Adoption sei generell ohne Aussicht auf Erfolg und tatsächlich gibt es viele Paare, die schon seit Jahren ergebnislos auf ein Kind warten. Das ist jedoch nicht die Regel. Es gibt viele Paare, die schon nach ein paar Monaten ein Kind vermittelt bekommen haben und in manchen Familien haben sogar ganze Fußballmannschaften von Kindern ein neues Zuhause gefunden (die Leiterinnen der freien Adoptionsvermittlungsstellen ICCO und Pro Infante haben jeweils 14 Kinder adoptiert).

Grundsätzlich lässt sich allerdings feststellen, dass es angesichts der seit Jahrzehnten rückläufigen Adoptionszahlen nicht leicht ist, ein Kind zu adoptieren. Seit dem Jahr 1978, als die Zahl der Adoptionen mit 11.224 Fällen einen Höchststand erreichte, sind die Vermittlungen bis 2004 um etwa die Hälfte zurückgegangen. Dabei ist zu beachten, dass davon noch 314 auf sogenannte Verwandtenadoptionen entfielen und 2.916 auf Stiefkindadoptionen[44]. *'Das was man typischerweise unter Adoption versteht, also die Aufnahme eines Kindes durch adoptionswillige Personen, die nicht mit dem Adoptivkind verwandt sind, ist somit zu einer Ausnahmeerscheinung geworden'.*[45]

Rein statistisch sind es ca. 10-13 Paare, die für je ein zur Vermittlung vorgemerktes Kind zur Verfügung stehen[46]. In manchen Bundesländern ist die Zahl der wartenden Paare allerdings höher. So meldet das Statistische Amt für Hamburg, dass auf ein zur Adoption vorgemerktes Kind 38 mögliche Adoptiveltern kamen.

Diese Zahlen bedeuten allerdings nicht, dass jedes Paar warten muss, bis alle Paare vor ihm ein Kind vermittelt bekommen haben. Vermittlungen erfolgen nicht nach Warteliste.

Wie hoch die Chancen sind, hängt von mehreren Kriterien ab:

Abgesehen von der finanziellen Grundausstattung, einer intakten Beziehung und anderem, ist es vor allem die Bereitschaft, sich nicht unbedingt auf eine einzige Stelle / Behörde zu verlassen.

Wer von seinem Jugendamt die Auskunft erhält, es sei seit Jahren im Tätigkeitsbereich der Behörde keine Adoption vermittelt worden, kann sich seine Chancen auf eine Vermittlung in diesem Bezirk leicht ausrechnen. In der Regel wird in solchen Ämtern die Bewerbung aufgenommen, in eine Akte geheftet und dann für lange, lange Zeit in den Schrank gestellt.

➤ **Beispiel:**

Paul und Heidrun L. sind bei Ihrem Jugendamt in Musterstadt als Adoptionsbewerber gemeldet. Seit 2 Jahren haben sie nichts mehr von dem Sachbearbeiter gehört. Sie sind sich aber sicher, dass es jetzt nicht mehr allzu lange dauern wird. 'Je länger die Wartezeit, desto besser die Chancen', denken sie. 'Irgendwann wird es schon klappen' sagt Paul oft.

Es kann sein, dass das so ist und sich tatsächlich bald das Jugendamt meldet. Die Wahrscheinlichkeit ist jedoch nicht allzu hoch. Realistischer ist es eher, davon auszugehen, dass sich nach zwei Jahren niemand mehr im Amt an sie erinnert und in dem Fall, dass tatsächlich ein Kind zur Adoption kommt, keiner mehr an sie denkt.

Ähnliches gilt auch für Auslandsvermittlungsstellen in freier Trägerschaft. Darunter gibt es welche, die zwar aus zahlreichen Ländern vermitteln, aber pro Jahr gerade einmal auf eine Handvoll Vermittlungsfälle kommen. Andere sind vielleicht nur in ein oder zwei Ländern tätig, vermitteln dafür aber eventuell jede Woche Kinder nach Deutschland.

Es lässt sich daher nicht genau sagen, wie lange es bis zu einer Adoption dauert. Manche haben schon nach wenigen Wochen Erfolg und andere warten Jahre vergebens.

Die Dauer der Wartezeit hängt ganz wesentlich davon ab, ob man sich ab und an durch einen Anruf in Erinnerung ruft, ob man sich auch bei Adoptionsvermittlungsstellen anderer Jugendämter nach Adoptionsmöglichkeiten erkundigt und ob man sich für eine Vermittlungsstelle entschieden hat, bei der eine Antragstellung auch gewisse Hoffnungen macht, bei positiver Eignung in absehbarer Zeit ein Kind vermittelt zu bekommen.

➤ **Beispiel:**

Nachdem sie noch ein Jahr gewartet hat, wendet sich Heidrun L. an die Adoptionsvermittlungsstellen der freien Träger für Kinder aus dem Ausland. Bereits bei den telefonischen Erstkontakten erfährt sie, dass manche Stellen lange Wartelisten haben und es im Gegensatz dazu bei anderen Stellen erheblich schneller geht.

Dennoch überlegt sie sich: 'Ich weiß nicht ob es Sinn macht, sich zu bewerben. Sicherlich sind die anderen besser geeignet als ich.'

Viele Adoptionsbewerber nehmen von einer Adoption Abstand, weil sie denken, andere Bewerber seien sicherlich viel besser geeignet und würden hnen deshalb vorgezogen. Wer aber sagt, dass die 'Konkurrenz' tatsächlich bessere Voraussetzungen mit sich bringt?

➤ **Beispiel:**

In der Adoptionsvermittlungsstelle bewerben sich der Kinderarzt Matthias S. und seine Frau Katja (Erzieherin) um ein Kind. Beide bewohnen ein geräumiges Landhaus, sind frei von allen finanziellen Sorgen, haben mehrere Haustiere und einen sehr großen Garten ...
Einen Tag später bewerben sich auch der Schreiner Norbert A. und seine Ehefrau Cornelia

(Verkäuferin) um ein Kind. Sie wohnen in einer Mietwohnung und kommen mit ihren Finanzen ganz gut zurecht. Von großem Wohlstand kann man hier jedoch nicht sprechen.
Nach dem Gespräch mit beiden Bewerbern ist die Fachkraft der Vermittlungsstelle davon überzeugt, dass Familie A. um einiges besser geeignet ist. Sie haben sich mit dem Thema Adoption viel besser auseinandergesetzt und es ist deutlich geworden, dass sie ein Kind so annehmen können, wie es ist. Im Gegensatz dazu blieb nach dem Gespräch mit dem Ehepaar S. das Gefühl, dass ein Kind hier die kriselnde Beziehung stabilisieren soll. Sie werden deshalb als Bewerber abgelehnt.

Wer sich für geeignet hält, sollte eine Bewerbung nicht deshalb unterlassen, weil er denkt, er habe keine Chance.

Als Bewerber sollte man sich auch nicht scheuen zu fragen, ob es in absehbarer Zeit zu einer Vermittlung kommen kann. Die Vermittlungsstellen haben meist einen relativ guten Überblick über die Vermittlungssituation in ihrem Bereich und können deshalb eine erste Einschätzung geben. Man sollte allerdings nicht vergessen, dass nicht automatisch die Vermittlungsstelle am besten ist, die verspricht, in wenigen Monaten einen Kindervorschlag zu machen. Manchmal ist das Verfahren dann doch oft länger als geplant. Die Ungeduld von Bewerbern, die schon lange Jahre auf Nachwuchs gewartet haben, ist gut verständlich. Nach der Adoption sind allerdings die meisten Adoptiveltern froh, dass sie ausgerechnet das Kind bekommen haben, das am besten zu ihnen passt. In der Regel lohnt sich das Warten.

Häufige Aussagen von Adoptionsvermittlungsstellen

Es ist Aufgabe der Adoptionsvermittlungsstellen, herauszufinden, wer für eine Adoption geeignet ist und wer nicht. Darüber hinaus sollen sie die Bewerber informieren und sie auf mögliche Folgen der Adoption vorbereiten.

Wer eine Vermittlungsstelle aufsucht, wird deshalb meist erfahren, dass Adoptivfamilien in einer Sondersituation leben, dass ein Adoptivkind kein Ersatz für ein leibliches Kind sein darf, dass man erst seine Kinderlosigkeit verarbeitet haben muss und dass die Kinder geschädigt sind.

Es ist nicht selten, dass Adoptionsbewerber nach solchen Gesprächen kaum klüger sind als zuvor. Die meisten werden akzeptieren, dass man erst seine Kinderlosigkeit verarbeitet haben muss. Nur – wie merkt man eigentlich, wann sie verarbeitet ist und wann nicht? Darf man erst dann adoptieren, wenn man nie mehr traurig darüber ist, kein leibliches Kind bekommen zu haben?

Es mag richtig sein, dass Adoptivfamilien in einer Sondersituation leben. Aber wie wirkt sich das praktisch aus? Fühlen sie sich anders als andere Familien? Und wenn ja – nur manchmal oder immer?

Auch hier bleiben oft mehr Fragen als Antworten. Einige der Antworten sollen im folgenden Kapitel gegeben werden.

Adoptivfamilien leben in einer Sondersituation

Von Adoptiveltern wird erwartet, dass sie akzeptieren, dass ihre Familie auf eine besondere Weise entstanden ist, dass sie die Adoption nicht verleugnen oder verdrängen und dennoch ihr Kind genauso lieben wie ein leibliches.

Die meisten haben kaum Schwierigkeiten damit, diese Erwartungen zu erfüllen. Die Tatsache, dass keine biologische Elternschaft besteht, hat im alltäglichen Leben von Adoptivfamilien meist viel weniger Bedeutung, als gemeinhin angenommen wird.

➤ **Beispiel:**

Erika A. ist Mutter von zwei leiblichen Söhnen und Adoptivmutter eines Geschwisterpaares, das sie und ihr Mann in Sri Lanka adoptiert haben. Immer wieder wird sie gefragt, welche Kinder sie denn nun lieber habe. Und immer wieder gibt sie darauf folgende Antwort: 'Wissen Sie, wenn ich mit all meinen Kindern in einem Boot fahren würde und es würde plötzlich kentern, dann wüsste ich beim besten Willen nicht, welches Kind ich als erstes retten sollte. Ich habe sie alle gleich lieb.'

Viele Ämter und Therapeuten erwarten von Adoptivfamilien, dass sie sich nicht als ganz normale Familie betrachten. Wer sich als ganz alltägliche Familie betrachtet, kommt schnell in den Verdacht, die Vorgeschichte des Kindes auslöschen zu wollen und die Tatsache der Unfruchtbarkeit und der Adoption zu verdrängen. Und tatsächlich gibt es genügend Beispiele, die diese Annahme bestätigen.

➤ **Beispiel:**

Peter und Antje F. haben zwei Kinder aus Russland adoptiert. Schon kurz nach der Adoption werden die ursprünglichen Namen der Kinder in deutsche Namen geändert und die Adoption ist von da an in der Familie kein Thema mehr.
'Warum soll man um die Adoption eine große Geschichte machen?' sagt Peter F. 'Für uns macht es keinen Unterschied, ob die Kinder adoptiert sind oder nicht. Wir lieben sie so wie sie sind und ich denke mal, dass auch sie uns so lieben, wie man seine Eltern liebt. Wenn sie später mal Lust haben über die Adoption zu reden, können wir das gerne machen, aber jetzt ist das für mich kein Thema. Wo die Kinder herkommen und wo sie früher gelebt haben, ist doch eigentlich uninteressant. Jetzt sind sie hier und meine Kinder. Warum soll man immer wieder die alten Geschichten aufwärmen. Darüber zu sprechen, würde nur Unruhe in die Familie bringen.'

In diesem Fall liegt tatsächlich die Annahme sehr nahe, dass die Adoption einfach verdrängt werden soll. Das ist weder für die adoptierten Kinder noch für andere Familienmitglieder gesund.

Es ist aber durchaus möglich, freizügig mit dem Thema Adoption umzugehen und sich dennoch als ganz normale Familie zu betrachten.

> **Beispiel:**

Familie B.:

´1998 haben wir unsere Tochter Tao aus Vietnam adoptiert. Tao war damals 4 Jahre alt und uns war klar, dass sie bisher schon viel erlebt hat und einiges an ´Gepäck` in die Familie mitbringt.

Zuerst haben wir sie natürlich Tao genannt. Es wäre komisch gewesen, wenn wir sie plötzlich mit einem deutschen Vornamen gerufen hätten. Mit der Zeit stellte sich dann aber doch die Frage, ob wir ihr nicht einen deutschen Vornamen geben sollen. Ich denke, wir haben da einen ganz guten Kompromiss gefunden. Sie heißt jetzt Marie Tao, wird mal mit dem einen, mal mit dem anderen Namen gerufen und scheint sich sehr wohl dabei zu fühlen. Über die Adoption unterhalten wir uns öfters. Sie hat es gerne, wenn wir ihr von Vietnam erzählen, dass es dort viele Tiere und seltene Pflanzen gibt, dass das Essen wunderbar ist und dass wir uns schon darauf freuen, einmal alle zusammen hinzufliegen. Wir haben uns vorgenommen zu warten, bis Marie 14 Jahre alt ist. Sie soll sich schließlich erst einmal hier zu Hause fühlen und dann ist immer noch Zeit genug, nach Vietnam zu reisen.

Wenn wir gefragt werden, ob sich unsere Familie als ganz normale Familie betrachtet, kann ich das nur voll bejahen. Wir arbeiten, wir leben zusammen, wir kümmern uns um unsere Tochter, die wir über alles lieben, wir sorgen uns um sie, dass sie später ein gutes Leben hat. Wir machen also all das, was ´normale` Familien üblicherweise so tun. Unser Leben unterscheidet sich eigentlich nicht von dem anderer Eltern. Die Entstehungsgeschichte war zwar etwas ungewöhnlich. Es ist ja nicht gerade die Regel, dass ein Familienmitglied tausende Kilometer entfernt in einem anderen Land geboren wird und die anderen in der Familie zu diesem Zeitpunkt noch gar nichts von dem Kind wissen. Jetzt fühlen wir uns aber alle als ganz normale Familie. Daran ändert sich auch dadurch nichts, dass wir Marie natürlich nach wie vor auch als Vietnamesin sehen. `

Die meisten Adoptiveltern machen ähnliche Erfahrungen. Sie denken nicht: ´Jetzt muss ich meinen Adoptivsohn Samuel baden`, oder ´in einer Stunde kommt meine Adoptivtochter Lena von der Schule nach Hause`, sondern: ´Jetzt muss ich Samuel baden` oder ´In einer Stunde kommt Lena nach Hause`.

Im alltäglichen Leben gibt es daher nur wenig Unterschiede zwischen Adoptivfamilien und anderen Familien. Meist tritt schon in den ersten Monaten nach der Adoption das Gefühl der Andersartigkeit völlig in den Hintergrund[47] und bei Untersuchungen der frühkindlichen Interaktion von Adoptivfamilien und biologischen Familien fanden sich keinerlei Unterschiede.[48]

Adoptiveltern freuen sich über ihre Kinder, sorgen sich um sie und gelegentlich ärgern sie sich auch über sie. Und meistens denken sie nicht daran, dass sie adoptiert sind. Die Adoption spielt im alltäglichen Leben eine geringe Rolle.

In der Regel sind sich Adoptivfamilien der Besonderheit ihrer Familiengründung durchaus bewusst und erkennen ihren speziellen Familienstatus an. Sie leben, wie es Hoffmann–Riem ausdrückt[49], in einer *´Normalisierung eigener Art`* die dazu führt, dass sie zwar wissen, dass sie anders entstanden sind als andere Familien, sich in ihren Freuden, Sorgen und Nöten aber von diesen kaum unterscheiden.

Das Kind darf nicht der Ersatz für ein leibliches Kind sein

Viele Adoptionsbewerber werden in den Gesprächen bei ihrer Adoptionsvermittlungsstelle darauf hingewiesen, dass das aufzunehmende Kind kein Ersatz für ein leibliches Kind sein kann und sein darf.

➤ **Beispiel:**

Hannah und Tobias S. kommen in das Jugendamt von Musterstadt, um sich für die Adoption eines Kindes zu bewerben. Im Gespräch verdeutlicht Ihnen die zuständige Mitarbeiterin, dass es ganz wesentlich für Bewerber sei, dass ein angenommenes Kind niemals der Ersatz für ein leibliches Kind sein könne.

Tobias S. meint daraufhin: 'Selbstverständlich. Das ist uns völlig bewusst. Es wäre ja auch unfair dem Kind gegenüber.'

Auf dem Nachhauseweg, als das Paar noch einmal über die Angelegenheit spricht, fragt er dann seine Frau: 'Sag mal, was hat die denn eigentlich damit gemeint, dass das Kind kein Ersatz sein kann? Ich hab natürlich zugestimmt, aber eigentlich verstehe ich das nicht.'

Wenn man im Bedeutungswörterbuch des Duden nachschaut, findet man unter 'Ersatz': *'Person oder Sache, die an die Stelle einer nicht mehr vorhandenen Sache oder nicht mehr verfügbaren Person tritt.'*

Folgt man dieser Definition, so kann ein Adoptivkind ein Ersatz sein, wenn ein leibliches Kind gestorben ist und ein angenommenes an seine Stelle tritt. Tatsächlich gibt es Fälle, in denen ein Sohn oder eine Tochter stirbt, dann ein Kind angenommen wird und es zur Verdeutlichung dessen, welchen Sinn seine Adoption hat, auch gleich noch den Namen des Verstorbenen erhält. In diesen Fällen ist es sehr deutlich, dass das Adoptivkind der Ersatz für das leibliche Kind ist.

Was aber ist, wenn das Paar vorher noch gar keine Kinder hatte? Kann ein Adoptivkind auch dann ein Ersatz sein? Kann man etwas ersetzen, das es noch nie gegeben hat?

Mit der Forderung, dass ein Adoptivkind kein Ersatz sein darf, ist Folgendes gemeint: Jedes Adoptivkind hat eine eigene Persönlichkeit und es hat ein Recht darauf, dass es mit dieser Persönlichkeit respektiert wird. Es darf kein Lückenbüßer für ein Kind sein, das nie geboren wurde. Ein negatives Beispiel ist folgender Bericht einer Adoptivmutter:

➤ **Beispiel**

'Mit unserer Adoptivtochter haben wir viel Ärger. Irgendwie war sie schon auffällig, als wir sie im Alter von 2 Jahren bekommen haben. Ich kann mich noch gut erinnern, dass sie uns überhaupt nicht angeschaut hat und uns keines Blickes gewürdigt hat. Es war wirklich

immer sehr schwierig mit ihr. Man konnte ihr nie etwas recht machen. Wenn ich ihr Klei-
der gekauft habe, habe ich natürlich darauf geachtet, dass wir etwas Hübsches für sie
kaufen. Sie sollte ja auch schön aussehen, wenn wir Freunde besuchten oder welche zu
Gast hatten. Ich kann mich aber nicht erinnern, dass sie sich irgendwann einmal über
etwas gefreut hätte, das ich ihr gekauft habe. Irgendwann an Ostern, ich glaube, da war
sie sechs Jahre alt, ist sie mit einem wunderschönen weißen Kleid nach draußen gerannt
und hat sich im Schmutz gerollt. Meine eigene Tochter, die im Alter von 3 Jahren verstor-
ben ist, hätte das nie gemacht. Sie hatte einen wundervollen Geschmack und war mir wie
aus dem Gesicht geschnitten. Was hatten wir immer für eine Freude, wenn wir zusammen
neue Kleider für sie einkaufen konnten.
Leider ist meine Adoptivtochter so ganz anders. Sie ist völlig anders als ich. `

Hier scheint es so zu sein, dass die eigene Persönlichkeit des Adoptivkindes nicht sehr (oder gar nicht) gewürdigt wird. Die Mutter trauert der leiblichen Tochter nach und wünscht sich, dass das neue Kind genauso ist wie das alte. Das ist natürlich nicht mög-lich. Es ist nicht die Aufgabe des Adoptivkindes, das leibliche Kindes zu ersetzen.

Nicht nur dann, wenn ein leibliches Kind gestorben ist, besteht eine Gefahr, dass ein Lückenbüßer gesucht wird. Auch dann, wenn sich Paare schon seit langem auf ein Kind gefreut haben, kann das noch nicht geborene Kind in den Träumen schon so konkret geworden sein, dass das adoptierte Kind später an diesen Vorstellungen gemessen wird.

➤ Beispiel

Werner Schuler ist begeisterter Fußballspieler. Seit Generationen üben in seiner Familie alle
Männer diesen Sport aus und so träumt er schon lange davon, mit seinem Sohn später
einmal über den Sportplatz zu rennen und ihn in die Kunst des Fußballspiels einzuweisen.
Da alle Schulers seit jeher besonders sportlich sind, würde sicherlich auch sein Sohn spä-
ter einmal genügend Talent mitbringen, um ein erfolgreicher Sportler zu werden.
Nachdem die Ehe mit seiner Frau leider kinderlos bleibt, überlegen sich beide, ein Kind zu
adoptieren. `Hoffentlich ist das Kind, das wir dann bekommen, wenigstens sportlich`
denkt sich Werner. `Zu einem richtigen Schuler gehört es schließlich, eine Sportskanone*
zu sein. `

Natürlich darf Werner Schuler darauf hoffen, das adoptierte Kind möge sportlich sein. `Hoffnung, nicht Furcht, ist das schöpferische Prinzip in menschlichen Dingen` sagt ein Sprichwort. Problematisch ist es allerdings, wenn er denkt, dass es zu einem richtigen Schuler gehöre, eine Sportskanone zu sein. Zwischen einem Adoptivkind und seinen Adop-tiveltern besteht keine biologische Verwandtschaft. Vielleicht ist das angenommene Kind tatsächlich sportlich, aber dies beruht dann nicht darauf, dass es ein `Sportler-Gen` der Schulers geerbt hat.

Wenn Werner Schuler der Meinung ist, dass nur eine Sportskanone ein richtiger Schu-ler ist, so ist ihm wohl eher abzuraten, ein Kind zu adoptieren. Ein Kind, das nur dann voll akzeptiert wird, wenn es bestimmte Erwartungen erfüllt, wird große Schwierigkeiten bekommen, zu einem vollwertigen Teil der Familie zu werden.

In Familien, in denen die Vorstellung herrscht, es sei die Aufgabe der jeweiligen Generation, Familientraditionen an die nächste Generation weiterzugeben, ist es schon für leibliche Kinder schwierig, ihren eigenen Weg zu finden. Für Adoptivkinder, die ihre Eltern verloren haben und bereits in jungen Jahren viel erleben mussten, kann dies eine starke Überforderung sein.

Nichts spricht gegen die Hoffnung, dass auch das angenommene Kind bestimmte in der Familie häufig anzutreffende musische, sportliche oder geschäftliche Talente mitbringt. Wenn Eltern und Kinder ähnliche Leidenschaften haben, ist es immer leichter, eine gemeinsame Basis zu finden. Wenn das Kind die erhofften Talente jedoch nicht mitbringt, hat es dennoch ein Recht darauf, voll anerkannt und geliebt zu werden.

➤ **Beispiel**

Luise und Bernd R. sind sehr gute und leidenschaftliche Sänger. Bernd leitet mehrere Chöre und Luise, die früher selbst an einer Oper gesungen hat, unterrichtet mittlerweile an einer Akademie. Natürlich hatten beide gehofft, dass ihr Kind später ebenfalls einen Draht zur Musik findet und mit ihnen zusammen musiziert. Ihr Adoptivsohn Manuel konnte diese Hoffnungen allerdings nicht erfüllen. 'Der Junge singt wie eine Hyäne' findet Bernd und Luise will ihren Sohn nicht mehr an die gemeinsame Instrumentensammlung lassen, da bereits mehrere Instrumente durch unsachgemäßen Gebrauch beschädigt worden sind.
Beide Eltern stellen jedoch fest, dass ihr Sohn eine besondere Begabung in sportlicher Richtung hat. Er hat schon mehrere Wettkämpfe in Karate gewonnen und ist hier nach Ansicht seines Trainers überaus begabt. Mittlerweile finden es sowohl Manuel als auch seine Eltern ausgesprochen erheiternd, dass sie so unterschiedliche Talente haben. Das ist inzwischen sogar ein Quell kleiner Neckereien. 'Hallo Hyänensänger' ruft Bernd manchmal im Spaß und Manuel antwortet lachend: 'Hallo Purzelbaumversager'.

Die Adoption ist ein Trauma

'Viele Faktoren machen eine Adoption zu einem psychischen Gesundheitsrisiko. Das adoptierte Kind hat normalerweise leibliche Eltern, die ihrer Aufgabe schlecht gewachsen sind, sich nicht um ihr Kind kümmern können und es deshalb weggeben müssen. Die Schwangerschaft mag unerwünscht gewesen sein, das Kind kann anderweitig nicht versorgt werden. Das Kind kann zu den Elternfiguren, die es nicht versorgen konnten, eine schlechte Bindung entwickelt haben. Vernachlässigung oder Missbrauch können Grund für die Adoption sein, die wiederum zu traumatischen Trennungs- und Verlusterlebnissen führt. Und: Als adoptiertes Kind wird es von adoptierenden Eltern erzogen, die ihre eigene Geschichte von Frustration und Verlust haben, die sie motiviert hat, Elternschaft durch Adoption zu verwirklichen.' [50]

Solche und ähnliche Aussagen bekommen Adoptionsbewerber und Adoptiveltern häufig zu hören.

Dass Kind und Eltern viele negative Erfahrungen in ihre Beziehung mitbringen, ist nicht zu bestreiten. Dennoch bleiben Fragen:

Wieso soll bei einem Kind, das von seinen Eltern vernachlässigt worden ist und das nun zu anderen Eltern kommt, die Adoption ein Gesundheitsrisiko sein? Um das Risiko für die Gesundheit auszuschalten, müsste das Kind konsequenterweise bei seinen biologischen Eltern bleiben, die es weiter vernachlässigen – eine eher absurde Schlussfolgerung.

Die Ursache für die Adoption ist, dass die leiblichen Eltern nicht für das Kind sorgen konnten, dass es von seiner leiblichen Mutter getrennt wurde, vielleicht vernachlässigt wurde, etc. All dies kann zu Traumatisierungen und Gesundheitsgefährdungen führen. Schlimme Erlebnisse sind meist der Grund, weshalb es zur Adoption kam und nicht Folge der Adoption. Man darf hier nicht Ursache und Wirkung verwechseln.

Dennoch können auch das Adoptionsverfahren und das anschließende Zusammenleben mit den neuen Eltern zu traumatischen Folgen führen.

Nicht immer fallen sich Eltern und Kind glückerfüllt in die Arme, um von nun an ohne größere Probleme ihr Leben gemeinsam zu verbringen. Manchmal ist gerade die erste Zeit voller Spannungen und Missverständnisse, die das Zusammenleben erheblich beeinträchtigen und in manchen Fällen auch traumatisierend sein können. Das spricht nicht gegen eine Adoption an sich. Gerade bei Auslandsadoptionen hört man häufig, dass das mit der Adoption verbundene Herauslösen des Kindes aus seinem gewohnten Lebensumfeld und das Versetzen in ein ganz anderes Umfeld bei dem Kind zu solch großen Traumatisierungen führe, dass Auslandsadoptionen an sich nicht vertretbar seien. Diese Argumentation ist nicht überzeugend. Wie die meisten Dinge im Leben ist auch eine Adoption nicht frei von Risiken. So wenig wie die Zahl der Unfälle im Haushalt für die völlige Abschaffung der Hausarbeit oder die Zahl der Unfälle im Straßenverkehr für das Verbot aller Autofahrten spricht, so wenig kann die Möglichkeit einer Traumatisierung durch eine Adoption die Abschaffung aller Adoptionen überzeugend begründen. Wie bei allen risikobelasteten Vorgängen im Leben ist es allerdings auch hier notwendig, sich die Gefahren bewusst zu machen, um sie nach Möglichkeit zu vermeiden.

Manchmal führen ausländische Verfahrensvorschriften dazu, dass die Adoption in zwei Phasen verläuft. Nachdem die Adoptionsbewerber den Kindervorschlag für ein Kind bekommen und akzeptiert haben, reisen sie ins Ausland, wo sie ihr Kind zum ersten Mal sehen und es auf ihren Wunsch hin ein bis zwei Wochen zu sich ins Hotel nehmen können. Danach kehren sie wieder nach Deutschland zurück und warten dort auf den Fortgang des Verfahrens. Das Kind muss in dieser Zeit wieder zurück ins Heim, um dort darauf zu hoffen, dass die neuen Eltern bald zurückkehren. Bei diesem Verfahren ist jedoch sehr fraglich, ob man dem Kind etwas Gutes tut, wenn man es vorübergehend aus dem Heim herausnimmt, um sich schon einmal ein wenig aneinander zu gewöhnen. In der Regel können Kinder nicht verstehen, dass das Zusammenleben nur vorübergehend sein soll. Sie sind schockiert, nach ein paar schönen gemeinsamen Tagen wieder zurück zu müssen, und glauben nun wieder auf Dauer verlassen worden zu sein. Oft ändert auch noch so überzeugendes Zureden des Heimpersonals nichts daran, dass die Kinder den Wechsel als ein schlimmes Trauma erfahren.

Eine Adoption ist für das Kind ein großer Gewinn. Es erhält neue Eltern, ein neues Zuhause und eine neue Chance. Zugleich ist es jedoch auch ein großer Verlust, denn es verliert sein bisheriges Zuhause, seine gewohnte Umgebung, seine Freunde und vieles andere, was es im bisherigen Leben geschätzt hat. Manche Eltern sehen nur das Positive an der Adoption und verstehen nicht, dass es auch für kleine Kinder schmerzhaft ist, von Vertrautem Abschied zu nehmen. Manchmal gelingt es, einige vertraute Dinge mit in die neue Zeit zu nehmen und damit den Wechsel etwas schonender zu gestalten. Deshalb ist alles, was das Kind mit zu seinen neuen Eltern bringt, ein Schatz und muss auch als solcher behandelt werden. Auch wenn ein kleiner kaputter Ball, ein abgelutschter Stift oder ein ähnliches Andenken keinen materiellen Wert hat – der ideelle Wert ist fast unermesslich. Es kann für ein Kind sehr traumatisierend sein, wenn es erlebt, dass seine neuen Eltern diese Gegenstände nicht achten, sondern sie achtlos in den nächsten Mülleimer werfen.

Das Leben des Kindes mag sich radikal verändern, aber das Kind bleibt doch erst einmal so wie es ist und es hat auch ein Recht, so akzeptiert zu werden, wie es ist. Das bedeutet nicht, dass man sich mit jeder Eigenart des Kindes abfindet und auf Erziehung verzichtet. Eltern, die zu ihrem Kind sagen: 'Ich liebe dich, aber es gibt Sachen, die können so nicht bleiben' schädigen das Kind nicht, sondern nehmen ihre Aufgabe als Erzieher war. Sehr problematisch ist es aber, wenn die Eltern dem Kind das Gefühl vermitteln, 'So wie du jetzt bist, bist du nicht gut genug. Wir müssen erst ganz viele Sachen an dir ändern, bis du uns gut genug bist'. Sein gewohntes Leben zu verlieren und gleichzeitig vermittelt zu bekommen, nicht gut genug für das neue Leben zu sein, ist sehr traumatisierend.

Der erste Kontakt mit dem Kind kann wunderschön sein, aber es kann auch ein einziges Fiasko werden. Vielleicht erschrickt das Kind beim ersten Anblick und fängt zu weinen an. Vielleicht fühlen sich seine neuen Eltern daraufhin zurückgewiesen und reagieren ihrerseits panisch, was das Kind dazu bringt, noch mehr zu weinen, worauf sich seine Eltern noch mehr ..., etc.

Und wie kann man dies verhindern? Wohl am besten durch das Wissen darum, dass manchmal auch bei bester Vorbereitung und bestem Wollen die Dinge nicht so laufen, wie man sich das erhofft. Klappt es beim ersten Zusammentreffen nicht so, wie die Eltern sich das vorstellen, so führt allein dies bei Kindern noch zu keiner dauerhaften Traumatisierung. Wenn das Kind bei seinen neuen Eltern in guten und sicheren Händen ist, so wird es das auch spüren. Manchmal vielleicht noch nicht am ersten oder zweiten Tag, aber sicherlich irgendwann später. Problematisch ist eher, wenn die Eltern selbst durch den missglückten Anfang eine solch große Verunsicherung erleben, dass sie selbst unsicher werden. Manchmal kann so ein ungünstiger Kreislauf in Gang gesetzt werden. Das Kind fühlt sich nicht angenommen und weist seine neuen Eltern zurück. Diese fühlen sich darauf ihrerseits nicht akzeptiert und haben deshalb Schwierigkeiten, das Kind anzunehmen, worauf sich dieses wiederum, usw. Als Folge solcher Missverständnisse können alle Beteiligten Traumatisierungen erleiden, die Kinder und die Eltern. Es ist sehr schwer, alleine einen Weg aus diesem beiderseitigen Gefühlswirrwarr zu finden. Wer glaubt, in einen solch ungünstigen Verlauf geraten zu sein, sollte sich deshalb so bald wie möglich professionelle Hilfe suchen.

Bei jeder Adoption gibt es große Veränderungen, aber bei einer Auslandsadoption sind die Veränderungen riesengroß. Hier kommen nicht 'nur' eine neue Umgebung und eine neue Familie auf das Kind zu, sondern auch eine neue Sprache, eine neue Kultur, eine neue

Bedeutung von Gesten und vieles andere mehr. Es ist jedoch falsch anzunehmen, dass immer und unausweichlich der Wechsel in die neue Kultur auch eine Traumatisierung zur Folge hat. Für manche Kinder ist es zwar eine fürchterliche Erfahrung, wenn niemand mehr ihre Sprache versteht oder ihre Gesten und Äußerungen ständig falsch interpretiert werden. Das Vertrauen, das Adoptivkinder meist schnell zu ihren neuen Eltern aufbauen und die Hoffnung auf ein besseres Leben scheinen sie jedoch in der Regel davor zu beschützen, angesichts der Menge an Veränderungen dauerhafte Schädigungen davonzutragen.

Die Kinder sind geschädigt

➤ **Beispiel:**

Das Ehepaar E. hat sich entschlossen, ein Kind zu adoptieren und vereinbart deshalb einen Termin beim Jugendamt. Als 2 Wochen später das Gespräch mit der zuständigen Mitarbeiterin des Amtes stattfindet, erfahren sie, dass in jedem Fall damit zu rechnen sei, dass das Kind geschädigt ist. Alle Adoptivkinder kämen aus sehr schwierigen sozialen Verhältnissen und seien deshalb in der Regel sehr entwicklungsverzögert, beziehungsgeschädigt und traumatisiert. Das gelte ausnahmslos für alle Kinder, gleichgültig ob sie jünger oder älter sind.

Viele Adoptionsinteressierte nehmen vom Gedanken an eine Adoption Abstand, wenn sie erfahren, dass die Kinder schwer geschädigt sind. Wie aber sieht diese Schädigung aus? Und die noch wichtigere Frage ist: kann man dagegen etwas machen? Wie entwickeln sich Adoptivkinder? Können sie ihre Vergangenheit überwinden und ein ´normales` Leben führen, oder bleibt das Vergangene für immer ein Bremsklotz in ihrem weiteren Leben?

Leider ist es tatsächlich so, dass manche Kinder in einem Maße geschädigt sind, dass es ihnen später unmöglich ist, ein selbstständiges und glückliches Leben zu führen, selbst eine Familie zu gründen, einen Beruf zu erlernen und diesen auszuüben und das eigene Leben verantwortungsvoll zu gestalten. Manchmal ist die Schädigung so groß, dass trotz aller Liebe und Zuwendung nur minimale Fortschritte möglich sind und die Vergangenheit nicht nur ein Bremsklotz, sondern eine ganze Sammlung von Bremsklötzen ist.

Manche Beeinträchtigungen sind nicht mehr reparabel. Auch bei noch so großem Bemühen lassen sie sich allenfalls lindern, aber niemals beheben. Nicht immer heilt Zeit und Liebe alle Wunden. Manche Wunden bleiben. Wer ein Kind adoptieren will, sollte deshalb mit allem rechnen. Jeder kann ein Kind bekommen, das lügt, stiehlt, in seinem Zimmer zündelt, viel Zeit in psychiatrischen Einrichtungen verbringt, keine Freunde aber viel Erfahrung mit Rauschmitteln hat und das Leben seiner Eltern hauptsächlich mit Sorgen und Kummer anreichert. Wie hoch die Wahrscheinlichkeit ist, dass es so kommt, lässt sich dabei nur schwer vorhersagen.

Es gibt zwar zahlreiche Untersuchungen darüber, wie geschädigt Adoptivkinder sind. Diese Studien sind für Adoptiveltern oder Adoptionsbewerber jedoch meist keine große

Hilfe. Dies liegt daran, dass nicht alle Kinder aus allen Ländern gleich geschädigt sind. Ukrainische Kinder sind kaum mit südafrikanischen und brasilianische Kinder kaum mit vietnamesischen vergleichbar. Wenn also in einer Studie untersucht wird, wie stark rumänische Kinder geschädigt sind, die in den neunziger Jahren nach Holland adoptiert worden sind, so ist der Erkenntnisgewinn aus dieser Untersuchung sehr gering für jemanden, der 15 Jahre später in Deutschland ein Kind aus Südafrika oder Äthiopien adoptieren will. Kinder aus Rumänien sind in den neunziger Jahren unter extrem desolaten Verhältnissen aufgewachsen, die kaum mit den Verhältnissen in anderen Ländern vergleichbar sind. Wenn sie bei holländischen Eltern aufwachsen, so sind auch diese kaum mit Eltern anderer Länder vergleichbar. Das Auswahlverfahren für Adoptionsbewerber, die generelle Einstellung zu Adoptionen und viele andere Faktoren unterscheiden sich in den einzelnen Ländern so stark, dass kaum eine Vergleichbarkeit gegeben ist.

Zusätzlich kranken Untersuchungen über Adoptivkinder oft daran, dass die untersuchten Gruppen nur aus wenigen Kindern bestehen oder die Fragestellungen problematisch sind. So wurde in einer Studie des Adoptionsforschers Hoksbergen untersucht, wie stark Adoptivkinder traumatisiert sind[51]. Die Eltern sollten Sätze eines Trauma-Fragebogens mit 0 = trifft nicht zu; 1 = ein bisschen/manchmal oder 2 = deutlich/oft kommentieren. Einige der Sätze waren:

– Verschlossen; andere wissen nicht, was in ihm vorgeht
– Verweigert Gespräche über die Adoption
– Merkwürdiges Verhalten
– Hat wenig Freunde

Was soll man darauf antworten? Wer weiß, was in pubertierenden Jugendlichen vorgeht? Es kann sein, dass das Kind Gespräche über die Adoption verweigert, aber lässt das Rückschlüsse auf die Traumatisierung des Kindes zu, oder darüber, dass die Eltern das Thema ungeschickt behandeln? Manche Eltern gehen ihren Kindern so penetrant mit dem Thema Adoption auf die Nerven, dass diese sich völlig verschließen und irgendwann überhaupt nichts mehr dazu sagen wollen. Sind dann die Kinder traumatisiert oder haben die Eltern einen Fehler gemacht? Welche Eltern haben sich beim Betrachten ihrer Kinder noch nicht gedacht, dass sich die lieben Kleinen doch ziemlich merkwürdig verhalten? Wie viele Freunde sind 'wenig Freunde'? Zwei, vier, sechs?

Die Ergebnisse von Studien sind deshalb oft keine große Hilfe.

Wenn an dieser Stelle näher auf die Schädigungen bei Adoptivkindern eingegangen werden soll, so ist es nicht möglich, alle denkbaren Formen zu besprechen. Deprivation, Hospitalismus und zahlreiche somatische Erkrankungen haben wir bereits in unserem Buch 'Ratgeber Auslandsadoption' besprochen. Diese Ausführungen sollen hier nicht wiederholt werden.

Charakteristisch für Adoptivkinder ist, dass sie nicht bei ihren leiblichen Eltern aufwachsen können und deshalb zumindest schon eine Trennungserfahrung hinter sich haben. Da viele Kinder aus ungünstigen sozialen Verhältnissen kommen, sind auch vorgeburtliche Schädigungen durch Drogen und Alkohol keine Seltenheit. Diese Probleme werden im Folgenden näher beleuchtet:

Vorgeburtliche Schädigungen

Alkohol

➤ **Beispiel:**

Das Ehepaar M. will ein Kind aus der Ukraine adoptieren. Als sie im Adoptionszentrum in Kiew ihren Kindervorschlag erhalten, macht die Mitarbeiterin der Behörde sie darauf aufmerksam, dass die leibliche Mutter während der Schwangerschaft vermutlich Alkohol getrunken habe. Da das Ehepaar M. bereits von ihrer Adoptionsvermittlungsstelle darüber informiert worden ist, dass der Alkoholkonsum in den ehemaligen Sowjetrepubliken sehr hoch ist, kommt dies für sie nicht völlig überraschend. Dennoch sind sie jetzt verunsichert und wissen nicht, wie weit das Kind geschädigt ist und ob sich durch eine Therapie in Deutschland die Folgen des Alkoholkonsums beseitigen lassen.

Dass es einen Zusammenhang zwischen mütterlichem Alkoholkonsum und negativen Folgen für das ungeborene Kind gibt, ist bereits seit der Antike bekannt und wird schon in der Bibel beschrieben: *'Und der Engel des Herrn erschien der Frau und sprach zu ihr: Siehe, du bist unfruchtbar und hast keine Kinder, aber du wirst schwanger werden und einen Sohn gebären. So hüte dich nun, Wein oder starkes Getränk zu trinken und Unreines zu essen.'* [52]

Erst in den Siebziger Jahren gaben Forscher an der Universität von Seattle den Schädigungen durch Alkohol einen Namen: FAS (Fetal Alkohol Syndrome). Große Bekanntheit erlangte FAS durch das Buch 'The Broken Cord' (deutscher Titel: 'Erzähl ihm nicht von den Bergen') von Michael Dorris, der ein Kind extremer Alkoholiker adoptierte und in dem Bestseller seine Erfahrungen schilderte.

Grundsätzlich sind 5 kritische Perioden für die negativen Wirkungen des Alkohols zu unterscheiden[53]:
- die Zeit vor der Empfängnis (Ei und / oder Sperma können durch chronischen Alkoholabusus geschädigt sein)
- die ersten 3 Wochen nach der Empfängnis (kritisch für die frühe Entwicklung und den Aufbau des Neuralrohrs)
- die 4. bis 9. Woche (kritisch für Missbildungen und mentale Retardierungen)
- 10. Woche bis zur Geburt (kritisch für Größenwachstum und Funktionsausbildungen)
- Stillzeit (Alkoholgehalt der Muttermilch entspricht der Blutalkoholkonzentration der Mutter)

Symptome von FAS können sein
- Erheblich verringerter Intelligenzquotient von 65 bis 80
- Typische Gesichtsveränderungen bei Neugeborenen und Kleinkindern, sodass bereits Unerfahrene die Verdachtsdiagnose FAS stellen können
- Kleinwüchsigkeit,
- Missbildungen an Ohren, Augen (bei ca. 90 % der FAS Kinder)

- Verminderter Haarwuchs
- Sprachstörungen
- Anomalien an Gelenken und Extremitäten (z.B. Verwachsungen von Elle und Spei-
  che, auffällige Handfurchen)
- Missbildungen der inneren Organe
- Schädigungen des Zentralnervensystems

FAS-Geschädigte haben eine geringe Aufmerksamkeitsspanne und lernen nicht aus ihren Fehlern. Sie denken nicht an die Konsequenzen ihres Verhaltens sondern leben einzig und allein in der Gegenwart. Sie sind oft hyperaktiv und entwickeln keine Neugier, keine Leidenschaft. Da ihr Gehirn durch die vorgeburtliche Schädigung irreparabel geschädigt wurde, sind größere Therapiefortschritte kaum zu erwarten. Eine Heilung ist nicht möglich.

Adoptiveltern, die sich eine glückliche Familie gewünscht haben und davon träumten, ein kleines Kind auf seinem Weg zum Erwachsenen begleiten zu dürfen, müssen oft feststellen, dass ihr Kind auf Dauer sozial und körperlich auffällig und geistig behindert bleiben wird. Dass es zwar älter werden wird, aber dennoch eine lebenslange Betreuung benötigt.

Da FAS Kinder meist durch ihre auffälligen Gesichtszüge erkennbar sind, drängt sich die Überlegung auf, ein solches Kind einfach nicht zu adoptieren, um damit die Gefahren auszuschließen, selbst ein FAS Kind zu bekommen. Adoptivbewerber müssen jedoch wissen, dass es nicht möglich ist, Alkoholschädigungen immer an Auffälligkeiten im Erscheinungsbild zu erkennen. Kinder, die während der Schwangerschaft extremen Mengen Alkohol ausgesetzt waren, zeigen zwar die beschriebenen körperlichen Auffälligkeiten, jedoch können schon geringere Mengen Alkohol zu bleibenden Hirnschädigungen führen, ohne dass sichtbare Missbildungen vorliegen würden. In diesem Fall spricht man nicht von FAS, sondern von Fetal Alcohol Effects (FAE). Diese kommen wesentlich häufiger vor, sind aber schwieriger zu diagnostizieren als das vollständige Krankheitsbild.

FAE Kinder zeigen oft keinerlei äußere Auffälligkeiten, können aber dennoch schwer geschädigt sein.

Häufigkeit von FAS und FAE

In Deutschland werden jährlich 2200 Kinder mit FAS geboren, die Raten für FAE liegen um ein Vielfaches höher.[54]

´Etwa 10.000 Kinder pro Jahr leiden in Deutschland an den gesundheitlichen Folgen des Alkoholkonsums ihrer Mütter während der Schwangerschaft. Bei jährlich über 2.000 Kindern äußern sich die Schädigungen mit Wachstumsstörungen, körperlichen Deformierungen sowie geistigen und seelischen Behinderungen in dem Krankheitsbild des Fetalen-Alkohol-Syndroms (FAS)´.[55]

Obwohl verlässliche Zahlen fehlen, ist davon auszugehen, dass die Zahlen in einigen Staaten des früheren Ostblocks erheblich höher sind. Während etwa manche Untersuchungen von einer 8-mal höheren Erkrankungsrate in Russland ausgehen[56], ist nach Meinung anderer die Häufigkeit von FAS und FAE sogar *´9 bis 47- mal höher als in den Vereinigten Staaten und den meisten Ländern Westeuropas´.*[57]

Generell ist festzustellen, dass es besonders bei Auslandsadoptionen schwierig ist, vor der Adoption genaue Informationen über den Gesundheitszustand des Kindes zu erhalten. Von der Vorgeschichte des Kindes ist oft wenig bis nichts bekannt und nicht immer geben die ärztlichen Atteste den tatsächlichen Gesundheitszustand des Kindes wieder. So haben zahlreiche Untersuchungen ergeben, dass unabhängig von Alter, Geschlecht und Herkunftsland des Kindes ungefähr in 50 Prozent der Fälle nach der Adoption Erkrankungen festgestellt werden, die vor der Adoption kein Arzt diagnostiziert hatte.[58]

Auch dem eigenen Augenschein sollten Adoptionsbewerber nicht allzu sehr vertrauen. Was nützt es, wenn man weiß, dass für FAS Kinder kleine Augenöffnungen, ein tiefer Nasenrücken und eine kurze abgeflachte Nase charakteristisch sind und man sich in einem Heim in Asien befindet, wo alle Kinder so aussehen? Wie soll der Laie in einem Heim der Dritten Welt erkennen, ob sich das Kind zu Hause in Europa sozial integrieren lässt oder völlig kontaktgestört ist? Wer kann bei einem Einjährigen erkennen, ob sein Intelligenzquotient später den Besuch der Regelschule unmöglich machen wird?

Wer aus Ländern adoptiert, in denen viel Alkohol konsumiert wird, geht ein höheres Risiko ein, ein an FAS oder FAE erkranktes Kind zu bekommen. Daran lässt sich nichts ändern, weder durch ärztliche Untersuchungen noch viel Vertrauen darauf, man werde schon nicht das 'falsche' Kind adoptieren.

Andere vorgeburtliche Schädigungen

Alkohol ist nicht die einzige Gefahr, die dem ungeborenen Kind droht. Zahlreiche andere Faktoren wie etwa Drogen, Medikamente, Stress, mangelhafte Ernährung oder Nikotin können die Entwicklung während der Schwangerschaft ebenfalls negativ beeinflussen.

Babys von Raucherinnen kommen häufig zu früh, zu schwach und zu leicht auf die Welt. Nikotin verdoppelt das Frühgeburtsrisiko.

Drogenabhängige bemerken oft erst im vierten oder fünften Schwangerschaftsmonat ihre Schwangerschaft. Der Grund liegt darin, dass Opiate einen direkten Einfluss auf die Hormonproduktion ausüben und die Periode ausbleibt, die Frauen aber nicht unfruchtbar werden.

Im Gegensatz zu Alkohol bewirken Opiate (etwa Heroin, Codein, Methadon) keine Fehlbildungen am Fötus. Trotz des Gebrauchs von Heroin kann deshalb eine Schwangerschaft völlig normal verlaufen und ein gesundes Baby geboren werden. Die Gefahr für das ungeborene Kind liegt weniger darin, dass es Drogen ausgesetzt ist, sondern dass seine drogensüchtige Mutter wegen ihrer Abhängigkeit mit hoher Wahrscheinlichkeit ein überaus ungesundes Leben führt, großem Stress ausgesetzt ist, schlecht ernährt und entkräftet ist.

Da Heroin sehr schnell vom Körper abgebaut wird und schon ein bis zwei Stunden nach der Einnahme der Entzug beginnt, macht das Ungeborene täglich mehrere Entzüge durch und ist dementsprechend ständig starkem Stress ausgesetzt. Dieser sich täglich wiederholende Entzug ist für das Kind sehr gefährlich, da Heroinentzug zu Sauerstoffmangel und zu vorzeitigen Wehen bis hin zur Totgeburt führen kann.

Kinder von Drogensüchtigen entwickeln meist in den ersten Tagen nach der Geburt ein Abstinenzsyndrom mit mittleren bis schweren Entzugssymptomen (Erbrechen, Zittern, Atemnot). Nach etwa 5 – 6 Wochen ist der Drogenentzug abgeschlossen, es bleibt jedoch oft ein erhöhter Pflegebedarf während des ersten Lebensjahres, da die Kinder während dieser Zeit oft leicht erregbar und schwierig zu ernähren sind.

Trennungserfahrungen

Alle Kinder, die zur Adoption kommen, haben eine unterschiedliche Vergangenheit, haben Unterschiedliches erlebt und es auch ganz individuell verarbeitet. Manche sind krank, manche nicht, die einen sind traumatisiert, die anderen nicht.

Alle haben jedoch eines gemeinsam - sie alle haben Trennungserfahrungen hinter sich. Führt diese Trennung aber in jedem Fall zu einer Traumatisierung? Der Autor Franz Ruppert schreibt: *'Dieses Trauma der frühen Trennung von der leiblichen Mutter erlebt jedes Adoptivkind, egal, wann es zu den Adoptiveltern kommt'..... 'Ob jedes adoptierte Kind ein solches "Trauma" erlebt hat und seelisch verarbeiten musste und wie schwer dieses gegebenenfalls wiegt, – um dazu fundiertere Aussagen machen zu können, fehlen meines Wissens bislang verlässliche empirische Daten.'*[59] Man sieht, auch Franz Ruppert ist sich nicht ganz sicher, ob jedes Kind traumatisiert ist oder nicht. Tatsächlich fehlen empirische Daten über die Traumatisierung durch die Trennung von der leiblichen Mutter. Es hat sich jedoch gezeigt, dass es vor allem durch den wiederholten Verlust von Bindungspersonen in den ersten Lebensjahren zu schwerwiegenden Traumatisierungen kommen kann. Eine besonders schwere Schädigung kann dann stattfinden, wenn mehrere Bezugspersonen auf einmal (etwa durch einen Unfall) verloren gehen und nur das Kind überlebt.

Nicht nur in solchen Extremsituationen kann die Entwicklung des Kindes geschädigt werden. Auch kürzere Trennungen von der Mutter können zu einer Beeinträchtigung führen. Wie groß in der ersten Lebenszeit die Abhängigkeit von der Mutter ist, konnte in einem Tierexperiment festgestellt werden.

Als Ratten über einen Zeitraum von 3 Wochen nach der Geburt regelmäßig für 15 Minuten aus dem Nest herausgenommen und von der Mutter getrennt wurden, hatte dies Veränderungen in den Reifungsprozessen des zentralen Nervensystems zur Folge.

Besonders beeindruckend war, dass selbst die nächste Generation noch unter diesen Folgen litt, obwohl sie selber keinerlei Trennungserfahrungen durchgemacht hatte.[60]

Es ist in der Wissenschaft völlig unbestritten, dass traumatisierende Erfahrungen in den ersten Jahren beim Menschen zu schweren Bindungsstörungen, Verwahrlosung und Deprivation führen können. *'Diese schwerwiegenden Formen der Deprivation, wie man sie heute noch in rumänischen und russischen Kinderheimen finden kann, führen zu einer Form der Bindungsstörung, die beim Kind keine Bevorzugung von Bindungspersonen und Bindungsverhalten mehr erkennen lassen.'*[61]

Da alle Kinder schädigende Trennungserfahrungen hinter sich haben, ist tatsächlich ein großer Teil der Kinder, die zur Adoption kommen, in irgendeiner Weise geschädigt.

Wichtiger als die Frage nach der ursprünglichen Verfassung und Schädigung ist jedoch die Frage, wie sich die Kinder nach der Adoption entwickeln. Wie verarbeiten die Kinder ihre Schädigungen? Ist es möglich, die frühkindlichen Mangelerfahrungen so auszugleichen, dass sie später ein ganz normales Leben führen können, oder leiden Adoptivkinder ein Leben lang unter dem Erlebten und sind deshalb zeitlebens weniger glücklich, lebenstüchtig und erfolgreich?

Wie verarbeiten Kinder schlimme Erfahrungen?

Eine der größten Studien, die zu diesem Thema durchgeführt wurden, ist die sogenannte Kauai-Untersuchung. Sie ist nach der Hawaii-Insel Kauai benannt, auf der 698 Kinder lebten. Alle wurden 1955 geboren und mit 1, 2, 10, 18, 32 und 40 Jahren untersucht.[62]

Die Insel ist ein Tourismusparadies mit vielen sozialen Spannungen und Problemen. Während der 40 Jahre, in denen die Untersuchungen stattfanden, gab es neben großen Drogenproblemen, einem zerstörerischen Hurrikan und dem Bankrott des größten Arbeitgebers vor Ort – einer Zuckerrohrplantage – noch viele andere Katastrophen, unter denen die Kinder zu leiden hatten. Etwa ein Drittel der Kinder lebte in Familien, in denen häusliche Streitereien oder Alkoholismus an der Tagesordnung waren oder die Eltern an psychischen Erkrankungen litten. Erstaunlich aber war, dass sich später viele dieser Kinder dennoch gut entwickelten. Eines von drei Hochrisikokindern hatte trotz der Schwierigkeiten in seinem Umfeld kaum schulische Probleme, verfolgte realistische Bildungs- und Berufsziele und hatte den Ehrgeiz, sich selbst weiter zu verbessern.

Diese Kinder wuchsen später ohne nennenswerte Probleme zu fürsorglichen, selbstsicheren und kompetenten Erwachsenen heran. Bei der letzten Untersuchung, die im Alter von 40 Jahren durchgeführt wurde, kämpfte Kauai mit großen wirtschaftlichen Problemen und einer starken Rezession. Dennoch war keiner von ihnen arbeitslos, keiner lebte von Sozialhilfe, keiner war straffällig geworden und ihre Scheidungsraten waren deutlich unter denen anderer Versuchsteilnehmer. Man konnte sogar feststellen, dass sie mehr Erfolge in Schule und Beruf hatten, als diejenigen, die in sicheren und stabilen Familien aufgewachsen waren.

Wie kam es zu diesen erstaunlichen Ergebnissen? Wie konnte es sein, dass manche den Widrigkeiten des Lebens viel erfolgreicher trotzten als andere? Man fand heraus, dass sie sich in mehreren Punkten von den anderen Mitgliedern der Hochrisiko-Gruppe unterschieden:

- Sie hatten eine mindestens durchschnittliche Intelligenz und ein Temperament, das sich positiv auf andere auswirkte.
- Sie hatten eine enge emotionale Beziehung zu Personen, die ein Ersatz für ihre Eltern waren. Das konnten Großeltern sein, aber auch ältere Geschwister, Lehrer oder andere, die sich um sie kümmerten, ihnen Vertrauen schenkten und ihnen Halt gaben.
- Sie hatten Unterstützung von außen in Kirchen, Schulen oder Jugendgruppen.

Bei diesen Faktoren spricht man von den 'protektiven' Faktoren, also den Schutzfaktoren im Leben der Kinder.

Emmy Werner listete die von ihr ermittelten Schutzfaktoren so auf:

- Aktiv, aufgeweckt, hohes Durchsetzungsvermögen
- Leichtes, attraktives Temperament (liebenswert, knuddelig)
- Durchschnittliche bis überdurchschnittliche Intelligenz
- Fähigkeit, sich abzusetzen, Impulskontrolle
- Ausgeprägte Leistungsmotivation
- Starke religiöse Neigung, Glaube
- Unterstützende Großeltern

- Für Mädchen: Betonung der Eigenständigkeit mit emotionaler Unterstützung durch die vorrangige Pflegeperson
- Für Jungen: Struktur und Regeln im Haushalt
- Für Jungen und Mädchen: Aufgetragene Pflichten, verlangte Hilfeleistung
- Enge kompetente Freunde, die Vertraute sind.[63]

All diese Faktoren helfen einem Kind, sich auch dann gut zu entwickeln, wenn die Bedingungen seiner Lebenswelt dies eigentlich gar nicht zulässt.

Ähnliche Erfahrungen machte man mit Kindern, die ihre Eltern im Konzentrationslager verloren hatten.

Auch bei ihnen wäre anzunehmen gewesen, dass ihre Schädigungen von Dauer sind und dass sie ihre psychischen Verletzungen sogar an die nächste Generation weitergeben. Die Hilfe und Unterstützung von außen und die Hoffnung auf einen sicheren Ort in der neuen Heimat Israel hatten allerdings dafür gesorgt, dass ein Großteil der Kinder die Traumatisierungen gut verarbeiten konnte.[64]

Es ist durchaus richtig: Viele Kinder, die zur Adoption kommen, sind geschädigt.

Wie diese Studien eindrucksvoll aufzeigen, haben sie aber später bei einer liebevollen und konsequenten Betreuung die besten Chancen, diese Schädigungen auszuheilen. *'Längst nicht alle Kinder, die Entwicklungsrisiken ausgesetzt sind, leiden unter den nachteiligen Folgen, viele von ihnen entwickeln sich völlig normal, einige sogar besonders günstig'*[65]. Es gibt Kinder, die unter den ungünstigsten Bedingungen aufgewachsen sind und dennoch nicht negativ geprägt wurden. Sie sind *'verwundbar aber unbesiegbar'*.[66]

Das Entscheidende für die Hochrisikokinder auf Kauai und die Holocaust-Kinder war, dass es Erwachsene gab, die sich um sie kümmerten und ihnen ein Gefühl von Sicherheit und Geborgenheit vermittelten. Genau das ist es, was auch die meisten Adoptiveltern für ihre Kinder tun. Und so verwundert es auch kaum, dass viele Studien zeigen, dass Adoptierte sich nur sehr gering von Nichtadoptierten unterscheiden. Während manchmal nur wenige Unterschiede gefunden wurden[67], konnten in anderen Untersuchungen überhaupt keine Unterschiede festgestellt werden.[68]

In der Literatur wird oft ein Bild von Adoptivkindern gezeichnet, das der Realität nicht entspricht. Meist werden ausführlich die Probleme aufgezeigt; unerwähnt bleibt aber in der Regel, dass sich die meisten Adoptivkinder nach der Adoption ausgesprochen positiv entwickeln. Dies führt zu einer erheblichen Stigmatisierung von Adoptionen. Wer ständig betont, man müsse sich bei der Erziehung von Adoptivkindern weniger auf freudige und liebevolle Momente als auf unkontrollierte Aggressionen, Ängstlichkeit, Störungen, Distanzlosigkeit und einen ungünstigen Entwicklungsverlauf gefasst machen, trägt seinen Teil dazu bei, dass Paare in der Regel nach einem kleinen, unbelasteten Säugling verlangen. Wenn von manchen Bewerbern bereits Zweijährige als zu alt für eine Adoption befunden werden, so hat dies sicherlich auch mit Berichten zu tun, die immer nur von riesigen Problemen bei der Erziehung dieser Kinder sprechen und kein Wort darüber verlieren, dass sich die allermeisten von ihnen nach der Adoption ausgezeichnet entwickeln.

Sicherlich gibt es Einzelne, die ein Leben lang unter ihrer Vergangenheit leiden. Dies gilt aber nicht für die breite Masse der Adoptierten. In der Regel sind sie nicht weniger glücklich und lebenstüchtig als diejenigen, die bei ihren leiblichen Eltern aufwachsen durften.[69]

Literatur:

Bindung und Trauma
von Karl H. Brisch, Theodor Hellbrügge
Klett-Cotta 2003
ISBN: 3608940618

Es ist wichtig, dass das Kind seine Wurzeln kennt

➤ **Beispiel:**

Anne und Konrad beschließen nach der Adoption ihres Sohnes Lukas, dass der Junge zunächst nichts von der Adoption erfahren soll. Für sie selbst hat es keine Bedeutung, dass Lukas adoptiert ist, denn sie sind sich sicher, dass sie ihn nicht mehr lieben würden, wenn er ihr leibliches Kind wäre. Um das Kind nicht unnötig zu verwirren, soll er erst mit 18 Jahren erfahren, dass er adoptiert ist.

Anne und Konrad machen hier einen großen Fehler. Es ist mittlerweile anerkannt, dass es für die positive Entwicklung des Kindes unabdingbar ist, von seiner Herkunft zu erfahren. Da viele Ämter (Krankenkasse, Einwohnermeldeamt, Standesamt), Bekannte und Freunde von der Adoption wissen, verstrickt man sich schnell in Lügen, die das Eltern-Kind-Verhältnis nachhaltig schädigen können.

Wer sich bereits vor der Adoption außerstande sieht, seinem Kind später die Wahrheit über seine Herkunft zu erzählen, sollte sich überlegen, ob er für eine Adoption tatsächlich geeignet ist.

➤ **Beispiel:**

Dieter und Regina G. adoptieren ein 4-jähriges Mädchen in Deutschland. Über ihr örtliches Jugendamt haben sie erfahren, dass es für die Entwicklung von Adoptivkindern sehr wichtig ist, dass sie ihre Wurzeln kennen. Da sie bei der Adoption auch die leibliche Mutter kennen gelernt haben und auch ein Photo von ihr besitzen, beschließen sie, zu Hause über dem Bett des Kindes das Photo aufzuhängen, um dem Kind zu zeigen, dass die leibliche Mutter ein wichtiger Teil in seinem Leben bleibt. Später kommt es sogar zu regelmäßigen Treffen zwischen leiblicher Mutter und Adoptivtochter.

➤ **Beispiel:**

Gerd und Bianka W. adoptieren einen 5-jährigen Jungen aus Vietnam. Auch sie bemühen sich nach Kräften, den Jungen mit seinem Herkunftsland verbunden zu halten. Im Haus werden Photos von Vietnam aufgehängt, regelmäßig kommt eine befreundete Vietname-

sin zu Besuch, um mit dem Kleinen vietnamesisch zu sprechen und Bianka W. kauft mehrere Videokassetten in vietnamesischer Sprache.

Auch hier wollen beide Familien nur das Beste für ihr Kind, und wenn sich zeigt, dass der eingeschlagene Weg für das Kind gut ist und es gut mit den bereitgestellten Informationen zurecht kommt, gibt es sicherlich keinen Grund, etwas zu ändern.

Der wichtigste Gradmesser dafür, ob man mit einem Erziehungsstil Erfolg hat oder nicht, ist aber immer die positive Entwicklung des Kindes.

Manche Kinder sind vor allem in der Eingewöhnungszeit bei den neuen Eltern völlig überfordert damit, Informationen über ihre Herkunft zu verarbeiten. Zu groß ist anfangs die Flut von Neuigkeiten, die das Kind aufnehmen muss und erst einmal muss es neue Wurzeln schlagen dürfen.

Wenn sich also zeigt, dass ein Photo der leiblichen Mutter über dem Bett das Kind aufwühlt und es häufig zum Weinen bringt, könnte es sein, dass man aus dem Wunsch heraus, alles richtig zu machen, des Guten zu viel unternommen und in erster Linie Verwirrung gestiftet hat. In diesem Fall sollte man das Photo abhängen und es immer dann hervorholen, wenn das Kind darum bittet, es wieder anschauen zu dürfen.

Offen mit der Geschichte der Adoption umgehen zu können und gleichzeitig ein Gefühl dafür zu entwickeln, wie weit das Kind mit seiner Vergangenheit konfrontiert werden kann, ist eine Grundvoraussetzung für eine gelungene Adoption.

Sie müssen erst Ihre Kinderlosigkeit verarbeitet haben

➤ **Beispiel:**

Im ersten Gespräch bei ihrem zuständigen Jugendamt erfahren Gerhard und Gabriele A., dass es das Wichtigste sei, dass Bewerber erst einmal ihre eigene Kinderlosigkeit verarbeiten. Das Kind müsse um seiner selbst willen adoptiert werden und dürfe nicht die Funktion haben, ein fehlendes leibliches Kind zu ersetzen.

Für die A.s ist diese Feststellung der Mitarbeiterin des Jugendamtes ein großes Problem, da sie bislang zweigleisig fahren. Neben ihrer Bewerbung für eine Adoption sind sie auch in Kinderwunschbehandlung bei einem renommierten Fortpflanzungsmediziner. Sie wissen nun nicht, wie sie sich verhalten sollen. Ist es besser, die Adoption zurückzustellen, sollen sie die Kinderwunschbehandlung abbrechen oder gar wie bislang weitermachen und dem Jugendamt die medizinische Behandlung verschweigen?

Viele Paare, die sich für eine Adoption bewerben, haben die Hoffnung auf ein leibliches Kind noch nicht aufgegeben und so hört man oftmals in Gesprächen mit Adoptionsbewerbern, dass dieser Wunsch noch immer der primäre ist. Für alle, die noch hoffen selbst schwanger zu werden, ist es schwierig zu bestimmen, wann der richtige Zeitpunkt gekommen ist, sich um eine Adoption zu bewerben.

➤ **Beispiel:**

Jürgen D. und seine Frau Hannelore überlegen sich, ein Kind zu adoptieren. Beide sind Ende 30 und kinderlos. Jahrelang haben sie versucht, sich ihren Kinderwunsch zu erfüllen, haben mehrere In-vitro-Fertilisationen hinter sich und dennoch am Ende erkennen müssen, dass auch die moderne Fortpflanzungsmedizin nicht in der Lage ist, ihnen zu helfen. Jürgen sagt heute: Vor etwa 5 Jahren haben wir einen Punkt erreicht, an dem wir uns dachten: 'Jetzt reicht es. Wir haben uns lange genug gequält und es ist Zeit, den Gedanken an Kinder zu vergessen und sich wieder den schönen Dingen des Lebens zuzuwenden.`
Tatsächlich haben sie seitdem wieder Freude an Ihrem Leben, reisen viel und haben neue Freundschaften geschlossen. Dennoch gibt es vor allem Hannelore immer wieder einen Stich, wenn eine ihrer Freundinnen schwanger wird, oder andere stolz von ihren Kindern erzählen.

➤ **Beispiel:**

Michael und Christina B. haben sich entschlossen, ein Kind zu adoptieren. Sie haben sich für eine Auslandsadoption entschieden, da sie wegen ihrer langjährigen Tätigkeit für einen internationalen Konzern über viel Auslandserfahrung verfügen und sich deshalb gut vorstellen können, dass ihr Kind aus dem Ausland kommt. Im Bewerbungsgespräch bei der Adoptionsvermittlungsstelle kommt man schnell auf das Thema Unfruchtbarkeit zu sprechen. Christina berichtet, dass sie fast 5 Jahre lang in medizinischer Behandlung waren. Sie hätten sämtliche Methoden versucht, aber trotz allem sei es nie zu einer Schwangerschaft gekommen. Beim Erzählen des Erlebten ist Christina so berührt, dass sie feuchte Augen bekommt und sich heimlich die Tränen abwischt. Die Sozialarbeiterin, der dies nicht entgeht, ist daraufhin überzeugt, dass es für das Paar noch zu früh sei, ein Kind zu adoptieren. Erst müssten beide ihre Kinderlosigkeit verarbeiten.

Immer wieder kommt es in Adoptionsvermittlungsstellen vor, dass das Paar beim Sprechen über den Kinderwunsch sehr emotional reagiert und nicht selten fließen hier auch Tränen. Für manche Fachkräfte ist dies ein deutliches Zeichen, dass der Wunsch nach einem leiblichen Kind noch nicht ausreichend verarbeitet wurde und das Paar deshalb (noch) nicht für eine Adoption in Frage kommt.

Was die Gründe für diese Emotionen sind, ist nicht immer eindeutig. Die Ursache kann darin liegen, dass sich die Bewerber jahrelang nach einem leiblichen Kind gesehnt haben, sich innerlich von diesem Wunsch noch nicht verabschiedet haben und ein angenommenes Kind tatsächlich nur eine Art Notlösung wäre. Dies würde langfristig weder den Interessen der Eltern noch denen des Adoptivkindes entgegenkommen. In diesen Fällen ist es dann tatsächlich besser, die Bewerber darauf zu verweisen, erst an ihrem unerfüllten Kinderwunsch zu arbeiten und sich eventuell zu einem späteren Zeitpunkt um eine Adoption zu bemühen.

Gefühlsausbrüche in einem Bewerbergespräch können aber auch ganz andere Ursachen haben und nur wenig mit dem Gedanken an ein leibliches Kind zu tun haben. Für viele sind die Gespräche an sich psychisch so belastend, dass sie schon mehrere Tage vorher kaum noch schlafen können, angespannt sind und vor lauter Aufregung schon bei dem Gedanken an das Gespräch mit Stress reagieren. Dann kann schon der geringste Anlass genügen, um einen Tränenausbruch zu provozieren.

Manchmal ruft aber auch die Unfruchtbarkeit als solches ein schweres Trauma hervor und beim Gedanken an das Erlebte können diese traumatischen Erfahrungen wieder aufleben.

Traumata können hier durch mehrere Faktoren entstehen:

- Schock bei der ärztlichen Mitteilung

  Bereits die Mitteilung des Arztes, dass es mit dem Kinderwunsch Schwierigkeiten gibt, kann zu einem Trauma führen. Viele Paare, die ihr Leben auf eine Familie mit Kind eingerichtet haben, fallen hier ins Bodenlose und sehen sich ihres Lebensinhaltes beraubt.

- Traumatisierung durch die Kinderwunschbehandlung

  Die medizinische Behandlung ist oft für Partnerschaft, Gesundheit und Wohlbefinden so belastend wie die Behandlung einer schweren Erkrankung (etwa einer Tumorerkrankung). Viele Patienten erleben hier Ohnmacht, ein Ausgeliefertsein gegenüber einer Apparatemedizin und eine Entpersonalisierung des eigenen Körpers. 'Ich wollte ein Kind. Aber die Sachen, die dort mit mir gemacht wurden, wollte ich nicht. Ich hab mich noch nie zuvor so hilflos und verloren gefühlt wie in dieser Zeit,' klagte eine Betroffene. In vielen Fällen verändert sich der Körper durch Hormongaben und die Leichtigkeit früherer unbeschwerter Tage verschwindet aus der Paarbeziehung. Sex erfolgt manchmal auf Jahre nach Plan (von den Betroffenen oft 'Kurvenrammeln' genannt) und die Angst vor den Aufgaben des Lebens und den Anforderungen des Partners und der Familie kann zu schweren Versagensängsten, zu einem Auseinanderbrechen der Partnerschaft oder auch zu Depressionen führen. Manche Paare versuchen ihr Glück fünf, zehn, ja bis zu zwanzig Mal. Viele sind nach den *jahrelangen Enttäuschungen kränker als sie jemals waren. In-vitro-Befruchtung macht Hoffnung, weil eine gewisse Erfolgsrate gegeben ist. Aber sie macht auch depressiv.*[70]

Manche Paare sind so in ihren Depressionen gefangen und die Traumatisierung durch die Unfruchtbarkeit und die medizinischen Behandlungen ist so groß, dass sie von selbst – ohne therapeutische Hilfe – keine Heilung erfahren können. Manchmal verschafft dann selbst ein Erfolg der Behandlungen, das Eintreten einer Schwangerschaft und die Geburt eines leiblichen Kindes nicht das ersehnte Glück.

Für diese Paare ist der Wunsch ihrer Adoptionsvermittlungsstelle, sich vor einer Adoption erst einmal von dem Wunsch nach einem leiblichen Kind zu verabschieden, nur schwer zu erfüllen. Sie sind noch immer sehr belastet von dem Erlebten und in dieser Gemengelage aus enttäuschten Hoffnungen, neuen Hoffnungen und traumatischen Erlebnissen der Vergangenheit ist es für sie sehr schwierig herauszufinden, ob sie sich tatsächlich schon von dem Wunsch nach einem leiblichen Kind verabschiedet haben, oder ob dieser Wunsch nicht irgendwo tief im Inneren noch immer eine bedeutende Rolle spielt.

➤ **Beispiel:**

Beate und Ludwig L. sind überglücklich. Nach Jahren der Unfruchtbarkeit ist es ihnen end-
lich gelungen, ein Kind zu adoptieren. Sie sind völlig begeistert von ihrer kleinen Tochter
und froh, endlich zu dritt zu sein. Gleich nachdem sie das Baby bei sich aufgenommen
haben, besuchen sie die Eltern von Beate, um ihnen stolz ihr Enkelchen zu zeigen. Opas
erster Kommentar ist: 'Ich bin wirklich froh, dass es Euch gelungen ist, ein Kind zu adop-
tieren. Endlich habt ihr diese Unfruchtbarkeitsgeschichte hinter euch. '

Dem Paar bleibt zu wünschen, dass Opas Annahme, die Probleme mit der Unfruchtbarkeit seien nun vorbei, tatsächlich richtig ist. In der Tat gibt es viele Paare, die nach dem
Anruf ihrer Adoptionsvermittlungsstelle ('Wir haben hier ein Kind für sie') völlig erleichtert sind und von da an keinen Gedanken mehr daran verwenden, dass sie kein leibliches
Kind bekommen konnten. Für manche Paare ist dies jedoch nicht so.

So kann es sein, dass auch Jahre nach der Adoption immer wieder einmal die Trauer
über das Erlebte hochkommt, und dies muss nicht bedeuten, dass man deshalb weniger
als andere geeignet ist, gute Eltern zu sein.

Falls das Paar eine Kinderwunschbehandlung durchführt, sollte diese aber in jedem Fall
vor der Bewerbung für ein Adoptivkind abgeschlossen werden.

Aus Sicht der Vermittlungsstellen liegt die Ursache für diese Anforderung darin, dass
manche Paare dann doch im Adoptionsprozess schwanger werden und das Verfahren
stoppen. Für das Kind, das hätte adoptiert werden sollen, das vielleicht schon von dem
Paar erfahren hat und das nun zum zweiten Mal in seinem Leben seine Eltern verliert, wäre
dies eine fürchterliche Erfahrung.

➤ **Beispiel:**

Francois ist 4 Jahre alt und lebt in einem haitianischen Kinderheim. Sein Vater ist unbe-
kannt und seine Mutter konnte sich nicht um ihn kümmern. Seit einem Jahr lebt er des-
halb im Heim. Als er erfährt, dass er von einem deutschen Ehepaar adoptiert werden soll,
ist er außer sich vor Freude. Er hat wundervolle Dinge über Deutschland gehört. Dort soll
es so viel zu essen geben, dass alle Menschen ganz dick sind, man kann den ganzen Tag
fernsehen und jedes Kind hat ein eigenes Zimmer mit Spielsachen.
Als man ihm mitteilt, dass seine neuen Eltern ihn nicht mehr wollen, weint er tagelang und
glaubt, er sei wohl nicht gut genug für Deutschland gewesen.
Was war passiert? Das Ehepaar F., das ihn adoptieren wollte, hat während der Bewerbung
um die Adoption weiter eine Kinderwunschbehandlung in einer Klinik durchgeführt.
Obwohl eigentlich keiner mehr so recht an das Eintreten einer Schwangerschaft glaubte,
ist Frau F. aber tatsächlich bei der letzten Behandlung schwanger geworden. Das Ehepaar
ist daraufhin sofort von der Adoption zurückgetreten.

Solche Erfahrungen sollte man einem Kind nach Möglichkeit ersparen. Es ist deshalb
sehr zu empfehlen, sich nicht schon während einer Kinderwunschbehandlung um eine

Adoption zu bewerben. Dies gilt auch dann, wenn man glaubt, es dauere Jahre bis zur Adoption und bis dahin wisse man dann schon, wie es mit dem Wunsch nach einem leiblichen Kind stehe. Keiner kann sagen, wie lange es bis zu einer Adoption dauert. Das Adoptionsverfahren kann Jahre dauern, es gibt aber auch viele Fälle, in denen es bedeutend schneller ging und die Bewerber, die für ein bestimmtes Kind besonders geeignet waren, gebeten wurden, bald alle Unterlagen zusammenzustellen und einzureichen.

Es gibt aber noch einen weiteren – noch wichtigeren – Grund, während einer Behandlung keine Adoption zu beginnen.

Ein Adoptivkind ist nicht so, wie das leibliche Kind gewesen wäre. Es sieht anders aus, es hat andere leibliche Eltern, es hat eine Vorgeschichte und manchmal braucht es auch mehr Betreuung. Darauf muss man sich einlassen und einstellen. Das wird aber nur gelingen, wenn man nicht gleichzeitig seine ganze Energie darauf verwendet, noch ein leibliches Kind zu bekommen.

Kinderlosigkeit führt zu Schmerzen und Wunden. Man sollte sich nicht in das Abenteuer Adoption stürzen, wenn die Wunden der Kinderlosigkeit noch offen und blutend sind. Jedoch von Adoptionsbewerbern zu verlangen, erst dann eine Adoption zu beantragen, wenn sie die Kinderlosigkeit vollständig verarbeitet haben und alle Schmerzen hinter sich gelassen haben, ist unrealistisch.

Nicht alles kann so verarbeitet werden, dass es auf immer und ewig verschwindet. Die Kinderlosigkeit und ihre Folgen sind für viele Paare die einschneidendsten Erfahrungen im Leben. Dies kann Folgen haben, die die Zeit nicht heilen kann. Für viele wird es immer wieder Situationen geben, in denen sie an die Erlebnisse in einer sie beeinträchtigenden Weise erinnert werden. Es ist durchaus normal, wenn man wegen dem unerfüllten Wunsch nach einem leiblichen Kind gelegentlich eine tiefe Traurigkeit verspürt.

Wer jedoch noch sehr oft und intensiv trauert, sollte die Dinge nicht übereilen. Die Adoption bedeutet einen neuen Lebensabschnitt, den man so gesund und frei wie möglich beginnen sollte. Manchmal hilft es, ein paar Monate verstreichen zu lassen und auch die Teilnahme an einschlägigen Seminaren kann helfen, sich unbelasteter dem Neuen zuzuwenden. Überhasteter Aktionismus ist meist der falsche Weg.

➤ Beispiel:

Ruth und Johann H. sind beide 36 Jahre alt und seit ihrer Heirat vor 4 Jahren ungewollt kinderlos. Seit 2 Jahren sind sie in medizinischer Behandlung. Beide haben sich vorgenommen, noch etwa 2 Jahre ´durchzuhalten´.
Johann drängt darauf, bereits jetzt beim Jugendamt einen Antrag auf Adoption zu stellen. ´Das kann nicht schaden und wir werden schließlich auch nicht jünger´.

Auch in diesen Fällen sollte man erst das Ende der Behandlung abwarten. Ob der Antrag mit 36 Jahren gestellt wird oder mit 38 Jahren, macht keinen großen Unterschied. Die Kinder werden nicht nach Warteliste vergeben. Es bekommt nicht der ein Kind, der schon am längsten darauf wartet, sondern der, der am besten geeignet ist. Von den Adoptionsvermittlungsstellen wird aber nur der als geeignet angesehen, der sich auf die Adoption konzentriert und nicht gleichzeitig nach einem leiblichen Kind strebt.

Literatur:

Abschied vom Kinderwunsch
von Iris Enchelmaier
ISBN: 3783123755
Kreuz-Verlag, 2004

Wir suchen Eltern für Kinder

Adoptionsbewerber, die eine Vermittlungsstelle aufsuchen, hören dort oft, dass es Aufgabe einer Adoptionsvermittlung sei, für ein Kind geeignete Eltern zu finden, es aber nicht Aufgabe sei, für Eltern Kinder zu suchen.

Dies bedeutet, dass sich eine Adoptionsvermittlungsstelle, die 50 Bewerber aber nur 2 Kinder in ihrer Kartei hat, nicht aufmacht, in Deutschland oder dem Rest der Welt nach den 48 fehlenden Kindern Ausschau zu halten. Es ist auch nicht Aufgabe der Vermittlungsstelle, ein Kind zu suchen, das dem Anforderungsprofil der Bewerber am ehesten entspricht. Wenn der Vermittlungsstelle ein Kind gemeldet wird, das adoptiert werden kann, wird für dieses spezielle Kind nach geeigneten Eltern gesucht.

➤ **Beispiel:**

Gabriele und Marco S. sind anerkannte Bewerber in der Adoptionsvermittlungsstelle des Landkreises Musterkreis. Aktuell sind im Bewerberverzeichnis 76 Paare vermerkt, denen momentan kein Kind gegenübersteht, das adoptiert werden kann. Als der kleine einjährige Ronny zur Adoption freigegeben wird, prüft die zuständige Fachkraft in der Vermittlungsstelle, in welche Familie Ronny wohl am besten passen würde.

Gabriele und Marco sind überglücklich, als einige Tage später das Telefon klingelt und ihnen Ronny zur Adoption vorgeschlagen wird.

Es ist wichtig, dass Bewerber den Grundsatz ´Eltern für Kinder` verstehen und akzeptieren. Die Adoptionsvermittlungsstellen setzen voraus, dass Bewerber bei der Adoption nicht von der Vermittlungsstelle fordern, dass diese nach einem Kind sucht, das ihren Wünschen entspricht.

➤ **Beispiel:**

Anja und Dieter K. haben schon 2 Kinder adoptiert. Als sie bei der Adoptionsvermittlungsstelle nach einem dritten Kind anfragen, meint Anja K. zaghaft: ´Ich weiß, Sie suchen hier nicht nach dem passenden Kind für uns, sondern nach passenden Eltern für Kinder. Wir machen es natürlich nicht zur Bedingung für eine Adoption, aber es wäre uns doch ganz recht, wenn wir diesmal ein Mädchen adoptieren könnten. Unsere zwei Jungs wünschen sich unbedingt eine Schwester und der Größere hat schon gesagt, dass ihm ein weiterer Bruder nicht ins Haus kommt. Natürlich würde er dann sicher doch einen Bruder akzeptieren, aber es wäre doch leichter, wenn sie sich auf eine Schwester freuen könnten.

Die Adoptionsvermittlungsstellen unterscheiden sich hier etwas voneinander. Während es etwa bei manchen möglich ist, einen Wunsch hinsichtlich des Geschlechts zu äußern, ist dies bei anderen nicht möglich. Die meisten Adoptionsvermittlungsstellen werden aber den Wunsch der K.s nicht als unangebracht empfinden. Ob ihm dann auch entsprochen wird, ist allerdings eine andere Frage.

➤ **Beispiel:**

Auch das kinderlose Ehepaar B. will adoptieren. Sie wünschen sich ein Mädchen bis zu sechs Monaten (Mädchen sollen es leichter haben), das sich äußerlich nicht so sehr von seinen neuen Eltern unterscheiden soll (das soll dann auch leichter für das Kind sein) und keine körperlichen oder geistigen Schäden aufweist (wir wollen uns nicht überfordern). Als die Sozialarbeiterin ihnen zu verstehen gibt, dass nicht Kinder für Eltern gesucht werden sondern Eltern für Kinder, entgegnen sie: 'Das verstehen wir sehr gut, aber wenn sie so ein kleines Mädchen haben, können sie ja uns dafür aussuchen, denn für dieses Kind wären wir sicherlich die besten Eltern.'

Es mag sein, dass Herr und Frau B. gute Eltern wären. Unter Umständen ist die Sozialarbeiterin aber der Meinung, dass andere Bewerber, die ihre Anforderungen nicht ganz so hoch setzen, noch etwas besser geeignet sind.

Die Vorbereitung auf die Adoption

Auch wenn sich die Erziehung eines Adoptivkindes meist nicht wesentlich von der Erziehung eines leiblichen Kindes unterscheidet, so ist es doch etwas anderes, ob man selbst ein Kind zur Welt bringt oder ein fremdes Kind bei sich aufnimmt. Darauf sollte man sich vorbereiten.

Die Hektik, die durch das Zusammenstellen der Unterlagen, durch Bewerbungsgespräche, Kontakte mit Vermittlungsstellen etc. entsteht, verstellt oft den Blick darauf, dass die Zeit vor der Ankunft des Kindes gut genutzt werden kann:

- Wie bei einer Schwangerschaft ist dies eine gute Gelegenheit, seine eigenen Gewohnheiten noch einmal unter die Lupe zu nehmen und vielleicht das Rauchen aufzuhören oder etwas mehr Sport zu treiben.
- Falls eine Auslandsadoption angestrebt wird, so ist es jetzt eine gute Zeit, sich näher mit dem Land zu beschäftigen. Falls möglich, kann man auch bereits vor der Adoption einmal das Land bereisen, um dort einen näheren Einblick in die Kultur und die Lebensgewohnheiten der Menschen zu erhalten. Nach der Adoption ist es meist viel schwieriger, längere Auslandsreisen zu unternehmen.

- Der Kontakt zu Gleichgesinnten kann die Wartezeit verkürzen helfen. Wer über einen Internetzugang verfügt, kann sich in mehreren Internetforen mit anderen austauschen.

  Folgende Foren bieten sich an: www.adoptionsforum.de

  www.klein-putz.de/forum

– Wenn ein Neugeborenes adoptiert wird, unterscheidet sich die Pflege des Kindes in nichts von der eines leiblichen Kindes. Die meisten Adoptivkinder sind allerdings schon etwas älter. Bei diesen Kindern ist von Anfang an ein gewisses erzieherisches Geschick gefordert. Es ist naheliegend, sich vor der Adoption ausführlich mit Fragen zum Geschlecht und zur Hautfarbe des Kindes, seinem Herkunftsland, seinem Alter und seiner Gesundheit zu beschäftigen. Nicht weniger wichtig ist es aber, sich mit dem Partner über den späteren Erziehungsstil (streng, locker, autoritär), über Fragen von Disziplin, Religion und Ähnlichem auseinanderzusetzen.

– Die beste Vorbereitung ist die Pflege der Partnerschaft. In vielen Untersuchungen wurde nachgewiesen, dass Unstimmigkeiten unter den Eltern mit einer geringeren Belastbarkeit und Verhaltensauffälligkeiten auf Seiten der Kinder gekoppelt ist[71]. *'Frauen, die über gute Beziehungen zu ihrem Ehemann (oder zu Großeltern und Partnern) berichten, fühlen sich weniger geplagt und überfordert, haben mehr Zeit und können daher auch aufmerksamer, empfindsamer und ansprechbarer für ihre Kinder sein. Streitende Eltern hingegen geben ihren Kindern verwirrende Botschaften, haben weniger Zeit für sie und beschäftigen sich weniger mit ihrem Leben, und ihre Beziehung zu den Kindern ist feindseliger'*[72]. Wer es seinem Kind möglichst einfach machen will, in seiner neuen Familie gute und tragfähige Beziehungen zu entwickeln, sollte sich deshalb am besten um seine Partnerschaft kümmern. Es ist gut, wenn das Paar einen Rahmen findet, offen und vorbehaltlos über die Adoption zu sprechen und ohne Angst vor späteren Vorhaltungen Sorgen und Wünsche äußern zu können. Körperliche Nähe, Wochenendausflüge, gemeinsames Spazierengehen und viel Kommunikation ('Meinst Du, ein schwarzes Kind passt überhaupt zu uns?' 'ein Selbstgemachtes wäre schon auch schön gewesen') sind das Beste, was man in der Vorbereitungszeit machen kann. *Wie alle Eltern wissen, ähnelt das Aufziehen eines Kindes dem Versuch, 'ein bewegliches Ziel zu treffen'*[73]. Auch wenn man sich noch so gut auf die Adoption vorbereitet, so ist man letztlich doch meist überrascht, wie vielfältig die Anforderungen sind und wie flexibel und anpassungsbereit man sein muss, um den sich ständig ändernden Bedürfnissen des Kindes gerecht zu werden. In einer intakten und gut 'gewarteten' Partnerschaft ist dies alles viel leichter.

Freuen oder nicht?

Für schwangere Paare ist die Zeit bis zur Ankunft ihres Kindes voller Vorfreude und Aktivitäten. Vorbereitungskurse werden besucht, neue freundschaftliche Bande zu anderen schwangeren Paaren geknüpft, ein Kinderzimmer wird hergerichtet und Zukunftspläne für das Leben zu dritt (oder viert, fünft) geschmiedet. Die Schwangerschaft ist eine Zeit, in der sich die künftigen Eltern bereits gedanklich auf ihre Elternrolle vorbereiten können und der sich verändernde Körper der Mutter ständig daran erinnert, dass es bald zu starken Veränderungen kommen wird.

Bei Adoptionsbewerbern verläuft die Zeit bis zur Ankunft ihres Kindes deutlich anders. Das ist schon deshalb so, weil niemand genau sagen kann, ob das Adoptionsverfahren tatsächlich zum Erfolg, also zur Adoption eines Kindes, führen wird oder nicht. Auch wenn man vom Jugendamt oder einer freien Adoptionsvermittlungsstelle auf seine Eignung überprüft worden ist und eine positive Eignung bescheinigt bekommen hat, so bedeutet dies noch nicht automatisch, dass sich daran auch bald eine Adoption anschließen wird. Bei Inlandsadoptionen kann keiner sagen, wie lange es dauern wird und auch bei Auslandsadoptionen ist eine Prognose nur schwer möglich. Zu viele Unwägbarkeiten können das ganze Adoptionsverfahren erheblich in die Länge ziehen und in manchen Fällen sogar scheitern lassen. Länder, in denen es heute noch ein paar Monate bis zu einem Kindervorschlag dauert, ändern vielleicht schon morgen ihr Verfahren oder verhängen sogar einen Adoptionsstopp. So vermittelte Vietnam, das noch im Jahr 2002 an der Spitze der Herkunftsländer ausländischer Adoptivkinder in Deutschland stand, im Jahr 2003 kein Kind mehr nach Deutschland.

Bei diesen ganzen Unsicherheiten fällt es vielen Bewerbern schwer, sich auf ein Kind zu freuen und sich auch emotional darauf einzulassen, Eltern zu werden. Sie bewerben sich zwar um ein Kind, denken aber zur Sicherheit vor Enttäuschungen: 'Wahrscheinlich wird es ja nichts und falls es doch klappen sollte, kann ich mich noch immer darüber freuen, wenn das Kind endlich da ist'.

Vielen steht der Sinn auch deshalb nicht nach Freuen, weil sie schlicht in Panik vor dem Adoptionsverfahren sind.

➤ Beispiel:

'Nachdem wir entschieden hatten, es mit einer Adoption zu versuchen, war ich von dem Verfahren völlig abgeschreckt. Ich hatte einfach keine Ahnung, auf was wir uns da eingelassen hatten. Um ehrlich zu sein, habe ich es am Anfang nur deshalb gemacht, weil ich Angst davor hatte, überhaupt keine Kinder zu bekommen, aber das Verfahren hat mich mehr abgeschreckt, als alle Behandlungen vorher.'

Sicherlich ist das Bewerbungsverfahren für eine Adoption selten Anlass zu großer Begeisterung. Wer erzählt schon gerne Fremden von seinem Kinderwunsch, seinen Einkommensverhältnissen und seiner Vergangenheit?

Dennoch ist es nach Meinung der Autoren sehr wichtig, dass man sich auf sein zukünftiges Kind freut und es ist vielleicht sogar ein Zeichen dafür, ob man schon bereit ist für eine Adoption.

Eine längere Phase der Vorfreude ist wichtig bei einer Schwangerschaft und sie ist ebenso wichtig bei einer Adoption. Gleichgültig ob man sein Kind selbst zur Welt bringt oder nicht – die erste Zeit mit seinem Kind ist immer verwirrend und auch von Unsicherheit geprägt. Auch Eltern leiblicher Kinder müssen sich erst einmal an ihren Nachwuchs gewöhnen und die Liebe, die man dem Kind gibt, speist sich auch aus der Freude, die man vorher hatte.

Wer nicht wagt, sich auf sein Kind zu freuen, verpasst eine wichtige Phase in der Eltern-Kind-Beziehung und in seinem eigenen Leben. Elternschaft fängt nicht erst dann an, wenn man das Kind bei sich hat, sondern sie beginnt schon lange vorher im Kopf und im Herzen. 'Ich trug das Kind nicht unter meinem Herzen, sondern in meinem Herzen' sagte eine Adoptivmutter.

Wenn man gar keine Freude in sich spürt, kann der Grund darin liegen:

- dass man im Grunde seines Herzens noch immer auf ein leibliches Kind wartet und die Adoption nur als Notlösung betrachtet. Man sollte dann am besten noch etwas warten. Eine Adoption ist kein Notausgang. Wer dies so empfindet, sollte sich überlegen, ob es nicht besser wäre, nach einem anderen Weg zu suchen.

- dass man frustriert von den früheren Enttäuschungen ist, und zu große Angst davor hat, dass es auch diesmal nicht klappt. Auch in diesem Fall ist es vielleicht am besten, noch etwas Zeit verstreichen zu lassen, bis man das Adoptionsverfahren beginnt. Es ändert nichts am Erfolg einer Adoption, wenn man noch ein paar Monate oder vielleicht sogar ein oder zwei Jahre wartet. Die Vergangenheit darf nicht dazu führen, dass die Freude auf ein Kind ausbleibt. Manchmal gelingt es, die Freude wieder zu entdecken, wenn ein wenig Zeit vergangen ist und neue Kraft getankt wurde. Diese Kraft braucht man später, um das Kind zu betreuen und es liebevoll zu erziehen.

Sollte sich auf Dauer keine Freude auf das Kind einstellen, so kann dies ein Zeichen sein, dass die Adoption für dieses Paar der falsche Weg ist. Es gibt mehr Adoptivbewerber als Adoptivkinder und es ist sicherlich besser, wenn das Kind zu Eltern kommt, die ihm später erzählen können, dass sie sich unermesslich darauf gefreut haben, gerade dieses Kind in ihre Arme schließen zu können.

Das Adoptionstagebuch

Vom Entschluss zu adoptieren bis zur Adoption dauert es manchmal sehr lange. Manchmal vergeht Jahr um Jahr und die Enttäuschung ist oft riesengroß, wenn man sich an Weihnachten oder Silvester vorgenommen hat, dass dies das letzte Jahr ohne Kind war, und dann beim nächsten Weihnachtsfest feststellt, dass erneut kein Kind mit strahlenden Augen die Geschenke unter dem Christbaum auspackt. Wenn stattdessen eine besorgte Schwiegermutter fragt, wann es denn nun endlich so weit ist, erreicht die Frustration schnell ihren absoluten Höhepunkt.

Um neue Zuversicht zu schöpfen und um sich auf das Kind vorzubereiten, kann es sehr hilfreich sein, in der Wartezeit seine Gedanken und Gefühle in einem Adoptionstagebuch zu Papier zu bringen.

- Ein Adoptionstagebuch hilft die Zeit zu überstehen.
- Es hilft später dem Kind etwas über die Zeit zu berichten, in der es noch nicht in der Familie war. Wer will, kann seinem Kind die Aufzeichnungen auch zu lesen geben. Falls das Kind jemals zu zweifeln anfängt, ob es wirklich gewollt und erwünscht war, wird es meist nach der Lektüre erkennen, wie sehr sich seine Eltern auf seine Ankunft gefreut haben.

In der Wartezeit kann man leicht den Glauben an den Erfolg der ganzen Bemühungen verlieren. Gerade in diesen Momenten ist es gut, seine Zweifel niederzuschreiben. Oft gelingt es, die Situation nach dem Niederschreiben ein wenig objektiver, realistischer und positiver zu sehen.

Das Warten wird von den meisten Paaren nicht als besonders angenehm empfunden. Es ist sehr belastend, seine Verhältnisse, Pläne und Gefühle vor anderen auszubreiten und darauf zu hoffen, dass man nicht für ungeeignet befunden wird.

Dennoch ist die Wartezeit sehr wichtig. Genauso wie eine Schwangerschaft auf die Geburt vorbereitet, bereitet die Wartezeit darauf vor, Adoptiveltern zu werden. Ein Adoptionstagebuch kann helfen, diese Zeit zu nutzen.

Das Gespräch mit den zukünftigen Großeltern

➤ **Beispiel:**

'Ich weiß gar nicht mehr, wie viele Untersuchungen, Tests und Behandlungen ich und mein Mann im Laufe der Jahre über uns haben ergehen lassen. Aber es hat alles nichts genutzt. Der Kindersegen wollte sich einfach nicht einstellen. Im Laufe der Zeit haben meine Eltern natürlich mitbekommen, dass es mit dem Kinderkriegen bei uns nicht so klappte, wie wir uns das vorgestellt hatten. Während sie am Anfang noch relativ unbeteiligt schienen, hat sich ihr Interesse im Laufe der Zeit verstärkt und wir erzählten öfters, wenn eine Behandlung anstand bzw. gerade wieder gescheitert war.

Als mein Mann und ich endlich einsehen mussten, dass wir niemals leibliche Kinder haben würden, hat es noch etwa ein Jahr gedauert, bis uns klar war, dass eine Adoption der richtige Weg für uns sein würde. Als die Entscheidung gefällt war, waren wir ganz glücklich darüber, dass sich unser Kinderwunsch nun doch noch (wenn auch anders als ursprünglich gedacht) erfüllen sollte. Wir beide freuten uns schon darauf, unsere Eltern mit der Neuigkeit zu überraschen. Leider verlief dies ganz anders als gedacht. Als wir meinen Eltern bei einem gemeinsamen Mittagessen die freudige Nachricht überbrachten, waren die eher geschockt als erfreut. Statt ein erhofftes 'Mensch, da freuen wir uns aber für Euch' kam ein 'Habt ihr euch das aber auch wirklich gut überlegt?', 'Also ich weiß gar nicht, was ich davon halten soll', 'Ob sich ein farbiges Kind hier bei uns wohl fühlt?'

Für viele Großeltern ist es nicht einfach zu akzeptieren, dass ihr Enkelkind nicht ihr 'eigen Fleisch und Blut' ist, eventuell eine andere Hautfarbe hat und vielleicht aus einem ganz anderen Land kommt.

Während sich das Paar schon seit Jahren mit dem Kinderwunsch und dem Gedanken an eine Adoption beschäftigt, kommt die angeblich gute Nachricht für viele Großeltern aus heiterem Himmel. Da sie keine Möglichkeit hatten, sich langsam mit dem Gedanken an ein Adoptivkind vertraut zu machen, reagieren sie oft überrumpelt.

Zukünftige Adoptiveltern vergessen bei ihrer Trauer um das leibliche Kind manchmal, dass auch Großeltern darum trauern, kein leibliches Enkelkind zu bekommen. 'Ich war wirklich traurig darüber, dass mein Sohn und seine Frau kein Kind zur Welt bringen konnten. Als sie von ihren Adoptionsplänen erzählten, bekam das Ganze etwas Endgültiges. Vorher hatte man noch die Hoffnung, dass es vielleicht doch noch klappen könnte, aber dann war auf einmal klar, dass ich nie ein Kind sehen würde, das von meinem Sohn abstammt. Das hat mich sehr traurig gemacht', erzählte eine Frau, deren Sohn später zwei Kinder aus Haiti adoptierte.

Während Kinderlose das Zepter des Handelns selbst in der Hand halten und entscheiden können, ob sie noch eine Kinderwunschbehandlung durchführen, sich mit ihrer Kinderlosigkeit abfinden oder ein Kind adoptieren bzw. in Pflege nehmen, können die verhinderten Großeltern meist nur tatenlos das Geschehen betrachten und mitleiden.

Dabei interessieren sie sich meist nicht weniger für die Fortpflanzung ihrer Kinder, als diese selbst.

Das Weiterbestehen des Familiennamens, die Weitergabe des Familienvermögens an die nächsten Generationen etc. hängt mit davon ab, ob es Enkel gibt oder nicht. Während andere Großeltern stolz über den Nachwuchs ihrer Kinder sind, müssen sie damit klarkommen, dass ihnen dies vielleicht für immer verwehrt bleibt. Manchmal hängen die Großeltern deshalb noch den Träumen nach einem leiblichen Enkel nach, wenn das Paar selbst schon lange mit dem Wunsch nach einem leiblichen Kind abgeschlossen hat.

Vielen zukünftigen Adoptiv-Großeltern fehlt auch das Wissen um die Hintergründe einer Adoption, um sich ein genaues Bild vom dem machen zu können, was auf sie zukommt. So denken manche, es sei noch immer so einfach zu adoptieren wie in der Nachkriegszeit und verstehen gar nicht, weshalb ausgerechnet ein ausländisches Kind in die Familie kommen soll.

Man sollte sich deshalb darauf vorbereiten, dass die zukünftigen Großeltern wenig über das Thema wissen. Es ist deshalb meist sinnvoll, ihnen etwas Literatur zur Verfügung zu stellen, mit der sie sich einen ersten Überblick verschaffen können. Viele sind froh, wenn die Möglichkeit besteht, Kontakt zu anderen Adoptiv-Großeltern zu knüpfen um mit diesen ihre Gedanken, Überlegungen und Befürchtungen auszutauschen zu können.

Verläuft das erste Gespräch mit den zukünftigen Großeltern nicht so positiv wie erhofft, bedeutet dies in der Regel nicht, dass ein angenommenes Kind auf Dauer abgelehnt wird. Meist lösen sich Vorbehalte und Ängste auf, wenn die Adoption abgeschlossen ist und die Großeltern das Kind sehen bzw. in den Armen halten.

➤ Beispiel:

´Als meine Eltern hörten, dass wir ein Kind aus dem Ausland adoptieren wollen, sind sie aus allen Wolken gefallen. Wir dachten, sie würden sich freuen, aber es war das blanke Entsetzen` berichtet eine Adoptivmutter über den Versuch, ihre Eltern auf die Adoption vorzubereiten.

´Sie waren so erschrocken, dass mir im ersten Moment durch den Kopf ging, ob sie vielleicht generell etwas gegen Ausländer haben. Gott sei Dank haben wir uns davon nicht zu sehr beeinflussen lassen und trotzdem unsere Tochter adoptiert. Nach der Adoption waren meine Eltern wie ausgewechselt. Das Kind wurde sofort akzeptiert und in die Familie aufgenommen. Wir haben nie bemerkt, dass sie unsere Tochter anders behandelt hätten als ihre anderen Enkelkinder und darüber sind wir ihnen auch sehr dankbar. So richtig habe ich es nie verstanden, warum sie damals so entsetzt reagiert hatten. Ich glaube, sie waren einfach mit der ganzen Sache völlig überfordert`.

Das Gespräch mit dem Arbeitgeber

Wann ist der günstigste Moment, um mit dem Arbeitgeber über die bevorstehende Adoption zu sprechen? Viele Adoptionsbewerber beschäftigt diese Frage sehr, entscheidet sie doch oft darüber, wie sich das berufliche Fortkommen nach der Adoption entwickelt.

➤ **Beispiel:**

Petra und Gernot sind von ihrer Adoptionsvermittlungsstelle darüber informiert worden, dass sie als Adoptionsbewerber akzeptiert wurden und im Laufe des nächsten Jahres mit einem Kindervorschlag rechnen können. Petra, die bei einem großen Unternehmen beschäftigt ist, plant, für die ersten drei Jahre nach der Adoption in Erziehungsurlaub zu gehen. Voller Freude geht sie zum Personalbüro, um dort den künftigen Familiennachwuchs anzukündigen.
Nach wenigen Wochen wird ihr aus betrieblichen Gründen gekündigt.

➤ **Beispiel:**

Margot und Ludwig haben ein Kind aus Haiti adoptiert. Wegen der vielen Unsicherheiten bei Adoptionen haben sie den Arbeitgeber von Margot bislang nicht informiert. Erst als sie zusammen mit dem Kind in Deutschland sind, reicht Margot ihren Erziehungsurlaub ein. Ihr Arbeitgeber tobt daraufhin vor Zorn. Er hält es für unverschämt, dass er überhaupt nicht von den Adoptionsplänen in Kenntnis gesetzt worden ist. Er wisse zwar, dass er während der Erziehungszeit nicht kündigen könne, aber nach deren Ablauf solle sich Margot auf eine Kündigung gefasst machen. Mit solchen Arbeitnehmern könne er nicht zusammenarbeiten.

Wie bei allen anderen Eltern beginnt auch bei Adoptiveltern der Kündigungsschutz mit Anmeldung der Elternzeit, frühestens jedoch acht Wochen vor deren Beginn. Wer also im Dezember ein Kind vermittelt bekommt, kann nicht schon im August Kündigungsschutz in Anspruch nehmen. Ein solcher Kündigungsschutz ergibt sich bei Adoptiveltern auch nicht aus dem Mutterschutzgesetz. Auch wenn sich die meisten Adoptiveltern schon vor der Adoption als werdende Eltern empfinden und oft Aufregung, Belastung und Vorfreude einer Schwangerschaft durchaus vergleichbar sind, so gilt das Mutterschutzgesetz doch nicht für Adoptivmütter. Nimmt eine Frau ein Kind in Adoptionspflege oder adoptiert sie ein Kind, so gelten für sie nur die gesetzlichen Regelungen, die die Elternzeit betreffen.

Wer eine Adoption seinem Arbeitgeber schon früher als 8 Wochen vor Beginn der Elternzeit anmeldet, ist deshalb nicht durch besondere Vorschriften vor einer Kündigung geschützt.

Werdenden Eltern ist zu raten, nicht allzu früh ihren Nachwuchs anzukündigen. Viele Arbeitgeber sind nur mäßig begeistert von der Vorstellung, dass ihre Arbeitnehmerin in Zukunft einen Großteil ihrer Kraft nicht in die Firma, sondern in ihr Kind zu stecken gedenkt. Eine Kündigung ist dann durchaus möglich.

Wann genau der Arbeitgeber von den Adoptionsplänen informiert wird, hängt immer von der persönlichen Situation im Betrieb, der Sicherheit des Arbeitsplatzes und dem Verhältnis zwischen Arbeitnehmer und Arbeitgeber ab. Manchmal ist es empfehlenswert, genau 8 Wochen vor der Adoption die Elternzeit anzumelden. Dem Arbeitgeber bleibt in diesem Fall noch einige Zeit, um organisatorische Planungen vorzunehmen und der Arbeitgeber ist durch den dann eintretenden Kündigungsschutz vor einem 'Blauen Brief' sicher.

Das Adoptionsverfahren

Über den Ablauf eines Adoptionsverfahrens kann man die fürchterlichsten Dinge hören. Peinliche Befragungen durch Sozialarbeiter, Hausbesuche, jahrelange Behördengänge, das 'Verfahren für Normalbürger extrem kompliziert', und, und, und....

Es gibt zahllose Berichte darüber, wie unheimlich kompliziert es ist, ein Kind zu adoptieren und die meisten dieser Berichte haben eines gemeinsam – sie stimmen nicht. Sicherlich kann es im Einzelfall Jahre dauern, bis endlich ein Kind in die Familie kommt. Aber dies hat meist nichts mit dem Adoptionsverfahren zu tun, sondern damit, dass nicht genug Kinder für eine Adoption zur Verfügung stehen und sich bei Auslandsadoptionen die Gegebenheiten vor Ort oft während des Verfahrens ändern und dieses damit in die Länge ziehen.

Inlandsadoption

Wer ein Kind adoptieren will, hat folgenden Ablauf vor sich:

Erstkontakt mit einer Adoptionsvermittlungsstelle

Zuerst wendet man sich als Interessierter an eine zugelassene Adoptionsvermittlungsstelle. Das ist in der Regel das örtliche Jugendamt. Falls dort keine eigene Adoptionsvermittlungsstelle geführt wird, erhält man beim Erstkontakt die Information, welches andere Jugendamt zuständig ist.

➤ **Beispiel:**

Alexandra Mustermann ruft bei ihrem Jugendamt in Markt Kleinstadt an und möchte sich dort nach den Möglichkeiten einer Adoption erkundigen. Bereits bei diesem Telefonat erfährt sie, dass Musterstadt keine eigene Vermittlungsstelle hat, sondern Großstadt hierfür zuständig ist.

Dieser erste Kontakt verläuft meist völlig problemlos. In einzelnen Fällen kann es jedoch zu kleinen Problemen kommen.

➤ **Beispiel:**

Als Alexandra Mustermann in Großstadt anruft, erklärt man ihr, dass im Moment ein so großer Überhang an Adoptionsbewerbern besteht, dass eine Bewerbung keinen Sinn macht. Da eine Vermittlung so gut wie ausgeschlossen sei, könne man sich eine Überprüfung eigentlich ersparen.

Auf eine Überprüfung durch das Jugendamt haben Adoptionsbewerber einen gesetzlichen Anspruch. Auch wenn dem Mitarbeiter des Jugendamtes die Chance auf eine Vermittlung verschwindend gering erscheint, so ist er doch verpflichtet, die Mustermanns auf ihre Eignung zu überprüfen.

Selbstverständlich ist es auch möglich, sich bei den Adoptionsvermittlungsstellen anderer Städte und Landkreise um eine Adoption zu bewerben. Es ist niemand darauf beschränkt, nur bei seinem örtlich zuständigen Jugendamt eine Bewerbung abzugeben. Wer also in München wohnt, kann deshalb durchaus auch beim Jugendamt Leipzig seine Bewerbung einreichen. Es ist allerdings eher selten, dass Kinder an Bewerber vermittelt werden, die im Bereich eines anderen Amtes wohnen.

Dies liegt daran, dass sich die Mitarbeiter der Behörde leichter einen Eindruck von den Bewerbern verschaffen können, die auch tatsächlich in Ihrem Zuständigkeitsbereich wohnen. Es gibt kaum einen Sozialarbeiter, der das Bedürfnis verspürt, von Leipzig nach München zu fahren, um dort einen Hausbesuch durchzuführen.

Darüber hinaus erschweren auch die unterschiedlichen Bewerbungsverfahren die überregionale Vermittlung.

Während in A- Stadt alle Bewerber ein Wochenendseminar besuchen müssen, verlangt B- Stadt vielleicht mehrere Besuche beim Jugendamt und eine andere Stadt dafür die Teilnahme an Abendseminaren. Das macht es ziemlich schwierig, sich bei mehreren Stellen zu bewerben.

Neben den zugelassenen Jugendämtern der Städte und Kreise sind auch alle Landesjugendämter zur Adoptionsvermittlung berechtigt.

Die zentralen Adoptionsvermittlungsstellen der Landesjugendämter

➤ **Hamburg, Schleswig-Holstein, Niedersachsen und Bremen:**
Gemeinsame Zentrale Adoptionsstelle (GZA)
Feuerbergstraße 43 B, 22337 Hamburg
Telefon: 040-42841-2204

➤ **Nordrhein-Westfalen:**
Landschaftsverband Westfalen-Lippe
Landesjugendamt, Zentrale Adoptionsstelle
Warendorfer Straße 25
48133 Münster
Telefon: 0251-591-01
sowie
Landschaftsverband Rheinland
Landesjugendamt, Zentrale Adoptionsstelle,
Kennedy-Ufer 2

➤ **Rheinland-Pfalz und Hessen:**

Gemeinsame Zentrale Adoptionsstelle

Landesamt für Soziales, Jugend und Versorgung,

- Landesjugendamt -

Am Rodelberg 21

55131 Mainz

Telefon: 06131-967-0

Fax: 06131-967 - 365

➤ **Saarland:**

Landesjugendamt

Zentrale Adoptionsstelle

Malstatter Markt 11

66115 Saarbrücken

Telefon 0681-94812-0

➤ **Baden-Württemberg:**

Landeswohlfahrtsverband Württemberg - Hohenzollern

Zentrale Adoptionsstelle

Lindenspürstraße 39

70176 Stuttgart

Telefon 0711-6375-0

sowie

Landeswohlfahrtsverband Baden

Zentrale Adoptionsstelle

Ernst - Frei Straße 9

76026 Karlsruhe

Telefon 0721-8107-0

➤ **Bayern:**

Landesjugendamt

Zentrale Adoptionsstelle

Richelstraße 11

80634 München

Telefon 089-13062-0

➤ **Sachsen:**

Landesjugendamt

Zentrale Adoptionsstelle

Reichsstraße 3

09112 Chemnitz

Telefon 0371-577-0

➤ **Thüringen:**
Landesjugendamt
Zentrale Adoptionsstelle
Steinweg 23
96617 Meiningen
Telefon 03693-41736-39

➤ **Mecklenburg-Vorpommern:**
Landesjugendamt
Zentrale Adoptionsstelle
Neustrelitzer Straße 120 Block E
17033 Neubrandenburg
Telefon 0395-580-2700

➤ **Sachsen-Anhalt:**
Landesjugendamt
Zentrale Adoptionsstelle
Neustädter Passage 15
06122 Halle/Saale
Telefon 0345-6912-462 und -463

➤ **Berlin und Brandenburg:**
Zentrale Adoptionsstelle Berlin-Brandenburg
Schlossplatz 2
16515 Oranienburg
Telefon 03301-5983-50 und -44
Fax 03301-703948

Wer sich für eine Inlandsadoption interessiert, sollte neben dem örtlich zuständigen Jugendamt auch Kontakt zu seinem Landesjugendamt aufnehmen. Immer wieder werden dort Eltern für Kinder im Vorschul- oder auch Säuglingsalter gesucht, bei denen die körperliche oder geistige Entwicklung nicht mit Sicherheit vorausgesagt werden kann.

Gespräch mit der Fachkraft der Vermittlungsstelle

Die Vermittlungsstellen der Jugendämter beschäftigen Fachkräfte, die mit der Vermittlung betraut sind. Es handelt sich meist um Sozialpädagogen und Sozialarbeiter, die sich in der Regel sowohl um die Pflegekindervermittlung als auch um Adoptionsvermittlung kümmern. Schwerpunkt der Arbeit ist meist die Betreuung von Pflegekindern.

➤ **Beispiel:**

Der zuständige Bearbeiter des Adoptionswunsches des Ehepaares Mustermann ist der Sozialpädagoge Herr Schulz. Beim ersten telefonischen Kontakt vereinbaren beide einen Termin in den Räumen des Jugendamtes zur Besprechung. Als das Ehepaar Mustermann 4 Wochen später zum verabredeten Termin kommt, klärt sie Herr Schulz erst einmal über die wesentlichen Grundlagen einer Adoption auf. Er teilt ihnen mit, dass es Aufgabe der Vermittlungsstelle sei, Eltern für Kinder zu suchen und nicht Kinder für Eltern und macht dem Ehepaar deutlich, dass es unter Umständen sehr lange dauern könne, bis es zu einer Vermittlung kommt. In seiner Kartei seien mittlerweile 24 Paare und durchschnittlich würden nur 2 Kinder pro Jahr vermittelt. Weiterhin interessiert er sich für die Motivation der Mustermanns, ein Kind zu adoptieren. Er fragt, wie es beruflich und familiär bei ihnen aussieht und versucht im Gespräch zu klären, ob die Mustermanns gute Eltern für ein Adoptivkind sein würden.

Im Gespräch mit der Fachkraft der Vermittlungsstelle geht es in erster Linie darum, die Bewerber und ihre Vorstellungen kennen zu lernen, und herauszufinden, ob sie für eine Adoption in Frage kommen. Um bereits für das erste Gespräch eine Diskussionsgrundlage zu haben, fordern viele Jugendämter die Bewerber bereits im Vorfeld auf, einen Bewerberfragebogen auszufüllen und ihn dem Amt zuzuschicken.

Der Fragebogen hat meist folgenden Inhalt:

Personalien	Adoptivbewerber	Adoptivbewerberin
Familienname		
Geburtsname		
Geburtsdatum		
Geburtsort		
Staatsangehörigkeit		
Religionszugehörigkeit		
Verheiratet seit		
getrennt lebend/geschieden seit		
frühere Ehen (Zeiten)		
Kinder aus dieser Ehe (Name, Geburtsdatum)		
Besteht Kontakt zu diesen Kindern?		
Schulabschluss		
erlernter Beruf		
ausgeübter Beruf		
Arbeitgeber		
Einkommen (mtl. Netto, Rente, Sozialhilfe)		
Schuldverpflichtungen (Höhe, Anlaß)		

➤ Warum interessieren Sie sich für die Adoption eines Kindes?

➤ Welche Vorstellungen haben Sie vom aufzunehmenden Kind bezüglich Alter, Geschlecht, Nationalität etc.?

➤ Es gibt Kinder mit Auffälligkeiten (z.B. Verhaltensauffälligkeiten, geistig-körperlichen Behinderungen, Sinnes- und Körperschädigungen).
Würden Sie ein solches Kind aufnehmen?
Wenn ja, warum?

➤ Würden Sie ein Kind aufnehmen, über dessen Eltern Folgendes bekannt ist:
  – Straffälligkeit
  – Alkoholismus
  – Drogenabhängigkeit
  – Prostitution
  – Geisteskrankheit
  – oder schwere körperliche Krankheiten

➤ Würden Sie ein Kind aufnehmen, dessen Herkunft ungeklärt ist oder das aus einem Inzest stammt?
Begründung:

➤ Was würde sich in Ihrem persönlichen Leben durch die Aufnahme eines Kindes ändern?
Ehefrau:
Ehemann:

➤ Wie haben Sie ihre eigene Kindheit und Erziehung erlebt?
Ehefrau:
Ehemann:

➤ Was ist für Sie in der Erziehung eines Kindes wichtig?
Ehefrau:
Ehemann:

➤ Wo sehen Sie Ihre besonderen Fähigkeiten bei der Förderung des Kindes?
Ehefrau:
Ehemann:

➤ Welche Erwartungen haben Sie an die schulische und berufliche Entwicklung des Kindes?
Ehefrau:
Ehemann:

➤ Mit wem haben Sie über Ihren Wunsch, ein Kind aufzunehmen, gesprochen und wie waren die Reaktionen?

➤ Was möchten Sie über das Kind, seine Vorgeschichte und seine Herkunftsfamilie wissen?

➤ Wie stehen Sie zu Kontakten des Kindes mit seinen bisherigen Bezugspersonen (wie z.B. Eltern, Großeltern, Heimerziehern, früheren Pflegeeltern)?

➤ Haben Sie die Absicht, das Kind über seine Herkunftsfamilie und Lebensgeschichte zu informieren? ja nein
Begründung:
Gegebenenfalls, wann würden Sie das Kind darüber informieren?

➤ Wie würden Sie reagieren, wenn das Kind von sich aus Kontakt zu seinen leiblichen Eltern wünscht?

➤ Würden Sie an einem Vorbereitungskurs zur Aufnahme eines Kindes teilnehmen?

➤ In welchen Situationen würden Sie sich Beratung durch die Vermittlungsstelle wünschen?

Lebensbericht

Manche Jugendämter verlangen auch schon vor dem ersten persönlichen Gespräch, dass die Bewerber einen Lebensbericht abgeben.

Darunter versteht man eine Art Lebenslauf, der folgende Punkte enthalten sollte:
Eigene Herkunft ('Ich wurde am ... in ... als Kind des ... und der ... geboren)
- Anzahl der Geschwister
- Beruf der Eltern
- Kindheit und Jugend
- Schulische Laufbahn
- Verhältnis zu Eltern und Geschwistern
- Berufsweg
- Partnerschaft (Frühere Partnerschaften, wo wurde der jetzige Partner kennen gelernt, seit wann besteht die Partnerschaft, wann wurde geheiratet, wie ist das Verhältnis zum Partner)
- Warum ist die Partnerschaft kinderlos?
- Wie ist dies gemeinsam verarbeitet worden?
- Warum haben sich die Bewerber für eine Adoption entschieden?
- Welche Vorstellungen haben die Bewerber von Adoption und Erziehung?
- Zukunftsprognosen

Hausbesuch

Um sich einen Überblick über die Wohnsituation der Bewerber zu verschaffen, gehört zu jeder Adoption auch ein Hausbesuch durch die Fachkraft des Jugendamtes. Die meisten Bewerber sehen diesem Besuch mit großem Argwohn und großer Skepsis entgegen, da sie befürchten, es werde die ganze Wohnung gründlichst inspiziert und begutachtet. Sinn und Zweck des Hausbesuches ist es aber nicht, die Wohnung auf Sauberkeit zu untersuchen und zu prüfen, ob alle Schränke ordentlich eingeräumt sind, sondern herauszufinden, ob sich ein Kind in dieser Wohnung / diesem Haus wohl fühlen würde.

Beim Hausbesuch handelt es sich daher um eine völlig undramatische Sache, die von allen Beteiligten entspannt angegangen werden sollte.

Zusammenstellung aller Unterlagen

Spätestens nach dem Hausbesuch sind von den Adoptionsbewerbern die für die Adoption erforderlichen Unterlagen zusammenzustellen.

Verlangt werden:

– Ein Auszug aus dem Familienbuch
– Geburtsurkunden
– Gesundheitsatteste
– Verdienstbescheinigungen / Einkommensbescheinigungen
– Nachweise über Vermögen und Schulden
– Polizeiliches Führungszeugnis

Adoptionsarten

Wenn es zur Adoption eines Kindes kommt, unterscheidet sich das Verfahren nach der Art der durchgeführten Adoption. Grundsätzlich gibt es 3 verschiedene Arten: Die offene Adoption, die halboffene Adoption und die Inkognito-Adoption.

Offene Adoption:

Bei der offenen Adoption lernen sich die leiblichen Eltern und die Adoptiveltern persönlich kennen und erfahren auch die jeweiligen Daten. Die offene Adoption ist noch relativ selten, entwickelt sich aber immer dann, wenn das Kind bereits vor der Adoption längere Zeit als Pflegekind in der neuen Familie ist und dann zur Adoption freigegeben wird.

Inkognito-Adoption:

Die Inkognito-Adoption ist die mit Abstand häufigste Form. Sie basiert auf der Annahme, dass die Adoptivfamilie vor allem ungestört zusammenwachsen kann, wenn sie sich nicht mit den Ansprüchen der Herkunftseltern auseinandersetzen muss. Deshalb erfahren die leiblichen Eltern nicht, wer ihr Kind adoptiert. Die leiblichen Eltern bekommen zwar auf Wunsch einige Auskünfte über die Adoptiveltern wie etwa Beruf, Alter, etc.. Sie erhalten jedoch keine Informationen, mit denen sie die Adoptiveltern identifizieren können und die es ihnen ermöglichen würden, von sich aus einen direkten Kontakt aufzunehmen.

Da es nicht zulässig ist, ein Kind zur Adoption freizugeben, ohne dass bereits eine Adoptivfamilie vorhanden ist, benennt die Freigabe die annehmenden Eltern nicht mit Namen, sondern mit einer Nummer auf der Warteliste des Jugendamtes.

Halboffene Adoption:

Bei der halboffenen Adoption lernen sich die leiblichen Eltern und die Adoptiveltern persönlich kennen. Meist findet hierfür ein Treffen in der Adoptionsvermittlungsstelle statt, bei dem sich die Eltern kennenlernen können und ein Gespräch miteinander führen können.

Die leiblichen Eltern erfahren nicht die Adresse, den Namen oder sonstige Daten der Adoptiveltern.

Kindervorschlag

Nach langem Warten meldet sich eines Tages die Adoptionsvermittlungsstelle: 'Wir haben einen Kindervorschlag für Sie'.

Die meisten Eltern können sich auch noch nach Jahren an jede Einzelheit dieses Moments erinnern. Viele vergleichen ihn mit einer Geburt und feiern ihn ein Leben lang als den Augenblick, in dem sie Eltern geworden sind.

➤ **Beispiel:**

Als Ruth und Walter von ihrer Adoptionsvermittlungsstelle einen kleinen Jungen zur Adoption vorgeschlagen bekommen, sind beide außer sich vor Freude. Wie alt der Kleine ist und was er bisher schon alles erlebt hat, ist für sie erst einmal zweitrangig. 'Das ist jetzt unser Sohn' meint Walter.

Nicht bei allen Bewerbern ist der Kindervorschlag Grund zu ungetrübter Freude. Manche müssen schmerzlich erkennen, dass das Kind, das ihnen vorgeschlagen wurde, nicht das Kind ihrer Träume ist.

➤ **Beispiel:**

Monika und Helmut Mustermann haben eine lange Kinderwunschkarriere hinter sich. Mehrere Jahre haben sie versucht, mit Hilfe der Fortpflanzungsmedizin zum ersehnten Nachwuchs zu kommen und seit etwa 2 Jahren sind sie anerkannte Adoptionsbewerber. Endlich sind auch sie 'an der Reihe': An einem Donnerstagnachmittag gegen 15.00 Uhr unterbreitet die Adoptionsvermittlungsstelle telefonisch den Vorschlag, einen dreijährigen bulgarischen Jungen zu adoptieren. Der Kleine ist laut ärztlichem Bericht gesund und munter. Seiner Mutter sei das Sorgerecht entzogen worden, weil sie wegen einer Erkrankung nicht in der Lage sei, für ein Kind zu sorgen. Zur weiteren Besprechung werden sie gebeten, am Montag ins Büro der Vermittlungsstelle zu kommen, wo man anhand der vorliegenden Unterlagen alles besprechen könne.
Nach anfänglicher Freude macht sich besonders bei Monika im Lauf der nächsten beiden Tage immer mehr Skepsis breit. So sehr hätte sie sich gewünscht, ein ganz kleines Baby zu bekommen und von Anfang an das Aufwachsen des Kindes zu erleben. Nach langen Diskussionen mit Helmut und mit ihren Freunden beschließt Monika am Sonntag, den Kindervorschlag abzulehnen. Am Montag ruft sie bei der Vermittlungsstelle an, um abzusagen: 'Ich habe das Gefühl, dass es nicht das richtige Kind für mich ist. Schlimmer als das

Kind jetzt abzulehnen wäre es doch, wenn ich es nehmen würde und das Kind mit dem Gefühl aufwachsen würde, nicht das Idealkind zu sein, das sich seine Eltern gewünscht haben. Das würde dem Selbstbewusstsein des Kindes nicht gut tun.'

Ein Kindervorschlag kann die Erfüllung eines Traumes, aber auch das Ende eines Traumes sein. Wer mit 42 Jahren ein dreijähriges Kind vorgeschlagen bekommt, muss spätestens jetzt erkennen, dass er in seinem Leben vermutlich kein Baby mehr aufziehen wird. Nach der Adoption wird die Vermittlungsstelle erst einmal Wert darauf legen, dass sich das Kind in Ruhe einleben kann und nicht schon nach kurzer Zeit durch ein neues Geschwisterchen verunsichert wird. Spätestens dann sind die Bewerber zu alt, um ein Baby zu adoptieren. Der Traum von einem Baby ist hier sehr wahrscheinlich zu Ende.

Wer ein Kind vorgeschlagen bekommt, dessen Mutter an einer Epilepsie leidet, wird ein Kind erziehen, bei dem auf lange Sicht völlig unklar ist, ob auch bei ihm diese Erkrankung ausbricht. Wegen dieser Unsicherheit ist der Traum, sich gänzlich unbeschwert am Heranwachsen des Kindes zu erfreuen, mit hoher Wahrscheinlichkeit zu Ende.

Manche Bewerber sind sich auch nicht ganz sicher, ob genau sie die richtigen Eltern für das vorgeschlagene Kind sind, oder ob es nicht bei anderen Eltern besser aufgehoben wäre. Wäre es für das Kind besser, wenn man 'nein' sagen würde?

Die Frage, ob man einen Kindervorschlag annimmt oder nicht, ist deshalb oft schwierig zu beantworten. Wenn im Beispielsfall Monika den dreijährigen Jungen ablehnt, so spricht viel für und viel gegen die Entscheidung. Man kann annehmen, es zeuge von einer realistischen Selbsteinschätzung, wenn sie ein Kind ablehnt, das sie sich so nicht erträumt hat. Sicherlich habe es der kleine Junge in einer anderen Familie besser und es sei eine Entscheidung zum Wohl des Kindes, das so die Chance auf bessere Eltern bekommt. Ganz offensichtlich geht es Monika nicht um ein Kind um jeden Preis.

Dagegen lässt sich anführen, dass der Junge jetzt erst einmal keine Eltern hat und vielleicht auch keine finden wird. Unter Umständen eröffnet ihm die Ablehnung keine Chance, sondern nimmt ihm eine große. Ob er es tatsächlich in einer anderen Familie besser hat, kann niemand sagen. Kein Kind um jeden Preis? Die Ablehnung kann auch ein Zeichen dafür sein, dass es Monika um ein kleines Kind um jeden Preis geht.

Ob die Entscheidung richtig oder falsch war, kann niemand beurteilen. Monika wollte das Kind nicht und deshalb hat sie es abgelehnt. Niemand ist verpflichtet, gegen seinen Willen ein Kind anzunehmen. Unter Umständen war es sehr verantwortungsvoll, den Kindervorschlag nicht anzunehmen. Vielleicht wäre Monika aber auch sehr glücklich mit dem Jungen geworden. Keiner weiß, was die Zukunft gebracht hätte, wenn sich Monika anders entschieden hätte.

Adoptionspflege

Wenn die Adoptionsvermittlungsstelle für ein Kind neue Eltern gefunden hat, kann das Kind zur Eingewöhnung bei den Adoptionsbewerbern in Pflege gegeben werden. Man spricht hier von der sog. Adoptionspflege, die keine Probezeit darstellt, sondern bereits auf Dauer angelegt ist. Wenn sich zeigt, dass die Integration des Kindes gelingt, wird von der Fachkraft der Vermittlungsstelle die bisherige Entwicklung in einem Bericht zusammengefasst und dem Vormundschaftsgericht vorgelegt.

Annahme des Kindes

Wenn die Adoptionsvermittlungsstelle der Meinung ist, dass ein Eltern - Kind - Verhältnis entstanden ist, können die Annehmenden einen Antrag auf Annahme des Kindes stellen. Da hierfür die notarielle Form vorgeschrieben ist, muss ein Notar aufgesucht werden. Dieser leitet dann den Antrag an das zuständige Vormundschaftsgericht weiter.

Das Vormundschaftsgericht verlangt zur Aussprechung der Adoption meist folgende Unterlagen:

- Auszug aus dem Familienbuch,
- Geburtsurkunden,
- Meldebescheinigungen,
- Gesundheitszeugnis,
- Abstammungsurkunde des Kindes,
- den notariell beglaubigten Antrag zur Annahme des Kindes,
- die notariell beglaubigten Einwilligungserklärungen der Eltern des Kindes.

Wenn der bearbeitende Richter der Überzeugung ist, dass die Annahme des Kindes dem Kindeswohl dient, spricht er die Adoption durch Beschluss aus.

Mit der Adoption erhält das Kind den Familiennamen des Annehmenden. Das Vormundschaftsgericht kann gleichzeitig auf Antrag der Annehmenden auch den Vornamen des Kindes ändern und ihm einen oder mehrere neue Vornamen geben. Voraussetzung ist auch hier, dass es dem Kindeswohl dient.

Auslandsadoption

Wenn das Kind aus dem Ausland adoptiert werden soll, ist das Verfahren umständlicher, da hier natürlich auch die Bestimmungen und Gesetze des Landes zu respektieren sind, aus dem das Kind kommt.*

Jedes Land hat eigene Vorstellungen davon, welche Voraussetzungen die zukünftigen Adoptiveltern mitbringen müssen. Die Anforderungen beziehen sich normalerweise auf das Alter der Annehmenden, die Anzahl der bereits vorhandenen Kinder, die Stabilität der Ehe (Anzahl der bisherigen Scheidungen, Dauer der Ehe) und im Fall, dass ein Single adoptieren will, auch auf sein Geschlecht.

In manchen Ländern, wie etwa in Armenien, Thailand und Sri Lanka, ist es unmöglich, als Single ein Kind zu adoptieren, während es in Guatemala und China zwar für die Bürger mancher Staaten grundsätzlich möglich ist, jedoch von den Adoptierenden eine schriftliche Erklärung verlangt wird, dass sie nicht homosexuell sind.

Ebenfalls unterschiedlich sind die in den einzelnen Ländern geltenden Altersvorschriften. Sehr großzügig sind hier etwa Mexiko, Russland und Griechenland. In diesen Ländern liegt das Höchstalter bei 60 Jahren.

Man sieht also – die Sache wird erheblich komplizierter, wenn zwei Länder an der Adoption beteiligt sind.

---

* (Näheres zum Verfahren im Ausland, sowie zu den jeweiligen Ländervorschriften in unserem Buch ´Ratgeber Auslandsadoption`).

Grundsätzlich besteht bei Auslandsadoptionen folgender Ablauf:

Erstkontakt mit einer Adoptionsvermittlungsstelle

Auch hier wendet sich der Adoptionsinteressierte zuerst an eine zugelassene Vermittlungsstelle. In der Regel ist der Kontakt zum örtlich zuständigen Jugendamt der erste Schritt, darüber hinaus sind auch alle Landesjugendämter befugt, Vermittlungen aus dem Ausland durchzuführen. Man kann sich jedoch auch unmittelbar an eine für Auslandsadoptionen zugelassene Stelle eines freien Trägers wenden.

Diese vermitteln jeweils Adoptionen aus einzelnen Ländern.

Anerkannte Auslandsadoptionsstellen in freier Trägerschaft

➤ **Deutscher Verein für öffentliche und private Fürsorge**
Michaelkirchstr. 17-18
10179 Berlin-Mitte
Tel.: 030/62980-0
Fax: 030/62980-150
e-Mail: ISSGER@t-online.de
Internet: www.iss-ssi.org
Länder:
Indien
Rumänien
Philippinen
Verwandten- und Stiefkindadoptionen im Verhältnis
zu verschiedenen Staaten

➤ **Eltern für Kinder e. V.**
Burgsdorfstr. 1
13353 Berlin
Tel.: 030/46507571
Fax: 030/4614520
e-Mail: efk-berlin@t-online.de
Internet: www.eltern-fuer-kinder-ev.de
Länder:
Brasilien
Haiti
Peru
Thailand
Sri Lanka

➤ **Evangelischer Verein für Adoptions- und Pflegekindervermittlung Rheinland**
Einbrungerstr. 82
40489 Düsseldorf
Tel.: 0211/4087950
Fax: 0211/40879526
e-Mail: evap@ekir.de
Internet: www.ekir.de/adoption
Länder:
Äthiopien
Südafrika

➤ **Sozialdienst katholischer Frauen**
Referat Kinder- und Jugendhilfe
- Auslandsadoption -
Agnes-Neuhaus-Str. 5
44136 Dortmund
Tel.: 0231/557026-0
Fax: 0231/557036-60
e-Mail: SkF-Zentrale@t-online.de
Länder:
Bolivien
Costa Rica
Litauen

➤ **International Child's Care Organisation e. V. (ICCO)**
Postfach 302767
20309 Hamburg
Tel: 040/ 4600760
Fax: 040/ 46007666
e-Mail: hamburg@icco.de
Internet: www.icco.de
Länder:
Bulgarien
Haiti
Indien
Nepal
Russland
Südafrika
Vietnam
Madagaskar

➤ **Zukunft für Kinder e. V.**
Benzstr. 6
68794 Oberhausen-Rheinhausen
Tel.: 07254/77991-12
Fax: 07254/77991-13
e-Mail: vksorg@t-online.de
Internet: www.zukunftfuerkinder.de
Länder:
Kasachstan
Bulgarien
Kolumbien
Rumänien
Russland
Ukraine

➤ **AdA Adoptionsberatung e. V.**
Kapuzinerstr. 25a,
80337 München
Tel.: 089/26949761
Fax: 089/26949759
e-Mail: muellers-stein@t-online.de
Internet: www.ada-adoption.de
Länder:
Chile
Kolumbien
Tschechien
Vietnam
Brasilien

➤ **Global Adoptions Germany**
Gartenstraße 1a
Postfach 1221
65375 Oestrich Winkel
Tel.: 070023023020
Fax.: 06723/601458
e-mail.: info@adoptionen.org
Internet: www.auslandsadoption.de
Länder:
Russland
Ukraine

➤ **Zentrum für Adoptionen e. V.**
Sophienstr. 12
76530 Baden-Baden
Tel.: 07221/949206
Fax: 07221/949208
e-Mail: zentadopt@zentadopt.org
Internet: www.zentadopt.org
Länder:
Russland
Kasachstan

➤ **Children and Parents e. V.**
Alt-Haarener-Str. 147
52080 Aachen
Tel.: 0241/1691439
Fax: 0241/9609202
e-Mail: cap-msc@onlinehome.de
Internet: www.children-and-parents.de
Länder:
Bulgarien
Rumänien
Ukraine

➤ **Parents Child Bridge**
Wormser Str. 13 A
69123 Heidelberg
Tel: (06221) 83 31 48
Fax: (06221) 83 31 38
e-mail: pcb@diakonie-ekb.de
Internet: http://www.diakonie-ekb.de
Länder:
Bulgarien, Nepal
Polen, Rumänien
Russland, Thailand
Tschechien, Taiwan

Diese Vermittlungsstellen haben auch das Recht, den für die Adoption erforderlichen Adoptionseignungsbericht zu erstellen. So ist es durchaus möglich, dass das örtliche Jugendamt ein Bewerberpaar für nicht geeignet hält, die Vermittlungsstelle eines freien Trägers aber zu einer anderen Auffassung gelangt und die Adoptionseignung bejaht. In diesem Fall ist eine Adoption dann auch gegen den Willen des Jugendamtes möglich.

Etwas anderes gilt, wenn ein bestimmtes Land die Zustimmung des Jugendamtes verlangt. Kolumbien etwa fordert die Überprüfung der Bewerber und die Ausstellung des Adoptionseignungsberichtes durch das Jugendamt.

Wenn es eine solche spezielle Forderung aus dem Ausland nicht gibt, ist ein Kontakt der Adoptionsbewerber zu ihrem örtlichen Jugendamt nicht unbedingt erforderlich.

➤ **Beispiel:**

Katrin Schubert und ihr Mann Dieter wollen über die Adoptionsvermittlungsstelle ICCO ein Kind aus Nepal adoptieren. Da ICCO auch den Adoptionseignungsbericht erstellt und hierfür die Überprüfung der Bewerber vornimmt, müssen die Schuberts keinen Kontakt zu ihrem Jugendamt aufnehmen. Dieses wird aber vom ICCO über die Adoption informiert.

An die Adoptionsvermittlungsstelle eines freien Trägers kann man sich unabhängig davon, ob die Stelle den Adoptionseignungsbericht selbst erstellt oder das Jugendamt beauftragt, schon vor einem Kontakt mit dem Jugendamt wenden.

➤ **Beispiel:**

Das Ehepaar Schröder interessiert sich für eine Adoption in Kolumbien. Da beide schon 40 Jahre alt sind, möchten sie nach Möglichkeit nicht mehr viel Zeit bis zu einer Adoption verstreichen lassen. Als sie sich bei ihrem örtlichen Jugendamt melden, wird ihnen mitgeteilt, dass regelmäßig Bewerberseminare veranstaltet würden. Die nächsten beiden Termine seien jedoch bereits belegt, sodass sie erst beim Seminar in 9 Monaten teilnehmen könnten.

Die Schröders melden sich für dieses Seminar an, nehmen jedoch bereits jetzt Kontakt zu den Adoptionsvermittlungsstellen der freien Träger auf, um sich für eine Adoption zu bewerben.

Gespräch mit der Fachkraft der Vermittlungsstelle

Gleichgültig ob sich die Bewerber für eine Adoption über das Jugendamt oder über die Adoptionsvermittlungsstelle eines freien Trägers entscheiden – in jedem Fall erfolgt ein Gespräch mit der Fachkraft der Vermittlungsstelle.

Manche Stellen schalten diesem Gespräch eine Informationsveranstaltung vor, bei der die Bewerber über die Besonderheiten einer Auslandsadoption unterrichtet werden. Wenn danach das Einzelgespräch mit der Fachkraft erfolgt, geht es in erster Linie darum, herauszufinden, ob die Bewerber geeignet sind, ein Kind aus dem Ausland zu adoptieren.

Hausbesuch

Auch bei der Auslandsadoption gehört ein Hausbesuch zum 'Pflichtprogramm'. Wenn die Adoption über das Jugendamt erfolgt, wird dieses den Hausbesuch durchführen. Wenn die Adoption über die Vermittlungsstelle eines freien Trägers erfolgt, kommt entweder ein Mitarbeiter der Vermittlungsstelle zu den Bewerbern, oder die Vermittlungsstelle beauftragt das örtliche Jugendamt mit der Prüfung.

Zusammenstellung aller Unterlagen

Das Zusammenstellen der für die Adoption erforderlichen Unterlagen ist bei einer Auslandsadoption ungleich zeitaufwändiger als bei einer Inlandsadoption. In vielen Fällen müssen sämtliche Unterlagen übersetzt, von einem Notar beglaubigt und dann von den übergeordneten Behörden überbeglaubigt werden.

Das Verfahren von Beglaubigung, Überbeglaubigung und Übersetzung verlangt nicht nur einige Zeit, sondern auch Geld.

Welche Unterlagen für das jeweilige Land zusammengestellt werden müssen, erfährt man bei der zuständigen Adoptionsvermittlungsstelle.

Kindervorschlag

Auch bei Auslandsadoptionen meldet sich eines Tages die Adoptionsvermittlungsstelle und schlägt den Bewerbern ein Kind zur Adoption vor. Wie viele Informationen die Bewerber erhalten, ist von Land zu Land unterschiedlich.

Neben den wesentlichen Daten des Kindes (Geburtsdatum, Gewicht, bisherige medizinische Untersuchungen, etc.) enthält der Kindervorschlag manchmal auch einen kurzen Videoclip, Bilder und (wenn vorhanden) Informationen über die leiblichen Eltern und den bisherigen Lebensweg.

Die Praxis der einzelnen Herkunftsländer hinsichtlich der Kindervorschläge ist uneinheitlich. Gemeinsame Regelungen gibt es nur für die Länder, in denen das Haager Übereinkommen über die Adoption von Kindern Anwendung findet. Dort ist festgelegt, dass die Zentralen Behörden des Heimatstaates einen Bericht verfassen, der Angaben zur Person des Kindes, sein soziales Umfeld, seine persönliche und familiäre Entwicklung, seine Krankheitsgeschichte einschließlich derjenigen seiner Familie enthält und diesen Bericht der Zentralen Behörde des Aufnahmestaates übermitteln.

Manche Nichtvertragsstaaten verfassen keine Berichte. In diesen Ländern lernen die Adoptionsbewerber ihr Kind vor Ort kennen und entscheiden sich dann.

Wie auch immer das Verfahren beschaffen ist – die Entscheidung für oder gegen das Kind sollte nie unter Zwang oder zeitlichem Druck erfolgen. Es gibt kaum etwas, das in seinen Auswirkungen so weit reichend und so bedeutsam ist, wie die Annahme oder Ablehnung eines Kindervorschlages. Wer erst einmal ein Kind adoptiert hat, ist und bleibt Adoptivvater / Adoptivmutter des Kindes. Die rechtliche Bindung ist lebenslang und sie kann auch nicht wie bei einer Ehe geschieden werden, wenn man später feststellt, dass man doch nicht zusammen passt. Die Entscheidung sollte deshalb so gründlich wie möglich abgewogen werden.

Adoption im Ausland

Nachdem der Kindervorschlag aus dem Ausland erfolgt ist, reisen die Bewerber ins Ausland, um dort die Adoption durchzuführen. Wie viel Zeit zwischen Kindervorschlag und Reise vergeht, ist von Land zu Land unterschiedlich. Es können allerdings viele Monate vergehen.

Da das adoptierte Kind für die Einreise nach Deutschland ein Visum benötigt, muss noch vor der Abreise beim Ausländeramt eine Vorabzustimmung zur Einreise beantragt werden.

> **Beispiel:**

Die Schröders haben es geschafft! Endlich liegt ein Kindervorschlag aus Kolumbien vor. Sie beantragen nun beim Ausländeramt ihrer Stadt eine Vorabzustimmung zur Einreise für das Kind. Die Ausländerbehörde nimmt Kontakt mit der Stelle auf, die die Eignung der Schröders überprüft hat und wird, wenn alle Angaben in Ordnung sind, per Fax an die deutsche Botschaft in Kolumbien die Vorabzustimmung schicken.

Wenn die Schröders die Adoption in Kolumbien durchgeführt haben, werden sie dort mit den Adoptionspapieren zur deutschen Botschaft gehen und ein Visum für das Kind beantragen. Nachdem die Vorabzustimmung des Ausländeramtes bereits vorliegt, ist dies eine reine Formalität. Das Kind erhält ein Visum und kann nach Deutschland einreisen.

Anerkennung, bzw. Umwandlung der Adoption

Nach der Ankunft in Deutschland kommt das Kind in Adoptionspflege zu den neuen Eltern. Die Adoption wird vor einem Notar beantragt. Wenn alle vorgelegten Unterlagen in Ordnung sind, kann vom zuständigen Vormundschaftsrichter die Anerkennung, bzw. Umwandlung der ausländischen Adoption ausgesprochen werden.

Das Adoptionsverfahren – Sonderfälle

Die Stiefkindadoption

Bringt ein Ehegatte ein Kind mit in die Ehe, so wird es das Stiefkind des anderen Ehepartners.

> **Beispiel:**

Henry ist 11 Jahr alt und lebt mit seiner Mutter und deren zweitem Ehemann Paul in einer Familie.
Paul ist der Stiefvater von Henry.

Durch ein Zusammenleben entstehen aber kaum Rechte zwischen Stiefelternteil und Stiefkind. Es ist vom Gesetz nicht vorgesehen, dass ein Stiefvater oder eine Stiefmutter am elterlichen Sorgerecht beteiligt wird, dass ein Stiefkind einen gesetzlichen Unterhaltsanspruch, ein gesetzliches Erbrecht gegenüber dem Stiefelternteil erhält oder per Gesetz dessen Namen annimmt.

Es gibt zwar die Möglichkeiten:

- dem Kind einen vertraglichen Unterhaltsanspruch einzuräumen,
- dem Kind durch eine sogenannte Einbenennung nach § 1680 I BGB den Ehenamen zu erteilen,
- das Kind durch Testament zum Erben zu machen oder
- den Stiefelternteil vertraglich am Sorgerecht zu beteiligen.

Oftmals werden solche Einzelregelungen aber als unbefriedigend empfunden. Dann kommt die Adoption des Stiefkindes in Betracht. Diese Fälle sind relativ häufig. Bei etwa 60 Prozent der in Deutschland ausgesprochenen Adoptionen handelt es sich um sogenannte Stiefkind- oder Verwandtenadoptionen.[75]

Die Adoption wird vor dem zuständigen Vormundschaftsgericht beantragt. Da der Antrag in notarieller Form gestellt werden muss, führt der erste Gang zum Notar, der auch umfassend über die rechtlichen Folgen berät.

Bei der Adoption eines Stiefkindes gibt es folgende Besonderheiten:

– Üblicherweise müssen adoptierende Einzelpersonen mindestens 25 Jahre alt sein. Handelt es sich aber um eine Stiefkindadoption, muss der Adoptierende nur 21 Jahre alt sein.

– Die Annahme eines Kindes durch den einen Ehegatten setzt die Einwilligung des anderen Ehegatten voraus. Wenn also ein Stiefvater sein Stiefkind adoptieren will, muss die Mutter des Kindes damit einverstanden sein.

– Bei Stiefkindadoptionen erlischt das Verwandtschaftsverhältnis nur zu dem anderen Elternteil und dessen Verwandten. Erfolgt also die Adoption durch den Ehemann der leiblichen Mutter, so erlischt die Verwandtschaft zwischen dem Kind und seinem leiblichen Vater und dessen Verwandten. Etwas anderes gilt dann, wenn der andere Elternteil gestorben ist. In diesem Fall erlischt das Verwandtschaftsverhältnis nicht im Verhältnis zu den Verwandten des anderen Elternteils.

Das hört sich verwirrend an, ist aber eigentlich ganz einfach:

➤ Beispiel:

Bei einem Verkehrsunfall ist der Vater des kleinen Manuel ums Leben gekommen. Manuels Großeltern kümmern sich nun rührend um ihr Enkelkind und helfen so seiner Mutter, mit dem schweren Schicksalsschlag fertig zu werden.

Als die Mutter von Manuel nach ein paar Jahren einen neuen Mann heiratet, will dieser Manuel adoptieren.

In diesem Fall regelt das Gesetz, dass nach einer Adoption die Verwandtschaftsbeziehungen zwischen Manuel und den Eltern seines toten Vaters nicht erlöschen. Manuels Großeltern sollen nach dem Willen des Gesetzes nach ihrem Sohn nicht auch noch ihr Enkelkind verlieren.

Die Einwilligungen:

Wenn ein Stiefvater das Kind seiner Ehefrau adoptieren will, muss neben dem leiblichen Vater des Kindes auch die Ehefrau hierzu einwilligen. Genauso ist es natürlich, wenn eine Stiefmutter das Kind ihres Ehemanns adoptieren will. Meist ist das kein großes Problem und bei Fragen hilft der Notar, vor dem die Adoption beantragt werden muss.

Schwierigkeit bei Stiefkindadoptionen treten oft dann auf, wenn jener Elternteil um Einwilligung gebeten wird, der nach der Adoption seine elterlichen Rechte verliert.

➤ **Beispiel:**

Klaus und Petra sind seit 4 Jahren geschieden. Petra ist mit dem gemeinsamen Sohn Max in eine andere Stadt gezogen und lebt dort in einer neuen Ehe. Als Klaus gebeten wird, die Einwilligung zu geben, dass Max von Petras neuem Ehepartner adoptiert werden kann, lehnt er dies strikt ab. Das komme für ihn überhaupt nicht in Frage.

➤ **§ 1748 BGB:**

Das Vormundschaftsgericht hat auf Antrag die Einwilligung eines Elternteils zu ersetzen, wenn dieser seine Pflichten gegenüber dem Kind anhaltend gröblich verletzt hat oder durch sein Verhalten gezeigt hat, dass ihm das Kind gleichgültig ist und wenn das Unterbleiben der Annahme dem Kind zu unverhältnismäßigem Nachteil gereichen würde. Die Einwilligung kann auch ersetzt werden, wenn die Pflichtverletzung zwar nicht anhaltend, aber besonders schwer ist und das Kind voraussichtlich dauernd nicht mehr der Obhut des Elternteils anvertraut werden kann.

Wann aber entsteht ein solch unverhältnismäßiger Nachteil, der es rechtfertigen würde, die Einwilligung zu ersetzen?

Das Oberlandesgericht Karlsruhe entschied, dass ein Vater, der nie Verantwortung für sein Kind getragen hat, eine für das Kind vorteilhafte Adoption nicht verhindern können soll.[76]

In einem anderen Fall hatten bayerische Gerichte über den Fall eines 13-Jährigen zu entscheiden, der in einer harmonischen Familie lebte und zu seinem im Ausland lebenden Vater, der keinen Unterhalt zahlte, seit Jahren keinen Kontakt mehr hatte. Als der Stiefvater das Kind adoptieren wollte, stimmte das Vormundschaftsgericht zu und wertete das Verhalten des biologischen Vaters als 'grobe Pflichtverletzung' und als gewichtiges Indiz dafür, dass ihm das Kind 'gleichgültig' sei. Der Vater legte daraufhin Beschwerde beim Bayerischen Obersten Landesgericht ein. Der entscheidende 1. Senat hielt die fehlenden Kontakte und die Verweigerung der Unterhaltszahlungen nicht zwangsläufig für einen Ausdruck der Gleichgültigkeit. Zum einen seien die Kontakte durch die Mutter behindert worden, zum anderen habe das Jugendamt tief greifende Störungen in der Vater-Sohn-Beziehung festgestellt, die sich erst mit dem Wegzug des Vaters entspannt hätten. Es sei deshalb nicht ausgeschlossen, dass Kontakte aus Rücksichtnahme unterblieben seien. Dem Adoptionsantrag dürfe daher nicht stattgegeben werden, da der Verlust der verfassungsrechtlich geschützten Vaterstellung nur in eindeutigen Fällen elterlichen Versagens gerechtfertigt sei. Nach dieser Rechtsprechung sind der Ersetzung der Einwilligung sehr enge Grenzen gesetzt.

Die Erwachsenenadoption

Nicht nur Kinder können adoptiert werden. Nach den Bestimmungen des Gesetzes ist es auch zulässig, einen Volljährigen als Kind anzunehmen. Für Paare mit Kinderwunsch erscheint der Gedanke an die Adoption eines Erwachsenen erst einmal befremdlich.

Schließlich wollen sie ein kleines Kind, das sie umsorgen können und keinen Achtzehnjährigen. Dennoch kann das Thema Volljährigenadoption auch für sie einmal Bedeutung erlangen. Etwa dann, wenn sie ein Pflegekind auf Dauer bei sich aufgenommen haben, das wegen fehlender Einwilligungen seiner Eltern nicht adoptiert werden konnte und das nun nach Erreichen der Volljährigkeit endlich den Status erlangen soll, den sich die Beteiligten schon lange gewünscht haben.

➤ Beispiel:

Das Ehepaar Schulz hat den kleinen Harald in Dauerpflege. Da eine Rückführung zu den leiblichen Eltern aus vielerlei Gründen völlig ausgeschlossen ist, möchten sie den Jungen gerne adoptieren. 'Er bleibt ja eh bei uns und da soll er doch gleich richtig unser Kind werden und unseren Namen bekommen' denken sie sich. Die leiblichen Eltern von Harald sträuben sich jedoch gegen eine Adoption. Auch ein Gerichtsverfahren bringt keine Lösung, da sich der zuständige Richter weigert, die Zustimmungen der Eltern zu ersetzen. Dieser rät ihnen allerdings, mit der Adoption zu warten, bis Harald volljährig ist. Dann sei die Zustimmung der leiblichen Eltern nicht mehr erforderlich.

Die Zustimmung der leiblichen Eltern des Anzunehmenden ist bei der Adoption eines Erwachsenen nicht erforderlich. Dennoch stellt das Gesetz einige Anforderungen.

➤ § 1767 BGB: Zulässigkeit der Annahme, anzuwendende Vorschriften

(1) Ein Volljähriger kann als Kind angenommen werden, wenn die Annahme sittlich gerechtfertigt ist; dies ist insbesondere anzunehmen, wenn zwischen dem Annehmenden und dem Anzunehmenden ein Eltern-Kind-Verhältnis bereits entstanden ist.
(2) Für die Annahme Volljähriger gelten die Vorschriften über die Annahme Minderjähriger sinngemäß, soweit sich aus den folgenden Vorschriften nichts anderes ergibt. § 1757 Abs. 3 ist entsprechend anzuwenden, wenn der Angenommene eine Lebenspartnerschaft begründet hat und sein Geburtsname zum Lebenspartnerschaftsnamen bestimmt worden ist.

Die Annahme ist nur zulässig, wenn dieselben Grundvoraussetzungen wie für die Annahme eines Minderjährigen erfüllt sind und wenn die Adoption sittlich gerechtfertigt ist. Ob diese Voraussetzungen vorliegen, können die Beteiligten nicht alleine bestimmen. Ein alleinstehender 35-jähriger Deutscher, der eine 21-jährige Philippinin adoptieren möchte, kann zwar selbst durchaus der Meinung sein, dass zwischen ihm und der Frau ein Eltern - Kind - Verhältnis besteht. Außer ihm wird die Sache aber kein anderer so sehen und die Adoption wird deshalb scheitern.

Ein Eltern-Kind-Verhältnis muss entweder bereits vorliegen, oder zumindest zu erwarten sein. Erforderlich sind Gemeinsamkeit und familiäre Bindungen, wie sie zwischen Eltern und erwachsenen Kindern zu erwarten sind.

Schwierig wird es dann, wenn neben der Begründung eines Eltern-Kind-Verhältnisses auch noch andere Ziele zumindest mitverfolgt werden.

➤ **Beispiel:**

Das Ehepaar Schmidt hat eine 25-jährige Russin kennen gelernt, die seit mehreren Jahren in Deutschland lebt, aber von der Abschiebung bedroht ist. Aus Mitleid mit der jungen Frau und um ihr eine Rückkehr zu ersparen, entschließen sich die Schmidts, sie zu adoptieren.

➤ **Beispiel:**

Der 70-jährige Baron von St. ist der letzte seines Adelsgeschlechts. Um die Familiennachfolge zu sichern inseriert er in einer angesehen Wochenzeitung nach einem 'anständigen, tugendhaften und redlichen Menschen bis 27 Jahre, dem Vaterlandsliebe und Glaube noch etwas bedeuten und der sich vorstellen kann, adoptiert zu werden.'

In diesen beiden Fällen ist es unwahrscheinlich, dass die Adoption vom zuständigen Richter ausgesprochen wird. Die Sicherung der Namensnachfolge ist auch dann keine ausreichende Motivation, wenn es sich um einen Adelsnamen handelt[77] und auch die Erlangung einer Aufenthaltsgenehmigung bzw. die Verhinderung einer drohenden Abschiebung stehen nach ständiger Rechtsprechung einer Adoption entgegen[78]. Darüber hinaus wäre eine Adoption hier auch kein geeignetes Mittel, die Abschiebung der jungen Russin zu verhindern, da über eine Adoption regelmäßig kein Aufenthaltsrecht begründet wird.

Die Embryonenadoption

In manchen Ländern ist es möglich, Embryonen zu adoptieren, die nach einer In vitro Fertilisation übrig geblieben sind. Da die Alternative meist darin besteht, diese Embryonen dauerhaft zu konservieren, sie sterben zu lassen, oder sie zum Objekt von Grundlagenforschung zu machen, sprechen gute Gründe für eine Adoption. Dennoch stößt das Verfahren auf erhebliche Vorbehalte. Grundsätzlich sollen alle Adoptionen dem Wohl des Kindes und nicht den Wünschen potentieller Eltern dienen. Die Frage ist aber, ob es hier ein Kind gibt, dem die Adoption dient. Ist der menschliche Embryo ein Kind? Hier wird einerseits argumentiert, dass jeder Embryo von der Keimzellverschmelzung an ein sich entwickelnder Mensch sei. Vertreter dieser Meinung sehen meist keinen Grund, einen Embryo nicht genauso zu schützen wie jeden anderen Menschen. Adoption wäre hier eine Möglichkeit, einen Menschen am Leben zu erhalten.

Andere sind der Auffassung, dass von einem sich entwickelnden Menschen nur dann gesprochen werden kann, wenn auch die äußeren Umstände der Entwicklung bis zur Geburt vorliegen. Schließlich sei jeder einmal eine befruchtete Eizelle gewesen, aber nicht aus jeder befruchteten Eizelle sei auch ein Mensch entstanden. 70 Prozent gingen auf natürlichem Wege verloren, ohne dass man davon spreche, dass 70 Prozent aller Menschen nie geboren würden.

Für Deutschland lässt sich feststellen, dass die Diskussion darüber, ob die Gesellschaft die Adoption von Embryonen akzeptieren will, erst am Anfang steht. Nach Ansicht der Bundesregierung ist es zwar auch in Deutschland zulässig, einen Embryo zu adoptieren[79], eindeutige gesetzliche Regelungen fehlen jedoch.

Adoption durch Singles, Schwule und Lesben

➤ **Beispiel:**

Petra lebt seit 10 Jahren mit ihrem Lebensgefährten Stefan zusammen. Nachdem die Beziehung kinderlos geblieben ist, beschließen beide, zusammen ein Kind zu adoptieren.

➤ **Beispiel:**

Claudia hat seit vielen Jahren einen unerfüllten Kinderwunsch. Sie macht sich kaum noch Hoffnungen auf ein leibliches Kind, da sie bereits 39 Jahre alt ist und die langjährige Partnerschaft mit ihrem Lebensgefährten vor 2 Jahren zerbrochen ist. Da sie sich nicht vorstellen kann, sich von einem Mann, den sie nicht liebt ʹein Kind machen zu lassenʹ, und ein Mann, den sie liebt, zu ihrem Bedauern leider nicht in Sicht ist, überlegt sie, ein Kind zu adoptieren.

➤ **Beispiel:**

Auch Robert und sein Lebensgefährte Henrik tragen sich mit dem Gedanken an eine Adoption. Beide sind schon über 40 und in der Kindererziehung nicht ganz unerfahren. Henrik hatte aus einer früheren Ehe mit einer Frau 2 Kinder mit in die Beziehung gebracht. Die Kinder sind mittlerweile erwachsen und schon aus dem Haus. Robert und Henrik überlegen sich nun, einem fremden Kind ein Zuhause zu geben.

In diesen Fällen stellt sich zuerst die Frage: ʹJa, geht denn so was überhaupt? Können Unverheiratete, Singles, Schwule und Lesben adoptieren? Wenn die Anforderungen für verheiratete Bewerber schon so streng sind, ist es dann möglich zu adoptieren, wenn man noch nicht einmal verheiratet ist?

Rechtlich gesehen ist die Angelegenheit eindeutig – es ist möglich. Das Gesetz besagt klar, dass auch unverheiratete Personen ein Kind annehmen können (§ 1741 Abs. 2 BGB).

Bei unverheirateten Paaren kann allerdings nur einer von beiden das Kind adoptieren. Der Plan von Petra, zusammen mit ihrem Lebensgefährten ein Kind zu adoptieren, wird deshalb nicht aufgehen. Es kann nur entweder sie oder er das Kind adoptieren, aber nicht beide zusammen.

Die sexuelle Orientierung spielt rechtlich gesehen keine Rolle. Somit können auch Schwule und Lesben adoptieren, allerdings auch hier nicht gemeinsam mit ihrem Partner. Nur einer von beiden kann ein Kind adoptieren. Das gilt auch dann, wenn es sich um eine eingetragene Lebenspartnerschaft handelt, da diese im Hinblick auf eine Adoption einer Ehe nicht gleichgestellt ist.

➤ **Beispiel:**

Wenn Robert und sein Lebensgefährte Henrik also ein Kind adoptieren wollen, müssen sie sich zuerst gemeinsam überlegen, wer von beiden das Kind annehmen will. Da es eine gemeinsame Adoption durch gleichgeschlechtliche Lebenspartner nicht gibt, kann rechtlich nur einer von beiden Vater werden.

Die rechtliche Situation ist also eindeutig. Auch Unverheiratete, Singles, Schwule und Lesben können ein Kind adoptieren. Das rechtliche 'Dürfen' besagt allerdings noch wenig über das tatsächliche 'Können'. Mit anderen Worten: Nur weil es nicht verboten ist, heißt es nicht automatisch, dass es den genannten Gruppen auch tatsächlich gelingt, ein Kind zu adoptieren.

➤ **Beispiel:**

Als Robert sich bei seinem örtlichen Jugendamt nach Adoptionsmöglichkeiten erkundigt, macht ihm der zuständige Sachbearbeiter unmissverständlich klar, dass er keine Möglichkeit sehe, ihn in die Bewerberkartei aufzunehmen. Seiner Meinung nach sei es sehr unwahrscheinlich, dass ein Kind, das von einem schwulen Paar erzogen werde, genauso gut aufwachsen könne wie ein Kind, das bei 'normalen' Eltern aufwachse.

Robert ist empört, da es der Gesetzgeber Schwulen schließlich nicht verboten habe, zu adoptieren. Er überlegt sich deshalb, gegen das Jugendamt zu klagen.

Der Plan, durch ein Gerichtsurteil zum Erfolg zu kommen, hat wenig Aussicht auf Erfolg. So war in Frankreich ein Homosexueller in mehreren Instanzen mit seinem Wunsch gescheitert, ein Kind adoptieren zu dürfen. Er klagte daraufhin vor dem Europäischen Gerichtshof, wo er ebenfalls unterlag. Nach Ansicht des Gerichtshofes[80] ist es zulässig, dass eine Behörde einem Homosexellen aus Sorge um das Wohl des Kindes die Adoption verwehrt, da sich die Wissenschaft völlig uneinig sei, welche Folgen die Adoption durch ein homosexuelles Elternteil oder Paar haben könne.

In der Praxis der Adoptionsvermittlung ist jedoch entgegen den Befürchtungen des Europäischen Gerichtshofes festzustellen, dass Homosexuelle genauso gut geeignet sind, Kinder zu adoptieren, wie heterosexuelle Bewerber.

Es gibt mittlerweile zahlreiche Untersuchungen, die nachweisen, dass es Kindern, die mit einem oder zwei schwulen oder lesbischen Elternteilen aufwachsen, nicht schlechter geht als den Kindern, deren Eltern heterosexuell sind.

Nach einer Studie des nordrhein-westfälischen Familienministeriums soll es in Deutschland 70.000 schwule und lesbische Paare mit Kindern geben. Die meisten dieser Kinder stammen noch aus der heterosexuellen Vergangenheit. Auch hier gibt es keinerlei Hinweise, dass es in diesen Familien vermehrt zu Problemen kommt.[81]

Auch Singles, die sich um ein Adoptivkind bewerben, erleben oft eine große Skepsis.

➤ **Beispiel:**

Als Claudia zum Gespräch in die Adoptionsvermittlungsstelle kommt, ist man dort sehr erstaunt, dass sie ein Kind adoptieren will, ohne einen festen Lebenspartner zu haben.

'Also wissen Sie, ich glaube nicht, dass ihre Chancen sehr hoch sind. Es gibt ja so viele Bewerber und so wenige Kinder und da ist es glaube ich doch besser, ein Kind in eine richtige Familie zu vermitteln.' meint der zuständige Bearbeiter.

In der Regel sind die Chancen, über eine Inlandsadoption ein Kind vermittelt zu bekommen, verschwindend gering, wenn der Bewerber bzw. die Bewerberin Single und/oder homosexuell ist. Obwohl in mehreren Studien festgestellt werden konnte, dass sich Adoptivkinder, die bei Singles aufwachsen, ebenso gut entwickeln wie alle anderen Kinder[82] kommen Singles und Homosexuelle nach der gängigen Praxis allenfalls für die Adoption älterer oder stark geschädigter Kinder in Frage. Dass vor allem problematische Kinder an Singles oder Homosexuelle vermittelt werden, zeigt, dass es keine schlüssige Konzeption gibt, wer für welches Kind geeignet ist. Wenn Homosexuelle selbst nach der Meinung höchster Gerichte weniger geeignet sind, Kinder zu erziehen – weshalb traut man Ihnen dann zu, sich um ein stark vorgeschädigtes Kind zu kümmern? Hier ist vieles nicht besonders logisch.

Die Wahrscheinlichkeit, als Homosexueller oder als Single ein Kind vermittelt zu bekommen, ist höher, wenn man den Weg der Auslandsadoption beschreitet. Dabei kommen nur bestimmte Länder in Betracht. Manche haben klare gesetzliche Regelungen, die Adoptionen an Singles oder Homosexuelle verbieten. In anderen Ländern ist es zwar rechtlich möglich, wird aber von den zuständigen Behörden nicht geduldet. Grundsätzlich kann man feststellen, dass es für Auslandsadoptionen folgende 'Hierarchie' gibt. Zuerst kommen verheiratete Paare, dann alleinstehende Bewerber die in einer festen heterosexuellen Beziehung leben, dann heterosexuelle Singles ohne Partner, dann Lesben und zuletzt Schwule.

Manche Länder haben so starke Abneigung gegen die Adoption durch Homosexuelle, dass von den Adoptierenden eine Erklärung verlangt wird, dass sie nicht homosexuell sind. Zu diesen Ländern gehören etwa Guatemala und China. Man scheint dort überzeugt zu sein, dass es möglich ist, sich seine sexuelle Orientierung bescheinigen zu lassen. Es handelt sich hier um einen besonders unsinnigen Formalismus. Wer will vor oder nach der Adoption überprüfen, ob die vorgelegte Bescheinigung tatsächlich der Richtigkeit entspricht?

In einigen Ländern werden zwar alleinstehende Frauen akzeptiert, jedoch keine alleinstehenden Männer (etwa in Bulgarien). In diesen Ländern haben also Schwule keine Chance.

In zahlreichen Ländern ist es Homosexuellen zwar von Rechts wegen erlaubt, ein Kind zu adoptieren, sie scheitern jedoch an der Bürokratie. So hat das höchste südafrikanische Gericht am 10.9.2002 zwar entschieden, dass Homosexuelle bei einer Adoption nicht benachteiligt werden dürfen. Dies ändert jedoch nichts daran, dass die zuständigen Beamten Bewerbungen von Homosexuellen in der Regel ganz nach hinten ins Regal stellen.

Wer sich als Single oder Homosexueller auf den Weg macht, ein Kind zu adoptieren, muss sich darauf vorbereiten, weit größere Schwierigkeiten zu überwinden als 'normale' Bewerber. Dennoch ist das Vorhaben nicht aussichtslos und die Chancen werden erhöht, wenn man bereit ist, ein Kind aufzunehmen, das wegen seiner besonderen Bedürfnisse schwer zu vermitteln ist.[83]

Manche Adoptionsvermittlungsstellen für In- und Auslandsadoptionen vermitteln auch an Singles und/oder Homosexuelle und so kommt es vor allem darauf an, mit Zähigkeit und Ausdauer nach einer unvoreingenommenen Vermittlungsstelle zu suchen.

➤ **Empfehlungen der Landesjugendämter zur Adoptionsvermittlung:**

Die Annahme eines Kindes durch eine alleinstehende Person bedarf der besonders eingehenden Kindeswohlprüfung. Eine Annahme kann sich vor allem anbieten bei
- *bereits länger währender, für das Kind bedeutsamer Beziehung, die einem Eltern-Kind-Verhältnis entspricht,*
- *Aufnahme eines verwandten Kindes,*
- *Kindern, für die auf Grund persönlicher Vorerfahrungen die Vermittlung in eine Familie nicht förderlich ist,*
- *Aufnahme eines Kindes, dessen Geschwister im Verwandten- oder Freundeskreis oder in der Nachbarschaft des Bewerbers leben,*
- *Aufnahme eines Kindes, das von den leiblichen Eltern nur zur Adoption durch diesen Alleinstehenden freigegeben wird, soweit dies keinen Rechtsmissbrauch darstellt.*
Bei Berufstätigkeit muss sichergestellt sein, dass der Bewerber die Hauptbezugsperson ist und das Kind in stabilen sozialen Verhältnissen aufwachsen kann. Auf die Möglichkeit des Bezugs von Leistungen nach dem BErzGG (Erziehungsgeld, Elternzeit) ist hinzuweisen.

Eine Adoption ist bei gleich- oder gemischtgeschlechtlichen Lebensgemeinschaften nur durch eine der beiden Personen möglich. Dies gilt bei gleichgeschlechtlichen Lebensgemeinschaften unabhängig von deren Eintragung (Lebenspartnerschaftsgesetz). Wie bei alleinstehenden Bewerbern (vgl. 3.44) bedarf die Annahme hier einer besonders eingehenden Kindeswohlprüfung unter Einbeziehung der Partnerin bzw. des Partners.

Literatur:

Adopting on your own
The Complete Guide to Adoption for Single Parents
Von Lee Varon
ISBN: 0374128839
Farrar Straus Giroux

Das lesbisch - schwule Babybuch
Von Uli Streib
ISBN: 3896560069
Querverlag

Voraussetzungen der Adoption

Nicht jeder kann ein Kind adoptieren. Von Adoptionsbewerbern wird häufig beklagt, es sei ungerecht, dass man bei Adoptionen unzählige Regelungen zu beachten habe, jedoch so viele leibliche Kinder bekommen könne, wie man wolle. Der Gesetzgeber hat sich jedoch dafür entschieden, erst die Interessen aller Beteiligten zu prüfen, bevor eine Adoption ausgesprochen wird. Dies macht auch Sinn. Wer sich ein wenig mit den rechtlichen Voraussetzungen einer Adoption beschäftigt, stellt schnell fest, dass die Hürden nicht unüberwindbar sind und es durchaus begründet ist, einen so entscheidenden Eingriff in das Leben eines Kindes an das Vorliegen bestimmter Voraussetzungen zu knüpfen.

Kindeswohl

Eine Adoption muss dazu führen, dass sich die persönlichen oder rechtlichen Lebensbedingungen des Kindes nachhaltig verbessern[84]. Um zu prüfen, ob dieses Kriterium erfüllt ist, können Gesundheitszeugnisse, Einkommensbescheinigungen und Ähnliches von den zuständigen Stellen eingeholt werden.

Gegen das Kindeswohl spricht z.B.:
- Ein zu hohes Alter der Adoptiveltern
- Ein fehlendes oder zu geringes Einkommen
- Ungünstige Gesundheitsprognosen
- Schlechte Wohnverhältnisse

Eltern-Kind-Verhältnis

Bevor die Adoption ausgesprochen wird, muss ein Eltern-Kind-Verhältnis zwischen den Annehmenden und dem Kind bestehen oder zumindest die ernsthafte Aussicht auf dessen Entstehung vorhanden sein. Es genügt nicht, dass die zukünftigen Eltern sich ein solches Verhältnis wünschen, vielmehr muss unter subjektiven und objektiven Gesichtspunkten die Prognose gerechtfertigt sein, von einem Zustandekommen auszugehen.

Verstoß gegen Adoptionsvermittlungsgesetz

Haben die Adoptiveltern an einer gesetzes- oder sittenwidrigen Vermittlung mitwirkt, oder einen Dritten hierfür beauftragt oder belohnt, darf die Adoption nur dann ausgesprochen werden, wenn die Annahme des Kindes gerade durch diese Eltern erforderlich ist. Dies soll Kinderhandel und vergleichbaren Praktiken entgegenwirken. Erforderlich kann die Adoption in solchen Fällen dann sein, wenn damit einer bereits entstandenen besonderen Verbundenheit zwischen dem Kind und seinen neuen Eltern Rechnung getragen wird.

Berücksichtigung der Interessen vorhandener Kinder

Haben die Annehmenden bereits Kinder, so darf die Adoption weiterer Geschwister ihren Interessen nicht entgegenstehen. Wann aber ist dies der Fall? Kommen neue Kinder in die Familie, so hat das rechtlich gesehen immer die Konsequenz, dass ihr Erbteil kleiner ausfällt und die wirtschaftliche Leistungsfähigkeit der Eltern durch den Unterhaltsanspruch des neuen Kindes geschmälert wird. Solche Vermögensinteressen sollen aber nach ausdrücklicher gesetzlicher Regelung (§1745 S.2) ohne Hinzutreten besonderer Umstände eine Adoption nicht verhindern. Wenn aber durch die Adoption der Unterhalt der schon vorhandenen Kinder gefährdet wird und die Inanspruchnahme von Sozialhilfe droht, kann dies der Adoption entgegenstehen.

Adoptionspflege

Die Adoption soll erst dann ausgesprochen werden, wenn die Annehmenden das Kind eine angemessene Zeit in Pflege hatten (§1744 BGB). Diese Adoptionspflegezeit dauert vom ersten Tag, an dem das Kind in die Familie kommt, bis zum Abschluss der Adoption durch deutschen Gerichtsbeschluss. In der Regel beträgt dieser Zeitraum etwa ein Jahr. Bei älteren Kindern oder Kindern mit besonderen Bedürfnissen, bei denen zu erwarten ist, dass die Eingewöhnung länger dauert, kann die Pflegezeit im Einzelfall auch länger sein.

Alterserfordernisse

Ehepaare dürfen ein Kind nur dann annehmen, wenn einer das 25. Lebensjahr und der andere das 21. Lebensjahr vollendet hat (§1743 S2 BGB). Ein Höchstalter gibt es nicht. Es ist deshalb auch im hohen Alter noch möglich zu adoptieren. In diesen Fällen wird aber von den zuständigen Stellen besonders sorgfältig geprüft, ob ein Eltern-Kind-Verhältnis entstehen kann.

Einwilligungen

Eine Adoption ist einer der weitest reichenden Eingriffe in das Recht der leiblichen Eltern und in das Recht des adoptierten Kindes. Das Gesetz geht davon aus, dass diejenigen, die von diesen Eingriffen betroffen sind, auch ihr Einverständnis dazu erteilen müssen.

Einwilligung des Kindes

Die Einwilligung eines Kindes können sich viele schwer vorstellen. Wie kann ein Baby oder ein Dreijähriger erklären, ob er adoptiert werden will? Natürlich haben so kleine Kinder kein Verständnis für die Zusammenhänge und so bestimmt das Gesetz in § 1746 BGB ausdrücklich, dass für ein Kind, das jünger als 14Jahre ist, die gesetzlichen Vertreter die Einwilligung erklären müssen. Die sind in der Regel beide Elternteile.

Einwilligung der leiblichen Eltern

Zur Adoption ist auch die Einwilligung der Eltern des Kindes erforderlich. Während sie oben für das Kind die Einwilligung zur Adoption erklärt haben, müssen sie hier für sich selbst erklären, dass sie damit einverstanden sind, dass das Kind neue Eltern bekommt. Um zu vermeiden, dass sich Mütter nach der Entbindung übereilt zur Freigabe entscheiden, hat der Gesetzgeber in § 1747 BGB bestimmt, dass die Einwilligung erst dann erteilt werden kann, wenn das Kind acht Wochen alt ist. Natürlich kann es aber schon vor dieser Zeit in Adoptionspflege gegeben werden.

➤ **Beispiel:**

Manuela ist hochschwanger und sehr verzweifelt. Die Schwangerschaft hat sie bisher geheim gehalten, da sie fürchtet, dass ihr Vater wieder einmal 'völlig ausrastet'. Sie bringt das Kind deshalb heimlich und ohne jegliche Unterstützung in ihrem Zimmer zur Welt, wickelt es in eine warme Decke ein und legt es vor der Tür des Krankenhauses ab. Das Findelkind ist am nächsten Tag die Schlagzeile in der örtlichen Presse. Trotz aller Aufrufe gelingt es allerdings nicht, seine Mutter ausfindig zu machen. Das Kind kommt deshalb zu Pflegeeltern, die sich auch bereit erklären, das Kind zu adoptieren. Im Laufe der nächsten Monate befallen Manuela immer mehr Zweifel an der Richtigkeit ihrer Entscheidung. Sie fragt sich, ob sie das Kind jetzt überhaupt noch zurückholen kann, wo es doch schon bei einer anderen Familie untergebracht ist.

Die Acht-Wochen-Regel des §1747 besagt, dass die Einwilligung der leiblichen Eltern nicht vor Ablauf dieser Frist erfolgen kann. Die Regel besagt jedoch nicht, dass ein Kind nach Ablauf der Frist grundsätzlich nicht mehr von den leiblichen Eltern zurückverlangt werden kann.

Wenn Manuela nach einigen Monaten beschließt, das Kind doch selbst aufzuziehen, so steht § 1747 dem nicht entgegen.

Wenn die leiblichen Eltern eines Kindes die Einwilligung zur Adoption erteilen, so muss sich diese Erklärung immer auf schon feststehende Personen beziehen. Nicht zulässig sind daher sogenannte Blankoeinwilligungen, in denen etwa die Mutter pauschal erklärt: 'Ich gebe mein Kind zur Adoption frei'. Das bedeutet allerdings nicht, dass den leiblichen Eltern die Adoptiveltern bekannt sein müssen. Wäre dies so, gäbe es keine Inkognito-Adoptionen. Es genügt daher, wenn erklärt wird: 'Ich willige ein, dass die in der Adoptionsvermittlungsstelle X unter Nummer 12 registrierten Bewerber das Kind adoptieren'.

Vor allem bei Auslandsadoptionen werfen die Einwilligungserfordernisse des deutschen Rechts oft einige Probleme auf.

Falls die im Ausland erteilten Einwilligungen der leiblichen Eltern nach deutschem Recht unwirksam sind, wird es in den Regel keinen Beamten im Herkunftsland des Kindes geben, der versucht, erneut die Zustimmungen einzuholen. So ist es regelmäßig schwierig bis unmöglich, nach der im Ausland durchgeführten Adoption die dortigen Behörden oder Gerichte zu einer Zusammenarbeit zu bewegen. Zusätzlich stößt die Praxis, die leiblichen Eltern erneut um die Abgabe der Zustimmung zu bitten, in diesen Fällen nicht nur auf praktische, sondern auch auf rechtliche Schwierigkeiten. Die leiblichen Eltern haben nach § 16a FGG im Falle einer Volladoption ihre Rechte als Eltern verloren. Werden Sie aufgefordert, erneut der Adoption zuzustimmen, richtet sich diese Aufforderung an Personen, die rechtlich gesehen mit dem Kind nicht mehr verwandt sind. Dies wird von den zuständigen Gerichten oft nicht beachtet.

Einwilligungsersetzung

Da die Adoption ein sehr schwerwiegender Eingriff in die Rechte der leiblichen Eltern ist, soll sie im Regelfall nur dann ausgesprochen werden, wenn diese zuvor ihre Einwilligung erklärt haben. Dies hat aber dort seine Grenze, wo Eltern bei der Wahrnehmung ihrer Verantwortung gegenüber dem Kind besonders schwerwiegend versagen. In solchen Fällen kann das Vormundschaftsgericht die Einwilligung ersetzen (1748 BGB). Das Bundesverfassungsgericht entschied: *'Dies gibt dem Kind in Fällen, in denen seinen leiblichen Eltern die elterliche Sorge dauerhaft entzogen ist, die Möglichkeit, in einer Familie aufzu-*

*wachsen, die die Funktion des natürlichen Verbandes übernimmt und ihm das Gefühl unge-
störter familiärer Zugehörigkeit vermitteln kann, und ist nach erzieherischen und vor allem
entwicklungspsychologischen Erkenntnissen einem dauerhaften Pflegekindschaftsver-
hältnis vorzuziehen'.*[85]

Die Rechtspraxis ist zurückhaltend mit der Ersetzung der elterlichen Einwilligung und
wendet diese nur in Fällen an, in denen die Eltern schwerwiegend versagen. In dem vom
Bundesverfassungsgericht entschiedenen Fall sind *'beide Kinder nach den gerichtlichen
Feststellungen in der Zeit, in der die Beschwerdeführerin für sie Verantwortung trug, nur
unregelmäßig ernährt worden, sie durften ihren Bewegungsdrang nicht ausleben und wurden von ihr nicht vor Schlägen des Vaters geschützt. Aufgrund dessen leiden die Kinder
nach dem Ergebnis der Sachverständigengutachten an ganz erheblichen Ängsten, verlassen, geschlagen oder eingesperrt zu werden. Bei einem der Kinder sind regelrechte Pani-
kattacken aufgetreten, wenn es Hungergefühle verspürt.'*

Das Gesetz erlaubt die Ersetzung der Zustimmung,
- wenn durch den einwilligungsabgeneigten Elternteil die Pflichten gegenüber dem
  Kind anhaltend gröblich verletzt werden (die Rechtsprechung hat dies in folgenden
  Fällen bejaht: lockerer Lebenswandel in Verbindung mit übermäßigem Alkoholge-
  nuss; total verwahrlostes Zuhause; schwere leibliche oder seelische Vernachlässigung; Alkoholiker, die ihr Kind im Schmutz sich selbst überlassen)
- oder wenn der einwilligungsabgeneigte Elternteil durch sein Verhalten gezeigt hat,
  dass ihm das Kind gleichgültig ist (Teilnahmslosigkeit gegenüber dem Kind und seiner Entwicklung, Fehlen einer persönlichen Zuwendung). Entscheidend ist das
  gesamte äußere Verhalten des Elternteils. Das gleichgültige Verhalten muss trotz
  Belehrung durch das Jugendamt mindestens drei Monate fortgesetzt worden sein.

Die rechtlichen Folgen der Adoption

Durch die Adoption wird das angenommene Kind zum Kind seiner neuen Eltern und
die Rechtsbeziehungen zu seinen leiblichen Eltern werden beendet. Die Adoptiveltern
haben von nun an das Recht und die Pflicht, für das Kind zu sorgen.

Der Abbruch der rechtlichen Beziehungen zur Ursprungsfamilie hat unter anderem
folgende Konsequenzen:
- Das Kind hat kein gesetzliches Erbrecht gegen seine leiblichen Eltern und diese können auch nicht mehr gesetzliche Erben des Kindes werden
- Das Kind verliert den Familiennamen seiner Herkunftseltern
- Das Kind erhält die rechtliche Stellung eines gemeinschaftlichen Kindes der Annehmenden
- Die Annehmenden erhalten das volle Sorgerecht für das Adoptivkind und müssen
  alleine für dessen Unterhalt aufkommen.

Die starken rechtlichen Beziehungen zu den neuen Eltern, die einem natürlichen
Eltern-Kind-Verhältnis weitestgehend entsprechen, führen zur Frage, was eigentlich passiert, wenn sich das Kind nicht so entwickelt wie erhofft.

Kann man die Adoption wieder auflösen?

➤ **Beispiel:**

Katrin M. interessiert sich für eine Auslandsadoption. Sie fühlt sich gut geeignet, da sie als Studiendirektorin über ein gutes Einkommen und viel Erfahrung mit Kindern verfügt und sich seit Jahren intensiv mit dem Thema Adoption beschäftigt hat.

Ihr ist allerdings auch bewusst, dass die Erziehung durch eine Alleinstehende sehr hohe Anforderungen an das erzieherische Geschick stellt. Hier ruht die Last der Verantwortung nicht auf zwei Schultern, sondern nur auf einer und Katrin weiß, dass ein gewisser Prozentsatz der Adoptionen scheitert.

Sie fragt sich deshalb, was eigentlich passiert, wenn sie mit dem Kind nicht zurechtkommt. 'Wenn ich mit dem Kind nicht klarkomme', denkt sie sich, 'kann die Adoption vielleicht aufgelöst werden oder ich kann es selber wieder zur Adoption freigeben, damit es in einer anderen Familie unterkommt'.

➤ **Beispiel:**

Das Ehepaar L. hat große Probleme mit ihrem einzigen Kind Lena. Sie hatten das Mädchen im Alter von 2 Jahren adoptiert und es ist ihr einziges Kind. Die Probleme in der Erziehung sind im Lauf der Jahre immer größer geworden und nach nunmehr 12 Jahren sind sie überzeugt, dass es so nicht mehr weitergehen kann. Die Schwierigkeiten mit Lena liegen vor allem darin, dass sie Erziehungsversuchen nicht mehr zugänglich ist, tagelang nicht nach Hause kommt, ihre Eltern beschimpft und beleidigt und bereits über umfangreiche Erfahrungen mit Drogen verfügt.

Frau L. ist wegen der dauernden Auseinandersetzungen psychisch stark angegriffen und kann nur noch nach Einnahme starker Beruhigungsmittel schlafen.

Herr L. will nicht nur wegen der endlosen Streitereien nichts mehr von Lena wissen. Er fürchtet auch um die Zukunft seines Malerbetriebes, den er von seinem Vater übernommen und unter großen Mühen weiter ausgebaut hatte. In einem der zahlreichen Wortgefechte hatte ihm Lena bereits angedroht, dass sie nicht vorhabe, später einmal zu arbeiten. 'Und wenn das ganze Zeug später einmal mir gehört, lasse ich es mir so richtig gut gehen und fange endlich an zu leben.' meinte sie.

Herr L. plant deshalb, die Adoption auflösen zu lassen.

Grundsätzlich gilt, dass eine Adoption nicht ohne weiteres wieder gelöst werden kann. Durch den vormundschaftlichen Ausspruch der Adoption wurde ein rechtliches Band zwischen Adoptiveltern und Adoptivkind geschaffen, das dem rechtlichen Band zwischen leiblichen Eltern und ihren Kindern weitgehend entspricht. Das Gesetz sieht deshalb nur ganz wenige Fälle vor, in denen eine Adoption nachträglich wieder aufgelöst werden kann.

Ein Antrag auf Aufhebung der Adoption hat dann Aussicht auf Erfolg, wenn das Adoptionsverfahren an schwerwiegenden rechtlichen Mängeln leidet. Dies ist etwa dann der Fall, wenn die leiblichen Eltern nicht eingewilligt haben, oder diese Einwilligung zwar vorliegt, aber widerrechtlich durch Drohung herbeigeführt wurde.

Maßgeblich ist aber immer das Kindeswohl. Das Annahmeverhältnis kann dann nicht aufgehoben werden, wenn dies das Wohl des Kindes erheblich gefährden würde. Hat sich das Kind bei den Adoptiveltern eingelebt und würde es durch einen Wechsel seelisch geschädigt, kommt eine Auflösung nicht in Betracht.

Ob die Voraussetzungen für eine Aufhebung der Adoption im Fall von Katrin M. irgendwann einmal vorliegen werden, lässt sich jetzt noch nicht sagen. Es ist jedoch unwahrscheinlich. Eine Adoption ist immer ein großes Risiko, von dem man sich auch nicht dadurch befreien kann, dass man später die Angelegenheit einfach wieder rückgängig macht.

Auch die Überlegung, das Kind später vielleicht selbst wieder zur Adoption freizugeben, wird sich nicht umsetzen lassen.

Grundsätzlich können angenommene Kinder nicht noch einmal adoptiert werden. Eine Zweitadoption ist nur dann möglich, wenn:

- die Adoptiveltern, die das Kind zuerst adoptiert hatten, gestorben sind,
- die Erstadoption aufgehoben worden ist oder
- das Kind erst später vom Ehepartner des Annehmenden adoptiert wird.

Die Entscheidung für die Adoption ist deshalb eine Entscheidung für das ganze Leben.

Das gilt auch für Familie L., die sich überlegt, die Adoption auflösen zu lassen. Auch hier ist nicht damit zu rechnen, dass das Ehepaar auf diesem Wege das rechtliche Band zu seinem Kind zerschneiden kann. Das zuständige Gericht wird einem solchen Antrag nicht zustimmen. Dass bereits Kinder Drogenerfahrungen haben, sich aggressiv gegenüber ihren Eltern verhalten und tagelang nicht mehr nach Hause kommen, ist für die meisten Väter und Mütter eine schlimme Erfahrung. Dennoch kann dies allein noch kein Grund sein, die Adoption zu lösen. Nicht immer entwickeln sich Kinder so, wie man sich das in seinen Träumen ausgemalt hatte.

Wenn das Ehepaar L. Hilfe sucht, ist ihm zu raten, Kontakt zum Jugendamt oder zu einem guten Therapeuten aufzunehmen. Die Aufhebung der Adoption ist für sie jedoch keine Möglichkeit, mit ihren Problemen fertig zu werden.

➤ Empfehlungen der Landesjugendämter zur Adoptionsvermittlung:

Adoptiveltern und Kinder sind im Vorfeld und im Zusammenhang mit der Aufhebung einer Adoption zu beraten. Den Bericht gemäß § 49 Abs. 1 FGG im Aufhebungsverfahren gegenüber dem Vormundschaftsgericht erstattet das Jugendamt. Die rechtlichen Möglichkeiten einer Aufhebung des Annahmeverhältnisses sind in den §§ 1759ff. BGB geregelt. Danach kann eine Adoption nur in den Fällen des § 1760 BGB oder des § 1763 BGB aufgehoben werden.

§ 1760 BGB regelt die Aufhebung auf Antrag wegen fehlender notwendiger Erklärungen, die für die Adoption hätten vorliegen müssen, wie der Einwilligung der leiblichen Eltern oder der des Kindes. Zu beachten sind hier Antragsberechtigung und die Fristen (§ 1762 BGB), innerhalb derer eine Aufhebung noch in Betracht kommt. Wegen fehlender Erklärungen kann eine Adoption nicht aufgehoben werden, wenn die Voraussetzungen einer Ersetzung der Einwilligung vorgelegen haben oder wenn durch die Aufhebung das Kindeswohl gefährdet wäre (§ 1761 BGB).

Demgegenüber regelt § 1763 die Aufhebung einer Adoption von Amts wegen. Hiernach kann während der Minderjährigkeit eines Kindes eine Adoption aufgehoben werden, wenn dies aus schwerwiegenden Gründen zum Wohl des Kindes erforderlich ist. Schwerwiegende Gründe sind hier z.B. Straftaten der Adoptiveltern. Die Aufhebung von Amts wegen ist eine Ausnahmeregelung, die nicht möglich ist, wenn dies dem Interesse des Kindes am Erhalt der rechtlichen Beziehungen entgegensteht. So scheidet wohl in der Regel eine Aufhebung wegen Scheiterns der familiären Beziehungen zwischen Annehmenden und Kind aus. Zudem bestimmt § 1763 Abs. 3 BGB, dass nur dann eine Aufhebung ausgesprochen werden kann, wenn feststeht, dass das Kind nach der Aufhebung in einer neuen Familie leben kann.

Manchmal ein Problem: Das Erbrecht

Adoptiert ein deutsches Ehepaar gemeinsam ein deutsches Kind, so wird das Kind rechtlich völlig aus seiner alten Familie herausgelöst und der neuen Familie zugeordnet. In diesem Fall gibt es keine erbrechtlichen Probleme, da das adoptierte Kind einem leiblichen Kind gleichgestellt ist und deshalb auch erbt wie ein leibliches Kind. Das gesetzliche Erbrecht zur Ursprungsfamilie erlischt in beiden Richtungen, die leiblichen Verwandten sind deshalb nicht mehr gesetzliche Erben des Kindes und dieses ist nicht mehr gesetzlicher Erbe der leiblichen Verwandten.

Was aber ist, wenn ein deutsches Ehepaar ein türkisches Kind adoptiert oder ein deutsch-österreichisches Ehepaar in Deutschland ein deutsches Kind adoptiert?

In diesen Fällen ist die Rechtslage komplizierter.

Adoptionen im Ausland

Wird ein Kind im Ausland adoptiert, so kommen die Schwierigkeiten daher, dass in diesen Fällen immer die Rechtsgebiete zweier Staaten betroffen sind. Zu unterscheiden sind das sogenannte Adoptionsstatut (das Recht, nach dem sich die Adoption beurteilt) und das Erbstatut (das Recht, nach dem sich das Erbrecht beurteilt). Diese verweisen teils auf unterschiedliche Regelungen. So unterliegt nach deutschem Recht (Art 22 EGBGB) die Adoption dem Recht des Staates, dem der Annehmende bei der Annahme angehört. Das Erbstatut richtet sich allerdings nach dem Heimatrecht des Erblassers zum Zeitpunkt seines Todes (§ 25 EGBGB).

Bei Adoptionen mit Auslandsbeteiligung lassen sich damit zwei problematische Fallgruppen unterscheiden:

 – Stark adoptiertes Kind und auf schwache Adoption ausgerichtetes Erbrecht

➤ **Beispiel:**

Ein deutsch-türkisches Ehepaar adoptiert ein Kind aus der Türkei. Der leibliche Großvater des Kindes stirbt.
In diesem Fall richtet sich das Adoptionsstatut nach deutschem Recht (da einer der Annehmenden deutsch ist) und das Erbstatut nach türkischem Recht (da der Großvater in der Türkei gestorben ist) .

Die Türkei kennt nur schwache Adoptionen. Das angenommene Kind wird nach türkischem Recht zwar gesetzlicher Erbe des Annehmenden, nicht aber gesetzlicher Erbe der Verwandten des Annehmenden.

Die deutsche Rechtsprechung löst diese Fälle, indem sie dem nach deutschem Recht adoptierten Kind die gleiche erbrechtliche Stellung einräumt, wie sie leibliche Kinder nach der anzuwendenden Rechtsordnung haben sollen

– Schwach adoptiertes Kind und auf starke Adoption ausgerichtetes Erbrecht

➤ Beispiel:

Wenn ein deutsches Ehepaar im Ausland ein Kind adoptiert und der Heimatstaat des Kindes nur schwache Adoptionen kennt, so kann das Kind erbrechtlich nicht ohne weiteres wie ein in Deutschland adoptiertes Kind behandelt werden. Die Adoption des Kindes war schwach und in Deutschland gibt es nur starke Adoptionen. Eine Vergleichbarkeit ist also nicht automatisch gegeben. Welche Möglichkeiten hat nun das deutsche Ehepaar, die erbrechtliche Stellung des angenommenen Kinds zu stärken?

Möglichkeiten zur Stärkung der erbrechtlichen Stellung eines schwach adoptierten Kindes:

– Testament

Nach dem im Jahre 2002 neu eingeführten Art. 22 III EGBGB besteht die Möglichkeit, dem adoptierten Kind durch Testament die Stellung eines leiblichen Kindes einzuräumen.

➤ Art 22 III EGBGB:

In Ansehung der Rechtsnachfolge von Todes wegen nach dem Annehmenden, dessen Ehegatten oder Verwandten steht der Angenommene ungeachtet des nach den Absätzen 1 und 2 anzuwendenden Rechts einem nach den deutschen Sachvorschriften angenommenen Kind gleich, wenn der Erblasser dies in der Form einer Verfügung von Todes wegen angeordnet hat und die Rechtsnachfolge deutschem Recht unterliegt. Satz 1 gilt entsprechend, wenn die Annahme auf einer ausländischen Entscheidung beruht. Die Sätze 1 und 2 finden keine Anwendung, wenn der Angenommene im Zeitpunkt der Annahme das achtzehnte Lebensjahr vollendet hatte.

Da es auch vor Inkrafttreten der Vorschrift schon möglich war, ein adoptiertes Kind zum Erben einzusetzen, ist der Anwendungsbereich der Norm nicht sehr groß. *'Art 22 III EGBGB bringt eine unverständlich formulierte und wenig praxistaugliche Regelung für eine sehr spezielle, auf Pflichtteilsberechnung in seltenen Fällen beschränke Konstellation'* urteilt die Fachpresse.[86]

– Umwandlung der Adoption

Nach dem (ebenfalls 2002 eingeführten) Adoptionswirkungsgesetz ist es möglich, eine im Ausland durchgeführte Adoption umzuwandeln, mit der Folge, dass *'das Kind die*

Rechtsstellung eines nach den deutschen Sachvorschriften angenommenen Kindes erhält̓ (§ 3 AdWirkG). Nach erfolgter Umwandlung steht das angenommene Kind einem leiblichen Kind auch erbrechtlich gleich. Die Umwandlung der Adoption ist damit in diesen Fällen das geeignete Mittel, um die erbrechtliche Position des Adoptivkindes zu stärken.

– Wiederholungsadoption

Ob es neben der Umwandlung der Adoption auch möglich ist, dem Kind die erbrechtliche Stellung eines leiblichen Kindes zu verschaffen, indem das Kind in Deutschland noch einmal adoptiert wird, ist juristisch umstritten[87]. Fachkundigen Rat erteilt der Notar, über den die Umwandlung der Adoption beantragt werden muss.

Kindergeld, Steuern, Erziehungszeit, usw.

Kindergeld

Für Adoptivkinder und Kinder in Adoptivpflege wird Kindergeld in gleicher Höhe bezahlt wie für leibliche Kinder.

Bundeserziehungsgeld

Nach den §§ 1 bis 14 des Bundeserziehungsgeldgesetzes (BErzGG) wird Erziehungsgeld bezahlt, wenn die Mutter oder der Vater
– die Personensorge für das Kind hat,
– mit dem Kind in einem Haushalt lebt,
– das Kind selbst betreut und erzieht und
– keine oder eine auf höchstens wöchentlich 30 Stunden begrenzte Beschäftigung oder eine Beschäftigung zur Berufsausbildung ausübt.

Dies gilt auch bei der Erziehung eines Adoptivkindes bzw. eines Kindes, das mit dem Ziel der Annahme als Kind in die Obhut des Annehmenden aufgenommen worden ist. Für diese Kinder kann Erziehungsgeld beansprucht werden.

Erfüllen beide Elternteile die Anspruchsvoraussetzungen, so bestimmen sie, an wen von Ihnen das Erziehungsgeld gezahlt werden soll, da das Erziehungsgeld nur einer Person gewährt wird. Die Eltern können sich auch abwechseln. Die Gesamtdauer des Bezugs von Erziehungsgeld verlängert sich dadurch jedoch nicht. Werden gleichzeitig mehrere Kinder betreut und erzogen, wird das Erziehungsgeld für jedes Kind gewährt.

Bundeserziehungsgeld wird vom Tag der Geburt entweder bis zur Vollendung des 24. bzw. 12. Lebensmonats des Kindes gezahlt.

Bei Adoptivkindern und Kindern in Adoptionspflege beginnt der Anspruchszeitraum mit dem Beginn der Inobhutnahme und wird für die Dauer von bis zu zwei Jahren und längstens bis zur Vollendung des achten Lebensjahres gewährt.

Für ein Adoptivkind, das im Alter von 6 Jahren zu seinen neuen Eltern gekommen ist, kann der Förderzeitraum voll ausgeschöpft und 2 Jahre bis zur Vollendung des 8. Lebensjahres Erziehungsgeld bezogen werden. Bei einem 7-jährigen Kind ist dies nicht mehr möglich. Hier wird nur für ein Jahr Erziehungsgeld bezahlt.

Landeserziehungsgeld

In Bundesländern, in denen Landeserziehungsgeld gewährt wird, kann dieses auch für Adoptivkinder bzw. Kinder in Adoptivpflege beantragt werden.

Elternzeit

Die Gewährung von Elternzeit (früher: ʼErziehungsurlaubʼ) richtet sich nach den §§ 15, 16 des Bundeserziehungsgeldgesetzes.

Unter anderem können Arbeitnehmer (Frauen und Männer) Elternzeit geltend machen für die Betreuung eines Kindes, das mit dem Ziel der Annahme in Obhut genommen wurde.

Es ist erforderlich, dass der Arbeitnehmer

– mit dem Kind in einem Haushalt lebt,

– das Kind selbst betreut und erzieht und

– während der Elternzeit nicht mehr als 30 Wochenstunden beschäftigt ist.

Bei Adoptivkindern und Kindern in Adoptionspflege beginnt die Elternzeit frühestens mit dem Tag der Inobhutnahme. Sie dauert höchstens drei Jahre vom Tag der Inobhutnahme an und längstens bis zur Vollendung des achten Lebensjahres des Kindes. Mit Zustimmung des Arbeitgebers ist eine Übertragung von bis zu einem Jahr Elternzeit bis zum achten Geburtstag des Kindes möglich.

Die Eltern können entscheiden, wie sie die Elternzeit unter sich verteilen wollen. Die Elternzeit kann gemeinsam oder auch nur von einem Elternteil in Anspruch genommen werden. Sie kann auch aufgeteilt werden, dabei ist eine Aufteilung in bis zu vier Zeitabschnitte möglich. Zwischen diesen Abschnitten können auch Zeiten der Erwerbstätigkeit liegen.

Die Elternzeit muss nach § 16 BErzGG spätestens sechs Wochen vor Beginn schriftlich beim Arbeitgeber beantragt werden. § 16 I Satz 2 bestimmt allerdings, dass ʼbei dringenden Gründen ausnahmsweise eine angemessene kürzere Frist möglichʼ ist. Ein solch dringender Grund kann dann vorliegen, wenn Adoptionsbewerber kurzfristig und ohne lange Vorankündigung ein Kind vermittelt bekommen.

Krankenversicherung

Gesetzliche Versicherung:

Adoptivkinder und Kinder in Adoptionspflege sind nach § 10 SGB V in der gesetzlichen Krankenversicherung mitversichert. Eine Ausnahme besteht nach § 10 Abs. 3 SGB dann, wenn der mit den Kindern verwandte Ehegatte oder Lebenspartner des Mitglieds nicht Mitglied einer Krankenkasse ist und sein Gesamteinkommen regelmäßig im Monat ein Zwölftel der Jahresarbeitsentgeltgrenze übersteigt und regelmäßig höher als das Gesamteinkommen des Mitglieds ist.

Um die Voraussetzungen einer Mitversicherung abzuklären, ist es wichtig, bereits frühzeitig (am besten mehrere Wochen vor der Adoption) Kontakt mit der Versicherung aufzunehmen, damit unmittelbar nach der Adoption eine Versichertenkarte zur Verfügung steht und Versicherungsleistungen in Anspruch genommen werden können.

Private Versicherung:

Für privat Versicherte ist § 178d Versicherungsvertragsgesetz maßgeblich:

➤ **§ 178d**

---

(1) Besteht am Tag der Geburt für mindestens ein Elternteil eine Krankenversicherung, ist der Versicherer verpflichtet, dessen neugeborenes Kind ab Vollendung der Geburt ohne Risikozuschläge und Wartezeiten zu versichern, wenn die Anmeldung zur Versicherung spätestens zwei Monate nach dem Tag der Geburt rückwirkend erfolgt. Diese Verpflichtung besteht nur insoweit, als der beantragte Versicherungsschutz des Neugeborenen nicht höher und nicht umfassender als der des versicherten Elternteils ist.

(2) Der Geburt eines Kindes steht die Adoption gleich, sofern das Kind im Zeitpunkt der Adoption noch minderjährig ist. Besteht eine höhere Gefahr, so ist die Vereinbarung eines Risikozuschlages höchstens bis zur einfachen Prämienhöhe zulässig.

(3) Als Voraussetzung für die Versicherung des Neugeborenen oder des Adoptivkindes kann eine Mindestversicherungsdauer des Elternteils vereinbar werden. Diese darf drei Monate nicht übersteigen.

Durch die Gleichstellung adoptierter und leiblicher Kinder will der Gesetzgeber erreichen, dass ab dem Zeitpunkt der Adoption auch für bereits eingetretene Versicherungsfälle Versicherungsschutz beansprucht werden kann[88]. Im Gesetzgebungsverfahren lehnte es der Verband der privaten Krankenversicherung zunächst ab, auch Kindern über 5 Jahre Versicherungsschutz zu gewähren. Dem ist entgegengehalten worden, es werde wohl kaum jemand ein behindertes Kind allein aus Manipulationsgründen adoptieren. Die Zahl älterer behinderter Kinder belaufe sich auf 10 oder 20 im Jahr[89]. Wegen dieser geringen Zahl wurde eine Altersbegrenzung nicht ins Gesetz aufgenommen, sodass die im Gesetz vorgenommene Gleichstellung minderjähriger Adoptivkinder mit Neugeborenen den Versicherungsschutz für bereits eingetretene Versicherungsfälle ohne Altersgrenze einschließt.

Auch die Pflegetagegeldversicherung ist eine Krankenversicherung im Sinne des §178d. Dies folgt nach der Rechtsprechung des BGH[90] aus § 178 b VGG. Für Adoptivbewerber, die die Adoption eines behinderten Kindes planen, kann es deshalb interessant sein, vor der Adoption selbst eine Pflegetagegeldversicherung abzuschließen und dann die Mitversicherung ihres Kindes zu beantragen.

Steuer

Steuerlich werden adoptierte Kinder und Kinder in Adoptionspflege leiblichen Kindern gleichgestellt. Adoptiveltern können bei Vorliegen der Voraussetzungen alle steuerrechtlichen Vergünstigungen in Anspruch nehmen.

Die bei der Adoption entstandenen Kosten können nicht als außergewöhnliche Belastungen (§33 EStG) geltend gemacht werden, da es nach ständiger Rechtsprechung des Bundesfinanzhofes an der hierfür erforderlichen Zwangsläufigkeit fehlt.

Rente

Für die Erziehung von Adoptivkindern können Kindererziehungszeiten in der Rentenversicherung angerechnet werden. Eine nach § 56 Abs. 5 SGB VI anrechenbare Kindererziehungszeit beginnt nach Ablauf des Monats der Geburt des Kindes und endet 12 bzw. 36 Kalendermonate nach Ablauf des Geburtsmonats des Kindes, je nachdem, ob das Kind vor dem 1.1.1992 oder nach dem 31.12.1991 geboren ist. Sie erstreckt sich auch dann ausschließlich auf die ersten 12 bzw. 36 Monate nach dem Geburtsmonat des Kindes, wenn es sich um ein angenommenes oder um ein Pflegekind handelt. Es gibt hier also einen deutlichen Unterschied zu den Voraussetzungen für den Bezug von Erziehungsgeld. Während dort der Zeitpunkt maßgeblich ist, zu dem das Kind in die Familie kommt, ist hier nur der Geburtstermin des Kindes entscheidend. Die Vorschrift über die Kindererziehungszeit wurde bereits vom Bundessozialgericht bestätigt.[91]

Für Eltern, die ein dreijähriges oder älteres Kind angenommen haben, ergibt sich daraus die Konsequenz, dass für sie keine Erziehungszeiten in der Rentenversicherung berücksichtigt werden.

Das Leben mit Adoptivkindern

Bei einer Adoption kann so viel schief gehen, dass man sich wundert, dass es überhaupt funktionierende Adoptivfamilien gibt. Das Kind bringt schon viele Erfahrungen mit, war unter Umständen schon während der Schwangerschaft Stress und Belastungen ausgesetzt, hat seine Eltern und sonstigen Beziehungspersonen verloren und kommt vielleicht sogar aus einem anderen Kulturkreis mit einer anderen Sprache.

Eine schwierige Vorgeschichte haben auch die meisten Adoptiveltern, die in der Regel nur über Umwege zum Kind kommen und erst dann an eine Adoption denken, wenn sich der eigene Nachwuchs partout nicht einstellen will.

Kinder mit einer schwierigen Vorgeschichte treffen also auf Eltern mit schwieriger Vorgeschichte. Man könnte deshalb annehmen, dass eine solche Konstellation in keinem Fall gut gehen kann. Dies wäre jedoch falsch. Wissenschaftliche Untersuchungen zeigen, dass trotz der problematischen Ausgangslage die überwiegende Zahl der Adoptiveltern (95 %) und der Adoptivkinder (88 %) ihre Eltern-Kind-Beziehung als gut bis sehr gut bezeichnet. Nur in etwa 2% der Fälle entsteht keine tragfähige Beziehung und das Kind muss in einer anderen Familie oder in einer Einrichtung untergebracht werden.

Erstaunlicherweise funktionieren Adoptivfamilien im Großen und Ganzen nicht viel anders als 'normale' Familien. Die Vorstellung vieler Medien und Autoren, das Leben in Adoptivfamilien sei in erster Linie dadurch geprägt, dass das Kind täglich an seiner Verlassenheit und seiner doppelten Identität verzweifelt und die Adoptiveltern sich darüber grämen, dass sie keine leiblichen Kinder haben, ist ein Klischee. Adoptivfamilien sind nicht schlechter als andere Familien, sie sind aber auch nicht besser. Konflikte, Streitereien und den Ärger des Alltagslebens gibt es auch in Adoptivfamilien. Eine Adoptivfamilie ist kein Garten Eden, sie ist aber auch kein Ort, an dem sich ständig alle selbst bemitleiden.

Dass eine Adoption durchaus mit Problemen verbunden sein kann, müssen auch Annika und Klaus erfahren:

➤ **Beispiel:**
_____

Beide haben sich seit Jahren um ein Kind bemüht. Nachdem sämtliche Versuche mit ICSI, IVI, und Fremdspermien ohne Erfolg blieben, entschließen sie sich nach langen Überlegungen zur Adoption. Ursprünglich hatten sie sich vorgestellt, ein deutsches Kind zu adoptieren. Nach einem entmutigenden Gespräch mit ihrem Jugendamt ('Die Chancen sind hier gleich Null') fällt dann die Entscheidung zugunsten einer Adoption im Ausland. Auch dieser Weg erweist sich jedoch als steinig. Zuerst sind die Eltern von Klaus regelrecht schockiert über die Vorstellung, ihr Enkel könne ein Schwarzer sein. Als sich Annika und Klaus dann endlich dazu durchringen, notfalls auch gegen den Willen der restlichen Familie ein Kind zu adoptieren, stellen sie fest, dass Adoptionen im Ausland ebenfalls langwierig und zäh sein können. Weitere Jahre des Wartens schließen sich an.

Als endlich der dreijährige Denis aus Guatemala in die Familie kommt, scheint ein fast 6 - jähriger Leidensweg zu Ende zu gehen. Annika gibt ihren Beruf auf, um sich nur noch der Erziehung ihres Sohnes widmen zu können. Sie will eine gute Mutter sein und ist sich sicher, dass ihr Kind über kurz oder lang auch von seinen neuen Großeltern akzeptiert wird. Ihr Sohn soll es besser haben als sie selbst. Die Erziehung ihres Kindes soll besser sein als ihre eigene. Die Fehler ihrer eigenen Mutter will sie auf keinen Fall wiederholen.

Schon oft hat sie gelesen, dass es wichtig ist, die Vorgeschichte des Kindes nicht zu verschweigen. Annika bemüht sich deshalb sehr darum, dass der Kontakt von Denis zu seiner Vergangenheit nicht abreißt. Oft zeigt sie ihm Bilder aus seinem ehemaligen Kinderheim und versucht (obwohl Denis noch kaum Deutsch spricht) mit ihm über seine Erlebnisse zu sprechen.

Da Annika zu ihrem eigenen Bedauern keine heilpädagogische Ausbildung gemacht hat, eignet sie sich fehlendes Wissen durch das Lesen pädagogischer Zeitschriften, Adoptionsbücher und Erziehungsratgeber an. Zusätzlich holt sie sich Ratschläge von Freundinnen und Eltern, die bereits adoptiert haben.

Nach den ersten Wochen, in denen sich Denis sehr angepasst zeigt, kommt es immer häufiger zu Problemen. Ständig provoziert er Annika, ist aufsässig und trotzig.

Annika ist sehr beunruhigt und weiß auch nicht genau, wie sie auf die Aggressivität von Denis reagieren soll. In manchen Situationen ist sie kurz davor, ihm eine Ohrfeige zu geben. Sie hält sich so gut wie möglich an die Ratschläge erfahrener Adoptiveltern und probiert auch verschiedene Erziehungstipps aus Zeitschriften aus. Bislang allerdings ohne großen Erfolg. Annika hat große Angst, dass Denis sie vielleicht überhaupt nicht als Mutter akzeptiert.

Eltern von Adoptivkindern stehen oft unter einem hohen Erfolgsdruck. Zum einen haben sie – wie die meisten anderen Eltern auch – den Wunsch, ihre Erziehungsaufgaben so gut wie möglich zu erledigen. Es ist nicht leicht, in einem unübersehbaren Angebot aus Informationen den Überblick darüber zu bewahren, welche Erziehungsmaßnahme sinnvoll ist und welche nicht. Zum anderen gilt es bei Adoptivkindern mit den speziellen Anforderungen des Kindes, seiner unklaren Vergangenheit und oft auch mit den Vorbehalten aus dem Familienkreis klarzukommen.

Auch Annika hat sich viel vorgenommen:

- Durch eine erfolgreiche Erziehung möchte sie beweisen, dass es richtig war, Denis zu adoptieren. Die Bedenken von Annikas Schwiegereltern sollen so nachträglich zerstreut werden.
- Die Erziehung von Denis soll besser sein als ihre eigene. Um dies zu erreichen, bedient sich Annika der neuesten Erkenntnisse der Pädagogik, liest Ratgeber und Zeitschriften und hört auf die Ratschläge von Freundinnen und anderen Adoptiveltern.
- Die Vergangenheit von Denis soll aufgearbeitet werden.

Vielen Adoptiveltern geht es so wie Annika – sie wollen die Sache so gut wie möglich machen und sich so wenig Fehler wie möglich erlauben. Während Adoptiveltern früherer Zeiten für die Wünsche ihrer Adoptivkinder nur wenig Verständnis hatten und es etwa völlig üblich war, dem Kind die Adoption einfach zu verschweigen (was heute zu Recht als ausgesprochen schädlich für das Kind betrachtet wird), sind viele Adoptiveltern heute sehr sensibilisiert und überaus bedacht, die Erziehung ihres Kindes optimal zu gestalten. Dabei besteht kein Zweifel, dass es gut ist, sich der Anforderungen einer Adoption bewusst zu sein. Das darf jedoch nicht den Blick darauf verstellen:

- dass das Kind in erster Linie Eltern braucht und keinen Heilpädagogen. Zahlreiche Medien und Fachleute pflegen hingebungsvoll das Bild des traumatisierten und seelisch schwer verletzten Adoptivkindes, dessen Erziehung den Eltern fast übermenschliche Fähigkeiten abverlangt und das durch große Anstrengungen allenfalls dazu gebracht werden kann, ein Mindestmaß an Bindungs-, Leistungs- und Sozialverhalten zu erlernen. Deshalb glauben viele Adoptiveltern, sie müssten zu Psychotherapeuten, Heilpädagogen und Sozialpädagogen ihrer Kinder werden. Tatsächlich brauchen Kinder in erster Linie Eltern, die sich auch als Eltern betrachten und nicht als Therapeuten. *'Das Kind hat den inneren Drang, zu wachsen und sich Kenntnisse und Fähigkeiten anzueignen. Die Eltern müssen sich nicht ständig aktiv bemühen, damit das Kind Fortschritte macht. Das Kind entwickelt sich aus sich heraus, wenn körperliches und psychisches Wohlbefinden gewährleistet ist'*, schrieb Largo[92] über Kinder im Allgemeinen. Für Adoptivkinder gilt nichts anderes.
- Es kann nicht Aufgabe der Erziehung sein, den Beweis anzutreten, dass die Adoption gut war. Entweder war die Adoption im konkreten Fall die richtige Maßnahme, weil das Kind sonst ohne Eltern aufgewachsen wäre – dann ändert sich auch durch einzelne Erziehungsfehler später nichts daran. Oder die Adoption ist unter zweifelhaften Umständen zustande gekommen – dann lässt sich auch durch eine noch so gute Erziehung daran nichts ändern.
- Der Anspruch, es besser zu machen als die eigenen Eltern, kann eine wichtige Motivation für eine gute Erziehung sein. Manchmal sind aber auch Verunsicherung und falsche Interpretationen das Ergebnis. Dies ist vor allem dann der Fall, wenn Vater und Mutter ihre eigenen negativen Erfahrungen auf das Kind projizieren. Sie sehen sich dann selbst im Kind, behandeln ihr Kind so, wie sie selbst früher gerne behan-

delt worden wären und versuchen durch die Erziehung das gut zu machen, was in ihrer eigenen Kindheit falsch gelaufen ist.

– Niemand weiß genau, wie man ein Kind bzw. Adoptivkind erzieht (auch wenn viele das Gegenteil behaupten). Es gibt keine perfekte Technik, um mit auftretenden Schwierigkeiten problemlos zurechtkommen zu können. Die Fachwelt ist sich völlig uneinig, mit welcher Erziehung man am besten Schäden abwendet. Was in dem einen Fachbuch als Nonplusultra verkauft wird, gilt im nächsten Buch als völlig unverantwortlich. Es gibt deshalb kaum gesicherte Erkenntnisse, die für Eltern von Nutzen sein können. Der Neurowissenschaftler Steve Petersen zieht daraus resignierend den Schluss, es bleibe am Ende nur ein einziger wissenschaftlich untermauerter Rat: *'Zieh deine Kinder nicht im Kleiderschrank groß, lasse sie nicht verhungern, und hau ihnen nicht die Bratpfanne auf den Kopf'*[93]. Man sieht – auch die Wissenschaft kann nicht mit genauen Ratschlägen dienen. Zusätzlich werden junge Eltern oft auch dadurch verwirrt, dass Außenstehende gerne zum Besten geben, wie sie sich die Erziehung eines Kindes vorstellen. 'Es ist nichts leichter, als zu wissen wie man die Kinder anderer Leute erziehen würde' lautet ein Sprichwort, das sicherlich auch manchen Adoptiveltern vertraut ist. Viele Menschen haben schon viel über Kindererziehung gehört und gelesen und geben gerne auch ungefragt ihre Ratschläge weiter. Sobald Erziehungsprobleme auftauchen, ist deshalb kein Mangel an ungebetenem Rat. Darüber hinaus gibt es auch immer selbsternannte Spezialisten, die nur allzu gut wissen, wie man ein traumatisiertes Kind therapiert und seine Verletzungen heilt. Um nicht der Kritik dieser 'Experten' ausgesetzt zu sein, haben Adoptiveltern oft das Gefühl, Schwierigkeiten besonders souverän meistern zu müssen. Es ist deshalb gut, wenn sie den Anspruch an sich stellen, die Sache so gut wie möglich zu machen. Sie sollten sich jedoch bewusst machen, dass niemand perfekt ist und sich Fehler (leider) nicht verhindern lassen.

Die folgenden Ausführungen sollen zeigen, dass Probleme viele Ursachen haben können, und dass sich manche Problemlösung als sinnvoll und manche als weniger geeignet erwiesen hat. Das Kapitel soll jedoch in erster Linie Anregungen liefern und keine Gebrauchsanleitung bieten. Denn wichtiger als alle Tipps und Ratschläge ist es, im Zweifelsfall auf seinen gesunden Menschenverstand zu vertrauen.

Adoption und alles ist gut?

Ein junger Mann hatte fünf Jahre lang mühsam nach der Wahrheit gesucht. Eines Tages, als er die Ausläufer eines großen Gebirges bestieg, sah er von oben einen alten Mann herunterkommen, der einen schweren Sack auf dem Rücken trug. Er spürte, dass dieser alte Mann auf dem Gipfel gewesen war. Endlich hatte er einen Weisen gefunden - einen, der ihm die Frage beantworten konnte, die sein Herz am meisten bewegte. 'Bitte, oh Herr' sprach er ihn an, 'sag mir, was Erleuchtung bedeutet.' Lächelnd blieb der Alte stehen. Er blickte den jungen Mann unverwandt an, ließ langsam die schwere Last von seinen Schultern gleiten, legte den Sack auf den Boden und richtete sich auf. 'Aha, ich verstehe', erwiderte der junge

Mann. 'Aber was kommt nach der Erleuchtung?' Da holte der alte Mann tief Luft, lud den schweren Sack wieder auf den Rücken und ging weiter.

Für viele Adoptionsbewerber ist die Adoption eines Kindes zum bestimmenden Bestandteil ihrer Lebensplanung geworden. Wenn wir erst einmal ein Kind haben – so denken sie – wird endlich alles gut.

➤ **Beispiel:**

'Nach all den Qualen, dem ewigen Warten und den vielen Enttäuschungen will ich nichts anderes als ein Kind, damit wir endlich eine Familie sind. Es ist mir mittlerweile völlig egal, ob ich ein leibliches Kind bekomme oder eines adoptiere. Hauptsache wir sind endlich zu dritt.
Wenn ich die Wahl hätte, würde ich für ein Kind auf alles verzichten. Mir liegt weder viel an unserem Haus noch an Geld oder Reisen. Ich bin kein Mensch, der sich an solchen Dingen freut. Ich will ein Kind und sonst nichts.'

Bei vielen kinderlosen Paaren dreht sich das Denken in erster Linie um den unerfüllten Kinderwunsch. Schnell wird da die ausbleibende Schwangerschaft für alle Probleme verantwortlich gemacht.

Spannungen in der Partnerschaft, Lebenskrisen, quälende Fragen nach dem Sinn des Lebens, berufliche Probleme usw., all dies soll sich nach der Adoption auflösen. Wenn das ersehnte Kind endlich da ist – so die Hoffnung – wird sich auch das Glück wieder einstellen. Oft hat sich im Laufe der Zeit ein rosaroter Schleier über die Familienplanung gelegt und es soll eine ideale und perfekte Familie geschaffen werden, die es so vielleicht nur in der Fernsehwerbung gibt. Die erfolgreiche Adoption soll den Traum von einer heilen Familie erfüllen und nachträglich dem langen Warten auf das Kind einen Sinn verschaffen.

Es ist allerdings riskant, sich allein von der Erfüllung des Kinderwunsches ein glücklicheres Leben und das Verschwinden vorhandener Probleme zu versprechen. Die Adoption ändert mit Sicherheit den Zustand der Kinderlosigkeit. Ob sich darüber hinaus das Leben zum Positiven wendet, ist aber leider völlig ungewiss.

- Die Adoption ändert nichts daran, dass sich der Wunsch nach einem leiblichen Kind nicht erfüllt hat.
- Die Adoption ändert nichts daran, dass das Paar durch eine Krise gegangen ist.
- Bestehende Probleme in der Partnerschaft werden durch die Adoption nur in den seltensten Fällen gelöst.

Bei manchen Paaren vergehen durch die Adoption die seelischen Verletzungen, die sie während der Zeit der Kinderlosigkeit erlitten haben, bei anderen Paaren vergehen sie nicht. Manche denken ab dem Zeitpunkt der Adoption nur noch selten an das nicht geborene leibliche Kind, bei anderen spielen diese Gedanken auch noch nach Jahren eine große Rolle.

Bei manchen ist der Kinderwunsch kein Problem mehr, dafür gibt ihnen aber das adoptierte Kind einige Nüsse zu knacken. Man sieht also: Manche Probleme werden durch die Adoption vielleicht gelöst. Mit Sicherheit ergeben sich aber auch neue Probleme.

Wenn das ersehnte Kind erst einmal adoptiert ist, können noch immer verdrängte und verleugnete Gefühle ins Spiel kommen und die Eltern-Kind-Beziehung belasten. Selma Friedberg, eine berühmte Eltern-Säuglings-Therapeutin beschreibt dies so:

'In jedem Kinderzimmer gibt es Gespenster. Sie sind die Besucher aus der nicht erinnerten Vergangenheit der Eltern, die ungeladenen Gäste bei der Taufe. Unter günstigen Umständen werden diese unfreundlichen und unerbetenen Geister aus dem Kinderzimmer verbannt, sie kehren in ihre unterirdische Bleibe zurück. Das heißt nicht, daß die Gespenster aus ihrer Grabstätte nicht auch Unheil ersinnen können. In einem unbewachten Augenblick können die Eindringlinge aus der Vergangenheit in den magischen Kreis eindringen und Mutter und Kind finden sich dabei wieder, einen Moment oder eine Episode aus einer anderen Zeit und mit anderen Akteuren erneut in Szene zu setzen'.[94]

Mit der Adoption endet nicht die Vorgeschichte des angenommenen Kindes und es endet auch nicht die Vorgeschichte seiner Adoptiveltern.

Die meisten Adoptiveltern lieben ihr Kind über alles und würden sich um nichts in der Welt mehr von ihm trennen wollen. Genauso ergeht es den allermeisten Adoptivkindern. Sie lieben ihre Eltern, haben Freunde gefunden und fühlen sich in ihrem neuen Zuhause wohl. Doch auch wenn Eltern und Kinder glücklich über ihre Situation und ihr Verhältnis sind, kann es dennoch ab und an dazu kommen, dass die früheren Erlebnisse wieder hochkommen, sich Trauer und Wut über das früher Erlebte einstellt und die Gespenster der Vergangenheit Unheil stiften.

Die erste Begegnung mit dem Kind

➤ **Beispiel:**

Hedwig und Martin Knopp stehen kurz vor dem ersten Zusammentreffen mit ihrem 2-jährigen Adoptivsohn. Beide sind sehr aufgeregt und können schon seit Wochen nur noch schlecht schlafen. Während Martin die Sache etwas entspannter sieht, gehen Hedwig viele Gedanken durch den Kopf. Was ist, wenn ihr Sohn sie ablehnt, wenn er weint und nicht mit ihnen kommen will? Aus einem Ratgeber weiß Hedwig, dass die ersten Momente für die weitere Beziehung sehr wichtig sind. 'Hoffentlich klappt alles', denkt sie sich oft. 'Wenn nur nichts schief geht'.

Es kann sehr lange dauern, bis das Kind endlich in der Familie ist. Da bleibt genügend Zeit, sich darüber Gedanken zu machen, wie das erste Zusammentreffen wohl verlaufen wird. Neben der Furcht, vom Kind abgelehnt zu werden, haben viele zumindest unterschwellig die Befürchtung, dass sie vielleicht selbst das Kind ablehnen.

Auch wenn das Paar vielleicht schon seit Jahren mit dem Gedanken 'schwanger gegangen' ist, ein Kind zu adoptieren, so kommt der erste Kontakt dann doch plötzlich. Ihm geht keine Zeit voraus, in der man sich langsam aneinander gewöhnen und sich Stück für Stück miteinander vertraut machen kann. Normalerweise können sich Mutter und Kind während der Schwangerschaft kennenlernen. Hier sind sie von einem Tag auf den anderen zusammen.

Die Eltern haben noch keine Erfahrung mit dem Kind. Sie wissen nicht, welche Vorlieben und welche Eigenarten es hat, wie es ist und wie es denkt. Was also ist, wenn sich die Eltern vom Kind abgelehnt fühlen, wenn sie das Gefühl haben, nicht angenommen und nicht akzeptiert zu werden?

Hier hilft ein Blick hinüber zu den 'normalen' Eltern. Auch bei Müttern, die entbinden, ist es nicht so, dass in jedem Fall sofort eine innige Bindung zwischen Mutter und Kind entsteht. Natürlich gibt es viele Mütter, die sich bereits während der Schwangerschaft oder bei der Entbindung in ihr Kind verlieben. Aber zahlreiche Studien zeigen, dass es bei vielen anders ist. Es ist deshalb völlig normal, wenn die Bindung am Anfang noch schwach ist, denn im Regelfall verstärkt sie sich im Laufe der Zeit immer mehr.

Anfangsschwierigkeiten sind völlig normal und müssen Eltern nicht beunruhigen. Es ist für junge Väter und Mütter schwierig, das Weinen ihres Babys richtig zu interpretieren. Handelt es sich um Hunger, Langeweile, Schmerzen, Überreizung, Müdigkeit oder schlichtweg eine 'volle Windel'? Auch 'normale' Eltern *'brauchen erst einige Zeit und viel Ausprobieren, um die Signale ihres Kindes richtig zu deuten'.*[95]

Da auch das Kind seine Eltern noch nicht kennt, fällt auch ihm die richtige Deutung der elterlichen Signale schwer. Es weiß noch nicht, wie sich seine Bezugspersonen bei welcher Gelegenheit verhalten, auf welches Verhalten welche Reaktion erfolgt und ob der momentane Zustand von Dauer ist.

Der ersten Zeit sollte daher nicht allzu viel Bedeutung beigemessen werden. Manchen Eltern laufen die Freudentränen über die Wangen, wenn sie ihr Kind zum ersten Mal sehen, andere sind eher enttäuscht. Manchmal kommt das Kind freudestrahlend auf die neuen Eltern zugelaufen und ruft 'Papa' und 'Mama' (bei Adoptionen im Ausland werden Kinder oft vorher von den Betreuerinnen instruiert, wie sie sich zu verhalten haben) und manchmal rennt ein Kind einfach weg, weil es sich völlig überfordert fühlt.

Aus alledem lässt sich in der Regel noch keinerlei Prognose stellen, ob sich zu dem Kind eine gute Beziehung entwickeln wird oder nicht.

Wenn bereits bei Kindern, die von ihren Eltern aufgezogen werden, eine sichere Bindung erst im Laufe der Zeit entsteht, so ist dies bei Adoptivkindern natürlich nicht anders. Die erste Begegnung ist deshalb nicht mehr als eine Momentaufnahme.

Auch wenn nicht alles so verläuft wie erträumt, so entwickelt sich doch in den allermeisten Fällen bald eine gute Beziehung.

Nachdem die Eltern eine Weile mit ihrem Kind zusammengelebt haben, sind sie meist der Meinung, es sei einer Vorsehung zu verdanken, dass sie ausgerechnet dieses Kind bekommen haben und kein anderes.

Vorsehung oder Bürokratenakt

➤ Erlebnis:

Vor kurzem waren wir mit unserer Tochter bei einer anderen Adoptivfamilie eingeladen, die ebenfalls ein Kind aus Guatemala adoptiert hat. Als wir eine Weile über unsere Kinder gesprochen hatten, stellten wir übereinstimmend fest, dass es ein Wunder sei, dass wir gerade die Kinder bekommen haben, die am besten zu uns passen. Lena, die Tochter des anderen Paares, ist ein sehr sanftes und zurückhaltendes Kind und passt sehr gut zu ihren Adoptiveltern, die ebenfalls sehr ruhige Menschen sind. Unsere Tochter war im Gegensatz dazu schon immer sehr lebhaft und wild. Sie ist manchmal nur schwer zu bändigen und nicht ganz problemfrei. Dennoch ist sie das ideale Kind für uns. Ich glaube, wir kommen viel besser mit ihr zurecht, als wir mit Lena zurechtkommen würden.

Schon vor unserer Adoption hatte ich mir viele Gedanken darüber gemacht, auf welche Art ich mit meinem späteren Kind wohl zusammenkommen würde. Wer oder was würde uns zusammenbringen? Ein Bürokrat im Ausland, ein Amt in Deutschland oder würde uns das Schicksal zusammenführen, eine Vorsehung, vielleicht sogar etwas wie ein göttlicher Wille? Ich stellte mir vor, wie meine Unterlagen irgendwo in Guatemala auf einem Schreibtisch liegen und ein Mitarbeiter der dortigen Behörde alle Schreiben durchsieht. Ob er wohl alles liest und sich genau überlegt, welches Kind zu wem passt? Ich konnte mir aber auch vorstellen, dass er vor sich zwei Stapel Papiere hat. Auf der linken Seite die Anträge der Bewerber und auf der anderen Seite die Kinder aus Guatemala und dass er dann jeweils das oberste Papier von jedem Stapel herunternimmt, sie mit einer Klammer zusammenheftet und sagt: 'So. Dieses Kind zu diesen Eltern.' Dann nimmt er die oberste Papiere von der linken und der rechten Seite herunter, heftet sie zusammen und sagt: 'Und dieses Kind zu diesen Eltern'. Und so weiter und so fort. Eine Art Adoptionslotterie.

Als wir unsere Tochter dann endlich bekamen, war mir völlig klar, dass es nur eine Vorsehung sein konnte, die uns zusammengeführt hatte. Und je länger ich mit ihr zusammen war, desto mehr wusste ich, dass ich auf genau dieses Kind all die Jahre gewartet hatte. Nur auf dieses eine Kind. Ich bin völlig überzeugt, dass genau dieses Kind, das irgendwo viele tausend Kilometer entfernt von uns auf die Welt gekommen ist, von Anfang an dafür bestimmt war, unsere Tochter zu sein. Wir sind uns in so vielen Bereichen so ähnlich. Das kann kein Zufall sein. Das ist Bestimmung.'

Immer wieder sagen Adoptiveltern, dass sie und ihr Kind füreinander bestimmt gewesen seien. Woher aber kommt diese Gewissheit des Füreinander-Bestimmtseins? Wenig romantisch bezeichnet es Hoffmann-Riem als ein 'Konstrukt von Ähnlichkeit'.[96]

Ihrer Meinung nach suchen Adoptiveltern nach Gemeinsamkeiten in Aussehen, Wesensart, Verhalten etc. zwischen sich und dem Kind. Entdeckte Ähnlichkeiten würden es erleichtern, das Kind zur Familie zu rechnen und sich mit ihm verbunden zu fühlen.

Aber ist das Suchen nach Ähnlichkeiten wirklich ein typisches Phänomen von Adoptivfamilien oder steht es nicht vielmehr bei allen entstehenden Beziehungen im Mittelpunkt?

Es ist eher nahe liegend, dass sich auch die Beziehungen zwischen Eltern und ihren leiblichen Kindern so entwickeln. Wer einmal junge Eltern dabei beobachtet hat, wie sie ihren Säugling betrachten und darauf untersuchen, von wem er wohl seine Nase und seine Ohren hat, weiß, dass das 'Konstrukt von Ähnlichkeit' nichts ist, was auf Adoptivfamilien beschränkt ist.

Was ist es aber dann? Entlädt sich plötzlich eine über lange Jahre aufgestaute Mutter- bzw. Vaterliebe oder ist es vielleicht das Bedürfnis, nachträglich den erlittenen Strapazen einen Sinn zu geben?

Vielen Adoptiveltern sind diese Überlegungen ziemlich gleichgültig. Sie sind überzeugt, dass in ihrem Fall Schicksal im Spiel war.

Ob Vorsehung oder Bürokratenakt – am besten bringt es vielleicht folgende Mutter auf den Punkt, die schreibt:

➤ **Erlebnis:**

Ich wäre heute nicht mit meiner Tochter zusammen, wenn sie ein paar Wochen früher geboren worden wäre, wenn ich einen anderen Mann geheiratet hätte, wenn wir uns zu einem anderen Zeitpunkt zu einer Adoption entschlossen hätten, wenn sich meine Eltern mit ihrer Ablehnung der Adoption durchgesetzt hätten, wenn ich keinen Sonderurlaub von meiner Firma bekommen hätte, und, und, und. Vieles hätte passieren können, wenn...

Eines aber ist ganz, ganz sicher. Meine Tochter ist meine Tochter. Wenn sie nachts in mein Bett krabbelt und sich an mich schmiegt, weiß ich, dass es ein Wunder ist, dass wir jetzt zusammen sind. Ob ein Amt dafür verantwortlich ist oder das Schicksal, ist mir eigentlich egal. Es ist ein Wunder und warum es ein Wunder ist, spielt keine Rolle.

Ich will ein Baby sein

Viele Adoptivkinder zeigen nach der Adoption Verhaltensweisen, die sich ihre Eltern nur schwer erklären können. Oft kann man beobachten, dass sich selbst ältere Kinder auf eine frühkindliche Verhaltensweise zurückziehen und sich plötzlich benehmen, als seien sie wieder ganz kleine Kinder. Die Psychologie nennt dies 'Regression'. So berichtet eine Adoptivmutter:

➤ **Erlebnis:**

Unsere Tochter Sarah hat ihr erstes Lebensjahr in einem Heim verbracht. Wir haben sie gefördert, damit sie all das nachlernen konnte, was sie noch nicht konnte. Und das war ziemlich viel. Wenn man davon ausgeht, dass Kinder eigentlich mit einem Jahr zu laufen beginnen, so wären wir schon froh gewesen, wenn Sarah in diesem Alter gekrabbelt wäre. Sprechen, Krabbeln, Spielen – alles Fehlanzeige.

Ich denke aber, wir haben sie ganz gut 'therapiert'. Bald schon konnte sie die meisten Dinge, die auch andere Kinder in ihrem Alter beherrschen.

Als sie drei Jahre alt war, sah niemand mehr, dass sie so viel nachzulernen gehabt hatte. Sie schaukelte, kletterte auf die höchsten Spielgerüste, tobte über den Spielplatz und war so schnell und so flink wie alle anderen Kinder.

Zu Hause verwandelte sie sich dann aber oft in ein ganz anderes Kind. 'Ich bin ein Baby' sagte sie dann ganz leise, nahm ihr Fläschchen, und zog sich in ihr Bett zurück oder legte sich in meine Arme. Unsere Versuche, ihr das Fläschchentrinken abzugewöhnen, waren ganz und gar erfolglos. Irgendwann sahen wir ein, dass sie es einfach noch brauchte und gaben auf. Vor allem dann, wenn Situationen unübersichtlich oder leicht bedrohlich wurden, war unsere Sarah plötzlich wieder ein Baby.

Unser Kinderarzt erklärte uns später, warum Sarah sich so verhielt. Seiner Meinung nach gibt es zwei Gründe für dieses Verhalten. Einerseits beruhigen sich Kinder auf diese Weise, andererseits gelingt es ihnen so, die Kontrolle über Situationen zu behalten.

Wir selbst wussten oft nicht, ob sich Sarah so verhielt, weil sie sich erholen wollte, weil sie auf diese Weise etwas nachlernen wollte, was sie selbst in ihrem ersten Jahr nicht gelernt hatte, oder weil sie einfach Spaß daran hatte, ein Baby zu sein. Eigentlich ist es uns auch egal. Hauptsache Sarah ist glücklich bei dem was sie tut.

Es ist schwierig und meist völlig unergiebig, herauszufinden, ob ein Verhalten wie es Sarah zeigt, seinen Grund in den Erfahrungen vor der Adoption oder in anderen Ursachen hat. Eltern, die sich darum bemühen, ihre Kinder zu verstehen, erleben hier oft genug einen großen Frust, weil ihnen keiner genau erklären kann, warum sich ihr Kind so verhält und nicht anders.

Phasen der Regression müssen die Eltern nicht beunruhigen. Es spricht nichts dagegen, dass ein Kind, das nicht so aufwachsen durfte wie ein ´normales` Kind, sich ein Stück davon später zurückholt, indem es manchmal als kleines Baby behandelt werden will.

Du sollst noch etwas Baby bleiben

Während manche Kinder sehr gerne noch ein wenig Baby sind, gibt es auf der anderen Seite Adoptiveltern, denen die Entwicklung ihres Kindes zu schnell geht und die es lieber sähen, wenn das Kind noch ein Weilchen ein kleines Baby bliebe.

➤ Beispiel:

Klaus und Erika adoptieren die 2-jährige Jana. Als sie das Kind aufnehmen, ist ihnen klar, dass das Mädchen viel Betreuung brauchen wird, um seine Entwicklungsrückstände aufzuarbeiten. Nach der Adoption erhält Jana eine gute Förderung und viel Liebe von ihren neuen Eltern und entwickelt sich daraufhin ganz prächtig. Schon nach kurzer Zeit kann sie laufen, fängt zu sprechen an und nach ein paar Monaten meint der Kinderarzt: ´Man könnte glauben, die Kleine wäre schon immer bei Ihnen gewesen`.

Dennoch gibt es einiges, was Jana auch nach 3 Jahren noch von anderen Kindern unterscheidet. Sie trinkt noch immer aus dem Fläschchen, schläft in einem Babybettchen, sitzt in einem Babystuhl und ist weit davon entfernt, Fahrrad zu fahren oder mit einem Roller zu spielen. Als Freunde sie darauf ansprechen, bekommen sie zur Antwort: ´Jana ist doch noch unsere Kleine. Sie hat noch Zeit genug, das alles zu lernen.`

Bei Adoptivkindern geht die Entwicklung manchmal wie im Zeitraffer.

Die Kinder kommen in der Regel nicht als Neugeborene in die Familie, sondern sind meist schon etwas älter. Da sie manchmal deutliche Entwicklungsverzögerungen haben, ist in der ersten Zeit oft eine Betreuung wie bei einem kleinen Baby erforderlich. Wenn sie eine gute Förderung und viel Fürsorge und Liebe bekommen, verbessert sich ihr Zustand oft schnell und deutlich.

So kann es geschehen, dass ein zweijähriges Kind, das eben noch auf dem Stand eines Einjährigen war, nach einigen Monaten weitgehend auf dem Stand eines Zweieinhalbjährigen ist. Dies ist natürlich für alle Eltern eine erfreuliche Entwicklung. Sie müssen sich aber auch schnell an die Veränderungen ihres Kindes anpassen können.

Es ist nicht schädlich, wenn das Kind noch etwas länger wie ein Kleinkind umsorgt wird, als es eigentlich nach seinem Entwicklungsstand erforderlich wäre. Man sollte aber auch darauf achten, dass Betreuung und Fürsorge nicht zu einem Hemmschuh für die kindliche Entwicklung werden.

Verhält sich unser Kind normal?

➤ **Beispiel:**

Der kleine Adoptivsohn von Familie Behnke ist überaus agil und in seinem Bewegungsdrang kaum zu bändigen. Öfters kommt es zu Reibereien mit Spielkameraden, die dann auch regelmäßig in Handgreiflichkeiten ausarten. Die zaghaften Versuche von Frau Behnke, den Kleinen zu bändigen, werden von diesem einfach ignoriert und so stellt sie sich bald zusammen mit ihrem Mann die Frage: 'Benimmt sich unser Sohn eigentlich normal? Kommt es von der Adoption, von seinen Genen oder von unserer Erziehung?'

Auch in 'normalen' Familien ist es nicht einfach herauszufinden, warum sich ein Kind so benimmt und nicht anders. Im Laufe des Zusammenlebens bilden sich jedoch viele bewusste und unbewusste Spielregeln heraus, die helfen, problematische Situationen zu entschärfen. Wenn ein leibliches Kind mit etwa zwei Jahren ins Trotzalter kommt, so ist das in der Regel für die Eltern keine gefährliche Situation, da sie wissen, dass die Beziehung zu ihrem Kind auch schwierige Phasen überstehen kann. Damit diese Sicherheit auch in Adoptivfamilien entsteht, müssen Adoptiveltern und Adoptivkind sich erst kennenlernen und einige Zeit miteinander verbringen.

Da über die Vergangenheit (vor allem bei Auslandsadoptionen) meist wenig bekannt ist, sind viele Eltern unsicher, ob das Verhalten ihres Kindes völlig normal ist oder ob es sich um ein gestörtes Verhalten handelt, das seine Ursache in früheren schlimmen Erlebnissen hat.

Wer sich darüber Gedanken macht, ob sich sein Kind mit seinem Verhalten noch innerhalb der Norm bewegt, sollte sich folgende Fragen stellen:

- Verhält sich mein Kind nur in manchen Situationen außergewöhnlich oder benimmt es sich den ganzen Tag anders als andere Kinder?
- Wie verhalten sich eigentlich die anderen Kinder um uns herum? Könnte es sein, dass unser Kind nur das Verhalten anderer nachahmt?
- Bin ich schon öfters von Verwandten und Bekannten auf das Kind angesprochen worden?

Wenn von verschiedenen Seiten Kritik am Verhalten des Kindes geübt worden ist, so ist dies oft ein Alarmzeichen. Eines sollte man dabei jedoch nicht vergessen:

Es ist sehr schwer zu bestimmen, was normal ist und was nicht. Was der eine Fachmann / die eine Fachfrau als völlig normal betrachtet, ist bei der / dem nächsten eine schwere Persönlichkeitsstörung.

Ein ungewöhnliches Verhalten kann viele Ursachen haben. Zu wenig Bewegung, Spannungen in der Familie, Ablösungen eines älteren Geschwisters von den jüngeren, Probleme im Kindergarten oder in der Schule, etc.

Man sollte es sich deshalb nicht zu einfach machen und vorschnell die Probleme auf die Adoption zurückführen. Nicht immer muss die Adoption die Ursache sein. Alle Kinder treiben ihre Eltern irgendwann einmal zur Weißglut und alle haben die Fähigkeit – und manchmal sogar den Willen und die Absicht – die verborgenen Seiten ihrer Eltern ans Licht zu bringen. Die Buchhandlungen sind voll mit Elternratgebern, die Ratschläge bei Einnässen, Wutanfällen, Lügen, Stehlen, Aggressivität und anderen Problemen bieten. Diese Bücher sind in erster Linie für Nichtadoptierte geschrieben und zeigen, dass es auch ohne Adoption zu Problemen kommen kann.

Wenn bald nach der Adoption Schwierigkeiten auftauchen, so kann man sich nach Hoksbergen an folgenden Richtwert halten: *'Wenn Anpassungsprobleme nach der Platzierung in der Adoptivfamilie nicht langsam nachlassen und nach einem Jahr verschwunden sind, müssen die Adoptiveltern darauf achten, dass die Verhaltensstörungen oder psychosozialen Probleme möglicherweise tief in der Persönlichkeit des Adoptivkindes verwurzelt sind. Bemerkungen von einem Arzt, Psychologen, Therapeuten oder einem anderen Hilfeleister 'Bitte haben Sie etwas Geduld, das wird sich mit der Zeit geben' bedeuten leider, dass diese Berater in Bezug auf Adoptivkinder über wenig Kenntnis verfügen.'* [97]

Wird das Kind einem Therapeuten vorgestellt, sollten die Eltern darauf achten, das nicht sogleich die Diagnose 'Adoption ist an allem schuld' gestellt wird [98].

Auch die übereilte Annahme 'unbearbeiteter Konflikte mit der Kinderlosigkeit' und 'unrealistischer Erwartungen an das Adoptivkind' ist einer Problemlösung oft völlig abträglich.

Recht häufig geschieht es auch, dass Adoptiveltern mit der Diagnose Bindungsstörung oder Beziehungsstörung konfrontiert werden. Nicht immer wird dadurch das Problem zutreffend bezeichnet.

Bindungsstörungen

➤ **Beispiel:**

Das Ehepaar Schuhmann hat vor einem Monat ihre Tochter Kristina aus Russland adoptiert. Das Mädchen ist fünf Monate alt und schon bald zeigt sich, dass es nicht ganz einfach mit ihr ist. Sie schreit viel, wendet sich ab, wenn man ihr über die Haare streicht, lässt sich kaum beruhigen und hat keinerlei Vergnügen daran, gekuschelt zu werden. Es dauert nicht lange, bis Schuhmanns völlig verunsichert sind. Da auch der Kinderarzt keinen Rat weiß, wird bald ein Termin bei einer Psychologin vereinbart. Dort erfahren sie, dass ihr Kind eine Beziehungsstörung und eine gestörte Bindung habe. Dies sei ganz typisch für Adoptivkinder.

Für Beziehungsstörungen findet man unter anderen folgende Kriterien:

'Haben Sie ein Kind aufgenommen, das selten oder nie Blickkontakt zu Ihnen aufnimmt? Betrachtet es Ihren Mund oder Ihre Nase, aber niemals Ihre Augen, besonders wenn Sie es halten? Haben Sie ein Baby, das niemals in Ihren Armen kuschelt? Haben Sie den Eindruck, dass es Ihr Kind unberührt lässt, ob Sie da sind oder nicht? Lässt es sich nicht dadurch beruhigen, dass Sie es hochnehmen? Könnte man es als 'zu braves' Baby bezeichnen? Schreit es nicht und knatscht es nicht? Oder ist es häufig gereizt und schreit viel? Fühlt es sich in Ihrem Arm auffällig schlapp oder angespannt an? Lag es am Anfang seines Lebens im Krankenhaus und/oder musste es viele medizinischen Prozeduren und starke Schmerzen über sich ergehen lassen? Auch sehr junge Säuglinge können schmerzhafte und überwältigende Erfahrungen in ihrem Gedächtnis speichern. Diese Erfahrungen beeinflussen die Kinder in der Art und Weise wie sie sich verhalten und wie sie Kontakt zu ihrer Umwelt aufnehmen. Wenn das so ist, zeigt ihr Baby oder Kleinkind höchstwahrscheinlich Anzeichen einer Beziehungsstörung.' [99]

Bei Anwendung dieser Kriterien stößt man auf mehrere Probleme:

– Hier ist das Baby bzw. Kleinkind der Patient. Man betrachtet das Kind, sieht, dass es sich ungewöhnlich verhält und schließt daraus, dass dies von den Erfahrungen vor der Adoption kommt. Das ist ziemlich typisch für die Diagnosestellung bei Adoptierten und oftmals auch völlig falsch, denn die Schwierigkeiten können auch auf ein unangemessenes Verhalten der Eltern oder eines Elternteils zurückzuführen sein. Bei einer Beziehungsstörung geht es weder allein um das Kind, noch allein um seine Eltern, sondern um die Beziehung zwischen Eltern und Kind. Es müssen immer alle relevanten Faktoren (etwa die normalen Anpassungsschwierigkeiten beim Übergang zur Elternschaft) mitberücksichtigt werden. In verschiedenen Studien konnte nachgewiesen werden, dass Mütter, die selbst sicher gebunden sind, mit einer 75%igen Übereinstimmung auch selbst sicher gebundene Kinder haben[100]. Mütter, die selbst unsicher in ihrem Bindungsverhalten sind, haben häufig Kinder, die selbst ein gestörtes Bindungsverhalten zeigen. Es liegt also nicht immer am Adoptivkind, wenn sich nach einer Adoption Auffälligkeiten zeigen.

– Krankhafte Zustände sind hier von normalen Abweichungen kaum abzugrenzen. Ist es tatsächlich Zeichen einer Beziehungsstörung, wenn sich ein Kind nicht dadurch beruhigen lässt, dass man es hochnimmt? Welche Mutter hat noch nicht die Erfahrung gemacht, dass sich ihr Kind in manchen Situationen einfach durch nichts beruhigen lässt? Ein Kind, das nicht schreit, ist beziehungsgestört, aber auch ein Kind, das viel schreit – was aber ist die Norm? Es ist ein Zeichen für Beziehungsstörungen, wenn sich das Kind schlapp anfühlt – das gleiche gilt aber auch, wenn es angespannt ist. Unauffällig ist deshalb allenfalls ein Kind mit einem normalen Tonus. Aber welcher Laie kann erkennen, ob sein Kind eine normale Muskelspannung hat oder nicht? Beim Schreien ist jedes Kind angespannt und im Schlaf ist jedes Kind schlapp. Zählt auch das mit?

– Ganz wesentlich für die Abgrenzung ist immer auch die Mitberücksichtigung von Art, Dauer und Ausprägung der Störung. Fragt man – wie hier – nicht danach, in welcher Weise, wie oft und wie stark die Störung auftritt, ist die Diagnose Beziehungsstörung bei fast allen Adoptivkindern und auch dem Großteil der bei ihren leiblichen Eltern aufwachsenden Kinder nahezu unausweichlich. Folgt man der Definition der Deutschen Gesellschaft für Sozialpädiatrie und Jugendmedizin, so kann man erst dann von einer festgefahrenen Störung sprechen, wenn Probleme über eine Dauer von mehr als drei Monaten auftreten.

Nach einem Monat ist es noch viel zu früh, um von einer Beziehungsstörung zu sprechen. Nach so kurzer Zeit hat sich in der Beziehung noch nichts eingespielt und die Probleme können auch davon kommen, dass die Eltern der kleinen Kristina noch nicht ganz zu ihrer Elternrolle gefunden haben.

Neben der Beziehungsstörung wurde bei Kristina aber auch eine Bindungsstörung festgestellt. Könnte es dann sein, dass wenigstens diese Diagnose zutreffend ist?

Ob ein Kind in seinem Bindungsverhalten beeinträchtigt ist, kann im Alter von 5 Monaten generell nicht festgestellt werden. Es ist nicht möglich, eine Bindungsstörung im ersten Lebensjahr zu diagnostizieren, da vorher erst bestimmte Reifungsprozesse stattgefunden haben müssen. Man geht üblicherweise davon aus, dass das sogenannte 'Fremdeln' die hierfür wichtige Phase darstellt. Erst nach dem Fremdeln, also etwa im Alter von einem Jahr, kann dann tatsächlich eine Bindungsstörung vorliegen.

➤ **Beispiel:**

Michaela und Gerd haben vor 4 Monaten den 3-jährigen Manuel adoptiert. Sie selbst haben den Kleinen sofort ins Herz geschlossen, sind sich aber nicht sicher, ob diese Zuneigung auch auf Gegenseitigkeit beruht. Manuel hat nämlich einige Eigenarten:
Er mag es nicht, wenn man über die Haare streichelt, er mag nicht auf dem Schoss sitzen, beim Fernsehschauen sitzt er nicht wie alle anderen auf dem Sofa, sondern auf dem Boden, beim Einkaufen läuft er jedem Einkaufswagen hinterher und er geht mit jedem mit, der ihn freundlich anlächelt. Michaela fühlt sich durch all das sehr zurückgewiesen und fragt sich immer öfter, ob Manuel sie eigentlich mag.

Eltern, die sich von ihrem Kind zurückgewiesen und abgelehnt fühlen, überlegen sich oft, ob ihr Kind sie wohl mag. Ein ablehnendes Verhalten kann nicht nur darin liegen, dass es das Kind nicht zulässt, dass man es berührt, streichelt oder liebkost, sondern auch darin, dass es sich Zuwendung unterschiedslos von jedermann holt. Es kann sehr verletzend sein, wenn man als Eltern das Gefühl hat, anderen nicht vorgezogen zu werden, sondern völlig auswechselbar zu sein.

Warum aber verhält sich Manuel so? Liegt vielleicht bei ihm eine Bindungsstörung vor? Und wenn ja – woher kommt sie?

Wenn von Bindungsstörungen gesprochen wird, sind mehrere Formen zu unterscheiden:
- keine Anzeichen von Bindungsverhalten:
  Diese Kinder zeigen überhaupt keine Anzeichen von Bindungsverhalten. Auch in bedrohlichen Situationen suchen sie keinen Schutz bei einer bevorzugten Bezugs-

person. Für sie gibt es keine Bindungspersonen, die sie als Ort der Sicherheit akzeptieren und bei denen sie Schutz suchen würden.

Diese Bindungsstörung tritt gehäuft bei Kindern auf, die über längere Zeit in einem Heim waren, oder schon viele Wechsel der Bezugspersonen, erfahren mussten.

- Undifferenziertes Bindungsverhalten:

Diese Kinder suchen zwar Aufmerksamkeit, aber unterschiedslos von allen, auch völlig fremden Personen (wie der kleine Manuel im Beispiel oben). Eine normale vorsichtige Zurückhaltung Fremden gegenüber fehlt. Beim Auftreten von Problemen und Stress suchen die Kinder zwar Trost, aber sie wenden sich dazu an jede Person, die sich gerade in ihrer Nähe befindet. Man spricht von einer 'sozialen Promiskuität'. Außenstehende verstehen oft nicht, dass es Probleme mit dem Kind gibt, da sie es als aufgeschlossen und kontaktfreudig erleben.

- Übersteigertes Bindungsverhalten:

Diese Kinder fallen durch ein exzessives Klammern auf. In nicht vertrauten Umgebungen suchen sie ängstlich die Nähe ihrer Bezugsperson. Das Verhalten fällt oft erst beim Eintritt in den Kindergarten und die Schule auf, wenn sie bei Abschied der Mutter panikartig reagieren und untröstlich sind. Ihre Neugier und ihr Spieltrieb sind deutlich reduziert.

- Gehemmtes Bindungsverhalten:

Diese Kinder setzen Trennungen fast keinen Widerstand entgegen. Sie zeigen sich sehr stark angepasst, Aufforderungen und Befehlen ihrer Bezugspersonen wird umgehend Folge geleistet. Wenn ihre Bezugspersonen nicht anwesend sind, verhalten sie sich freier und unverkrampfter.

- Aggressives Bindungsverhalten:

Diese Kinder drücken ihren Wunsch nach Nähe durch Aggressionen aus. Da sie von anderen wegen ihres aggressiven Verhaltens meist abgelehnt werden, gelingt es ihnen meist nicht, eine gute Bindung aufzubauen.

- Bindungsverhalten mit Rollenumkehr:

Hier findet eine Rollenumkehr zwischen Kind und Bezugsperson statt. Das Kind übernimmt Verantwortung, erscheint altersunangemessen fürsorglich und verzichtet jederzeit auf ein Erkunden seiner Umwelt, wenn die Bezugsperson Unterstützung verlangt.

Wer glaubt, jedes Kind falle doch gelegentlich in eine oder mehrere der Kategorien, liegt völlig richtig. Unter einer Bindungsstörung versteht man deshalb auch nicht das gelegentliche Auftreten des einen oder anderen Verhaltens. Bindung ist ein Prozess. Ein Moment der Liebe und des Sich - Verstehens macht ebenso wenig eine Bindung wie ein Moment voller Probleme eine Bindungsstörung macht. Diese liegt erst bei einer erheblichen Veränderung im Verhalten mit den verschiedensten Beziehungspersonen vor. Diese Verhaltensweisen treten *'nicht nur situativ auf, sondern sind als stabiles Muster über einen längeren Zeitraum hinweg zu beobachten'.*[101] Üblicherweise wird ein Zeitraum von 6 Monaten angesetzt.

Probleme in den ersten Wochen können deshalb noch nicht als Bindungsstörung bezeichnet werden. Erst muss noch mehr Zeit vergehen, bis eindeutige Aussagen möglich sind.

Es ist immer wieder zu beobachten, dass Eltern gleich in der Anfangszeit eine sehr enge Beziehung zu ihrem Kind aufbauen. Kinder brauchen aber manchmal länger, um ebenfalls Vertrauen aufzubauen.

Wichtiger als darauf zu achten, welche Dinge anfangs noch nicht gehen, ist zu sehen, welche Dinge schon gut funktionieren. Es kann sein, dass sich das Kind noch nicht in die Arme schließen lässt, aber vielleicht hat es schon einmal darum gebeten, dass man ihm die Haare kämmt oder ihm beim Anziehen hilft. Gerade in der ersten Zeit ist es bedeutsamer das Positive zu sehen, als das, was negativ ist.

Um die Entwicklung einer guten Bindung zu unterstützen, sollte man folgendes beachten:

Seien Sie 100-prozentig verlässlich! Viele Kinder mit Bindungsproblemen haben in ihrer Vergangenheit die Erfahrung gemacht, dass Versprechungen Erwachsener nichts bedeuten, da sie nicht eingehalten werden. Nur durch eine absolute Zuverlässigkeit über einen längeren Zeitraum hinweg kann man hier ein Umdenken erreichen. Das gilt auch dann, wenn man glaubt, das Kind sei noch zu klein, um die Verspätung oder das nicht gehaltene Versprechen mitzubekommen. Kinder haben in dieser Beziehung eine große Feinfühligkeit und ein besonderes Gespür für neue Enttäuschungen. Vertrauen muss wachsen. Dabei wachsen manche Blumen etwas langsamer und manche etwas schneller. Wie lange es dauert, bis im Kind ein neues Vertrauen heranreift, ist deshalb von Kind zu Kind unterschiedlich.

Wer verspricht, mit dem Kind nachmittags um zwei zu spielen, muss auch unter allen Umständen nachmittags um zwei spielen. Es gibt dann nichts, was wichtiger sein könnte. Wer verspricht, das Kind in einer Stunde von der Oma abzuholen, muss auch in einer Stunde bei der Oma sein. Es gibt nichts, was einen davon abhalten darf. Wie alt das Kind auch ist, es muss wissen, das seine neuen Eltern da sind, wenn sie gebraucht werden.

Seien sie sensibel! Stellen Sie sich vor, wie Sie in der Lage des Kindes reagieren würden. Für Sie hat sich viel verändert, aber das ist kein Vergleich zu den Veränderungen, die das Kind verarbeiten muss. Glücklicherweise kommen die meisten Kinder mit neuen Situationen viel besser zurecht als Erwachsene und so ist damit zu rechnen, dass sich ihr Kind schon bald in seiner neuen Umgebung eingelebt haben wird. Stellen Sie allerdings am Anfang keine allzu großen Erwartungen. Auch kleine Kinder merken, dass sich so gut wie alles verändert hat. Nichts riecht, schmeckt oder fühlt sich so an wie zuvor. Da braucht es schon einige Zeit, um sich daran gewöhnen zu können.

Nehmen Sie es nicht persönlich, wenn sich Ihr Kind am Anfang weigert, sich von Ihnen in den Arm nehmen oder liebkosen zu lassen. Auch wenn Sie selbst das Kind wahrscheinlich gleich ins Herz geschlossen haben, so kann es doch beim Kind ein wenig länger dauern, bis es auch Sie akzeptiert. Wenn es Ihnen am Anfang nicht gleich begeistert in die Arme sinkt, zeigt dies eher Gefühle von Angst, Verwirrung und Frustration und ist kein Zeichen, dass es Sie persönlich als Eltern ablehnt.

Versuchen Sie angenehme Dinge immer zu erklären. ´So, jetzt werde ich dich mal ein wenig saubermachen`, ´Guten Morgen mein kleiner Liebling, hast du gut geschlafen? `Wenn Ihr Kind ihre Stimme mit angenehmen Dingen in Verbindung bringt, wird es sich bald freuen, mehr von Ihnen zu hören.

Geraten Sie nicht in Panik, wenn ihr Kind Verhaltensweisen zeigt, mit denen Sie nicht gerechnet haben. Man kann sich noch so gründlich auf ein Kind vorbereiten - es wird doch immer so sein, dass Probleme zu lösen sind, mit denen im Vorfeld keiner gerechnet hätte. Das ist auch bei anderen Eltern so.

Mit einiger Sicherheit hat Ihr Kind in der Vergangenheit zu wenig körperliche Zuwendung erfahren. Es ist deshalb wichtig, den Speicher für Schmuseeinheiten und Kuscheln gründlich aufzufüllen.

Wenn Sie nach einiger Zeit das Gefühl haben, dass mit ihrem Kind etwas nicht stimmt und es vielleicht tatsächlich eine Bindungsstörung hat, ist es empfehlenswert, einen Therapeuten aufzusuchen, der sich auf Bindungsproblematik spezialisiert hat und der nicht vorschnell ein Adoptionstrauma diagnostiziert. Gute Therapeuten werden sich erst einmal ausgiebig die Interaktion zwischen Ihnen und Ihrem Kind anschauen, um herauszufinden, ob nicht Sie selbst sich so verhalten, dass der Aufbau einer gesunden Bindung erschwert ist.

Bei allen liebevollen Versuchen, eine gute und gesunde Beziehung zum Kind aufzubauen, verspüren doch viele Adoptiveltern gelegentlich Gefühle, die so gar nicht ins Bild einer sich harmonisch liebenden Familie passen.

Mein Kind treibt mich in den Wahnsinn

In einem Internetforum fragte eine Mutter, ob es nach Meinung der anderen Teilnehmer erlaubt sei, seinem Kind ein Schuld mit der Aufschrift ´Für 2 Euro zu verkaufen` umzuhängen und es damit an die Straße rauszustellen. Ihr Sohn bringe sie manchmal so zur Weißglut, dass sie sich diese Frage schon öfters gestellt habe. Eine andere Teilnehmerin antwortete darauf, dass sie dies leider auch nicht wisse. Sie selbst denke jedoch bisweilen darüber nach, ihr Kind bis zu seinem achtzehnten Geburtstag in den Keller zu sperren.

Ist die Verrohung in unserer Gesellschaft schon so weit fortgeschritten, dass man sich nun öffentlich darüber austauschen kann, auf welche Weise man am besten sein Kind los wird? Soll man bei solchen Sätzen die Staatsanwaltschaft bzw. die nächste Polizeidienststelle informieren?

Keineswegs. Bei dem Forum handelt es sich um eine Internetplattform, in dem sich Mütter und Väter austauschen, die über eine künstliche Befruchtung Eltern geworden sind. Ihre Kinder sind absolute Wunschkinder, die manchmal erst nach jahrelangen Bemühungen und unzähligen medizinischen Eingriffen geboren wurden.

Die Tatsache, dass es sich um ersehnte Kinder handelt, ändert jedoch nichts daran, dass auch diese Kinder ihre Mütter und Väter manchmal an den Rande der Raserei treiben. Und so findet man im Internet viele Meldungen wie folgende:

➤ **Beispiele:**

´Mein Sohn macht mich noch kirre. Ständig muss er mich provozieren und Grenzen austesten. `

'Dieses ganze Gemeckere und Gestänkere geht schon kurz nach dem Aufstehen los. Da stimmt hier was nicht und dort was nicht. Nichts kann man recht machen. Diese ständigen Zickereien stehen mir bis hier!'

'Jetzt habe ich diese Woche bereits zum dritten Mal meine Tochter vorzeitig aus dem Kindergarten abholen müssen, weil sich das kleine Biest aus lauter Zorn absichtlich in die Hose gekackt hat. Das macht mich noch wahnsinnig. Als wenn ich nichts Besseres zu tun hätte. Manchmal befällt mich der Gedanke, ob es nicht vielleicht besser wäre, sie bis zu ihrem achtzehnten Geburtstag in den Keller zu sperren.'

Solche Gedanken sind auch Adoptiveltern nicht fremd. Auch ihre Kinder sind wie alle anderen Kinder oft übellaunig, missmutig, provokativ und überhaupt nicht lieb und nett.

In der Erziehung von Kindern erfahren viele Eltern, dass ihre Persönlichkeit Anteile hat, von denen sie bislang nichts wussten und die sie eigentlich auch nicht kennenlernen wollten. Manche erschrecken, wenn sie in bestimmten Situationen ein Bedürfnis verspüren, ihre Kinder körperlich zu bestrafen oder wenn sie Verhaltensweisen bei sich feststellen, die sie bisher den eigenen Eltern als Erziehungsmängel angekreidet haben. Dies beobachten viele 'normale' Eltern bei sich und selbstverständlich kommt dies auch bei Adoptiveltern vor.

Es hat nicht immer etwas mit Trauma, Verlassensein und Vergangenheit zu tun, wenn sich ein Adoptivkind so benimmt wie alle anderen auch. Auch wenn das Kind schon viel erlebt hat und eine schlimme Zeit hinter sich hat, so bedeutet dies nicht, dass jedes Verhalten darauf zurückzuführen ist.

Genauso wie Adoptivkinder ein Recht darauf haben, ganz normale Kinder zu sein, haben Adoptiveltern ein Recht darauf, ganz normale Eltern zu sein. Dazu gehört, sein Kind als Kind und nicht als Patienten wahrzunehmen.

Es ist normal, wenn auch Adoptiveltern manchmal nicht mit Verständnis reagieren sondern fast platzen vor Zorn. Sich in einem Internetforum Luft zu verschaffen, oder im Kreis von Freunden Dampf abzulassen, ist deshalb durchaus erlaubt und einer guten Beziehung zum Kind eher förderlich als schädlich.

Nicht nur Adoptiveltern und Therapeuten beschäftigen sich mit der Frage, was normal ist. Selbstverständlich treibt auch viele Adoptierte die Frage um.

Adoptiert sein ist nicht normal

➤ **Beispiel:**

Das Ehepaar Müller hat viele Probleme mit ihrer Adoptivtochter Jasmin. Das Mädchen ist 10 Jahre alt, sehr temperamentvoll und nach Meinung ihrer Mutter 'viel zu aufsässig'.
Bei einer der zahlreichen Diskussionen sagt Jasmin in ziemlich scharfem Ton: 'Das ist doch nicht normal, dass ich hier bei euch lebe. Ein Kind muss bei seiner Mutter leben. Dass ein Kind bei Fremden aufwachsen muss, ist doch der Hammer!'

Für ihre Mutter ist dies wie ein Schlag ins Gesicht. Mit Tränen in den Augen ringt sie nach Worten.

Ist es normal, adoptiert zu sein? Das hängt in erster Linie einmal davon ab, wo und zu welcher Zeit man sich diese Frage stellt. Ein Römer, der keine Nachkommen hatte, adoptierte sich einen. Niemand wäre damals auf den Gedanken gekommen, dies als unnormal zu betrachten. Jasmin hätte damals mit ihren Klagen vermutlich völliges Unverständnis geerntet. Und wäre sie auf den Salomon Inseln geboren, wo 27 % der Bevölkerung adoptiert sind, würde vermutlich auch niemand ihre Aufregung verstehen.

Der Begriff 'Normalität' ist immer abhängig von Auslegungen und Interpretationen. Für den einen ist es normal, 70 Stunden die Woche zu arbeiten, für den anderen ist es normal, dieselbe Zeit vor dem Fernseher zu verbringen. Es gibt viele Perspektiven, in denen Normalität jeweils einen anderen Inhalt erhält.

In unserer Gesellschaft ist es eher unnormal adoptiert zu sein. Wäre es normal, würden die Tatsache adoptiert zu sein, adoptiert zu haben oder adoptieren zu wollen, kein besonderes Interesse hervorrufen.

Nun kann man natürlich anfügen, dass die Vielzahl von Randgruppen in der Gesellschaft doch dafür spricht, dass auch ein Anders-Sein normal ist. Dies ist durchaus richtig. Es ist auch normal, behindert, hochbegabt oder arbeitslos zu sein. Viele Menschen empfinden es allerdings anders.

Wenn Jasmin der Meinung ist, es sei unnormal, adoptiert zu sein, so kann man dem argumentativ wenig entgegensetzen.

Es mag viele Gründe geben, warum das Kind nicht bei seinen leiblichen Eltern bleiben konnte. Das ändert aber nichts daran, dass ein Kind in unserem Gesellschaftssystem normalerweise bei seiner leiblichen Mutter und/oder bei seinem leiblichen Vater aufwächst.

➤ Beispiel:

Nach einigen Minuten versucht Jasmins Mutter die Situation zu entspannen:
'Also Jasmin, das ist doch normal, dass ein Kind adoptiert wird. Du kennst doch selber viele Kinder in unserer Adoptionsgruppe, die auch adoptiert sind. Ich hab dir doch schon oft erklärt, dass sich deine Bauchmama nicht um dich kümmern konnte, weil sie zu jung und zu krank war. Es ist wirklich ganz normal, dass ein Kind adoptiert wird.'

Es ist zweifelhaft, ob Jasmins Adoptivmutter mit ihren Beruhigungsversuchen viel Erfolg haben wird. Normalerweise wachsen Kinder bei ihren leiblichen Eltern auf - da ändern auch die besten Argumente nichts daran.

Es ist deshalb wohl besser, sich zu einer gewissen 'Unnormalität' zu bekennen. Eine mögliche Reaktionsmöglichkeit wäre z.B.:

➤ Beispiel:

'Ach Jasmin, ich kann dir da nicht widersprechen. Ich kann verstehen, dass du dich manchmal darüber ärgerst, dass du nicht bei deiner anderen Mama leben kannst. Das ist dein gutes Recht. '

Integration – Was ist eigentlich eine Familie?

Das Wichtigste an der Adoption ist, dass es bald gelingt, das Kind gut in seine neue Familie und seine neue Umgebung zu integrieren. Befragt man Paare, wie sie sich die Integration vorstellen, geben viele an, es sei ihnen wichtig, dass sich das Kind bald als zur Familie gehörend betrachtet und mit Freude am Familienleben teilnimmt.

Paare, die sich schon seit Jahren auf ein Kind vorbereitet haben, können sich dieses zukünftige Familienleben meist sehr gut vorstellen. Sie träumen davon, mit ihrem Kind kleine Ausflüge zu machen, füreinander Verantwortung zu übernehmen, gemeinsam Freud und Leid zu teilen, etwas zu unternehmen, Spaß zu haben etc. Kurzum, eine in ihren Augen typische Familie zu sein.

Auch Kinder, die zur Adoption kommen, träumen meist von einem Familienleben.

Das Problem ist nur, dass viele von ihnen eine Familie noch nie kennen gelernt haben und deshalb gar nicht wissen, was eine Familie ist.

➤ **Beispiel:**

Die kleine Alexandra ist seit ihrer Geburt in einem Kinderheim. Schon oft hat sie von anderen Kindern gehört, dass es in Familien viel besser sein soll und so träumt auch sie davon, eines Tages in so eine Familie zu kommen. In ihren Augen geht es dort ähnlich zu wie in einem Heim, nur dass die Pfleger dort Papa und Mama heißen, ständig da sind und nicht im Schichtdienst arbeiten. Sie weiß auch, dass es in einer Familie weniger Kinder gibt als im Heim und rechnet deshalb mit höchsten 5 weiteren Kindern.

Wenn Alexandra nachts die Augen schließt, stellt sie sich ein kleines Haus vor, in dem sie ein eigenes Zimmer bewohnt und von einem Papa und einer Mama versorgt wird. Familie ist für sie eine Einrichtung wie ein Heim, nur kleiner und mit besserer Betreuung.

Viele Kinder haben keinerlei Vorstellung davon, was Familie bedeutet. In ihrem bisherigen Leben haben sie oft die Erfahrung gemacht, dass es nützlich ist, sich an die Regeln zu halten, solange jemand zuschaut. In einem Heim besteht meist die Möglichkeit, Kontakt zu vielen anderen Menschen aufzunehmen, ohne sich auf Einzelne besonders festzulegen.

Eine Familie funktioniert aber ganz anders.

Hier ist jeder für den anderen mitverantwortlich – und das auf Dauer. Man kann nicht darauf warten, dass irgendwann schon ein neuer Betreuer kommen wird. Papa und Mama bleiben. Ihre Schicht endet nicht und sie wechseln auch nicht in eine andere Gruppe. Eine Familie ist eine langfristige Angelegenheit und nicht nur eine bloße Episode.

➤ **Beispiel:**

'Wir haben erst relativ spät verstanden, dass unsere Tochter eine ganz andere Vorstellung von Familie hatte als wir. Sie sah sich in einer Art Hotel. Vielleicht war es das Wichtigste in ihrem bisherigen Leben: Zu lernen, wie eine Familie funktioniert.'

Manche Kinder waren vor der Adoption einige Zeit in ihrer Ursprungsfamilie, einer Pflegefamilie oder bei Verwandten oder Großeltern untergebracht. Das hilft aber meist auch nicht weiter. Die dort erlernten Familienregeln sind nur sehr selten auf die Adoptivfamilie übertragbar und vielleicht sogar ein großes Hindernis beim Erlernen neuer Regeln. Es fällt schwer, sich auf ein neues System einzustellen, wenn man sich schon in einem anderen System arrangiert hatte.

So ist das Erlernen der Spielregeln in der neuen Familie recht mühsam. Manchmal ist es auch für ein Paar schwierig, sich bewusst zu machen, welche Regeln eigentlich zwischen ihnen herrschen.

➤ **Beispiel:**

Sophie und Tobias sind seit 15 Jahren ein Paar. Im Laufe der Jahre haben sie sich auf eine ganz bestimmte Form des Zusammenlebens geeinigt. Jeder weiß ziemlich gut, was er vom anderen zu halten und zu erwarten hat, welche Pflichten jeder zu erfüllen hat und was das Zusammenleben erschwert bzw. erleichtert.
Vieles ist so selbstverständlich geworden, dass keiner von beiden groß darüber nachdenkt.

Für ein Kind, das neu in die Familie kommt, müssen die Regeln jedoch ziemlich klar und durchschaubar sein. Da ist es nützlich, wenn man ihm die wichtigsten Grundsätze erklärt. Diese Erklärungen können auch das umfassen, was für die Eltern eine Selbstverständlichkeit ist.

Wenn das Kind aus dem Ausland kommt, kann man Informationen auch ohne Worte vermitteln, indem man das Kind durch die Wohnung führt und ihm durch Gesten klar macht, wer welche Pflichten hat, auf was jeder zu achten hat, was erlaubt und was verboten ist. Wenn das Kind schon (etwas) Deutsch kann, ist die Einführung natürlich leichter.

➤ **Beispiel:**

´So, nun werde ich Dir mal erklären, wie das bei uns funktioniert. Ich weiß, dass Du Dich früher viel um Deine Mutter kümmern musstest, wenn sie krank war. Hier bei uns ist es anders. Hier kümmern sich die Eltern um die Kinder. Wir sorgen dafür, dass Du jeden Tag genug zu essen hast, dass Du Dein eigenes Zimmer bekommst und keine Menschen im Haus sind, die Dir wehtun. Papa geht arbeiten und verdient das Geld, das wir brauchen, um unser Essen, unsere Wohnung und unser Auto zu bezahlen. Papa ist meistens den ganzen Tag weg und kommt erst am Abend zurück. Wenn ich von Dir möchte, dass du mir bei einer Arbeit hilfst, werde ich es Dir rechtzeitig sagen. Ich weiß, dass du jetzt am Anfang vieles noch nicht verstehen wirst, aber Du kannst mich immer fragen, wenn Du etwas wissen willst. ´

Für viele, die schon als Kleinkind mehr entscheiden mussten, als sie konnten, ist es eine angenehme Entlastung, wenn sie in eine Familie kommen, in der es eine stabile Rangordnung, Geborgenheit und verlässliche Regeln gibt. Auch bestimmte Rituale können dabei helfen, dem Kind eine Vorstellung davon zu verschaffen, was Familie ist.

Rituale

Ein Ritual ist ein 'stereotypes Verhalten, das nicht situationsangepasst zu sein braucht und weitgehend sinnentleert sein kann, das aber eine Funktion zu erfüllen scheint.'[102]

Beim Lesen dieser Definition kann man leicht auf den Gedanken kommen, auf Rituale könne man verzichten. Wer braucht schon ein weitgehend sinnentleertes Verhalten, welches man auch leicht als einengend oder überholt ansehen kann? Diese Annahme wäre jedoch grob falsch, wie eine Studie der Universität von Syracuse ergab. Ausgewertet wurden 32 Untersuchungen der letzten 50 Jahre. Dabei wiesen die Forscher nach, dass Routinen und Rituale in der Familie wichtig für die Gesundheit und Wohlergehen der einzelnen Familienmitglieder sind und dem Familienleben Stabilität und Sicherheit geben[103]. Folgendes wurde festgestellt:

Familienrituale:
- fördern die Identität heranwachsender Kinder,
- fördern die Beziehungszufriedenheit von Kindern und Eltern,
- fördern die Gesundheit der Familienmitglieder,
- haben einen positiven Effekt auf schulische Leistungen und die Bindungen innerhalb der Familie.

So wachen etwa Kinder, die regelmäßig zu einer bestimmten Zeit schlafen gehen, während der Nacht seltener auf als andere Kinder. *'Das Vorhandensein von Familienritualen bei Alleinerziehenden und ihren Kindern, bei Familien in Scheidung und in Patchwork - Familien kann Kinder vor den vermuteten Risiken bewahren, die das Aufwachsen in nicht - traditionellen Familien mit sich bringt'* so die Forscher.

Selbst in Alkoholikerfamilien konnte man die Wichtigkeit von Ritualen beobachten. Gemeinsame Mahlzeiten, gemeinsame Urlaube und Besuche, gemeinsame Rituale am Wochenende und an Abenden halfen den Kindern, dem mit dem Alkoholismus verbundenen Stress besser zu widerstehen.[104]

➤ **Beispiel:**

Um die kleine Natalie ins Bett zu bringen, müssen ihre Eltern zahlreiche Rituale beachten. Nach dem Zähneputzen trinkt sie erst noch einen Schluck Wasser, dann wird ihrem Lieblingsplüschbär ein Schlafanzug angezogen und Natalies Lieblingsdecke in einer bestimmten Form gefaltet. Jeden Abend muss auch ein Märchen vorgelesen werden. Natalie besteht hier auf die Geschichte von den drei Prinzen. Diese Geschichte hat sie bereits die letzten 300 Abende gehört.

All das gibt dem Kind nicht nur ein Gefühl von Zugehörigkeit, sondern vermittelt ihm auch Werte. Wenn man sich Rituale genauer betrachtet, findet man oft, dass Respekt, Höflichkeit, Großzügigkeit, Mitgefühl und Freundlichkeit eine große Rolle spielen. Eltern haben deshalb die Möglichkeit, die von ihnen bevorzugten Werte über das gemeinsame Durchführen von Ritualen an ihre Kinder weiterzugeben.

Man sollte dabei immer darauf achten, dass die ausgewählten Rituale auch der ganzen Familie Vergnügen bereiten. Einschlafrituale der Gattung 'Mein Kind schläft nur im Auto ein. Sobald es schläft, muss ich noch ein oder zwei Stunden mit ihm im Auto bleiben, sonst wacht es sofort auf und fängt zu schreien an' sind deshalb wenig empfehlenswert.

Gerade für Kinder, die neu in eine Familie kommen, sind Rituale wichtig, um Orientierung zu bekommen. Selbst kleine Abweichungen von eingespielten Abläufen können ein Kind schnell verunsichern.

➤ **Beispiel:**

Der kleine Philipp ist seit 3 Jahren in der Familie. Auf sein Geburtstagsfest freut er sich wie jedes Jahr mit großer Ungeduld. Wie immer gibt es auf seinen Wunsch an seinem Geburtstag Hähnchen mit Pommes zum Mittagessen. Da auch noch einige seiner Freunde mitessen wollen, entscheidet sich seine Mutter, die Dinge dadurch einfacher zu machen, indem das gebratene Hähnchen bereits in der Küche zerlegt wird.

Als Philipp dies sieht, ruft er fassungslos mit Tränen in den Augen: 'Mama, was machst du? Du musst das Hähnchen wie jedes Jahr ins Esszimmer tragen, dann bekommt jeder die Pommes auf den Teller und dann darf ich mir das beste Stück herunterschneiden!'

Der kleine Philipp zeigt, wie wichtig das genaue Einhalten von Ritualen für Kinder ist. Sie ziehen viel Sicherheit und Stabilität daraus, dass Dinge über lange Zeit nach immer denselben Regeln ablaufen.

Besonders für Adoptivkinder sind Rituale daher sehr wichtig.

➤ **Beispiel:**

Tran ist vier Jahre und vor kurzem aus Vietnam nach Deutschland adoptiert worden. Bei ihren neuen Eltern fühlt sie sich sehr wohl. Diese hatten sich bislang vor allem Gedanken darüber gemacht, ob es Tran denn wohl bald gelingen würde, die neue Sprache zu erlernen. Bald stellen sie jedoch fest, dass Tran noch viel mehr lernen muss. Die Rituale ihrer neuen Familie sind ihr gänzlich unbekannt. Sie weiß z.B. nicht,

– dass man sich zur Begrüßung die Hände gibt,

– dass man sich zur Verabschiedung die Hände gibt,

– dass beim Essen auf viele Rituale zu achten ist (Gabel in die linke, Messer in die rechte Hand; nicht schmatzen; Ellbogen nicht auf den Tisch; aus dem Glas und nicht aus der Flasche trinken; Brot nicht abreißen, sondern mit dem Messer abschneiden; Obst und Gemüse vorher waschen; Händewaschen vor dem Essen ....),

– etc.

Tran sind nicht nur die neuen Rituale unbekannt – auch die alten Rituale, die ihrem Leben bislang eine gewisse Konstanz und Sicherheit gegeben haben, sind nun plötzlich nicht mehr Bestandteil ihres Alltages.

➤ **Beispiel:**

In Vietnam war ihr Tag ganz klar strukturiert:
- *Pünktlich um 6.30 Uhr wurden alle Kinder im Kinderheim geweckt, danach wuschen sich alle und frühstückten anschließend. Tran saß immer neben ihrer Freundin Li.*
- *Zum Frühstück gab es immer Brei in einer metallenen Schüssel.*
- *Nach dem Frühstück musste jedes Kind sein Geschirr abräumen, abspülen und aufräumen.*
- *Das gleiche Ritual erfolgte auch zu den anderen Mahlzeiten.*
- *Jeden Tag gingen die Kinder um die gleiche Zeit ins Bett, alle hatten ihre speziellen Aufgaben, jeder wusste zu jeder Zeit, was er zu tun und zu lassen hatte.*

Für Tran sind diese Veränderungen mit großen Unsicherheiten verbunden. Es ist deshalb sehr wichtig, dass in ihrer neuen Familie baldmöglichst gemeinsam mit ihr neue Rituale entstehen.

Dabei schadet es auch nicht, das Kind beizeiten in die neuen Rituale einzuführen. Ein kleines familieninternes 'Seminar Händeschütteln', bei dem Tran lernt, wie man zur Begrüßung und Verabschiedung mit dem nötigen Händedruck und Augenkontakt die Hand gibt, sorgt dafür, dass Unsicherheiten in diesem Bereich bald verschwinden. Kleine freundliche Unterweisungen im Gebiet 'Tischsitten in Deutschland' helfen Tran, sich bei Tisch schnell an die neuen Umgangsformen zu gewöhnen.

Es ist wichtig, dem Kind baldmöglichst zu zeigen, was von ihm zu welchen Zeiten erwartet wird. Es hat nichts mit Gängelei zu tun, wenn man ein Kind, das noch nicht weiß, wie es sich in seiner neuen Umgebung zurechtfinden soll und welche Spielregeln dort herrschen, darüber aufklärt, wie es sich am besten in bestimmten Situationen zu verhalten hat.

Ein halbwegs strukturierter Tagesablauf hilft den Kindern sehr, sich in ihrer neuen Familie schnell zurechtzufinden. Bestimmte Essenszeiten, Bettgehzeiten, eine tägliche Gutenachtgeschichte, festgelegte Abläufe bei Familienfeiern ... etc. sind wichtige Rituale, die dem Kind viel Sicherheit geben können.

➤ **Beispiel:**

Tracy und ihr Mann Paul sind beide in der Medienbranche beschäftigt. Sie sind beruflich sehr engagiert und finanziell völlig unabhängig. Wann immer es ihre berufliche Tätigkeit erlaubt, verbringen sie gemeinsam ihre Freizeit, die sie so aktiv wie möglich gestalten. Ihre große Leidenschaft sind spontane Reisen und Besuche bei ihren vielen Freunden im Ausland. So kommt es, dass beide am Wochenende nur sehr selten zu Hause sind.
Nach der Adoption ihres Kindes soll sich daran nur wenig ändern. Besonders Tracy freut sich schon darauf, endlich mit ihrem zukünftigen Kind zu verreisen. Die ersten Flüge zu ihrer Freundin nach London und zu einer ehemaligen Arbeitskollegin nach New York sind schon geplant.

Da das Paar aber auch in Zukunft auf gemeinsame Unternehmungen ohne Kind nicht verzichten will, sind sowohl die Eltern von Tracy als auch die Eltern von Paul gerne dazu bereit, das zukünftige Kind am Wochenende zu sich zu nehmen.

Nach der Adoption des kleinen Manuel zeigt sich, dass die Kinderbetreuung zwar einen organisatorischen Kraftakt erfordert, aber durchaus zu bewältigen ist.

Von der ganzen Familie – auch von Manuel – wird allerdings viel Flexibilität verlangt. Sehr oft schläft er bei einem seiner Großeltern oder bleibt für ein paar Tage bei Freunden von Tracy und Paul.

Die Vorstellung mancher Adoptionsbewerber, es müsse möglich sein, das bisherige flexible und spontane Leben ohne Kind auch nach der Adoption weiterzuführen, ist in vielen Fällen nur sehr schwer zu realisieren. Das Beispiel von Tracy und Paul zeigt zwar, dass es organisatorisch zwar durchaus gelingen kann, auch mit Kind die lieb gewonnenen Gewohnheiten des Singledaseins weiter zu pflegen. Dies geht jedoch oft zu Lasten des Kindes.

Kinder, die einige Jahre im Heim gelebt haben, verspüren meist wenig Bedürfnis, nun ein besonders abenteuerreiches, aufregendes und spontanes Leben zu führen. Eine Adoptivmuter schreibt:

➤ **Beispiel:**

Wir hatten gedacht, dass unsere Sonja so schnell wie möglich alles erleben will, was andere Kinder schon erlebt haben. Und so haben wir so viel wie möglich unternommen. Ausflüge, Reisen und vieles mehr.

Und was war das Ergebnis? Sonja wurde immer unruhiger und unausgeglichener. Heute leben wir ein Leben, das geregelter ist, als ich mir das je hätte vorstellen können. Jeden Tag zur selben Zeit aufstehen, jeden Tag zur selben Zeit essen, jeden Tag zur selben Zeit ins Bett. Urlaube möchte Sonja am liebsten immer am selben Ort verbringen. Auf Abenteuer hat Sonja keine Lust. Erst spät ist es uns klar geworden – Sonja will nichts erleben. Sie hat schon viel zu viel erlebt.

Die Sprache

´Nicht das Werkzeug hat den Menschen zum Menschen gemacht, sondern das Wort. Nicht der aufrechte Gang und der Stock, um damit nach Nahrung zu graben oder zu kämpfen, machen den Menschen zum Menschen, sondern die Sprache´ (Nadine Gordimer)

´Vokabeln lernen und Aussprache – das ist nicht das Problem. Was wirklich schwierig ist, ist die wahre Bedeutung hinter den Worten. Woher kommt das Gefühl hinter dem Wort? Was drückt es eigentlich aus?

Anfangs als ich in die Staaten kam und ein Weißer zu mir sprach, da wusste ich nicht, verarscht er mich jetzt, oder ist er echt sauer? Denn wir haben ganz unterschiedliche Wege uns auszudrücken und das war wirklich schwierig für mich. Als ob man auf einmal unter *fremden Wesen gelandet ist, wo ein Lächeln nicht mehr das bedeutet, was man gewohnt war.` (Bruce Lee)*

Bei einer Inlandsadoption spielt das Thema Sprache keine große Rolle. Wenn ein deutsches Adoptivkind in seine neue Familie kommt, vollzieht sich der Spracherwerb nicht anders als bei den Kindern, die bei ihren leiblichen Eltern aufwachsen. Verzögerungen in der Sprachentwicklung sind bei guter Förderung in aller Regel bald aufzuholen und es gibt keine Untersuchungen, die darauf hinweisen, dass deutsche Adoptivkinder mit Sprache und Sprechen größere Probleme haben als ihre Altersgenossen.

Anders verhält es sich, wenn das Kind aus dem Ausland kommt. Vor der Adoption kreisen die Gedanken der zukünftigen Adoptiveltern meist sehr stark um die Frage, ob das Kind wohl große Schwierigkeiten haben wird, Deutsch zu lernen und wie es denn wohl sein wird, wenn man sich mit seinem Kind zunächst nicht mit Worten verständigen kann.

➤ **Beispiel:**

Das Ehepaar Weiß bewirbt sich um die Adoption eines Kindes aus Nepal, das nach ihrem Wunsch höchstens 2 Jahre alt sein darf. Ein älteres Kind können sie sich nicht vorstellen, da sie kein Nepalesisch sprechen und deshalb eine Verständigung unmöglich sei.

Bei Auslandsadoptionen haben viele Bewerber die Befürchtung, die sprachliche Barriere zwischen ihnen und ihrem Kind sei nicht zu überbrücken. Dies ist in der Regel unbegründet. Kinder leben und erfahren viel spontaner und mit allen Sinnen, während sie der Sprache oft misstrauen. Viele Kinder haben mit Worten schlechte Erfahrungen gemacht und schenken ihnen deshalb wenig Vertrauen.

Meist gelingt es schon nach kurzer Zeit, auch ohne Worte eine funktionierende Kommunikation zustande zu bringen. Kinder sind sehr einfallsreich und für Erwachsene ist es eine interessante Erfahrung, dass es in der Regel gut gelingt, Alltagsprobleme durch Gestikulieren zu lösen.

Natürlich ist es für das Kind anfangs sehr ungewohnt und problematisch, in ein Land zu kommen, in dem seine Sprache nicht gesprochen wird und es kann auch zu Situationen kommen, die ohne fremde Hilfe nicht zu bewältigen sind.

➤ **Beispiel:**

Der 4-jährige Roberto aus Brasilien ist seit 2 Wochen in seiner neuen Familie. Immer wieder kommt er ganz aufgeregt auf ein Thema zu sprechen, das ihn offensichtlich sehr bewegt. Da leider keiner in seiner neuen Familie seine Sprache spricht, wird er zunehmend verzweifelter und weint oft.

Ohne Hinzuziehen eines Dolmetschers lassen sich manche Probleme nicht lösen und es ist deshalb sehr ratsam, wenn sich die zukünftigen Eltern schon vor der Adoption danach erkundigen, wer in einem solchen Fall als Übersetzer fungieren könnte.

Nach einigen Wochen sprechen jedoch die meisten Kinder so gut Deutsch, dass kleinere Alltagsschwierigkeiten ohne fremde Hilfe geklärt werden können.

➤ Beispiel:

Das Ehepaar Bauer hat von seiner Vermittlungsstelle ein 4-jähriges Mädchen aus Nepal zur Adoption vorgeschlagen bekommen. Frau Bauer macht sich viele Gedanken darüber, wie man der Kleinen am besten Deutsch beibringen kann.

Herr Bauer sieht das alles nicht so eng. 'Andere Kinder haben auch schon eine Fremdsprache gelernt' denkt er sich und überlegt stattdessen, wie man dem Kind seine Nepalesischkenntnisse erhalten kann. 'Es wäre doch schön, wenn sie irgendwann einmal 2 Sprachen beherrschen würde.'

Kinder lernen eine Sprache gänzlich unkompliziert und ohne besonderen Unterricht.

Das gilt auch für adoptierte Kinder aus dem Ausland. Normal entwickelte und gesunde Kinder verfügen nach einiger Zeit über so viel Sprachverständnis, dass sie auch schwierige grammatikalische Regeln und einen großen Wortschatz sicher beherrschen.

Etwas anderes gilt dann, wenn das Kind bereits mit einer Sprachentwicklungsverzögerung nach Deutschland kommt. Um zu erkennen, wie weit ein Kind in seiner sprachlichen Entwicklung ist, sollte man die wichtigsten Entwicklungsschritte kennen:

Es ist üblich, dass ein kleines Kind ab seinem ersten Geburtstag einige Worte spricht. Ein paar Monate später hat sich der Wortschatz dann bereits verzehnfacht und an seinem zweiten Geburtstag werden diese Worte zu kleinen Sätzen verknüpft. Ein weiteres Jahr später und mit einem Wortschatz von mehreren hundert Wörtern können Sätze gebildet werden, die auch von Fremden verstanden werden.

Noch vor einigen Jahren war die vorherrschende Meinung, dass die wichtigste Phase für den Aufbau eines Sprachsystems im Alter zwischen 3 und 5 Jahren liegt. Neuere Untersuchungen sehen die wichtigste Entwicklung jedoch bereits in den ersten beiden Lebensjahren. Was in diesem Alter versäumt wurde, kann später nur noch schwer kompensiert werden.[105]

Diese Entwicklung ist überall auf der Welt gleich. Es ist deshalb unerheblich, ob ein Kind in Afrika oder in Deutschland aufwächst – mit etwa 3 Jahren ist die Sprache der bevorzugte Kommunikationsweg.

Das kleine 4-jährige Mädchen aus Nepal, das vom Ehepaar Bauer adoptiert werden soll, ist deshalb sicherlich schon fest in seiner nepalesischen Sprache verwurzelt. Das gilt unter Umständen allerdings dann nicht, wenn die Kleine in einem Kinderheim aufgewachsen ist. Das Erlernen der Muttersprache geschieht zwar ohne Unterricht und Lehrer, aber nicht ganz 'von selbst'. Da in vielen Heimen eine altersgemäße und ausreichende Förderung fehlt, kommt es deshalb bei vielen Kindern, die in solchen Einrichtungen aufwachsen, zu Sprachentwicklungsverzögerungen. Bei Adoptivkindern aus dem Ausland findet sich sehr oft die Diagnose 'Verzögerte Entwicklung'. Bezogen auf die Sprachentwicklung bedeutet dies, dass viele Kinder im Alter von 3 Jahren nur ein paar Worte beherrschen, kaum verständige Sätze sprechen und von Erwachsenen fast nicht zu verstehen sind.

Russische Psychologen, die Kinder in einem Kinderheim untersuchten, fanden heraus, dass 60 % der dort lebenden 2,5-Jährigen über keinerlei Ausdruckssprache verfügten und von den Dreijährigen nur 14 % Zweiwortsätze bildeten[106].

Wenn das zukünftige Kind der Bauers also aus einem Kinderheim kommt, so ist eine bereits vorhandene Sprechentwicklungsverzögerung recht wahrscheinlich. Das bedeutet allerdings nicht, dass es später nicht Deutsch lernen könnte. Über kurz oder lang lernen alle adoptierten Kinder die neue Sprache. Beim einen geht es sehr schnell und beim anderen dauert es ein wenig länger. Rückschlüsse auf die Intelligenz des Kindes lassen sich daraus nicht zwangsläufig ableiten. Das Erlernen einer Sprache ist ein sehr komplexer Vorgang und neben der Intelligenz spielen viele andere Faktoren eine Rolle.

Ein dreijähriges Kind hat noch keine Schwierigkeiten, sich eine neue Sprache akzentfrei anzueignen. Schwieriger wird es allerdings, wenn ein ausländisches Kind in die Familie kommt, das bereits in der Pubertät ist. Es ist dann sehr wahrscheinlich, dass ein Akzent beibehalten wird.

➤ **Beispiel:**

Das Ehepaar Maier hat auf einer Reise in Guinea einen 14-jährigen elternlosen Jungen kennen gelernt und überlegt sich nun, ihn zu adoptieren. In diesem Fall ist damit zu rechnen, dass der Junge zwar Deutsch lernen, jedoch einen Akzent beibehalten wird.

Für kleinere Kinder vollzieht sich der Wechsel der Sprache in einer für Erwachsene kaum nachvollziehbaren Geschwindigkeit. Ein Kind, das eben noch russisch plaudernd in die Familie kommt, hat in der Regel nach 6 Monaten die meisten russischen Worte vergessen und nach einem Jahr sind nur noch einzelne Vokabeln in der Erinnerung haften geblieben.

➤ **Beispiel:**

Eine Mutter berichtet, dass Sie mit ihrer vor 7 Monaten in Vietnam adoptierten 5-jährigen Tochter in einem Park einen erwachsenen Vietnamesen kennen lernte. Der Vietnamese freute sich über die Gelegenheit, sich mit einer 'Landsmännin' auf Vietnamesisch unterhalten zu können und sprach freundlich auf das Kind ein, ohne allerdings eine Antwort zu erhalten.
Nachdem man sich später wieder verabschiedet hatte, fragte die Mutter: 'Na, erzähl mal. Was hat der Mann denn zu dir gesagt?'
Darauf die Tochter: 'Mama, ich glaube der war aus China und nicht aus Vietnam. Ich habe kein Wort verstanden.'

Dies ist nicht die Ausnahme, sondern die Regel. Der rasante Erwerb der neuen Sprache, der oft schon nach Wochen eine ausreichende Kommunikation auf Deutsch möglich macht, geht einher mit einem völligen Ablegen der alten Sprache. Bei kleinen Kindern ist dieser Prozess nach einigen Monaten meist schon so weit fortgeschritten, dass das Kind beim Zuhören noch nicht einmal erkennt, dass es diese Sprache jemals gesprochen hat.

Anders verhält es sich bei Kindern, die mit ihren leiblichen Eltern nach Deutschland eingewandert sind. Ein Kind, das mit seinen russischen Eltern einwandert, hat ausreichend Gelegenheit, seine ursprüngliche Sprache in seiner Familie zu üben und zu pflegen. Es wird bald im Kindergarten, in der Schule oder im Spiel mit deutschen Kindern die neue Sprache erlernen und seine Muttersprache dennoch beibehalten.

Die Muttersprache beizubehalten, ist für adoptierte Kinder aus dem Ausland grundsätzlich nur in zweisprachigen Familien möglich, in denen die Sprache des Kindes ständig im Alltag angewendet wird (z.B. Französisch bei haitianischen Kindern). Sprache ist eine Funktion, die verloren geht, wenn man sie nicht übt ('Use it or lose it').

➤ Beispiel:

Familie Schmidt hat den kleinen Suresh aus Indien adoptiert. Um vorhandene Sprachkenntnisse zu erhalten, werden Musik- und Videokassetten in Landessprache besorgt und eine bekannte Inderin verspricht gelegentlich vorbeizukommen, um sich mit dem Kleinen zu unterhalten.

Den ganzen Tag dudelt nun indische Musik durchs Haus und im Fernseher laufen wieder und wieder die gleichen indischen Seifenopern. All diese Bemühungen haben jedoch keinen dauerhaften Effekt. Suresh weigert sich von Anfang an, mit der Inderin zu sprechen. Die Sache ist ihm offensichtlich etwas unheimlich und es scheint so, als fürchte er sich eher vor den Treffen, als sie zu genießen. Auch sein anfangs brennendes Interesse für indische Kassetten lässt bald nach. Nach 2 Wochen liegen sie in einer Ecke seines Zimmers, während Suresh sich seiner neuen Leidenschaft widmet – dem deutschen Schlager.

Auch wenn sich die Adoptiveltern noch so bemühen – es wird meist nicht gelingen, die Muttersprache des Kindes zu erhalten. Dies ist nur dann möglich, wenn ein Adoptivelternteil dieselbe Muttersprache hat bzw. diese fließend beherrscht – dies ist jedoch die Ausnahme. Wenn von manchen Stellen gefordert wird, die Adoptiveltern müssten sich darum bemühen, die Sprache des Kindes zu erhalten, so zeugt dies von wenig Kenntnis der Sprachentwicklung. Man sollte von Adoptiveltern nicht mehr verlangen, als möglich ist.

Der Preis des raschen Erwerbs der neuen Sprache liegt im schnellen Verlust der früheren Sprache. Das Vergessen geht sogar so schnell, dass das Erlernen neuer Wörter damit nicht Schritt halten kann. Das wirft für das Kind einige Probleme auf. Es ist gezwungen in einer neuen Sprache zu denken, bevor es über den ausreichenden Wortschatz verfügt, dies auch tun zu können. Wenn von adoptierten Kindern aus dem Ausland am Anfang zu viel komplizierte Denkprozesse gefordert werden, sind sie damit überfordert, da ihnen für diese Anforderungen keine Sprache zur Verfügung steht. Die alte ist verschwunden und eine neue ist noch nicht ausreichend vorhanden. Dies ist natürlich nur ein vorübergehendes Problem, das mit zunehmendem Erlernen der neuen Sprache immer geringer wird. Dennoch ist es für das Kind ausgesprochen frustrierend, wenn ihm für seine Gedanken, für eine Argumentation und für das Ausdrücken von Gefühlen die Worte fehlen.

Die alte Sprache – vergessen oder nur versteckt?

Wenn ein Adoptivkind aus dem Ausland nach Deutschland kommt, legt es die alte Sprache in einem Tempo ab, das seine neuen Eltern in einiges Erstaunen versetzt. Viele fragen sich, ob das Kind nun für immer vergessen hat oder ob die alten Wörter noch in irgendwelchen Hirnwindungen versteckt sind. Ähnliche Fragestellungen werden auch in der Wissenschaft diskutiert und sind für Adoptierte von einiger Bedeutung. Wenn die alte Sprache zwar noch abgespeichert ist, aber lediglich nicht abgerufen werden kann, so lässt sie sich vielleicht durch ein späteres Sprachenlernen wieder leicht reaktivieren.

➤ **Beispiel:**

Die achtjährige Jasmin ist vor 4 Jahren von den Philippinen nach Deutschland zu ihren Adoptiveltern gekommen. Innerhalb eines Jahres hat sie ihr Philippinisch völlig vergessen. Ihre Eltern sind aber der Meinung, dass Jasmin es später sicherlich leicht haben wird, die Sprache neu zu lernen. 'Irgendwo ganz hinten im Kopf muss es ja noch abgespeichert sein' meint ihr Vater.

Hierzu wurde in Frankreich ein interessantes Experiment durchgeführt[108].

Zuerst wurden erwachsene Adoptierte gesucht. Da von den Gefundenen die Adoptierten aus Korea die größte Gruppe bildeten, wurde der Test mit ihnen durchgeführt.

Alle Versuchspersonen gaben an, ihre Herkunftssprache völlig vergessen zu haben und im Alter zwischen 3 und 8 Jahren adoptiert worden zu sein. Von den Stellen, die die Adoption damals vermittelt hatten, kam die Information, dass die Kinder damals nicht nur Kontakt zu anderen Kindern, sondern auch zu erwachsenen Bezugspersonen hatten und alle Kinder eine normale sprachliche Entwicklung durchlaufen hatten.

Nun mussten sich die Adoptierten Sätze in Koreanisch, Japanisch, Polnisch, Schwedisch und Wolof anhören und diejenigen identifizieren, die koreanisch waren.

Später wurden weitere Sätze in den genannten Sprachen vorgelesen und die Hirnströme gemessen. Falls das Gehirn in irgendeiner Weise auf die koreanischen Sätze reagieren würde, konnte diese Hirnaktivität mit der Messung festgestellt werden.

Die gleichen Versuche wurden mit einer Kontrollgruppe gebürtiger Franzosen durchgeführt.

Die Studie zeigte folgendes:

Wenn es darum ging, koreanische Sätze oder koreanische Wörter zu identifizieren, waren die Adoptierten nicht besser als diejenigen, die zu dieser Sprache noch nie Kontakt hatten.

Das Messen der Hirnströme zeigte bei den Adoptierten keine höhere Aktivität als bei den Nichtadoptierten.

Die Aussage der Adoptierten, dass sie ihre erste Sprache vollständig vergessen hatten, konnte damit bestätigt werden. Die Studie stellte zwar fest, dass es durchaus sein könne, dass noch einzelne Spuren von Koreanisch im Gedächtnis verhaftet seien, dass diese jedoch so klein sein müssten, dass sie mit der herkömmlichen Hirnstrommessung nicht zu identifizieren seien.

Es zeigte sich, dass die ursprünglichen Sprachkenntnisse nicht nur etwas versteckt im Gehirn liegen, sondern tatsächlich vergessen sind. Es ist allerdings nicht ausgeschlossen, dass erwachsenen Adoptierten das neue Lernen ihrer ehemaligen Muttersprache aufgrund ihrer Erfahrungen dennoch leichter fällt als anderen. Verschiedene Untersuchungen weisen in diese Richtung[109].

Die Sprache der leiblichen Eltern lernen

Vielfach wird gefordert, dass Eltern zusammen mit ihren ausländischen Adoptivkindern die Sprache der leiblichen Eltern lernen sollten. Dies sei wichtig, damit die Kinder ihre doppelte kulturelle Identität auch leben könnten.

Sicherlich ist es in manchen Fällen sehr sinnvoll, wenn ein adoptiertes Kind die Gelegenheit erhält, zusammen mit seinen neuen Eltern die Sprache seines Herkunftslandes zu erlernen. Es ist jedoch keineswegs für alle Kinder eine geeignete Maßnahme und in jedem einzelnen Fall ist zu überprüfen, ob die Mühen Sinn machen. Folgendes ist zu berücksichtigen:

Für das Kind steht primär das Erlernen der deutschen Sprache im Vordergrund. Es lebt in einer Deutsch sprechenden Welt und Russisch, Nepalesisch etc. haben hier keine funktionelle Bedeutung. Um in der Schule, in Unterhaltungen mit Freunden, Familienangehörigen und anderen bestehen zu können, sind primär gute Deutschkenntnisse erforderlich und keine Fremdsprache. Dies gilt umso mehr, wenn bereits eine Sprachentwicklungsverzögerung besteht. In diesen Fällen kann das frühe Erlernen einer Fremdsprache leicht zu sprachlichen Verwirrungen führen und eine vorhandene Sprachproblematik nur verschärfen.

Sprache ist mehr als eine Ansammlung von Vokabeln. Eine Sprache zu erlernen ist mehr als das Auswendiglernen von Vokabeln. Den besonderen Klang des Vietnamesischen und die Schönheit des Nepalesischen können die Adoptiveltern ihrem Kind nicht vermitteln, weil sie die Sprache in der Regel nicht beherrschen und selbst Lernende sind. Wer mit seinem Kind autodidaktisch Indisch lernt, wird vielleicht nach einiger Zeit mit seinem Kind einige Sätze auf Indisch wechseln können, aber vielleicht von keinem Inder zu verstehen sein.

In vielen Schulen steht schon in der ersten Klasse eine Fremdsprache auf dem Programm. Das Kind ist dann schon früh damit beschäftigt, neben Schreiben, Lesen und Rechnen auch noch etwas Französisch oder Englisch zu lernen. Kinder, die auf das Gymnasium wechseln, haben in der fünften Klasse mehrere Stunden die Woche eine Fremdsprache im Programm (in manchen Schulzweigen sogar Englisch und Französisch), nach 2 Jahren eine weitere Fremdsprache und später vielleicht noch eine. Viel Zeit, um noch eine zusätzliche Sprache zu lernen, bleibt da nicht.

Es fällt leichter, sich eine Fremdsprache anzueignen, wenn man jünger ist. Es gelingt jedoch auch dann, wenn man schon erwachsen ist. Das Erlernen einer neuen Sprache fällt zwar nach der Pubertät schwerer[110], auch mit höherem Alter ist dies jedoch durchaus noch möglich. Wer als Erwachsener spürt, dass ihm eine Sprache fehlt, der kann sie erlernen. Man kann sich in jedem Lebensabschnitt an diese Herausforderung heranwagen – vor allem wenn eine hohe Motivation dahinter steht. Wer viel übt, kann auch später eine Sprache noch so erlernen, dass ihn nur wenig von dem unterscheidet, der sie bereits seit seinen Kindertagen spricht[111].

Es lässt sich beobachten, dass die Forderung, Adoptiveltern müssten zusammen mit ihrem Kind die Herkunftssprache erlernen, vor allem von denjenigen erhoben wird, die selbst keine ausländischen Adoptivkinder haben. Von denjenigen, die aus dem Ausland adoptiert haben, unterstützen zwar viele die Forderung, nur die wenigsten setzen sie allerdings um.

Es gibt viele Wege, ein Kind an seine Wurzeln heranzuführen. Gemeinsame Reisen in die ursprüngliche Heimat, das gemeinsame Lesen von Büchern oder der Besuch von Veranstaltungen sind hier Möglichkeiten, die einem Kind Spaß machen und ihm ein Gefühl für seine Herkunft vermitteln. Das Erlernen der Sprache ist dafür nicht unbedingt erforderlich.

Wie kann man sein Kind beim Spracherwerb unterstützen?

Ein Kind lernt eine Sprache umso schneller, je mehr es dazu angehalten wird, die (neue) Sprache einzusetzen. Dabei wissen die meisten Eltern intuitiv, wie sie ihrem Kind beim Spracherwerb helfen. Väter und Mütter brauchen hierzu keine Spezialkenntnisse, sondern nur ausreichend Kraft und Zeit. Die meisten sind sehr begabte Sprachlehrer und das Geheimnis guter Sprachkenntnisse liegt darin, dass sich die Eltern Zeit genommen haben, mit ihrem Kind viel und oft zu sprechen. Sprachlernen ist soziales Lernen, es geschieht im sozialen Miteinander. Viel Kommunikation von Mensch zu Mensch ist das Wichtigste.

Wenn Untersuchungen (wie etwa die PISA-Studie) feststellen, dass immer weniger Grundschüler bei Schuleintritt über das erforderliche sprachliche Rüstzeug verfügen, so liegt dies auch daran, dass in vielen Familien die Zeit fehlt, sich intensiv und fördernd mit dem Kind zu beschäftigen.

Wer etwas für die Sprachentwicklung seines Kindes tun will, sollte

- viel mit dem Kind sprechen. Dies gilt auch dann, wenn es sich um einen Säugling handelt. Dabei ist es nicht so entscheidend, was gesprochen wird. Man kann aus einem Buch vorlesen, dem Kind erklären, mit was man gerade beschäftigt ist, oder ihm einfach erzählen, was einen gerade selber interessiert. Man sollte sich dabei auf seinen Instinkt verlassen und die Sache nicht allzu 'verkopft' angehen. Über Jahrtausende und in allen Kulturen haben Kinder die Schwierigkeiten einer Sprache erlernt, ohne dass ihre Mütter und Väter dabei bewusst besondere Strategien angewendet hätten.
- das Kind nach Möglichkeit anschauen, wenn man mit ihm spricht. Das Gesprochene wird viel besser aufgenommen, wenn die Aufmerksamkeit des Kindes geweckt wird. Wer nur im Vorbeigehen zu seinem Kind spricht, wird oft nicht wahrgenommen.
- das Ganze nicht in eine Nachhilfestunde ausarten lassen. Es hat sich gezeigt, dass eine spielerische Herangehensweise die besten Ergebnisse bringt. Es bietet sich etwa an, zusammen zu spielen und dabei das Geschehen zu verbalisieren (So, jetzt nehme ich den Würfel – jetzt habe ich eine drei gewürfelt ...).
- mit seinem Kind viel singen und reimen. Kinder haben viel Vergnügen an Liedern und Reimen.
- sein Kind immer wieder zum Sprechen ermuntern. Sprechen lernt man durch Sprechen und es ist wichtig, sein Kind immer wieder zu ermutigen, die Sprache zu benutzen (War heute ein schöner Tag? Erzähl doch mal, was du heute alles erlebt hast!).

Wenn ein Kind deutlich hinter der Sprachentwicklung Gleichaltriger zurückbleibt, sollte man darauf drängen, dass das Kind einem Logopäden und einem spezialisierten Ohrenarzt (HNO-Arzt, Fachrichtung Pädaudiologie) vorgestellt wird.

Besorgte Eltern, die feststellen, dass ihr Kind auch mit 3 Jahren nur ein paar Worte spricht, lallt und unverständlich brabbelt, werden leider oft mit guten Ratschlägen abgespeist ('Warten Sie einfach noch ein Jahr, das gibt sich sicherlich von selbst'). Manchmal setzt die Behandlung deshalb erst zu spät ein. Wer glaubt, dass die sprachliche Entwicklung seines Kindes nicht mehr in der Norm liegt, sollte deshalb auf eine Vorstellung beim Logopäden drängen und notfalls auch einen Arztwechsel in Betracht ziehen.

Literatur:

Wie Kinder sprechen lernen, Kindliche Entwicklung und die Sprachlichkeit des Menschen.
von: Wolfgang und Jürgen Butzkamm
Francke Verlag 1999

So lernen Kinder richtig sprechen. Ratgeber für Eltern mit großem Praxisteil.
von Gabriele Roß
Pattloch Verlag 2000

Doppelte kulturelle Identität?

Treten Schwierigkeiten im Zusammenleben mit ausländischen Adoptivkindern auf, so werden manchmal die Probleme der unterschiedlichen kulturellen Identität dafür verantwortlich gemacht. *'Eltern müssen Kindern dabei helfen, ihre doppelte kulturelle Identität auch zu leben'*, zitiert etwa die Süddeutsche Zeitung den Vorsitzenden eines Adoptivelternverbandes[112]. Weniger häufig bis nie findet man allerdings eine Beschreibung dessen, was damit eigentlich gemeint ist. Hat ein Kind, das im Alter von 6 Monaten in Bogota adoptiert wurde, ein paar Jahre später im deutschen Kindergarten eine doppelte kulturelle Identität? Fühlt es sich gleichzeitig als Kolumbianer und als Deutscher?

Unter kultureller Identität versteht man jene kulturellen Merkmale, welche eine Kulturgemeinschaft in ihrer Besonderheit charakterisieren. Neben den 'gemeinsamen Werten' sind dies etwa die 'gemeinsame Sprache' oder die 'gemeinsame Religion'.
Ein fünfjähriger Kolumbianer, der als Baby von Deutschen adoptiert worden ist, wird die gemeinsamen Werte der Kolumbianer nicht kennen, Kolumbianisch nicht (mehr) sprechen und mit Religion vielleicht nicht viel zu tun haben. Eine kulturelle Identität ist nichts, was man mit der Muttermilch einsaugt oder was man in die Wiege gelegt bekommt.

Die Identität jedes Einzelnen ist ein lebenslanger Prozess, der von Anpassung, Anerkennung, Selbstfindung, von Gewissheiten und Selbstveränderung geprägt ist. Es ist deshalb falsch anzunehmen, es gebe Gruppen, denen sich der Mensch von Natur aus ein Leben lang zugehörig fühlt. Wer ein Jahr in einem Säuglingsheim in Kalkutta in einem Gitterbett lag, muss sich später nicht zwangsläufig als Inder betrachten und wer erst im Alter von fünf Jahren aus Kolumbien adoptiert worden ist, muss sich deshalb nicht gleich sein Leben lang als Kolumbianer fühlen.

Jeder Mensch gehört in unterschiedlichen Lebensphasen unterschiedlichen Gruppen an. Ein Fünfjähriger fühlt sich der Gruppe der Kindergartenkinder zugehörig und ein Zwanzigjähriger vielleicht der Gruppe der Studenten, Wehrdienst- oder Zivildienstleistenden. Jede Identität beruht auf eine Vielzahl sich überlappender kultureller Zugehörigkeiten. Unterschiedliche kulturelle Erfahrungen gibt es nicht nur auf der Ebene der nationalen Kulturen, sondern auch zwischen den Generationen, Berufen, Religionen, Wirtschaftssystemen etc.

Die Geschäftskultur in der Deutschen Bank hat wenig gemeinsam mit der im Verband der Kriegsdienstopfer, die Kultur in der Mäusegruppe des Kindergartens wenig mit der in einer Elitehochschule.

Wer zuerst im Kindergarten war und dann nach langer Schulzeit und Abitur auf die Hochschule wechselt, hat viele unterschiedliche Kulturen kennengelernt. Niemand wird aber von ihm erwarten, seine doppelte kulturelle Identität als Mäusegruppenkind und Hochschulstudent auch zu leben. Er hat nur eine von den unterschiedlichsten kulturellen Einflüssen geprägte Identität und keine doppelte.

Genauso verhält es sich auch bei Adoptivkindern, gleich, ob sie aus dem Ausland oder dem Inland kommen. Alle haben die unterschiedlichsten Erfahrungen hinter sich, die untrennbarer Bestandteil der kindlichen Identität sind. Wie alle anderen Menschen haben aber auch Adoptierte nur eine Identität und nicht zwei.

Bei Adoptierten aus dem Ausland hat die Identität einen Teil ihrer Wurzeln im Ausland. Das ist es, was sie von Kindern unterscheidet, die im Inland geboren und vermittelt werden. Diese Wurzeln sind wichtig, sie sind ein Teil der Persönlichkeit und das bleiben sie auch nach der Adoption. So zu tun, als wenn das Kind überhaupt nie im Ausland gewesen wäre, dort nicht sämtliche biologische Verwandten hat und nichts mit einem anderen Land außer Deutschland zu tun hat, ist deshalb einer der größten Fehler nach der Adoption.

Es ist Aufgabe der Eltern dafür zu sorgen, dass das Kind ein positives Bild seiner ursprünglichen Heimat bekommt, stolz auf seine Herkunft sein kann und diese als wichtigen Bestandteil seiner Identität empfindet.

Wenn dies gelingt, hat die Adoption gute Chancen, zu einem Erfolg zu werden.

➤ Beispiel:

Die Müllers interessieren sich sehr für Haiti. Als die Frage aufkommt, aus welchem Land ihr zukünftiges Kind stammen soll, kommt deshalb nur Haiti in Frage. Als ihre kleine 4-jährige Tochter Jeanne ein paar Jahre später von dort zu ihnen kommt, haben beide den Eindruck, dass das Mädchen erst hier Wurzeln schlagen will und sich für Haiti momentan nicht sonderlich interessiert. Als Jeanne nach ein paar Monaten immer aufgeschlossener und interessierter auf gelegentliche Fragen wie 'Weißt Du noch, wie es in Haiti aussieht?', 'Was gibt es eigentlich in Haiti zu essen?', reagiert, besorgen sie sich einen Bildband über Haiti, den sie immer wieder zusammen anschauen. Ein Bild, das Jeanne besonders gut gefällt, wird auf ihren Wunsch hin abkopiert und in ihr Zimmer gehängt. Bald kocht die Familie auch gelegentlich zusammen ein haitianisches Gericht. Jeanne interessiert sich jedoch nicht immer für Haiti. Manchmal will sie monatelang nichts davon wissen und manchmal interessiert sie sich sehr dafür. Die Müllers sind sehr daran interessiert, dass sich Jeanne in Deutschland gut integriert. Deshalb wird sie schon bald in einer Pfadfindergruppe angemeldet, wo sie tatsächlich schnell neue Freunde findet. Wann immer Fragen zu Haiti auftauchen, findet Jeanne in ihren Eltern kompetente und interessierte Gesprächspartner, die es auch respektieren, dass das Thema Haiti für sie oft lange Zeit keine Rolle spielt.

Alle haben sich vorgenommen nach Haiti zu reisen, wenn Jeanne 12 Jahre alt ist und freuen sich schon sehr auf diese Reise.

Die Müllers sind ein gutes Beispiel dafür, wie man dem Kind die Möglichkeit gibt, sich einerseits mit seinem Herkunftsland zu beschäftigen und andererseits hier in Deutschland als deutscher Staatsangehöriger ein Leben als Deutscher zu leben.

Wo ist die Identität des Adoptierten?

Immer wieder liest man davon, dass Adoptierte auf der Suche nach ihrer Identität sind, dass es wichtig ist, sie bei dieser Suche zu unterstützen und dass es manchen von ihnen nicht gelingt, zu einer persönlichen Identität zu finden.

Die Schwierigkeit bei solchen Aussagen liegt darin, dass nicht ganz klar ist, was Identität eigentlich ist, wo man sie findet und wie man merkt, dass man eine gefunden hat.

Eine allgemein gültige Definition von Identität gibt es nicht. Das führt dazu, dass der Begriff Identität *'selbst Identitätsschwierigkeiten hat. Identitätsdiskussionen werden –mit erhöhtem Kollisionsrisiko – zum Blindflug'*[113].

Zunächst einmal leitet sich der Begriff Identität vom lateinischen 'idem' ab, was soviel wie *dasselbe* oder *derselbe* bedeutet.

Ein Stuhl, der am Montag eingekauft wird, ist am Donnerstag noch immer derselbe. Er ist identisch.

Auch ein Auto ist nach ein paar Tagen – vorausgesetzt, man ist damit nicht gegen eine Wand gefahren – immer noch dasselbe. Es ist identisch.

Beim Menschen ist die Sache schon komplizierter, da er sich ständig ändert, manchmal von Tag zu Tag. Menschen verändern ihre Gefühle, ihre Einstellungen, ihr Denken und Handeln. Viele überlegen sich, wie es nur hat kommen können, dass sie so ganz anders geworden sind, als sie sich das früher vorgestellt haben. Und sie denken darüber nach, wie sie sich verändern können, um in der Zukunft noch besser leben zu können. Sie sind also nicht statisch wie ein Stuhl oder ein Auto, sondern einer laufenden Entwicklung unterworfen. Dennoch spricht man auch bei ihnen von einer Identität, von der so genannten 'Ich-Identität', oder 'persönlichen Identität'. Es handelt sich dabei um einen relativ modernen Begriff, der etwa seit den 60er Jahren in den Sozialwissenschaften benutzt wird.

Abhandlungen über die Identität und die Ich - Identität füllen ganze Bibliotheken. Letztlich geht es aber immer um eine ganz zentrale Frage:

'Wer bin ich?'

Unter Identität versteht man, dass sich ein Mensch als eine geschlossene Einheit ansieht und dass er selbst davon überzeugt ist, trotz der eigenen Entwicklung und der Veränderung der Umwelt dieselbe Person zu bleiben.

Die Identitätsentwicklung findet immer im sozialen Kontext statt. Eltern, Schule, Freunde, Verwandte und Nachbarschaft – sie alle übernehmen eine wichtige Rolle bei der Vermittlung von Identität.

➤ **Beispiel:**

Der kleine Max wurde vor 5 Jahren adoptiert. Er geht noch in die Grundschule, wo er bereits ein paar gute Freunde gefunden hat. Zu seinen Verwandten hat er ein gutes Verhältnis, besonders liebt er aber seinen 'Opa-Klaus', der ihn in die Geheimnisse des Modellflugzeugbaus einweiht. In seiner Freizeit geht Max zweimal die Woche in den Fußballverein und bei schönem Wetter spielt er mit dem Nachbarsjungen auf dem nahe gelegenen Spielplatz. Da Max weiß, dass er nur dann raus zum Spielen darf, wenn er mit seinen Hausaugaben fertig ist, macht er sich meist bald nach dem Mittagessen ans Werk, um schnell zum vergnüglichen Teil des Nachmittages übergehen zu können.

Eigentlich ist Max ziemlich zufrieden mit seinem Leben. Er weiß, was er zu tun hat, er hat Freunde und Hobbys und findet eigentlich alles 'ziemlich cool'.

Hat Max seine Identität schon gefunden?

Vermutlich nicht. Um seine Identität zu finden, muss man erst einmal ein gewisses Alter und eine gewisse Reife erlangt haben, um sein Leben reflektieren zu können. Grundschüler sind dazu nicht in der Lage.

Max hat aber gute Chancen, als Jugendlicher seine Identität zu finden, denn günstig für die Identitätsfindung sind tragfähige und dauerhafte zwischenmenschliche Beziehungen, die folgende Bedingungen erfüllen:

- Konstruktive und ermutigende Rückmeldungen über das Verhalten und die Entwicklung,
- Einbindung in Gemeinschaften,
- Unterstützung bei dem Bemühen, mit den eigenen Emotionen zurechtzukommen.

Die Eltern, Fußballfreunde, 'Opa-Klaus', der Fußballtrainer, der Nachbarsjunge ..., alle spielen für Max eine wichtige Rolle, wenn es darum geht, seine Identität zu finden.

Da Max adoptiert ist, besteht hier jedoch die Besonderheit, dass es zwei Elternpaare gibt, mit denen er sich identifizieren kann, die Adoptiveltern und die leiblichen Eltern. Wie wirkt sich die doppelte Elternschaft auf Adoptierte aus? Erschwert es die Identitätsfindung? Haben Adoptierte größere Schwierigkeiten, ihre Identität zu finden?

Grundsätzlich gilt für die Identitätsentwicklung von Adoptierten:

– Dass sie sich ein Leben lang mit ihrer Identität auseinandersetzen und
– die Identitätsfindung vor allem in der Pubertät in den Vordergrund rückt.

Dies gilt für Adoptierte – und für alle anderen Menschen gilt es auch. Die Aussage, dass sich die Identitätsfrage für *'Adoptivkinder lebenslang in verschiedener Intensität und immer wieder anderer Ausprägung stellt'* [114] ist deshalb völlig richtig. Doch ist dies nicht nur bei Adoptivkindern so, sondern bei allen Menschen. Identitätsfindung ist immer ein lebenslanger Prozess. Auch Nicht-Adoptierte setzen sich ein Leben lang mit ihrer Identität auseinander, denn jeder Mensch entwickelt und verändert sich und jeder hat gleichzeitig unterschiedliche Rollen und Bedürfnisse und weiß, dass sie von unterschiedlichen Menschen unterschiedlich wahrgenommen werden.

So ist es möglich, dass der kleine Max mehrere 'Identitäten' gleichzeitig hat: Stürmer auf dem Fußballplatz, Sohn, Schüler, Freund und viele andere Identitäten mehr. Er kann mutig beim Fußballspiel sein und ängstlich, wenn nachts das Licht ausgemacht wird. Und ein paar Jahre später kann es sein, dass er in ganz anderen Situationen mutig oder ängstlich ist. Deshalb ist die Identitätsfindung ein Prozess, der das ganze Leben andauert. Bei Adoptierten und Nicht-Adoptierten.

Ob es sich negativ für die Identitätsfindung von Max auswirken wird, dass er der Sohn seiner leiblichen Eltern und zugleich Sohn seiner Adoptiveltern ist, kann nicht prognostiziert werden. Statistisch ist es nicht erwiesen, dass Adoptivkinder häufiger Identitätsstörungen aufweisen als andere Kinder. Manche Untersuchung zeigen zwar in diese Richtung, andere ergeben jedoch das genaue Gegenteil. *'Allgemein akzeptiert dürfte aber sein, dass die Persönlichkeits- und Identitätsentwicklung von Adoptivkindern positiver verläuft, wenn sie möglichst jung adoptiert und frühzeitig über ihren Status aufgeklärt wurden, wenn die Adoptiveltern eine akzeptierende Haltung zu ihrer Vorgeschichte einnehmen, wenn über die Adoption offen diskutiert werden kann und wenn die Eltern-Kind-Beziehung gut ist'* [115].

Muss man ein Kind aus Äthiopien äthiopisch erziehen?

➤ Beispiel:

Das Ehepaar Maier ist überglücklich. Nach langen Jahren der Vorbereitung und des Wartens hat es endlich mit der Adoption geklappt und ihr 3-jähriger Adoptivsohn Males ist aus Äthiopien zu ihnen gekommen.

Bald verwandelt sich das Haus in eine Ausstellung über Äthiopien. Wandteppiche aus Äthiopien, Bilder aus Äthiopien, äthiopisches Essen, äthiopische Musik usw., sollen Males das Gefühl geben, mit seiner Herkunft respektiert zu werden. 'Unser Sohn ist und bleibt

Äthiopier und darauf soll er auch stolz sein. Wenn er später einmal wegen seiner Hautfarbe auf Probleme stößt, so wird ihm das helfen. Deshalb werden wir ihm auch äthiopische Werte vermitteln und bald werden wir anfangen, zusammen mit ihm Amharisch zu lernen. Denn schließlich soll er, wenn er es will, später frei entscheiden können, ob er wieder nach Äthiopien zurückkehrt. Ich finde es schrecklich, wenn die kulturelle Identität eines Kindes nicht geachtet wird` *sagt Frau Maier.*

Viele Adoptiveltern erhalten die Information, dass es sehr wichtig sei, die kulturelle Identität ihres Kindes zu erhalten. Dies würde ihm helfen, besser mit der Adoption und eventuellen Anfeindungen in Deutschland zurechtzukommen.

Diese Überlegung ist grundsätzlich richtig.

Viele im Ausland Adoptierte beklagen, dass in ihrer Erziehung das Herkunftsland keine Rolle gespielt hat, dass nie darüber gesprochen wurde und dass ihnen kein Gefühl für ihre Herkunft vermittelt wurde.

Unter modernen und aufgeschlossenen Adoptiveltern genießen deshalb Familien wie die Maiers, die es als Bereicherung betrachten, eine 'Multikulti - Familie` zu sein, viel Anerkennung.

Sicherlich ist es richtig, dass ein dunkelhäutiges Kind sich umso leichter gegen rassistische Bemerkungen zur Wehr setzen kann, je mehr Selbstvertrauen es aufgebaut hat. Wer aus Äthiopien kommt und weiß, dass dort die Menschheit ihren Ursprung hat, wird sich über die ein oder andere dämliche Bemerkung besser hinwegsetzen können.

Alle Bemühungen werden jedoch nichts an der Tatsache ändern, dass ein Kind, das aus Äthiopien nach Deutschland kommt, zwar optisch ein Äthiopier bleibt, aber von deutschen Eltern in einer deutschen Kultur mit deutschen Wertvorstellungen erzogen wird und sich deshalb zwangsläufig auch in einen Deutschen verwandeln wird.

Dies lässt sich nicht dadurch verhindern, dass ein Kind äthiopisch erzogen wird und ihm äthiopische Werte vermittelt werden. Wer in Deutschland aufgewachsen ist und hier seine Sozialisation erfahren hat, kann nicht selbst äthiopische Werte vermitteln. Werte können nur dann weitergegeben werden, wenn man sie selbst lebt. Natürlich können Adoptiveltern ihrem Kind davon erzählen, welche Werte in Äthiopien gelten. Sie können diese aber nicht vermitteln, denn Werte, die man nur aus Büchern kennt, kann man nicht vermitteln. Ein überzeugter Schwarzfahrer, der im Strafgesetzbuch gelesen hat, dass sein Verhalten verboten ist, kann seinem Kind von dieser Entdeckung zwar erzählen, aber er kann sie nicht mit Überzeugung vorleben und sie deshalb seinem Kind auch nicht vermitteln.

Es ist ein Irrtum anzunehmen, dass das Kind es viel leichter habe, später einmal nach Äthiopien zu ziehen, wenn es etwas Amharisch spricht, oft äthiopische Speisen gegessen hat und sich viel mit der äthiopischen Kultur beschäftigt hat. Ein Kind, das im deutschen Kulturraum aufwächst, sich Zu Hause an seinen deutschen Eltern und außerhalb in einer deutschen Schulklasse an seinen überwiegend deutschen Mitschülern orientiert, sieht die Welt nicht mit den Augen eines Äthiopiers, sondern mit den Augen eines Deutschen. Wenn ein aus Äthiopien Adoptierter in sein Herkunftsland zurückkehrt, hat er die gleiche Hautfarbe wie die dortige Bevölkerung. Damit erschöpfen sich aber auch schon fast die Gemeinsamkeiten. Seinen Akzent, die Art sich zu bewegen, sich zu kleiden, zu lächeln, eine

Konversation zu führen, seine Art von Humor, sein Gefühl für Pünktlichkeit, seine Moralvorstellungen, seine Einschätzung von Gut und Böse – all das hat seine Prägung in Deutschland erfahren und in all diesen Punkten unterscheidet er sich von im Land aufge wachsenen Äthiopiern.

Wenn Maiers der Meinung sind, dass ihr Kind Äthiopier bleibt, so ist das richtig, was seine ethnische Zugehörigkeit anbelangt. Aber ihr Sohn Males ist in Deutschland das Kind deutscher Eltern und deshalb wird er auch selbst zu einem Deutschen - ob es den Beteiligten nun gefällt oder nicht.

Es ist gut, die Herkunft des Kindes präsent zu halten, sich gemeinsam mit dem Land zu beschäftigen, nach Möglichkeit dorthin zu reisen und die Kultur, die Geschichte und die Menschen des Landes zu würdigen. Aber dies ändert nichts an der Endgültigkeit der Adoption. Es ist keine Versicherung dagegen, dass das Kind im Laufe seines Lebens in Deutschland auf große Probleme stoßen kann.

Wenn Males erwachsen ist, kann er selbst entscheiden, in welchem Land oder welchen Ländern er leben möchte. Sollte er sich für Äthiopien entscheiden, steht ihm eine lange Eingewöhnungsphase bevor, die nicht deshalb besonders kurz ist, weil er das Land aus Büchern kennt und selbst schwarz ist.

Aus Tran Truong wird Elisabeth Schulze

➤ **Beispiel:**

Das Ehepaar Schulze hat die kleine Tran Truong aus Vietnam adoptiert. Das Mädchen ist 2 Jahre alt und hat bislang in einem Kinderheim gelebt.
Als die Schulzes das Kind zum ersten Mal sehen, sind sie überglücklich: 'Ja da ist ja unsere kleine Elisabeth. Wir haben uns schon so auf Dich gefreut.'

Durch die Adoption ändert sich der Nachnamen des Kindes. Das ist verpflichtend. Selbst wenn man es möchte – der ursprüngliche Familienname kann nicht beibehalten werden.

Anders ist es beim Vornamen des Kindes. Ob und wie er geändert wird, liegt weitestgehend im Ermessen der Adoptiveltern. Viele gehen hier wie selbstverständlich davon aus, dass das Kind durch die Adoption einen neuen Vornamen bekommt. Ein typisches Beispiel ist das Ehepaar Schulze, das ihre Tochter gleich mit dem neuen Vornamen begrüßt.

Die Therapeutin Maria Berger schrieb dazu: *'Wir waren sehr beeindruckt, dass alle adoptierten Kinder, die jemals in der Klinik behandelt worden sind, einen geänderten Vornamen hatten. Die Änderung des Nachnamens ist natürlich unvermeidlich, aber wir haben uns gefragt, warum die Adoptiveltern auch den Vornamen des Kindes ändern mussten. Vielleicht wollten Sie so das Kind 'taufen', um das Gefühl zu bekommen, dass es dann ihr eigenes sei. Vielleicht hofften sie (bewusst oder unbewusst), dadurch die Bindung des Kindes an seine Herkunft aufzulösen.'* [116]

Für die Namensänderung kann es die vielfältigsten Gründe geben. Typisch sind folgende Aussagen:

'Das Kind ist jetzt unser Kind und wir möchten, dass es auch einen deutschen Vornamen trägt.'

'Der frühere Name hat mir einfach nicht gefallen. '

'Unser Kind sieht eh schon anders aus. Da soll es nicht noch zusätzlich durch seinen Namen auffallen.'

Von vielen Eltern wird die Bedeutung, die der bisherige Vorname für das Kind hatte, unterschätzt. Für Kinder hängt ihr Name stark mit ihrem Identitätsgefühl, ihrem Selbstbild und ihrem Selbstwertgefühl zusammen. Eine Namensänderung ist deshalb gerade für ältere Kinder keine Lappalie, sondern eine starke Veränderung ihres Lebens. Manche Länder haben daraus die Konsequenz gezogen, es den Adoptiveltern ganz zu verbieten, den Vornamen des Kindes zu ändern. Ein Richter des Obersten Gerichtshofes in Australien etwa untersagte es einem Paar, ihr in Korea geborenes Kindes nach einem christlichen Heiligen zu taufen mit der Begründung: *'Adoptivkinder gehen durch viele Veränderungen und werden von allem getrennt, was ihnen vertraut ist. Es scheint so, dass es in der Regel sinnvoll ist, den Vornamen des Kindes zu belassen und ihm die Sicherheit zu geben, wenigstens seinen Namen behalten zu dürfen.'* [117]

In Deutschland gibt es ein solches Verbot nicht. Hier stehen die Eltern deshalb vor der Qual der Wahl.

Was also ist dem Ehepaar Schulze zu raten? Ist es sinnvoll Tran in Elisabeth umzubenennen? Kommt eventuell auch der Name Tran Schulze in Frage?

Folgende Punkte sind zu berücksichtigen:
- Wenn der Vorname Tran völlig aus dem Namen verschwindet, verliert das Kind ein Stück Bezug zu seiner Herkunft. Vermutlich hat die leibliche Mutter den Namen ausgesucht und es ist sehr wahrscheinlich, dass sie sich auch etwas dabei gedacht hat. Für Kinder ist es sehr wichtig, dass sie etwas haben, was von ihrer leiblichen Mutter kommt. Das sollte man ihnen nicht ohne Not wegnehmen. Noch ein weiterer Punkt spricht gegen die völlige Streichung des ursprünglichen Namens: Später lässt sich diese Entscheidung nur sehr schwer wieder rückgängig machen. Wenn sich Elisabeth Schulze irgendwann entschließen sollte, sich wieder Tran zu nennen, steht ihr ein langer bürokratischer Weg bevor.
- In vielen Fällen ist es aber auch keine völlig befriedigende Lösung, den ursprünglichen Namen als alleinigen Namen zu belassen. Manche ausländischen Namen sind für deutsche Ohren so fremd, dass sich fast zwangsläufig an jede Namensnennung eine kleine Diskussion über die Herkunft des Namens anschließt. Nicht jeder will aber bei jedem Telefonat darüber Auskunft geben, wie es denn komme, dass der Anrufer perfekt deutsch spricht und einen klassischen deutschen Nachnamen, aber einen so fremden Vornamen hat.
- Der Königsweg ist es wohl, wenn der ursprüngliche Name als zweiter Vorname bestehen bleibt. In diesem Fall hat das Kind die Wahl, sich auch später noch für den anderen Namen zu entscheiden. Wenn sich Elisabeth Tran Schulze sich später also lieber Tran rufen lassen will, ist dies kein großes Problem.

Bei jeder Umbenennung des Namens sollten die Eltern auch beachten, dass viele deutsche Namen im Ausland eine andere Bedeutung haben als hier. Dies gilt besonders für einsilbige deutsche Namen in asiatischen Ländern.

Wenn ein adoptierter Asiat später Kontakt mit seinem Herkunftsland aufnimmt und sich dort über mitleidige Reaktionen wundert, so kann dies auch mit seinem deutschen Namen zu tun haben.

➤ **Empfehlungen der Landesjugendämter zur Adoptionsvermittlung:**

Der Name eines Menschen ist ein wichtiges Identitätsmerkmal. Bei einer Änderung des Vornamens nach § 1757 Abs. 4 Nr. 1 BGB ist zu bedenken, dass es aus pädagogischer und psychologischer Sicht problematisch ist, einem Adoptivkind einen anderen Vornamen zu geben, da damit dem Kind ein Stück seiner Identität genommen wird. Es ist daher darauf zu achten, dass dem betreffenden Kind der ursprüngliche Vorname erhalten bleibt und allenfalls durch einen von den Adoptiveltern gewählten Vornamen ergänzt wird.

Du bist aber ein schönes Kind

Viele Adoptiveltern haben sich, angeregt durch ihre Adoptionsvermittlungsstelle, schon vor der Adoption Strategien zurechtgelegt, um auf verletzende Bemerkungen zu reagieren.

Was aber ist, wenn das Kind überwiegend mit positiven Bemerkungen, Lob und Komplimenten bedacht wird?

➤ **Beispiel:**

Wenn wir mit unserer Tochter (aus Brasilien) aus dem Haus gehen, hören wir oft, wie schön sie doch ist und wie süß sie aussieht. Obwohl es sicherlich gut gemeint ist, stört es uns doch. Ich habe das Gefühl, dass die Bemerkungen in erster Linie deshalb kommen, weil unsere Tochter eine andere Hautfarbe hat und anders aussieht als wir. Sicherlich würde sie weniger Kommentare bekommen, wenn sie mit anderen Brasilianern unterwegs wäre. Ich ärgere mich darüber, dass sie anscheinend nur deshalb als schön bezeichnet wird, weil sie anders aussieht als wir.

Ist es nicht schön, wenn die Umwelt auf ein Kind positiv reagiert? Eigentlich sind doch ausländerfeindliche Bemerkungen das Problem und nicht Lob und Schmeicheleien.

Warum fühlen sich viele Adoptiveltern unwohl, wenn fremde Menschen dem Kind Komplimente machen? Eine Mutter berichtet:

➤ **Beispiel:**

Am Anfang fand ich es schön, wenn jemand in unseren Kinderwagen geschaut hat und erfreut rief: 'Was für schöne schwarze Haare, was für schöne schwarze Augen'.

Irgendwann hatte dann auch unsere Tochter genug davon. Sie war es leid, immer wieder zu hören, wie schön ihre Haare und ihre Augen sind.

Kinder realisieren durch diese Aufmerksamkeit, dass ein Unterschied zwischen ihnen und der Familie besteht.

Es gibt viele Gründe, warum fremde Menschen auf fremdländisch aussehende Kinder reagieren. Die alte Frau, die an der Supermarktkasse dem Kind über die Haare streichelt und ihm sagt, wie schön es ist, will vielleicht nur freundlich sein. Vielleicht denkt sie, dass Familien mit dunkelhäutigen Kindern oft ausländerfeindlichen Bemerkungen ausgesetzt sind und will dem etwas dagegensetzen. Vielleicht möchte sie eine Unterhaltung beginnen oder sie sieht das Kind als exotische Besonderheit. In jedem Fall lernt das Kind eines: es ist anders als die anderen. Genau hierin liegt das Problem. Die überwiegende Mehrheit der Adoptiveltern und Adoptivkinder will nur eins: ein ganz normales Leben führen und nicht anders sein als die anderen.

Anerkennende Worte über die Haarpracht, die Augenfarbe des Kindes oder Ähnliches während eines Einkaufs im Supermarkt kann einem alltäglichen Vorgang etwas von seiner Normalität nehmen.

Dazu kommt, dass viele Bemerkungen einen Kern subtiler Vorurteile und Klischees in sich tragen, mit denen sich das Kind noch öfters auseinandersetzen muss.

Manche Menschen haben ein relativ starres Weltbild. Asiatische Frauen – auch wenn sie seit ihrer Kindheit in Deutschland leben – sind duldsame, aufopferungsbereite und exotische Schönheiten. Lateinamerikanerinnen sind rassig und leidenschaftlich, von Afrikanern wird erwartet, dass sie gute Athleten sind und auch der Lebensweg indischer Jungen ist schon so gut wie vorgezeichnet: Dank ihrer hervorragenden Mathematikkenntnisse trennen sie nur noch wenige Jahre von einem Informatikstudium.

Auch dies ist eine Form von Rassismus, mit dem sich Adoptiveltern auseinandersetzen müssen. Wie jede Form von Vorurteilen kann sie dazu führen, dass sich das Kind darin beschränkt fühlt, sich so zu entwickeln, wie es seinen Fähigkeiten entspricht.

Man kann nicht verhindern, dass Kindern auf der Strasse Komplimente gemacht werden, die man in dieser Form und in dieser Häufigkeit für nicht angebracht hält. Man kann die Wirkung jedoch abschwächen:

- Es gibt in der Regel keine Veranlassung auf Komplimente schroff zu reagieren. Besonders wenn dem Kind die Zuwendung unangenehm ist, sollte man den Kontakt jedoch kurz halten oder die Unterhaltung in eine andere Richtung lenken.
- Falls nur eines von mehreren Kindern in den 'Genuss' von Komplimenten kommt, kann man das Lob auch auf die anderen übertragen: 'Danke. Ich freue mich auch sehr über meine schönen Kinder'.
- Es ist wichtig einem Kind zu vermitteln, dass es außer seinen schönen Haaren und seiner schönen Augen auch noch andere positive Eigenschaften hat.

➤ **Beispiel:**

'Wenn wieder mal jemand völlig ekstatisch auf die Haare unserer Tochter reagiert, sage ich: Danke, wir finden auch, dass sie ein tolles Mädchen ist. Wenn wir dann ein Stück wei-

ter gegangen sind, erinnere ich sie daran, dass sie nicht vergessen soll, dass sie auch klug und stark ist.

Es schadet auch nichts, wenn man die Dinge ab und an von ihrer humorvollen Seite betrachtet. Bei unserer älteren Tochter, die ebenfalls aus Asien stammt, hat diese Strategie gut funktioniert. Vor kurzem saßen wir alle nach dem Abendessen am Tisch und diskutierten darüber, wer den Abwasch macht. Da neckte mein Mann: 'Komm Jasmin, das ist was für Dich. Ich habe gehört, dass Asiaten immer emsig bei der Arbeit sind und dabei auch noch stets ein Lächeln auf den Lippen tragen.' Unsere Tochter darauf: 'Oh, ich glaube, da irrst du dich. Aber ich habe gehört, dass alle, die in Deutschland geboren sind, ein natürliches Bedürfnis haben, dass immer alles sauber ist. Da ist es wohl am besten, wenn Du es machst'.

Mögliche Reaktionsweisen:	
Fremder streicht dem Kind über die Haare:	'So, und jetzt darf ich Ihnen aber auch mal über die Haare streichen' 'Anfassen kostet ein Euro' 'Bitte nicht! Das würde Ihnen auch nicht gefallen, von Fremden angefasst zu werden '
Ach ist ihr Kind aber niedlich! Wo ist denn das her?	'Warum interessiert sie das?' 'Finden Sie nicht, dass das ein bisschen zu persönlich ist? Wir kennen uns schließlich nicht' 'Wie alle Kinder kommt es natürlich vom Storch' 'Von Zuhause'
Eltern sind mit ihren drei Kindern unterwegs. Nur eines wird immer wieder bewundert.	'Ja ich weiß, wir haben lauter schöne Kinder' 'Schöne Eltern haben eben schöne Kinder' 'Das hat sie von ihren Geschwistern geerbt'

Adoptiveltern sollten jedoch immer bedenken, dass die meisten Bemerkungen dieser Art nett gemeint sind und deshalb in der Regel eine nette Reaktion verdienen. Sicherlich kann es nerven, immer wieder Komplimente über das Aussehen zu erhalten, aber die meisten Adoptiveltern wünschen sich auch, dass mit ihrem Kind unbefangen und offen umgegangen wird. Und dazu gehört auch, dass man ein Kompliment oder eine freundliche gemeinte Bemerkung machen darf, ohne sofort als Rassist betrachtet zu werden.

Bettina Schulz schildert in ihrem lesenswerten Buch 'Tochter Indira', wie sie mit ihrem in Indien adoptierten Kind zum ersten Mal beim Kinderarzt ist. Als der Arzt das Mädchen abhört, fragt er, woher es denn einen so braunen Bauch habe. Ob es vielleicht von ihrer Mama mit Schokoladensauce eingerieben werde, mit Himbeersauce oder mit Schuhcreme.

´<< Reibt sie dich abends mit Schuhcreme ein? `>>

<< Nein>>, lacht Indira und kann sich kaum beruhigen.

<< Reibt sie dich…>>

Der Arzt steht mit dem Rücken zu mir und kann daher nicht erkennen, dass mir der Mund offen stehen bleibt. Es ist nicht zu fassen, schießt mir durch den Kopf. Ich bin vor Überraschung sprachlos. Was soll ich tun? Ihm eine Szene machen, meine beiden Kinder packen und aus der Praxis stürzen? Oder nichts sagen und nie wieder hingehen?

…. Der Kinderarzt und die Apothekerin glauben, dass sie den Kindern Komplimente machen. Sie meinen es nett, haben die Kinder sogar gern. Sie merken nicht, dass sie mit ihren Komplimenten die Hautfarbe unserer Töchter zum Diskussionsthema machen in der Apotheke, in der Arztpraxis, auf dem Flughafen und im Zug. Wenn aber die Hautfarbe der Mädchen immer wieder kommentiert wird, verletzt sie dies. Da fängt strenggenommen schon Rassismus an. Leider ist diese naive unbekümmerte Art des Rassismus in Deutschland noch nicht als Problem erkannt worden.`[118]

Betrachtet man die Situation mit der Distanz des Außenstehenden, so sieht man einen Arzt, der ein paar nett gemeinte Bemerkungen über die Hautfarbe macht, eine Tochter, die diese Bemerkungen lustig findet und eine Mutter, der es schwer fällt, die Fassung zu bewahren. Verletzt haben die Bemerkungen nicht das Kind, sondern die Mutter. Sicherlich waren die Bemerkungen des Arztes naiv und unbekümmert, aber waren sie deshalb schon rassistisch?

Würde man ihn fragen, wie er seine Äußerungen gemeint hat, würde er vielleicht sagen: ´Für mich sind alle Kinder gleich. Wenn ich ein hellhäutiges Kind behandele, sage ich schließlich auch ´Mensch, bist Du aber groß geworden` oder ´Du bist aber im letzten Urlaub schön braun geworden`. Warum soll ich dann zu einem hübschen dunklen Kind nicht sagen, dass es eine schöne Hautfarbe hat? `

Wenn tatsächlich jedes Kompliment über die Hautfarbe rassistisch ist, bleibt nur, die Hautfarbe des Kindes niemals anzusprechen, niemals ein Wort darüber zu verlieren und sie zum Tabu zu erklären. Damit wäre dem Kind aber sicherlich am wenigsten gedient. Wenn es eine Selbstverständlichkeit sein soll, als Dunkelhäutiger in Deutschland zu leben, dann muss es auch selbstverständlich sein, ein Kompliment zu machen, ohne gleich als Rassist zu gelten.

Sind Sie denn so sozial eingestellt?

➤ Beispiel:

Das Ehepaar S. hat zwei Kinder adoptiert. Als sie Bekannten erzählen, dass sie sich überlegen, ein drittes Kind anzunehmen, ist das Erstaunen groß: ´Ja seid ihr denn wirklich so sozial eingestellt? `

Was treibt Adoptiveltern dazu, nicht nur ein oder zwei Kinder anzunehmen, sondern sogar mehrere? Viele können sich das nicht anders erklären, als mit einer großen sozialen Einstellung, mit Selbstlosigkeit und Aufopferungsbereitschaft. Sie liegen mit diesen Vermutungen meist völlig falsch, denn damit hat es in aller Regel nichts zu tun.

Auch wenn das Kind aus schwierigen sozialen Verhältnissen kommt und in seiner Entwicklung etwas neben der Norm liegt - die meisten Adoptiveltern handeln nicht weniger aus ihrem eigenen Interesse als biologische Eltern. *'Wir wollen Kinder und wir bringen diese Zelldinger einfach nicht dazu zu wachsen und herauszuflutschen. Und vielleicht haben wir sogar schon welche zum Rausflutschen gebracht, aber wir wollen einfach noch mehr Kinder, um sie zu lieben und mit ihnen zu diskutieren.'* beschreibt die Adoptivmutter Betty Cuniberti ihre Motivation.[119]

Niemand adoptiert, ohne sich etwas für sich selbst davon zu versprechen. So ist es beim ersten Kind und beim vierten oder fünften ist es nicht anders. Es ist weniger eine soziale Einstellung, als das Bedürfnis und die Befriedigung, einen Menschen zu lieben und ihm dabei zu helfen, seinen Platz in dieser Welt zu finden.

Adoptiveltern haben Kinder, weil sie sich welche gewünscht haben. Es gibt deshalb keinen Grund, sie wegen der Adoption auf einen Sockel zu stellen und sie dort ehrfürchtig zu bewundern.

Mögliche Reaktionsweisen	
'Sie sind ja sooo gut, dass sie so ein Kind aufgenommen haben.'	'Also ich bewundere immer die Menschen, die sich zutrauen leibliche Kinder zu bekommen. Ich weiß nicht, warum sie es machen und wie sie es machen. Aber irgendwie ist es doch großartig.'
'Sie sind ja so sozial'.	'Es ist schon erstaunlich, dass Eltern, die ihre Kinder erziehen, mittlerweile als sozial gelten'.

Du bist adoptiert

Eine der wichtigsten Grundlagen für die geglückte Integration ist es, wenn die Adoption in der Familie offen besprochen wird und nicht zu einem Geheimnis gemacht wird. Früher wurde manchmal die These vertreten, es sei besser, dem Kind zu verschweigen, dass es adoptiert sei, weil Kinder die Wahrheit nicht verstehen und verkraften könnten. Das hat sich als falsch herausgestellt. Mittlerweile sind wohl alle Fachleute der Meinung, dass Offenheit der beste Weg ist und auch die meisten Adoptiveltern teilen diese Einschätzung. Es ist deshalb relativ selten geworden, dass über die Adoption in einer Familie nicht gesprochen wird und das Kind erst im Erwachsenenalter per Zufall erfährt, dass es da noch ein weiteres Elternpaar gibt.

Seinem Kind die Wahrheit über seine Herkunft zu verschweigen, hat fast zwangsläufig zur Folge, dass man sich in ein Netz von Lügen und falschen Behauptungen verstrickt, denn viele (Arbeitgeber, Ausländeramt, Krankenkasse, Freunde, Bekannte, Verwandte) wissen von der Adoption. Es ist deshalb sehr wahrscheinlich, dass das Kind über kurz oder lang auch ohne die Mitwirkung der Eltern die Wahrheit erfährt.

Das Kind wird sich mit Sicherheit auch dafür interessieren, wie es entstanden ist. Was aber antwortet man auf die Frage 'War ich auch in deinem Bauch?', wenn man die Wahrheit nicht sagen will?

Auf Lügengeschichten sollte man sich deshalb nicht einlassen. Es gibt nichts, was es rechtfertigen würde, sein Kind zu belügen.

Auch wenn man dies verstanden und akzeptiert hat, so ist es doch manchmal eine nicht ganz einfache Aufgabe, das Kind über die Adoption aufzuklären.

'Wann ist der richtige Zeitpunkt, seinem Kind zu sagen: Weißt du eigentlich, dass ich nicht deine Mutter und weißt du eigentlich, dass das nicht dein Papa ist. Wie habt ihr das gemacht?' fragte Fernsehpfarrer Fliege in einer seiner Sendungen eine Adoptivmutter.[120]

Viele Adoptiveltern sind sich nicht ganz sicher, wann das beste Alter oder der beste Moment für das Gespräch gekommen ist und was sie genau sagen dürfen und sollen. Viele Möglichkeiten sind denkbar, aber eines ist ganz sicher – so wie Pfarrer Fliege sich das vorstellt, funktioniert es nicht. Die Adoptivmutter ist die Mutter und der Adoptivvater ist der Papa und das bleiben sie auch dann, wenn sie ihrem Kind von der Adoption erzählen. Nur wer über wenig Vorstellungskraft verfügt, wird annehmen, dass sich durch ein Gespräch etwas an der Elternschaft verändert. Glücklicherweise begreifen schon kleine Kinder – im Gegensatz zu manchem Talkmaster – dass es durchaus möglich ist, zwei Elternpaare zu haben, dass diese nicht in Konkurrenz zueinander stehen müssen und dass es nichts an der gegenseitigen Liebe, an dem Zusammengehörigkeitsgefühl und an der Elternschaft an sich ändert, wenn es noch eine Mutter und noch einen Papa gibt.

Für das Gespräch über die Adoption können folgende Anhaltspunkte eine Hilfe sein:

Am besten fängt man so früh wie möglich an, mit dem Kind über die Adoption zu sprechen. Natürlich können Babys und Kleinkinder die Bedeutung noch nicht voll erfassen, aber es verhindert doch auf jeden Fall, dass man zu lange abwartet. Es gibt viele Kinderbücher, die sich mit dem Thema beschäftigen und bei einem spielerischen Einstieg in die Materie helfen. Wenn das Kind aus dem Ausland kommt, so hat es sich bewährt, Bücher und Photos zur Verfügung zu stellen und gemeinsam zu besprechen. Wenn das Kind schon etwas älter ist, ergeben sich dann beim Sprechen über Land und Leute oft zwanglos Fragen zur Herkunft und zu Einzelheiten der Adoption.

Eine Studie aus Amerika[121] fand heraus, dass vier- bis fünfjährige Kinder die Bedeutung der Adoption noch nicht begreifen konnten. Sie waren der Meinung, dass Adoption und Geburt ein und dieselbe Sache ist bzw. dass alle Kinder adoptiert werden. Erst ab dem siebten Lebensjahr konnten die Kinder voll erfassen, dass es wesentliche Unterschiede zwischen Adoption und Geburt gibt. Auch wenn man schon früh angefangen hat, dem Kind von seiner Herkunft zu erzählen, so ist es doch notwendig, diese Gespräche nicht abreißen zu lassen, da sich die Sicht auf die Dinge im Laufe der Jahre immer wieder verändert:

- Im Vorschulalter wird häufig gefragt:
  - Komme ich aus deinem Bauch?
  - Woher kommen die Babys?
  - Wie bin ich zu euch gekommen?

- Ab etwa 8 Jahren werden die Fragen dann zunehmend konkreter:
  - Warum konnte ich nicht bei meinen Eltern bleiben?
  - Wer ist mein Vater, wer ist meine Mutter?
  - Hat mich meine Mutter nicht gemocht?
  - Wie kam es zur Adoption?
  - Wie sieht meine Geburtsurkunde aus?

- Ab etwa 10 Jahren:
  - Wie geht es meinen Eltern jetzt?
  - Warum sind die Menschen in dem Land, aus dem ich komme, arm?
  - Habe ich Geschwister?
  - Warum habt ihr keine leiblichen Kinder?
  - Wenn ihr leibliche Kinder hättet, hättet ihr sie dann lieber als mich?

Das Wichtigste ist, dass die Adoptiveltern dem Kind die Gelegenheiten bieten, immer wieder auf das Thema Adoption zu sprechen zu kommen. Manche Kinder nutzen diese Möglichkeiten mehr und manche weniger. So ist es durchaus möglich, dass ein Kind nur sehr selten darauf zu sprechen kommt, denn nicht für alle hat das Thema Adoption die gleiche Bedeutung. Es gibt Adoptierte, die betrachten die Adoption als das Wichtigste in ihrem Leben und es gibt andere, die sich kaum dafür interessieren. Das Bedürfnis, sich über die Adoption und deren Ursachen und Folgen zu informieren, kann sehr unterschiedlich ausgeprägt sein.

Vor und beim Gespräch über die Adoption stellt sich für die meisten Paare das Problem, dass sie zwar durchaus die Wahrheit über die Adoption erzählen möchten, ihnen selbst aber manchmal nicht alle Hintergründe bekannt sind, oder sie nicht wissen, ob sie dem Kind auch unangenehme Wahrheiten mitteilen sollen.

Hier kann man sich an folgende Grundsätze halten:

- Wenn man nicht genau weiß, weshalb es zur Adoption gekommen ist, sollte man keine Gründe erfinden, sondern offen dazu stehen, dass einem manches leider auch nicht bekannt ist. Beim Sprechen über das Thema ergibt sich meist ganz zwanglos eine kleine Diskussion darüber, weshalb Kinder im Allgemeinen zur Adoption freigegeben werden. Kinder verstehen dann sehr schnell, dass manche bei ihren Geburtseltern aufwachsen und manche nicht und dass es dafür viele Gründe geben kann.

- Es ist problematisch, die Adoption damit zu begründen, dass die leibliche Mutter das Kind so sehr geliebt hat, dass sie sich wünschte, es möge bei einer Familie aufwachsen, die besser für das Kind sorgen kann. Für Kinder ist dies oft sehr schwer zu verstehen. Die Adoptiveltern lieben das Kind auch. Bedeutet dies, dass auch sie das Kind eines Tages aus Liebe zur Adoption freigeben werden? Die meisten Adoptiveltern wissen nicht, ob die leibliche Mutter das Kind geliebt hat. Auch hier gilt der Grundsatz, dass man nichts erfinden soll, von dem man sich nicht sicher ist, ob es tatsächlich so vorgelegen hat. Darüber hinaus ist es fraglich, ob die Adoption tatsächlich aus Liebe geschah. Das Kind kam zur Adoption, weil seine leibliche Mutter das Kind nicht aufziehen konnte. Es ist gut möglich, dass sie das Kind auch geliebt hat. Das war aber nicht der Grund für die Adoption. Der Grund war, dass die leiblichen Eltern – weshalb auch immer – nicht in der Lage waren, für das Kind zu sorgen.

– Es ist auch nicht ganz unproblematisch, die Adoption damit zu begründen, dass die Eltern des Kindes zu arm gewesen sind, um es selbst zu erziehen. Armut ist meist nicht der einzige Grund für die Adoption und es kann auch ungerecht gegenüber den leiblichen Eltern sein, diesen Punkt besonders zu betonen. So stehen in vielen Ländern alleinerziehende Mütter außerhalb der Gesellschaft und auch rigide Bestimmungen zur Begrenzung des Bevölkerungswachstums können ein Grund für die Freigabe zur Adoption sein. In der Regel hat die Entscheidung, das Kind zur Adoption freizugeben, viele Ursachen. Mit der Erklärung, die Adoption sei erfolgt, weil die Eltern arm sind, werden alle anderen Gründe ausgeblendet. Zusätzlich kann sich beim Kind leicht die Frage einstellen, was denn eigentlich passiert, wenn seine Adoptiveltern einmal arm werden sollten. Hätte dies zur Folge, dass es erneut zur Adoption freigegeben wird? Schließlich haben die Adoptiveltern behauptet, es sei akzeptabel, ein Kind wegen Armut zur Adoption freizugeben.

– Welche Erklärungen man dem Kind auch immer über die Adoption geben kann – es empfiehlt sich auf jeden Fall zu betonen, dass es nicht die Schuld des Kindes war, das es so gekommen ist und nicht anders. Manche Kinder glauben, sie selbst seien daran schuld, dass sie nicht bei ihren leiblichen Eltern aufwachsen können. Um dieser Fehleinschätzung vorzubeugen, kann herausgestellt werden, dass sich die meisten Mütter bereits lange vor der Geburt darüber klar sind, dass sie das Kind nicht selbst aufziehen können. Wenn die Entscheidung aber bereits vor der Geburt getroffen worden ist, kann es nichts mit dem Aussehen oder dem Verhalten des Kindes zu tun haben. Wenn das Kind bereits älter war, als es zur Adoption freigegeben wurde, kann darauf hingewiesen werden, dass der Grund für die Adoption darin lag, dass die leiblichen Eltern aus irgendeinem Grund nicht in der Lage waren, für das Kind zu sorgen und es nichts mit dem Kind selbst zu tun hatte. Hätten die leiblichen Eltern zum damaligen Zeitpunkt ein anderes Kind zu erziehen gehabt, so wären sie auch hierzu nicht in der Lage gewesen.

Literatur:

Was Adoptivkinder wissen sollten und wie man es ihnen sagen kann
von Christine Swientek
ISBN: 3451047063
Herder Verlag

Erzähl noch mal, wie wir eine Familie wurden
von Jamie L. Curtis Laura Cornell
ISBN: 3933697956
Edition Riesenrad

Dankbarkeit und Schuld – Wer schuldet wem Dankbarkeit?

"Die Kinder schulden uns keine Dankbarkeit dafür, dass wir sie erziehen! Vielmehr haben wir ihnen dafür dankbar zu sein, dass sie sich uns anvertrauen und unser Leben mit Licht erfüllen!"

(Henning Köhler)

'Die Kinder schulden ihren Eltern Achtung, Dankbarkeit, gebührenden Gehorsam und Hilfsbereitschaft.'

(Katechismus der Katholischen Kirche)

Wer schuldet bei einer Adoption eigentlich wem Dankbarkeit? Nach Köhler haben die Eltern den Kindern dankbar zu sein und nach dem Katechismus der Katholischen Kirche die Kinder ihren Eltern. Wer hat hier wem zu danken? Die Eltern den Kindern oder umgekehrt? Und was bedeutet das eigentlich für Adoptivkinder? Schulden sie ihren leiblichen Eltern Dankbarkeit dafür, dass sie von ihnen gezeugt und geboren wurden oder den Adoptiveltern Dank dafür, dass sie bei Eltern aufwachsen dürfen? Oder schulden sie gar beiden Dank?

Und wie ist das mit den Adoptiveltern? Wem sind sie zu Dank verpflichtet? Dem Kind, der leiblichen Mutter, der Adoptionsvermittlungsstelle, der zuständigen Sozialarbeiterin, dem Herkunftsland des Kindes oder allen zusammen?

Ist die leibliche Mutter eines Kindes den Adoptiveltern des Kindes zu Dank dafür verpflichtet, dass sie dem Kind ein Zuhause geben?

Die Frage der Dankbarkeit taucht in vielen Adoptivfamilien immer wieder einmal auf, wenn es zu Problemen und Unsicherheiten kommt.

➤ Beispiel:

Klaus ist 30 Jahre alt und adoptiert. Seit mehreren Monaten trägt er sich mit dem Gedanken, seine leibliche Mutter ausfindig zu machen. Als er seine Adoptivmutter von seinen Plänen informiert, reagiert diese völlig entsetzt und meint mit Tränen in den Augen. 'Also Klaus, das kannst du uns nicht antun! Wir haben dich wie unser eigenes Kind aufgezogen und dir immer alles gegeben, was du gebraucht hast. Ich finde es total undankbar von dir, dass du das jetzt alles hinwerfen willst!'

Nicht nur in ihrer Familie, sondern auch in Therapiesitzungen können Adoptierte mit der Frage nach Dankbarkeit konfrontiert werden.

In seinem Buch 'Haltet mich, dass ich am Leben bleibe' beschreibt Bert Hellinger seine Methode des Familienstellens für Adoptierte. Dabei muss der Gruppenteilnehmer, dessen Problem bearbeitet wird, aus der Gruppe Personen aussuchen, die dann als Stellvertreter für Eltern, Geschwister, Vorfahren... so im Raum aufgestellt werden, wie es seinem Bild von der Familie entspricht. Anschließend werden die Stellvertreter befragt, wie sie sich fühlen. Die Aufgabe des Therapeuten liegt darin, die Aufstellung so zu verändern, dass sich eine 'gute

Lösung' ergibt und sich alle Teilnehmer wohl fühlen. Zu dieser guten Lösung kann es dann auch gehören, sich bei seinen Adoptiveltern zu bedanken. Das sieht dann in etwa so aus:

> *'Hellinger: Sag den Adoptiveltern: << Danke. >>*
> *Uwe: << Danke. >>*
> *Hellinger: << Für alles. >>*
> *Uwe: << Für alles. >>*
> *........*
> *Hellinger: << Sag ihnen: Ich habe es nicht verdient. >>*
> *Uwe: << Ich habe nichts verdient. >>*
> *Hellinger: << Es war alles ein Geschenk, das ihr mir gegeben habt. >>*
> *Uwe: << Es war alles ein Geschenk, das ihr mir gegeben habt. >>* [122]

In dem von Hellinger angeführten Beispiel hat sich der Adoptierte bei seinen Adoptiveltern dafür zu bedanken, dass sie ihn adoptiert und erzogen haben. Die Frage bleibt dennoch: Schuldet der Adoptierte überhaupt Dank?

Mit guter Begründung kann man hier anfügen, dass die meisten Adoptiveltern nicht ganz ohne Eigennutz handeln. Ein Kinderloser, der an seiner Situation leidet, sucht nach einer Lösung für sich selbst. Dass er damit vielleicht auch einem anderen Menschen aus einer Notlage hilft, mag ein angenehmer Nebeneffekt sein, ist aber meist nicht die Hauptmotivation für eine Adoption. Der Hauptgrund ist in der Regel nicht der Wunsch, einem anderen zu helfen, sondern sich selbst zu helfen.

'In Florida, einem der demographisch ältesten Staaten der USA, erproben allein stehende Männer und Frauen neue Adoptionsformen; sie investieren in die Ausbildung von Waisenkindern in der Erwartung, sich dadurch später im Leben Treue zu sichern.' schreibt Frank Schirrmacher[123]. Auch wenn die eigennützigen Motive nicht immer so offensichtlich zu Tage treten wie hier, so handeln doch die wenigsten Adoptiveltern ganz selbstlos. Wenn dem aber so ist – kann man dann Dankbarkeit erwarten?

Und was ist in den Fällen, in denen tatsächlich in erster Linie selbstlose Motive eine Rolle spielen? Ist wenigstens hier das Kind eindeutig zur Dankbarkeit verpflichtet?

➤ **Beispiel:**

Das Ehepaar Maier hat bereits 5 Kinder. Ihr Kinderwunsch ist damit eigentlich abgeschlossen. Dennoch entschließen sie sich nach einem Fernsehbericht über die Not in Haiti zur Adoption eines der dortigen Heimkinder. Ein Jahr später kommt ein 5-jähriges Mädchen in ihre Familie, das so krank und unterernährt ist, dass es nach ärztlicher Überzeugung ohne die Adoption und die anschließende Behandlung in Europa nicht überlebt hätte.

Muss das Mädchen dankbar sein?

Für die Antwort spielt es letztlich keine Rolle, aus welchen Gründen das Kind adoptiert wurde. Unabhängig davon, ob es aus selbstlosen oder selbstsüchtigen Motiven zur Adoption kam, besteht für alle Beteiligten aus vielerlei Gründen Anlass, aber keine Verpflichtung zur Dankbarkeit.

Die leibliche Mutter hat das Kind ausgetragen und sich vielleicht für eine gewisse Zeit darum gekümmert. Dafür können ihr sowohl ihr Kind, als auch die Adoptiveltern dankbar sein.

Das Adoptivkind hat eine Familie bekommen, die es versorgt, erzieht und liebt. Es ist schön, wenn es dafür dankbar ist.

Die Adoptiveltern haben ein Kind, das ihnen Freude bereitet und sie zu Eltern macht. Dafür können sie dem Kind und der leiblichen Mutter dankbar sein.

Diese Dankbarkeit kann jedoch nicht eingefordert werden. Sie wird nicht geschuldet.

Für die Adoptiveltern ist das Kind ein Geschenk, dessen Entwicklung sie mit Liebe, Zärtlichkeit und Aufmerksamkeit begleiten. Es ist schön, wenn das Kind hierfür dankbar ist, aber es besteht kein Anspruch darauf.

Der Philosoph Romano Guardini hat das Wort geprägt: 'Dankbarkeit ist die Erinnerung des Herzens'.

Manchmal erinnert sich das Herz und manchmal nicht.

Die leibliche Mutter kann von ihrem Kind nicht verlangen, dass es ihr später dankbar dafür ist, dass sie es ausgetragen hat.

Das Kind kann von seinen Adoptiveltern keine Dankbarkeit dafür fordern, dass es bei ihnen lebt.

Die Adoptiveltern haben sich aus freien Stücken dazu entschlossen, einem Kind dabei behilflich zu sein, seinen Weg im Leben zu finden. Das verpflichtet das Kind aber nicht zu bestimmten Gefühlen.

Eine Adoptivmutter, die verlangt, dass ihr Kind aus Dankbarkeit auf die Suche nach der leiblichen Mutter verzichtet, bringt es in große Schwierigkeiten. Sie fordert nicht nur ein bestimmtes Verhalten (Verzicht auf die Suche), sondern auch noch eines, das aus den richtigen Gründen (aus Dankbarkeit) erfolgt. Folgt ihr Kind den Anweisungen, so handelt es entweder richtig, aber aus den falschen Gründen oder es hat über viele mentale Klimmzüge geschafft, eine Art Dankbarkeit zu empfinden, wo es keine Dankbarkeit spürt. Es wird beides als sehr unbefriedigend empfinden.

Wer ein Adoptivkind unter größten persönlichen Entbehrungen erzogen hat und dann feststellt, dass das Kind nur mit Vorwürfen reagiert, hat ein Recht auf das Gefühl: 'Mein Kind sollte mir dankbar sein für all das, was ich getan habe'. Jeder hat das Recht auf seine eigenen, persönlichen Gefühle und es ist wichtig zu ihnen zu stehen. Aber daraus leitet sich noch nicht ab, dass das Kind sein Leben an diesen Gefühlen ausrichtet. Es besteht ein Recht auf eigene Gefühle, aber es besteht kein Recht darauf, dass andere diese Gefühle teilen.

Es ist nicht gut, Dankbarkeit dadurch einzufordern, indem das Kind gedrängt wird, die Suche nach den leiblichen Eltern einzustellen. Ein solches Verhalten ist Erpressung. Sie hat in einer funktionierenden Familienbeziehung nichts zu suchen.

Wärst du etwa lieber im Heim geblieben?

➤ **Beispiel:**

Adoptierter: 'Ich bin traurig, dass mich meine Mutter nicht behalten konnte'

Adoptivmutter: 'Dafür hast du aber auch eine tolle Familie bekommen'

Adoptierter: 'Ich würde gerne einmal meine Mutter kennenlernen.'

Adoptivmutter: 'Wir lieben dich sehr. Du bist doch unser Kind. Sei doch froh, dass es dir hier so gut geht. Oder meinst du, es wäre dir besser ergangen, wenn du im Heim geblieben wärest.'

Adoptierter: 'Ich glaube, du verstehst überhaupt nicht, was ich meine'

Adoptivmutter: 'Nein, ich glaube, du verstehst mich überhaupt nicht.'

Wenn zwei Menschen miteinander kommunizieren, kann vieles schief gehen. Kommunikation ist keine einfache Sache.

- Manchmal haben die gleichen Worte für verschiedene Personen unterschiedliche Bedeutung,
- nonverbale Botschaften wie Lautstärke, Mimik, Tonfall und Gestik können falsch verstanden werden,
- ein und dieselbe Botschaft kann ganz unterschiedliche Bedeutung haben, je nachdem, ob sie vertraulich oder in aller Öffentlichkeit erfolgt,
- manche Erfahrungen lassen sich nur schwer beschreiben.

Wenn Adoptiveltern mit einer Adoption vor allem glückliche Momente verbinden und das Adoptivkind beim Thema Adoption vor allem an Hänseleien wegen seiner Hautfarbe und den Verlust der leiblichen Mutter denkt, kann es schwierig sein, konstruktiv über das Thema zu kommunizieren. Vor allem dann, wenn sich Adoptierte kritisch über Adoptionen äußern, können die unterschiedlichen Erfahrungswelten aufeinanderprallen.

Für die meisten Adoptiveltern ist eine Adoption etwas Gutes. Sie erinnern sich daran, wie viel Freude ihnen ihr Kind gemacht hat, wie schön es war, als es zum ersten Mal ein Bild gemalt hat, wie stolz sie alle bei der Einschulung waren...

Auch Adoptierte werden sich gerne an diese glücklichen Momente erinnern. Im Gegensatz zu den Adoptiveltern ist die Adoption für sie aber auch mit etwas Negativem, mit einem Verlust, verbunden. Während Adoptiveltern ein Kind gewonnen haben, haben sie ihre leiblichen Eltern verloren.

Es ist wichtig zu sehen, dass sich Verlust und Gewinn nicht ausschließen müssen. Beides kann nebeneinander stehen, denn ausnahmslos jedes Adoptivkind hat zwar gewonnen (eine neue Familie), aber auch einen großen Verlust erlitten (die leiblichen Eltern).

Die Adoptiveltern sind vielleicht der Meinung, das Kind sei in einem jämmerlichen Zustand gewesen und hätte keine Chancen gehabt, wenn sie nicht gekommen wären. Was wiege da schon der Verlust.

Der Verlust kann aber nicht gegen den Gewinn aufgewogen werden. Er bleibt – ganz unabhängig davon, wie das weitere Leben des Kindes verläuft.

Manche Adoptiveltern können die Trauer über den Verlust nicht verstehen. Sie denken sich: 'Wenn das Kind genau hinschauen würde, würde es schon erkennen, wie gut die Adoption war'. Diese Logik funktioniert nicht. Der Verlust wird nicht dadurch geringer, dass man genauer auf den Gewinn schaut.

Wenn eine Mutter ihr Kind fragt: 'Ja, wärst du denn lieber im Heim geblieben?', so führt das zu nichts. Es erinnert ein wenig an die Phrase: 'Dann geh doch rüber!', mit der früher politische Kritik im Keim erstickt wurde.

Natürlich wollte damals niemand 'drüben' leben. Und genauso selbstverständlich ist es, dass niemand in einem Heim aufwachsen will. Aber das ändert nichts an der Trauer. Es ändert nichts am Problem eines Adoptierten, wenn er weiß, dass er beinahe sein Leben in einem Heim hätte verbringen müssen. Eine Katastrophe ging knapp an ihm vorbei, aber das macht ihn noch nicht für sein restliches Leben zu einem glücklichen Menschen. Wer als Bergsteiger in den Alpen nur knapp einer Lawine entgeht, freut sich darüber. Aber dies allein verwandelt sein Leben noch nicht in einen paradiesischen Zustand.

Ein Adoptierter, der weiß, dass er beinahe seine Jugend als Heimkind verbracht hätte, freut sich vielleicht darüber, dass es anders gekommen ist. Aber sein Leben ist deshalb noch nicht frei von Problemen. Die Adoption hat ihm vielleicht ein Heimleben erspart, aber sie hat nichts daran geändert, dass er seine leiblichen Eltern verloren hat.

Ein Adoptierter, der aus Sri Lanka nach Deutschland adoptiert wurde, hat ein Recht auf das Gefühl, ein Leben in Sri Lanka wäre besser gewesen. Wenn er traurig darüber ist, aus seinem Kulturkreis und aus seinem früheren Umfeld entfernt worden zu sein und durch die Adoption alle rechtlichen Verbindungen zu den leiblichen Eltern verloren zu haben, so hat er ein Recht auf diese Traurigkeit. Seine Gefühle stimmen.

Wenn seine Eltern glauben, die Adoption sei dennoch eine gute Sache gewesen, weil es damals in Sri Lanka keine Chancen für ihn gegeben habe, so stimmt auch dieses Gefühl.

Keiner von beiden sollte versuchen, den anderen davon zu überzeugen, dass seine Gefühle die einzig richtigen sind, denn beide Gefühle stimmen.

Die Schule – Male einen Stammbaum

➤ Beispiele:

'Mama, ich habe als Hausaufgabe auf, einen Stammbaum zu zeichnen. Jetzt weiß ich aber nicht, wen ich reinschreiben soll.'

'Heute ist ein neues Mädchen aus Vietnam in die Klasse gekommen. Die Lehrerin hat sie gleich neben mich gesetzt, weil ich auch aus Vietnam bin. Ich kann aber kein Vietnamesisch. Warum also sitzt sie jetzt ausgerechnet neben mir?'

'Morgen sollen alle ein Babybild von sich in die Schule mitbringen. Von mir gibt es aber gar kein Babybild. Was soll ich jetzt machen?'

'Ich soll einen Aufsatz über mich schreiben. Da soll auch rein, wo ich geboren bin und wie sich meine Eltern damals gefühlt haben. Ich kann das nicht machen.'

Adoptiveltern sollten darauf vorbereitet sein, dass ihr Kind in manchen Situationen, die für andere Kinder problemlos zu bewältigen sind, vor großen Schwierigkeiten steht. So ist es manchmal schlicht unmöglich, eine Hausaufgabe so auszuführen, wie der Lehrer sich das vorstellt. Wer kein Photo aus seiner Babyzeit besitzt, kann auch keines in die Schule mitbringen. Ein Stammbaum kann nur gemalt werden, wenn die Angehörigen auch bekannt sind. Wer seine leiblichen Eltern nicht kennt, kann nicht die Frage beantworten, ob sie sich bei der Geburt gefreut haben.

Anderes ist vielleicht bekannt, aber es ist zu privat, um es vor der versammelten Klasse zu offenbaren. Für Kinder, die bei ihren leiblichen Eltern leben, ist es kein Problem, darüber zu sprechen, wie sich ihre Eltern bei der Geburt gefühlt haben. Adoptivkindern kann so ein Gespräch sehr peinlich sein.

Was also tun, wenn eine Hausaufgabe plötzlich ein fast unüberwindbares Hindernis darstellt?

Einen Königsweg gibt es hier nicht. Wenn das Kind in der Schule offen das Problem anspricht und den anderen davon erzählt, dass es wegen seiner Adoption bestimmte Dinge nicht weiß, kann das schnell dazu führen, dass es dann Fragen zur Adoption beantworten muss, auf die es vielleicht noch nicht vorbereitet ist.

Auch manche Ratschläge von Lehrern sind oft wenig hilfreich: Mit einem 'dann mach es eben so gut wie es geht' oder einem 'dann nimm einfach deine jetzige Familie' kann das Kind oft wenig anfangen.

Unter anderem sind folgende Handlungsmöglichkeiten denkbar:
- Manchmal ist es sinnvoll, bereits vor Beginn des Schuljahres mit dem Klassenlehrer und den sonstigen zuständigen Lehrern zu sprechen und sie darüber zu informieren, dass das Kind adoptiert ist und dass es bei bestimmten Aufgabenstellungen zu Problemen kommen kann. Eltern sollten nicht unbedingt davon ausgehen, dass sich bereits jede Lehrkraft einmal mit der Problematik von Adoptivkindern befasst hat. Anregungen sind deshalb oft sehr willkommen.
- Es ist wichtig, dass das Kind weiß, dass es in Ordnung ist, auf bestimmte unangenehme Fragen nicht zu antworten. Ein freundliches 'ich will das jetzt nicht diskutieren' oder ein 'so ist das eben in unserer Familie' ist als Antwort auf insistierende Fragen von Mitschülern völlig ausreichend.
- Es gibt Situationen, in denen Schmerz und Trauer nicht zu verhindern sind. Wenn andere Kinder Babybilder mit in den Unterricht bringen und ein 'Rate mal wer – wer ist?' spielen, ist dies ein sehr schmerzhaftes Erlebnis, wenn man das einzige Kind ist, das kein Babyphoto von sich hat. In manchen Fällen bleibt nichts anderes übrig, als das Kind in seinem Schmerz zu begleiten und es in dieser schwierigen Situation nicht allein zu lassen.

Adoption ist ein lebenslanger Prozess. Die Tatsache, dass ein Fünfjähriger in seiner Kindergartenzeit jedem freudestrahlend von seiner Adoption erzählt hat, bedeutet nicht automatisch, dass er diese Begeisterung auch noch als Achtjähriger aufbringt. Es ist gut möglich, dass sich ein Adoptivkind aus Russland in der ersten Klasse leidenschaftlich für sein Herkunftsland interessiert und sich ein Jahr später weigert, neben einem anderen Kind aus Russland zu sitzen, weil es schließlich kein 'Ausländer' sei. Die Tatsche, dass eine prekäre Situation in der ersten Klasse gut gemeistert wurde, bedeutet nicht, dass damit auch gleich ein Weg gefunden wurde, mit allen zukünftigen Problemen umzugehen. Schwierigkeiten treten immer wieder einmal auf und das Wichtigste ist, dass das Kind in seiner Familie einen sicheren Ort hat, um Gefühle wie Trauer, Wut oder Ärger auszuleben.

Verschiedene Kinder – verschiedene Talente

'Es gibt nichts Ungerechteres, als die gleiche Behandlung von Ungleichen'. (P.F. Brandwein, amerik. Psychologe)

In vielen Familien lebt nicht nur ein Adoptivkind, sondern 2 oder mehr (in den USA gibt es ein Ehepaar mit 25 Adoptivkindern und im Frühjahr 2004 berichtete die vietnamesische Presse über eine Vietnamesin, die im Laufe von 36 Jahren nicht weniger als 53 Kinder bei sich aufgenommen hatte).

Wie in jeder Familie haben auch Kinder in Adoptivfamilien ihre individuellen Stärken und Schwächen. Die Unterschiede dort werden allerdings noch durch 2 Faktoren verstärkt:

– unterschiedliche Gene

Inwieweit die genetische Veranlagung für bestimmte Talente bzw. Defizite verantwortlich ist, ist wissenschaftlich noch nicht völlig geklärt. Dass die Gene zu einem gewissen Prozentsatz dafür mitverantwortlich sind, wie sich das Kind entwickelt, ist jedoch unstrittig.

– unterschiedliche Vorgeschichten

Manche Kinder werden als Säugling adoptiert, manche erst später, manche haben vor der Adoption Schreckliches erlitten, während andere in relativ stabilen Verhältnissen gelebt haben...

Auch diese unterschiedlichen Vorerfahrungen können die Entwicklung nach der Adoption in die eine oder die andere Richtung lenken.

Die unterschiedlichen Talente der Kinder treten meist nach der Einschulung deutlich zum Vorschein. Bald zeigen sich individuelle Begabungen und Schwächen, die in der Kindergartenzeit noch nicht zu erkennen waren.

➤ **Beispiel:**

Das Ehepaar Bernd und Heidi M. hat zwei Kinder aus Rumänien adoptiert. Nach der Einschulung wird schnell klar, dass ihrer Tochter Alexandra das Erlernen des Schulstoffes sehr schwer fällt. Für die M.s ist dies ein großes Problem. Beide hatten sich vorgestellt, ihren Kindern eine gute Schulbildung zu ermöglichen und ihnen dadurch zu einem guten Beruf zu verhelfen. 'Was soll nur aus Alexandra werden, wenn sie in der Schule so große Schwie-

*rigkeiten hat.' denkt sich Heidi M. oft. 'Heutzutage haben ja schon Abiturienten Schwie-
rigkeiten, einen Beruf zu finden. Und wenn sie vielleicht überhaupt keinen Schulabschluss
schafft? Dann hat sie ja überhaupt keine Chancen mehr.'*

Die meisten Eltern hoffen, dass ihre Kinder in der Schule erfolgreich sind. Das ist bei
Adoptiveltern nicht anders. Oft sorgen sie sich jedoch um das schulische Fortkommen
ihrer Kinder noch etwas mehr als andere Eltern. Das Kind soll so gut wie möglich integriert
werden - dazu gehören nach der Vorstellung der meisten Adoptiveltern auch gute Noten.

Diese Vorstellung ist nicht grundsätzlich falsch. Tatsächlich hat es ein Kind leichter,
wenn es in der Schule erfolgreich ist. Der Wunsch nach guten Zensuren darf jedoch nicht
dazu führen, dass andere Talente des Kindes außerhalb der Betrachtung bleiben. Vielleicht
hat das Kind ein sportliches Talent, eine Begabung in Musik, einen speziellen Sinn für
Humor oder eine Leidenschaft für Tiere, die man fördern kann. Ein Kind, das in der Schule selten Erfolgserlebnisse hat, braucht andere Bereiche, aus denen es ein gesundes Selbstbewusstsein ziehen kann.

Beachten Sie deshalb bei schulischen Problemen:
– Jedes Kind braucht Freizeit, in der es sich erholen kann.
– Nicht der schulische Erfolg bzw. Misserfolg allein entscheidet darüber, ob das Kind
  später ein glückliches Leben führt.
– Suchen Sie die speziellen Begabungen des Kindes und fördern Sie seine individuel-
  len Talente.
– Bewerten Sie die Wirkung guter Noten für die Integration nicht zu hoch. Gute Noten
  allein machen ein Adoptivkind noch nicht zu einem gut integrierten Mitglied der
  Familie und der Gesellschaft. Ein stabiler Freundeskreis oder sonstige intakte Beziehungen sind oft wichtiger.

Mehrere Kinder in der Familie bedeuten auch unterschiedliche Talente in der Familie.
Es ist in diesen Fällen wichtig, dass die Geschwister ausreichend Gelegenheit haben, unge-
zwungen die Zeit miteinander zu verbringen. Es ist nicht gut, wenn ein Kind ständig mit
Nachhilfe beschäftigt ist, während ein anderes Kind, dem die Aufgaben leichter fallen,
seine Freizeit unbeschwert genießen kann.

➤ **Beispiel:**

*Um Alexandra gute Noten zu ermöglichen, übt Heidi M. täglich ein paar Stunden mit ihr.
Melanie, die andere Tochter der M.s, die in der Schule sehr gute Noten hat, reagiert darauf
mit Eifersucht. Es sei unfair, dass man mit Alexandra so viel Zeit verbringe, während sie
ihre Hausaufgaben selber erledigen müsse. Neben diesen Klagen muss sich Frau M. auch
mit den Vorwürfen von Alexandra auseinandersetzen, die sich ständig darüber beklagt, sie
wolle endlich so ungestört arbeiten wie Melanie.*

Kinder betrachten Zuwendung – auch die, die einem lernschwachen Kind entgegen-
gebracht wird – als erstrebenswert. Kinder, die nicht in den 'Genuss' von Nachhilfestun-
den kommen, reagieren deshalb oft mit Neid und Eifersucht.

Hier sollte man den Kindern die Situation erklären, Zeiten einplanen, die man nur mit einem Kind verbringt und sich darüber bewusst sein, dass es manchmal keine gerechten Lösungen gibt. Manche Kinder verlangen mehr Aufmerksamkeit als andere Kinder und es ist oft nicht möglich, für jedes Kind genau dieselbe Zeit aufzuwenden.

➤ **Beispiel:**

Der ständigen Klagen überdrüssig, einigt sich Frau M. mit ihren Töchtern nach einem längeren Gespräch auf folgende Lösung: Die tägliche Nachhilfezeit für Alexandra endet spätestens um 17.00 Uhr. Die Zeit bis zum Schlafengehen hat Alexandra zum Spielen zur Verfügung. Mit Melanie wird Frau M. jeden zweiten Tag eine Stunde allein verbringen, in der beide – ohne Alexandra – basteln und spielen. Frau M. macht ihren Töchtern klar, dass es auch Tage geben werde, an denen es nicht möglich sein wird, diese Regelung umzusetzen. Sie verspricht aber, dass sie sich nach Kräften bemühen wird, die Vereinbarung einzuhalten.

In der Schule sagt einer Neger zu mir

➤ **Beispiel:**

Die kleine Feben aus Äthiopien lebt seit 5 Jahren in ihrer deutschen Adoptivfamilie. In ihrem Dorf und in ihrer deutschen Familie gibt es keine Probleme damit, dass sich die Hautfarbe von Feben deutlich von der der anderen Kinder unterscheidet. Seit einigen Wochen hat sie jedoch Ärger mit 2 Jungen in ihrer Klasse, die sich einen Spaß daraus machen, sie bei jedem Zusammentreffen mit 'Hallo Neger' zu begrüßen. Feben ärgert sich jedes Mal maßlos darüber und kommt immer wieder weinend nach Hause.

Es kann nicht genau gesagt werden, wie oft farbige Kinder zu Objekten fremdenfeindlicher Bemerkungen werden. In manchen Familien spielt diese Problematik so gut wie keine Rolle, in anderen ist es ein großes Problem. Es ist grundsätzlich falsch anzunehmen, dass alle Eltern farbiger Kinder sich ständig mit dem Thema Fremdenfeindlichkeit auseinandersetzen müssen. In vielen Adoptivfamilien ist dies allenfalls ein Randproblem. Das bedeutet jedoch nicht, dass das Kind dann auch sein restliches Leben nichts mit dem Thema Rassismus zu tun hat. Am besten bringt dies folgende Aussage einer Mutter auf den Punkt:

➤ **Beispiel:**

'Wir haben unsere zwei Söhne aus Äthiopien adoptiert. Mit Rassismus hatten wir bisher eigentlich kaum Probleme. Das liegt natürlich auch daran, dass die Kinder noch zu klein sind, um schon allein unterwegs zu sein. Ich denke mal, dass sich manche doch nicht trauen, etwas Blödes zu sagen, wenn wir dabei sind. Wie es später sein wird, wenn die Kinder ohne uns unterwegs sind, weiß ich nicht. '

Wenn sich Adoptivbewerber die Adoption eines farbigen Kindes vorstellen können, werden sie schon im Bewerbungsverfahren von der Fachkraft der Vermittlungsstelle angehalten, sich Gedanken zu machen, welche Reaktionsmöglichkeiten es bei späteren rassistischen Angriffen gibt. Manchmal führen diese Überlegungen zu der Erkenntnis, dass es am besten sei, sein Kind 'stark zu machen`, damit es sich selbst zur Wehr setzen kann.

Dies ist sicherlich richtig. Aufpassen ist nicht immer möglich und Kinder müssen sich auch selbstständig in ihrer Lebensumwelt zurechtfinden. Nicht immer ist jedoch auch ausreichend klar, wie das eigentlich geht, das 'Kinderstarkmachen`. Was muss man tun, damit sich das Kind angemessen und souverän zur Wehr setzen kann?

Hier ist Folgendes empfehlenswert:

- Der beste Schutz ist ein gutes Selbstbewusstsein des Kindes. Manche Eltern lieben ihr Kind, aber es gelingt ihnen nicht, diesem das Gefühl zu geben, dass es gut bei Ihnen aufgehoben ist und so akzeptiert wird, wie es ist. Ein aufrichtiges 'Ich habe dich sehr lieb`, 'Ich bin sehr froh, dass Du bei uns bist`, 'Mit Dir ist es viel schöner als ohne Dich`, kann ein wahres Doping für das Selbstbewusstsein des Kindes sein. Jedes Kind hat seine Stärken und Schwächen und es ist wichtig, die Stärken zu finden und auszubauen. Wer in der Schule schlechte Noten hat, ist vielleicht verständnisvoll, freundlich, humorvoll, gut im Organisieren oder ein Held auf dem Fußballplatz. Ein Unsportlicher findet seine wahre Berufung vielleicht im Umgang mit Tieren. Wer seine Stärke kennt, kann leichter über dumme Bemerkungen anderer hinweggehen, denn er weiß, dass er viele Begabungen hat, die ihn zu einem wichtigen Menschen machen und dass andere manchmal nur zu beschränkt sind, um dies zu erkennen.
- Eltern sollten vermeiden, ihrem Kind vorschnell Hilfeleistung zu geben und nicht den Eindruck erwecken, als trauten sie ihm nichts zu. Vielmehr sollten sie dem Kind vermitteln, dass sie auf seine eigenen Fähigkeiten vertrauen und ihren Blick darauf richten, dass es Anforderungen selbst bewältigt, ganz gleich wie hoch sie objektiv sind.
- Das Kind braucht das Gefühl, sich mit seinen Sorgen und Nöten der Familie anvertrauen zu können. Man sollte sich deshalb nach Möglichkeit immer Zeit nehmen, wenn das Kind etwas erzählen möchte.
- Es ist wichtig, abzusprechen, in welchem Rahmen sich das Kind wehren darf und in welchem nicht. Darf man zurückschimpfen und dabei unanständige Worte in den Mund nehmen? Es ist auch für Erwachsene nicht immer leicht zu unterscheiden, was erlaubt ist und was nicht. Da ist es oft schwer, den Kindern zu vermitteln, auf welche Arten sie sich wehren dürfen und auf welche nicht. Unklarheiten führen dann schnell zu Unsicherheiten und zu einem wenig souveränen Auftreten in kritischen Situationen. Um dies zu vermeiden, sollte man mit dem Kind besprechen, was man selbst in dieser oder jener Situation tun würde. Sehr hilfreich ist es, eine Liste zu erstellen, was das Kind sagen oder tun kann.

➤ Antworten gegenüber anderen Kindern:

Freundliche Antworten:
– *Komm lass mich in Ruhe, ich habe jetzt keine Lust zu streiten.*
– *Ich habe keine Ahnung, von was du sprichst.*
– *Lass deine schlechte Laune an einem anderen aus.*

Gereizte Antwort:
– *Sei ruhig. Ich fühl mich toll, so wie ich bin.*
– *Ach du schon wieder. Was hast du denn jetzt wieder für ein Problem?*
– *Lass dir mal was Neues einfallen!*

Aggressive Antworten:
– *Halt die Klappe!*
– *Schau dich erst mal an!*
– *Soll ich dir mal einen schönen Tritt aus meiner letzten Karatestunde zeigen!*
– *Wenn ich in den Spiegel schaue, erschrecke ich wenigstens nicht.*

➤ Antworten gegenüber Erwachsenen:

Gegenfragen:
– *Was meinen Sie damit?*
– *Weshalb interessieren sie sich dafür?*
– *Was wollen Sie mir damit sagen?*

Widerspruch:
– *Ich glaube nicht, dass Sie eine Ahnung davon haben!*
– *Das hört sich für mich ziemlich dumm an!*

Freundliche Antworten:
– *Ich verstehe Ihr Problem nicht.*
– *Komisch, dass Sie so etwas sagen. Sie sehen eigentlich ganz nett aus.*

Böse Antworten:
– *Das ist mir jetzt einfach zu blöd.*
– *Auf so ein Niveau begebe ich mich nicht.*
– *Ihre Erziehung hat wohl im Heim stattgefunden.*
– *Hat Ihre Mami sie nicht lieb gehabt?*

Scherzhafte Antworten:
– *Ach, so ist das also, wenn man einem Rassisten begegnet.*
– *Sie scheinen schlechte Erfahrungen mit den Farbigen in Ihrer Familie gemacht zu haben.*

Manchmal hilft auch dem Friedfertigsten nur noch die körperliche Gegenwehr. Aber ist das erlaubt oder macht man sich dann strafbar? Und was darf man machen, wenn man beleidigt wird? Ein kurzer Blick ins Strafgesetzbuch hilft weiter. Nach § 32 handelt nicht rechtswidrig, wer eine Tat begeht, die durch Notwehr geboten ist. Notwehr ist eine Verteidigung, die erforderlich ist, um einen gegenwärtigen rechtswidrigen Angriff abzuwehren. Auf gut Deutsch heißt dies: Man muss sich nicht alles gefallen lassen. Wenn man geschlagen wird, darf man zurückschlagen und man darf sogar körperliche Gewalt anwenden, wenn man beleidigt wird und es sonst keine andere Möglichkeit gibt, die Beleidigungen zu beenden. Es ist nicht nötig, jemanden mit Samthandschuhen anzufassen, der die Regeln eines harmonischen Miteinanders nicht begriffen hat und der die Gefühle anderer nicht achtet.

Es ist wichtig, dass das Kind stolz auf seine Herkunft ist. Wer sich zusammen mit seinen Adoptiveltern mit seinem Herkunftsland beschäftigt und dort vielleicht schon hingereist ist, entwickelt auf diese Weise leicht ein Schutzschild gegen dumme, unsachliche Bemerkungen.

Kinder, die in ihrer Familie einen unverkrampften Umgang mit ihrem Aussehen gewohnt sind, werden sich so schnell durch andere nicht in ihrem Selbstbewusstsein erschüttern lassen.

➤ **Beispiel:**

Frau Schmidt liebt ihre haitianische Adoptivtochter über alles. Manchmal nennt sie sie zärtlich 'mein Schokoplätzchen' oder 'mein kleiner Schokokuchen'. Alle Familienmitglieder haben das Gefühl, dass das Kind gerade wegen seiner schwarzen Hautfarbe wunderschön ist. Gelegentlich klagt Herr Schmidt: 'Kann mir mal einer sagen, weshalb uns der liebe Gott damit bestraft hat, so käsebleich zu sein, während unsere Tochter so eine schöne Hautfarbe hat?' Manchmal bekommt er dann von ihr ein scherzhaftes 'Tja Käsi, da hast du eben Pech gehabt', zu hören.

Wer auf diese Weise gelernt hat, sich, seinen Körper und seine Hautfarbe zu lieben, wird sich durch die ein oder andere dumme Bemerkung anderer kaum in seinem Selbstbewusstsein erschüttern lassen.

Etwas weniger unverkrampft geht es bei Familie Müller zu.

➤ **Beispiel:**

Das Ehepaar hat einen 2-jährigen Adoptivsohn aus Südafrika. Das Problem Rassismus gehen sie konsequent an. Es werden Seminare zum Thema besucht, einschlägige Bücher gelesen und in Internetforen werden andere Adoptiveltern nach ihren Erfahrungen befragt. Beide nehmen sich vor, ihren Sohn schon bald darauf vorzubereiten, dass in Deutschland rassistische Bemerkungen keine Seltenheit sind und dass er sich bei Problemen immer an sie wenden kann. Als die Müllers in einem Seminar erfahren, dass es Eltern gibt, die ihre Kinder 'Schokokuchen' nennen, sind sie empört. 'Wie soll ein Kind, das schon zu Hause sol-

che Bemerkungen hört, sich gegen ähnliche Bemerkungen anderer wehren können` denken sie sich.

Es ist gut, dass die Müllers sich um die Frage Rassismus kümmern, aber sie laufen Gefahr, durch eine allzu verbissene Herangehensweise die Dinge eher zu verkomplizieren, als zu entspannen. Wer glaubt, dass in jedem Fall das Wort 'Schokokuchen` eine Beleidigung darstellt, verkennt, dass auch hier der Ton die Musik macht. Kinder sind durchaus in der Lage zu erkennen, ob sich hinter einem Wort eine Beleidigung, eine Liebkosung, eine kleine Neckerei oder schlicht nichts verbirgt.

Wenn etwa ein Kind das andere 'Neger` nennt, so kann das natürlich eine Beleidigung sein, aber es kann auch ein Spaß, eine geistlose Bemerkung ohne jeden Hintersinn, eine Kraftmeierei oder Ähnliches sein.

Kinder, die in ihrem Elternhaus gelernt haben, mit ihrer Hautfarbe selbstbewusst und unverkrampft umzugehen, werden erkennen, welche Bemerkung wie gemeint ist und sie werden nicht gleich hinter jeder Bemerkung einen feindlichen Angriff vermuten.

Es ist deshalb gut, sein Kind auf bestimmte Situationen vorzubereiten, aber es ist auch wichtig, dass das Kind lernt, nicht hinter jedem Busch eine Gefahr zu vermuten.

Die leiblichen Eltern

Berichte über die leiblichen Eltern handeln oft davon, dass es ein Akt der Liebe sei, sein Kind zur Adoption freizugeben und dass sich die abgebenden Mütter lebenslange Schuldvorwürfe wegen ihrer Entscheidung machen. Tatsächlich gibt es viele, die sich aus Liebe zu ihrem Kind für eine Adoption und gegen eine Abtreibung entschieden haben. Leider bekommen Mütter, die ihr Kind anderen Menschen für immer anvertrauen, oft nicht die Anerkennung, die sie verdienen. Es scheint dem Mutterbild in den meisten Gesellschaftsformen zu widersprechen, sein Kind abzugeben, um ihm dadurch ein besseres Leben zu ermöglichen. Dies führt dazu, dass sich viele Schwangere dagegen entscheiden, ihr Kind in die Hände anderer zu geben und stattdessen den Weg der Abtreibung beschreiten.

Für Mütter und Väter kann es eine erhebliche Leid- und Schulderfahrung bedeuten, ihr Kind weggegeben zu haben. Manche seelische Wunden wollen sich nicht schließen, sondern werden eher größer. Es kann zum lebensbestimmenden Inhalt werden, das Kind wenigstens einmal zu sehen und Kontakt zu ihm zu haben. Die Adoptionsforschung hat gezeigt, dass sogar psychosomatische Krankheiten und eine Selbstmordgefährdung die Folge sein können.

Das lässt sich jedoch nicht verallgemeinern. Nicht immer sind lebenslange Selbstvorwürfe die Folge einer Adoptionsfreigabe. In einer von Donelly und Voydanoff durchgeführten Studie bedauerten zwei Jahre nach der Adoption nur unwesentlich mehr Frauen ihre Entscheidung als diejenigen, die ihre Kinder behalten hatten. Darüber hinaus gibt es zahlreiche Adoptionen, die nicht darauf beruhen, dass eine Entscheidung aus Liebe gefallen ist, sondern darauf, dass die leiblichen Eltern ihre Kinder völlig vernachlässigten und ihnen deshalb das Sorgerecht entzogen wurde. Leider ist es gesellschaftliche Realität, dass manche Kinder nicht von einer liebenden Mutter an eine andere liebende Mutter überge-

ben werden, sondern von den zuständigen Ämtern aus schlimmen Zuständen in ihrer
Familie befreit werden müssen.

Während es leibliche Mütter gibt, die sich nichts sehnlicher wünschen, als ihr Kind zu
sehen und es in die Arme zu schließen, denken andere nur sehr wenig an ihr Kind.

Das Adoptionsgeschehen entzieht sich Pauschalisierungen und Idealisierungen. Manche Mütter haben sich aus Liebe gegen eine Abtreibung entschieden und manche haben
ihre Schwangerschaft erst so spät bemerkt, dass ein Abbruch nicht mehr in Frage kam.

Es gibt Mütter, die das Beste für ihr Baby wollen und sich deshalb dagegen entscheiden, es selbst aufzuziehen und es gibt Mütter, die ihrem Kind so hilflos gegenüberstehen,
dass sie es aussetzen, ohne sich um die Konsequenzen zu kümmern.

Es ist wichtig, dass sich Adoptiveltern und Adoptierte im Klaren darüber sind, dass
es viele unterschiedliche Gründe gibt, weshalb ein Kind zur Adoption freigegeben wird.
Es kann sein, dass die leibliche Mutter überglücklich ist, wenn sie erfährt, dass es ihrem
Kind gut geht. Vielleicht freut sie sich, wenn die Adoptiveltern oder das Adoptivkind
Kontakt zu ihr aufnehmen. Vielleicht will sie mit dem Thema aber auch nichts mehr zu
tun haben.

Die Suche nach den leiblichen Eltern

➤ **Suchmeldungen von Adoptierten im Internet:**

*Anja, geb. am 18.12.1971 in Hamburg, sucht nach ihrer leiblichen Mutter. Sie weiß kaum
etwas über ihre Mutter, nur dass sie vor der Adoption noch ein Photo haben wollte. Darauf ist ein Mädchen mit einer Puppe zu sehen. Anja hat viele Fragen und würde für einen
Kontakt alles tun.*

*Klaus, 28 Jahre alt, hat erst vor kurzem durch Zufall erfahren, dass er adoptiert ist. Seine
Eltern sagen aber nichts über seine Herkunft. In der Familie ist das Thema ein Tabu. Er weiß
mittlerweile, dass er im Alter von 2 Jahren in Braunschweig adoptiert wurde. Obwohl er
sich wenig Hoffnung macht, seine leibliche Mutter zu finden, will er nichts unversucht lassen. Kann jemand mit Tipps weiterhelfen?*

*Rebecca, geboren am 25.02.1981 in Frankfurt/Main sucht ihre leiblichen Eltern. Nach den
Adoptionsunterlagen hieß Rebecca zum Zeitpunkt der Geburt Katrin Trauber. Sie würde
sich riesig freuen, wenn sich ihre Eltern melden würden oder jemand ihr helfen kann sie zu
finden. Sie würde sich aber auch freuen, wenn sich andere Adoptierte melden würden, die
ebenfalls ihre Eltern suchen. Leider kennt sie keinen in einer ähnlichen Situation, mit dem
sie darüber reden könnte. Wer nicht selbst davon betroffen ist, weiß manchmal nicht, was
er einem raten soll.*

*Petra wurde gleich nach der Geburt von ihrer leiblichen Mutter zur Adoption freigegeben.
Im September 1969 kam Petra in ihre Adoptivfamilie. Mit 8 Jahren erfuhr sie zufällig, dass
sie adoptiert wurde. Seitdem sucht sie verzweifelt nach ihrer Mutter. Sie möchte gerne wis-*

sen, warum ihre leibliche Mutter sie weggegeben hat. Über einen Kontakt würde sie sich riesig freuen. Vor der Adoption hieß Petra übrigens Martina.

Viele Adoptierte haben den starken Wunsch, ihre Wurzeln kennen zu lernen und einmal persönlichen Kontakt zu den leiblichen Eltern aufzunehmen. Natürlich kann man dies nicht auf alle Adoptierten übertragen. Manche interessieren sich nicht wirklich für dieses Thema. Sie fühlen sich als Kind ihrer Adoptiveltern und haben wenig Interesse an ihrer Herkunft. Es ist allerdings nicht selten, dass Adoptierte Jahre damit verbringen, nach ihrer Herkunftsfamilie zu forschen.

Was aber treibt ein Adoptivkind dazu, sich auf die Suche nach seinen Herkunftseltern zu machen? Wieso nehmen manche die größten Mühen und Umstände auf sich, wenn es darum geht, Vater und Mutter ausfindig zu machen?

Ist Blut dicker als Wasser?

Es kann unzählige Gründe geben, sich auf die Suche zu begeben:
- Trotz aller Liebe durch die Adoptiveltern kann ein Gefühl geblieben sein, in einem entscheidenden Moment des Lebens ohne eigenes Zutun und ohne eigene Kontrolle zu einem Spielball des Schicksals geworden zu sein. Manchmal wird dann versucht, durch einen Kontakt mit den leiblichen Eltern wieder Kontrolle zu erlangen und dadurch frei zu werden.
- Es kann aus medizinischen Gründen erforderlich sein, über genetische Veranlagungen Bescheid zu wissen oder es wird für eine Transplantation ein Spender im Familienkreis gesucht.
- Die meisten wollen aber schlicht wissen, wie die leiblichen Eltern aussehen, wie sie sich verhalten, welche Marotten und Eigenheiten sie haben und welche Persönlichkeiten sie sind. Dies ist die Motivation für die überwiegende Zahl der Suchenden. Eine Studie fand heraus, dass 94 % der adoptierten Erwachsenen wissen wollen, welchem Elternteil sie ähnlich sehen[125]. Die meisten Adoptierten wissen nicht, von wem sie ihre Nase geerbt haben und von wem die leicht abstehenden Ohren, ob in ihrer Familie bestimmte Krankheiten immer wieder auftauchen, ob Opa und Oma alt geworden sind, ob es Brüder oder Schwestern gibt, ob diese nett oder unsympathisch sind usw. Wenn man davon ausgeht, dass ein gewisser Prozentsatz der Entwicklung jedes Menschen durch die Gene bestimmt ist, so ist es verständlich, dass viele Adoptierte sich sehr dafür interessieren, was die Gene denn für ihr Leben vorgesehen haben.

Typischerweise sind Adoptierte auf der Suche nach Informationen. Sie wollen nicht die Familie ersetzen, die sie erzogen und geliebt hat[126]. 90 % der suchenden Adoptierten geben an, sich von ihren Adoptiveltern geliebt zu fühlen und diese selbst zu lieben.[127]

Als Wissenschaftler der Frage nachgingen, weshalb sich erwachsene Adoptierte auf die Suche nach ihren leiblichen Verwandten machen, fanden sie heraus, dass am Anfang der Suche meist ein Schlüsselerlebnis, wie etwa Geburt, Tod eines Familienmitgliedes oder eine Heirat steht. Daraus kann sich das Bedürfnis entwickeln, mehr wissen zu wollen, als man bereits weiß.

Suchende Adoptierte sind durchschnittlich 29 Jahre alt und verheiratet. Sie gehören in der Regel der Mittelschicht an, haben einen festen Arbeitsplatz und bis zu 80% von ihnen sind weiblich[128]. Dass Frauen in der deutlichen Überzahl sind, kann damit zu tun haben, dass sie biologisch mehr mit dem Thema Geburt und Nachkommenschaft vertraut sind. Viele nehmen eine eigene Schwangerschaft zum Anlass, abzuklären, welche genetischen Dispositionen sie an ihre Kinder weitergeben.

Wenn es völlig normal ist, nach seiner Herkunftsfamilie zu suchen, so drängt sich die Frage auf, ob es denn unnormal ist, wenn man dies nicht tut. Ist es ein Zeichen dafür, dass das Verhältnis zu den Adoptiveltern doch nicht so gut ist, wie es eigentlich scheint und deshalb eine sichere Basis fehlt, von der aus man zu dem Abenteuer aufbrechen könnte?

Tatsächlich wird diese Meinung von vielen vertreten. Nicht-Suchende geraten deshalb leicht in den Verdacht, unterdrückt zu sein, oder Angst davor zu haben, ihrer Vergangenheit ins Auge zu blicken.

➤ Beispiel:

'In der Regel stoße ich auf völliges Unverständnis, wenn ich sage, dass ich mich nicht für meine leiblichen Eltern interessiere. Schon oft habe ich gehört: 'Du musst Frieden mit Deiner Vergangenheit schließen', 'um Ganz zu werden, musst Du Dich dem Thema stellen'.
Welcher Vergangenheit soll ich mich denn stellen? Ich wurde 2 Monate nach meiner Geburt adoptiert – soll ich mich diesen beiden Monaten stellen? Ich kann mir nicht vorstellen, was das bringen soll. Meine Adoptiveltern waren immer meine Eltern, weshalb sollte ich jetzt nach anderen suchen?
Eine Freundin von mir, die auch adoptiert ist, hat nach langem Suchen ihre leibliche Mutter wieder gefunden. Von 'Sich selber finden' oder 'Ganz werden' hat sie aber nichts gemerkt. Die Frau sah ganz anders aus als sie und konnte sich nicht daran erinnern, wer der Vater war. Hinterher hat sie mehr Fragen gehabt als zuvor.'

So wie es unzählige Gründe gibt, nach den Herkunftseltern zu suchen, so gibt es unzählige Gründe, genau dies nicht zu tun.

- Viele Adoptierte sehen einfach keine Notwendigkeit darin, nach ihren Wurzeln zu suchen. Sie sind mit ihrem jetzigen Leben zufrieden und sehen keinerlei Veranlassung, Dinge auf diese Art in Bewegung zu bringen. Nicht jeder, der nicht bei seinen leiblichen Eltern aufwachsen konnte, hat das Bedürfnis, sich später wieder mit ihnen zu vereinen. Die Fernsehschauspielerin Janine Kunze beschreibt dies so: 'Ich mache meiner Mutter keine Vorwürfe. Sie hat sich damals für ein Leben ohne mich entschieden. Heute entscheide ich mich für ein Leben ohne sie.'[129]
- Viele sehen die Adoption als etwas, was sie nicht ändern können. Da nichts mehr rückgängig gemacht werden kann, gibt es ihrer Meinung nach auch keinen Grund, in 'alten Dingen zu wühlen'.

Letztlich ist es eine Entscheidung, die jeder Adoptierte für sich selber treffen muss und die sich einer Beurteilung durch Außenstehende weitestgehend entzieht. Für den einen ist es wichtig, nach den leiblichen Eltern zu suchen und für den anderen nicht. Hier gibt es kein Richtig oder Falsch. Es lässt sich nicht generell sagen, dass die Suche nach den leiblichen Eltern zu mehr Glück und Zufriedenheit führt.

Als suchende Adoptierte mit Nichtsuchenden verglichen wurden, wurde zwar festgestellt, dass die Suchenden öfter über depressive Gefühle klagten und sich etwas weniger als die anderen von ihrer Familie unterstützt fühlten[130]. Ob dies seinen Grund darin hat, dass sie sich in ihren Familien weniger wohl fühlen, oder dass die Suche selbst diese Gefühle hervorruft, ist allerdings unklar.

Für manche Adoptierte ist die Sehnsucht nach den leiblichen Eltern so stark, dass sie bereit sind, einen hohen Preis zu bezahlen. So berichteten Anfang 2004 mehrere indische Zeitungen über einen Deutschen indischer Herkunft, der durch eine Klage vor dem indischen High Court Gewissheit über seine Herkunft erlangen wollte. Er hatte hierfür sein Geschäft verkauft und über die zeitaufwendige Suche war seine Ehe in eine schwere Krise geraten.

Von einem Reporter befragt, was seine Motivation sei, antwortete er: *'Ich hatte eine Mutter, die mich wahrscheinlich groß ziehen und lieben wollte. Es interessiert mich nicht, was vor 30 Jahren war, aber ich will wissen, wo meine Mutter ist. Und wenn sie noch lebt, will ich den Rest meines Lebens mit ihr verbringen'.*[131]

Das Beispiel zeigt, dass es für manche Adoptierte tatsächlich zum lebensbestimmenden Inhalt werden kann, nach den leiblichen Eltern zu suchen. In diesen Fällen rächt es sich, wenn Adoptiveltern bei der Adoption einen Weg beschritten haben, der später nicht mehr nachvollziehbar ist und der wegen Unklarheiten und Ungereimtheiten die Suche zu einer aussichtslosen Sache macht.

Manchmal lässt sich aber auch das Gesuchte so nicht mehr erlangen. Das Bedürfnis, mit der leiblichen Mutter vereint zu sein, von ihr getröstet, geliebt und umsorgt zu werden, ist unter Umständen auch dann nicht mehr zu stillen, wenn es tatsächlich zu einem Zusammentreffen kommen sollte.

'Bei der Suche nach den Eltern, in der Auseinandersetzung mit dem Schmerz, ist es für das Kind irgendwann erforderlich, aufzuwachen zu der Erkenntnis, dass es vorbei ist, und dass die alten Bedürfnisse nie mehr erfüllt werden können'[132]. Denn das Kind ist mittlerweile zum Erwachsenen gereift und Versäumtes lässt sich nicht immer nachholen. *'Selbst wenn die Mutter ihrem 25-jährigen Kind jetzt noch einmal die Brust reichen will, dass es das Versäumte nachholen kann – es funktioniert nicht. Es schmeckt nicht mehr wie damals'*[133].

Die leiblichen Eltern

Für die leiblichen Eltern bedeutet ein Wiedersehen mit ihrem Kind die Möglichkeit, aus erster Hand zu erfahren, wie sich ihre Entscheidung von damals ausgewirkt hat. Schuldgefühle können sich verringern oder sogar ganz verschwinden, wenn sich das Kind gut entwickelt hat und es ihm in seiner neuen Familie offensichtlich gut gegangen ist. Wenn das Kind allerdings große Probleme hat, kann auch eine Verstärkung von Schuldgefühlen die Folge sein[134].

Manche leiblichen Eltern spüren ein Leben lang das Bedürfnis, mehr über das abgegebene Kind zu erfahren. Viele möchten ihm gerne sagen, dass sie es nicht vergessen haben und dass es trotz der Freigabe immer in ihrem Herzen geblieben ist. Fast alle betrachten die Adoptiveltern als die eigentlichen Eltern. Wenn sich leibliche Eltern auf die Suche nach ihrem Kind machen, geht es ihnen deshalb nicht darum, die Adoptiveltern aus ihrer Rolle zu drängen.

Die Adoptiveltern

➤ **Beispiel:**

'Meine Adoptiveltern haben nie ein großes Geheimnis um die Adoption gemacht. Ich wusste immer, dass ich adoptiert bin und ich bekam all die Informationen, die auch meine Eltern hatten.

Als ich 18 Jahre alt war, wurde mein Verlangen immer stärker, mehr über mich und meine Vergangenheit zu erfahren und so saß ich eines Abends mit zitterigen Fingern im Wohnzimmer vor meinen Eltern um ihnen zu sagen, dass ich gerne meine Geburtsmutter sehen würde. Als meine Mutter mir sagte, dass sie nie etwas anderes erwartet hätte, fiel mir ein Stein – oder besser gesagt ein Felsbrocken – vom Herzen. Ich war so glücklich wie vielleicht noch nie in meinem Leben, dass sie mich verstehen konnte.

Nicht alle Eltern reagieren so aufgeschlossen. In der Regel gibt es durch die Suche des Kindes wenig zu gewinnen und so kann es sein, dass die Vorstellung, die leibliche Mutter oder der leibliche Vater könne ins Leben treten, eher bedrückend wirkt. Es ist auch nicht selten, dass Eltern befürchten, ihr Kind könne unter einem Zusammentreffen leiden, wenn die leiblichen Eltern unsympathisch sind, an Alkohol- oder psychischen Problemen leiden, oder nachträglich ein unwahres Bild über die Umstände und der Gründe der Adoption zeichnen. Solche Ängste hält manche von einer aktiven Unterstützung der Suche ab.

Die Mehrzahl der Eltern unterstützt jedoch die Suche oder legt ihr doch zumindest keine Steine in den Weg. Allerdings empfindet mehr als die Hälfte die Angelegenheit als 'wenig angenehm'[135]. Wird der Tag des Wiedersehens mit den leiblichen Eltern alles ändern? Wie wird das 'Danach' sein?

➤ **Beispiel:**

Eine Adoptivmutter beschreibt dies so:

'Nachdem wir verheiratet waren, wollte ich immer ein Kind, das den gleichen Charakter und nach Möglichkeit sogar das gleiche Aussehen wie mein Mann hat. Als sich dann abzeichnete, dass es mit dem Nachwuchs nichts werden würde, tröstete mich der Gedanken an eine Adoption nicht, sondern stürzte mich eher noch mehr in Verzweiflung. Ein adoptiertes Kind wird niemals so aussehen wie mein Mann, es wird nichts Biologisches von uns haben. Der Gedanke daran, das Kind eines Fremden aufziehen, raubte mir oft nächtelang den Schlaf. Wenn ich ehrlich bin, muss ich sagen, dass sich auch dann noch Teile in mir gegen diese Vorstellung gesträubt haben, als wir uns letztlich zu einer Adoption entschlossen hatten.

Heute, zwei Jahre nachdem unsere Tochter zu uns gekommen ist, frage ich mich oft, wie es wohl sein wird, wenn sie begreift, dass sie neun Monate lang das Baby einer anderen Frau war, dass sie nicht in meinem, sondern in einem anderen Bauch entstanden ist.

Wird sie mich von diesem Moment an mit anderen Augen sehen? Wird sie heimlich meine Gesichtszüge untersuchen und sich überlegen, wie ich wohl aussehen würde, wenn ich ihre 'echte' Mutter wäre? Was wird sein, wenn sie der anderen, der 'echten' Mutter begegnet? Werden sie sich mit Tränen in den Augen in die Arme fallen und sich versprechen, von nun an niemals wieder auseinander zu gehen?

Es gibt Momente, da fürchte ich mich schon jetzt vor diesem Augenblick.

'Unsere Kinder sind nicht unsere Kinder – sie gehören sich selbst' habe ich einmal irgendwo gelesen. Wahrscheinlich begreifen dies Eltern mit Adoptivkindern schneller als andere. Ich habe meine Tochter nicht geboren, sie ist nicht meine leibliche Tochter, aber dennoch liebe ich sie unermesslich. Ich liebe einfach alles an ihr: Wie schön sie ist, wie friedlich sie schläft, wie stark ihr Wille sein kann, wie liebevoll sie mit anderen umgehen kann. Eigentlich ist es so: Ich kann das Kind, das ich adoptiert habe, so lieben, als hätte ich es geboren. Eigentlich spricht nichts dagegen, dass meine Tochter auch mich später so lieben wird, als hätte ich sie geboren.'

Die meisten Adoptiveltern haben sich darauf vorbereitet, dass ihr Kind einmal seine anderen Eltern kennenlernen will. Es ist deshalb die Ausnahme, wenn Adoptiveltern mit Unverständnis und negativen Kommentaren wie: 'Du hast doch schon eine Familie und brauchst keine andere', 'Ich dachte, wir haben dir alles gegeben, was du brauchst', 'Erst haben wir uns jahrelang um dich gekümmert und dich großgezogen und jetzt gehst du zu deinen anderen Eltern', reagieren.

Es liegt in erster Linie an den Adoptiveltern, ob sich durch die Suche das Verhältnis zu ihrem Kind verschlechtert oder verbessert. So kann es durchaus zu einem dauerhaften Zerwürfnis zwischen Eltern und Kindern kommen, wenn die Adoptiveltern nicht verstehen, dass es ein natürliches Bedürfnis ist, Kontakt zu den Herkunftseltern aufzunehmen. Die Angst, das Kind könne auf Dauer zu seiner leiblichen Mutter zurückkehren, ist in der Regel unbegründet. Wenn es später zu einem Kontakt zwischen Adoptierten und leiblichen Eltern kommt, so bleibt es meist bei ein bis zwei Treffen. *'Die Adoptierten erleben ein Zusammentreffen in der Regel positiv, sind anschließend glücklicher und leiden weniger unter Identitätskonflikten. Auch verbessert sich zumeist die Beziehung zu den Adoptiveltern, da die Adoptivkinder sich der Tiefe ihrer emotionalen Bande bewusst werden'*[136.]

Wenn es zu einem Zusammentreffen zwischen leiblichen Eltern und Adoptiveltern kommt, so wird in der Regel die Rolle des anderen akzeptiert. Eine leibliche Mutter beschreibt dies so: 'Ich weiß zwar, dass ich die biologische Mutter bin, aber ich bin nicht seine Mutter'.

Der Spruch 'Blut ist dicker als Wasser' bedeutet nicht, dass Adoptierte auch zwangsläufig bei ihren leiblichen Eltern leben möchten. Blutverwandte – so der Spruch – stehen einem näher als die Menschen, die einem durch Wasser (Paten/Taufe) verbunden sind. Adoptiveltern können beruhigt sein. Sie sind mit dem Kind nicht durch Wasser verbunden, sondern durch Jahre gemeinsamer Sorgen, schöner Momente und unzähliger gemeinsamer Erlebnisse. Es mag sein, dass Blut dicker ist als Wasser. Aber Liebe ist dicker als Blut.

Die rechtliche Seite

Das Gesetz schützt die Adoptivfamilie davor, dass Außenstehende die Adoption und deren Umstände aufdecken. Eine Adoption – so der Wille des Gesetzgebers – dient dazu, ein Kind aus seinen bisherigen Familienbeziehungen herauszulösen und es in ein neues Familiensystem zu integrieren. Um dieses Ziel nicht zu gefährden, dürfen *Tatsachen, die geeignet sind, die Adoption und ihre Umstände aufzudecken, ohne Zustimmung des Annehmenden und des Kindes nicht offenbart oder ausgeforscht werden, es sei denn, dass besondere Gründe des öffentlichen Interesses dies erfordern*[137]. Um dieses Ausforschungsverbot zu sichern, unterscheidet das Personenstandsgesetz zwischen der Geburtsurkunde, die nur die Adoptiveltern aufführt[138] und der Abstammungsurkunde, die Auskunft über die leibliche Abstammung gibt und die erst bei der Eheschließung vorgelegt werden muss[139]. Darüber hinaus regelt § 34 II FGG, dass zur Sicherstellung des Adoptionsgeheimnisses die Erteilung von Abschriften und die Einsicht in die Adoptionsakten nicht zulässig sind.

Das Ausforschungsverbot schützt die Adoptivfamilie, der es auch zusteht, auf dieses Schutzrecht zu verzichten. Bei der Zustimmung von Annehmenden und Kind entfällt deshalb das Verbot[140]. Dies gilt aber nach dem Wortlaut nur dann, wenn tatsächlich die Annehmenden *und* ihr Kind zustimmen.

Bedeutet dies, dass ein Kind, das gerne mehr über die Adoption erfahren möchte, dann keine Auskunft erhält, wenn die Eltern nicht damit einverstanden sind?

Nein. Dies würde dem Grundrecht jedes Menschen auf Kenntnis seiner eigenen Abstammung widersprechen, das vom Bundesverfassungsgericht aus dem Recht auf freie Entfaltung der Persönlichkeit und aus der Menschenwürde abgeleitet und in ständiger Rechtsprechung anerkannt wird[141].

Das Recht auf Kenntnis der eigenen Abstammung ist so elementar, dass es in mehreren Vorschriften ausdrücklich festgelegt wurde. So darf ein Adoptierter nach § 61 PStG ab seinem 16. Lebensjahr Einsicht in den die Abstammung ausweisenden Geburtseintrag nehmen und nach § 9b Adoptionsvermittlungsgesetz ist einem Kind, das das 16. Lebensjahr vollendet hat, auf Antrag Einsicht in die Vermittlungsakten zu gewähren, die 60 Jahre lang aufzubewahren sind. Darüber hinaus gewährt § 67 SGB VIII i.V.m. § 83 SGB X jedem Betroffenen einen Anspruch auf Auskunft über die bei einer Behörde zu seiner Person gespeicherten Daten. Dieses Recht besteht jedoch nicht uneingeschränkt. Insbesondere dann, wenn personenbezogene Daten wegen überwiegender berechtigter Interessen dritter Personen geheim gehalten werden müssen, kommt eine Auskunftserteilung nicht in Betracht[142].

Was aber ist, wenn kein ausdrückliches Verbot der leiblichen Eltern zur Weitergabe ihrer Daten vorliegt, aber auch keine ausdrückliche Einwilligung?

In diesen Fällen ergibt eine Abwägung der beiderseitigen Interessen in der Regel, dass die Interessen des Adoptierten, Informationen über seine leiblichen Verwandten zu erhalten, gegenüber den (möglichen) Interessen der leiblichen Verwandten, für den Adoptierten anonym zu bleiben, als höherwertig einzustufen sind.

Anlaufstelle für suchende Adoptierte:
Selbsthilfegruppe erwachsene Adoptierte
Anita-Verena Brandsch
Muggensturmer Str. 23
70499 Stuttgart
www.erwachsene-adoptierte.de
Auf der Homepage befindet sich auch ein umfangreiches Literaturverzeichnis
zu diesem Thema.

Die leiblichen Eltern – Kontakte

Gibt es Kontakte zwischen leiblichen Eltern und der Adoptivfamilie, so kann dies Vorteile, aber auch Nachteile haben.

Vorteilhaft ist:
- dass die leiblichen Eltern nicht im ungewissen darüber sind, unter welchen Bedingungen ihr Kind lebt, und deshalb weniger stark unter Trauer, Schmerz und Schuldgefühlen leiden,
- dass sie dem Kind ihre Liebe zeigen können und ihm selbst erklären können, weshalb es zur Adoption gekommen ist,
- dass die Adoptiveltern mehr Informationen über das Kind und seine Eltern haben,
- dass die Adoptiveltern weiter körperlich präsent sind und die Adoptivkinder so weniger stark von einem Teil ihrer Vergangenheit abgeschnitten sind.

Nachteilig ist:
- dass es für leibliche Eltern sehr schmerzhaft sein kann, immer wieder auf ihr Kind zu treffen und der Trauerprozess dadurch länger und intensiver sein kann,
- dass die leiblichen Eltern alle Elternrechte verloren haben und sie es als belastend empfinden könne, nicht aktiv in die Erziehung eingreifen zu dürfen,
- dass belastende Informationen über die leiblichen Eltern die Angst der Adoptiveltern verstärken kann, das Kind werde sich vielleicht auch nachteilig entwickeln,
- dass zu Unsicherheiten der Adoptiveltern kommen kann, inwieweit sie für das Leben der leiblichen Eltern mitverantwortlich sind,
- dass es dem Adoptivkind schwer fallen kann, loyal zu beiden Elternpaaren zu sein.

Generell lässt sich über das Verhältnis zwischen Adoptiveltern und leiblichen Eltern sagen, dass – wie bei allen menschlichen Kontakten – sämtliche Facetten denkbar sind. In einzelnen Fällen entwickeln sich Freundschaften, während in anderen nur gegenseitige Ablehnung herrscht.

Positiv ist in jedem Fall, wenn sich alle Elternteile über ihre Rollen, ihre Verantwortlichkeiten und ihre Rechte und Pflichten im Klaren sind. Das ist nicht immer einfach.

➤ Beispiel:

Das Ehepaar F. hat die kleine Lena aus Russland adoptiert. Die Adresse der leiblichen Eltern ist bekannt. Da Lena später die Möglichkeit haben soll, Kontakt zu ihrer Herkunftsfamilie aufzunehmen, ist das Ehepaar sehr daran interessiert, eine Verbindung zu Lenas leiblichen Eltern aufzubauen. Schon bald nach der Ankunft in Deutschland schicken sie ein paar Photos und einen Brief nach Russland und freuen sich sehr, als schon kurze Zeit später ein Brief der leiblichen Mutter eintrifft. Darin bittet sie um Geld für sich selbst und für ihre beiden anderen Kinder. Sie seien alle sehr arm und würden deshalb Unterstützung dringend benötigen.

An der finanziellen Notlage der Familie in Russland besteht kein Zweifel. Dennoch sind Herr und Frau F. verunsichert und fragen sich, ob es angemessen ist, Geld zu schicken. Schließlich wollen sie nicht den Eindruck erwecken, als hätten sie Lena gekauft und sie haben auch kein Interesse daran, für ihr restliches Leben die Verantwortung für das Schicksal der leiblichen Eltern und Geschwister von Lena zu tragen.

Andererseits haben sie aber auch große Bedenken, die finanziellen Wünsche abzuschlagen. Was sollten sie Lena später sagen, wenn diese sich nach den leiblichen Eltern erkundigt und feststellt, dass sie wegen Geldmangels nicht mehr leben? Vielleicht würde der Kontakt nach Russland dann auch ganz abreißen und Lena hätte so später keine Gelegenheit mehr, nach ihren Wurzeln zu suchen?

Ein Adoptivkind ist nicht nur das Kind seiner Adoptiveltern, sondern es bleibt auch das Kind seiner leiblichen Eltern und ein Angehöriger seiner leiblichen Familie.

Die rechtlichen Verbindungen zur Herkunftsfamilie mögen durch die Adoption gekappt sein. Dies ändert jedoch nichts daran, dass eine Verbundenheit bestehen bleibt.

Durch die Adoption wurde zwar ausschließlich das Kind in die Familie aufgenommen. Über die weiter bestehende Verbindung des Kindes zu seinen leiblichen Verwandten sind die Adoptiveltern aber auch in gewisser Weise für das Schicksal dieser Menschen verantwortlich.

Manche Adoptiveltern lehnen diese Verantwortung ab.

➤ Beispiel:

Herr F. ist über den Wunsch der leiblichen Mutter von Lena entrüstet: 'Ich habe der Frau doch schon geholfen, indem ich ihre Tochter adoptiert habe, für die sie selber nicht sorgen konnte. Da kann sie von mir doch nicht erwarten, dass ich ihr jetzt auch noch Geld gebe! Wo soll das hinführen? Erst bezahle ich Geld an sie, später kommen dann ihre anderen Kinder und halten auch die Hand auf und ich soll immer nur bezahlen.'

Es kann dahingestellt bleiben, ob Herr F. mit der Adoption seiner Adoptivtochter deren leiblicher Mutter oder in erster Linie sich selber geholfen hat. Sicherlich war es aber nicht seine Absicht, nach der Adoption für die leiblichen Verwandten des Kindes zu sorgen.

Rechtlich besteht natürlich auch hier keine Verpflichtung, Geld zu bezahlen. Durch die Adoption wurde die rechtliche Beziehung zwischen dem Kind und seinen leiblichen Eltern beendet.

Wenn Lena jedoch später feststellen sollte, dass ihre Mutter oder ihre leiblichen Geschwister nicht mehr leben, wird ihr die rechtliche Wirkung der Adoption ziemlich gleichgültig sein und sie wird die Frage stellen: 'Und warum habt ihr ihnen nicht geholfen?'.

Die Antwort: 'Nach den Rechtswirkungen der russischen Adoption waren wir dazu nicht verpflichtet' wird Lena nicht überzeugen können. Eltern sind rechtlich auch nicht verpflichtet, ihren Kindern ein Eis zu kaufen oder mit ihnen ins Schwimmbad zu gehen, werden dies aber in der Regel dennoch tun. Auch hier wird niemand auf den Gedanken kommen, seinem Kind den Wunsch nach Eis mit Verweis auf die Gesetzeslage abzuschlagen. Und dies mit gutem Grund. Rechtliche Regelungen sind nur sehr bedingt dazu geeignet, familiäre Fragen zu beantworten.

Wenn sich die Fragestellung nicht auf rechtliche Weise lösen lässt – wie kann dann ein Weg gefunden werden, der alle zufrieden stellt?

Eine Lösung könnte so aussehen:

- Grundsätzlich besteht eine moralische Verpflichtung, den leiblichen Verwandten seines Kindes beizustehen. Sie sind die Blutsverwandten des Adoptivkindes und damit nicht irgendwelche Fremde.
- Diese Verpflichtung hat jedoch auch ihre Grenzen. Die Adoptiveltern haben ein Kind adoptiert und bereits durch diese Adoption Hilfe geleistet. Vielleicht war es nicht ihre Motivation, jemandem zu helfen, aber objektiv wurde dennoch Hilfe geleistet. Aus dieser bereits getätigten Hilfeleistung folgt nicht die uneingeschränkte Verpflichtung, ein Leben lang für Personen zu sorgen, die nicht adoptiert wurden.
- Die Frage, wo die Grenze der Hilfeleistung zu ziehen ist, ist jeweils individuell zu beantworten. Dabei spielt eine Rolle, wie weit der eine Teil hilfsbedürftig und der andere Teil leistungsfähig ist:

Je größer die Hilfsbedürftigkeit, desto größer ist die Verpflichtung der Adoptiveltern, Hilfe zu leisten. Die Behandlung einer schweren Krankheit ist wichtiger als die Anschaffung eines Fahrrades. Wer hier in Deutschland mit seinem Geld nur knapp über die Runden kommt, kann weniger Lasten schultern, als jemand, der Probleme hat, sein vieles Geld unterzubringen.

Für Herrn F. empfiehlt sich folgendes Vorgehen:

- Zuerst sollte er sich danach erkundigen, wofür die Mutter von Lena das Geld genau benötigt. Diese Frage ist nicht indiskret. Es ist Lenas leiblicher Mutter durchaus zuzumuten, dass sie genau darlegt, wofür sie das Geld zu verwenden gedenkt und vielleicht auch ein ärztliches Attest oder die Bescheinigung einer Behörde vorlegt, aus der die angeführte Bedürftigkeit hervorgeht.
- Um auch für zukünftige Geldwünsche einen Rahmen abzustecken, kann Herr F. in einem Schreiben nach Russland festlegen, unter welchen Bedingungen und in welchem Umfang er helfen kann und helfen möchte.

– Falls sich Herr F. unsicher ist, ob das Geld tatsächlich wie angegeben verwendet wird, kann er bei der Vermittlungsstelle, die die Adoption vermittelt hat, anfragen, ob sie über Möglichkeiten verfügt, vor Ort die geplante Verwendung sicherzustellen.

Es ist nicht ausgeschlossen, dass die leibliche Mutter von Lena - falls kein Geld aus Deutschland kommt - den Kontakt tatsächlich abbricht. Dies wäre eine tragische Entwicklung, die dennoch in manchen Fällen nicht zu verhindern ist.

Die Wurzeln – Kann man ohne Wurzeln leben?

Viele Kinder – vor allem die aus dem Ausland – sind Findelkinder, d.h. es ist nicht bekannt, wer ihre leiblichen Eltern sind. Hierfür kann nicht die Adoption verantwortlich gemacht werden. Sie wären auch dann Findelkinder, wenn sie nicht adoptiert worden wären. Das ist zwar eine Selbstverständlichkeit, dennoch gibt es immer wieder die Meinung, Auslandsadoptionen seien dafür verantwortlich, dass die Kinder von ihren Eltern getrennt wurden. Die Elternlosigkeit war aber schon vor der Adoption und nicht erst danach.

Von Kindern, die nichts über ihre Herkunft wissen, wird überwiegend ein trostloses Bild gezeichnet.

Nichts über seine Abstammung zu wissen *'bedeutet für die betroffenen Menschen eine bleibende nie schließbare Lücke im Leben, damit verbunden eine nie endende Trauer einerseits sowie tiefe Selbstunsicherheit und Selbstzweifel andererseits*'[143]. Und ein Adoptionsbuch wird mit den Worten rezensiert: *'Alle Adoptiveltern wissen darum, dass Kinder, wenn sie verlassen werden, nicht nur einer bedauernswerten Mutter Erleichterung schaffen, sondern gebrandmarkt, in ihren Problemen tabuisiert und ohnmächtig durchs Leben gehen. Kein Baum, keine Pflanze kann ohne Wurzeln gedeihen. Auch kein Mensch!*'[144].

Wer ein verlassenes Kind bei sich aufnehmen will, wird nach dem Lesen dieser Worte schlecht schlafen.

Sind alle Findelkinder immer ihr ganzes Leben lang selbstunsicher, voller Selbstzweifel und tief in unendlicher Trauer gefangen?

Können Kinder tatsächlich nicht gedeihen, wenn sie verlassen worden sind? Gehen sie tatsächlich immer gebrandmarkt, in ihren Problemen tabuisiert und ohnmächtig durchs Leben?

Leider sind diese Aussagen sehr pauschal und klischeehaft ausgefallen. Natürlich gibt es viele Mütter, die sich ein Leben lang damit quälen, ihr Kind nicht behalten zu haben, aber muss man auch diejenigen bedauern, die sehr gut mit ihrem Entschluss leben können, oder muss man Mitleid mit denen haben, denen das Sorgerecht durch Gerichtbeschluss entzogen wurde, weil sie ihr Kind vernachlässigten oder misshandelten? Es ist völlig sinnlos, sämtliche Mütter über einen Kamm zu scheren und alle in eine Opferrolle zu drängen.

Genauso wenig ist es sinnvoll, eine ganze Gruppe von Adoptierten pauschal für entwicklungsunfähig zu erklären.

Selbstverständlich und völlig unbestritten ist es das Recht eines jeden Einzelnen, zu erfahren woher er kommt. Es ist deshalb völlig unverantwortlich, wenn Adoptiveltern ihren Kindern notwendige Informationen vorenthalten und vermutlich ist es genauso unverantwortlich, wenn durch Babyklappensysteme anonymen Geburten Vorschub geleistet wird. Glücklicherweise wissen heute die meisten Adoptiveltern, dass sie ihren Kindern eine große Last aufbürden, wenn sie ihnen Fakten über die Geburtseltern verschweigen. Manchmal ist tatsächlich ein lebenslanges verzweifeltes Suchen und ein nicht enden wollendes Grübeln über die Ursachen der Adoptionsfreigabe die Folge. Dies ist vor allem dann der Fall, wenn in der Familie ein Klima der Geheimniskrämerei herrscht und das Kind das Gefühl hat, eine schreckliche Wahrheit werde vor ihm geheim gehalten.

Daraus lässt sich jedoch nicht schießen, dem Kind seien immer und unausweichlich alle Lebenswege verbaut, wenn es trotz aller Bemühungen nicht möglich ist, Informationen über die leiblichen Eltern zu erhalten. Es gibt keinerlei Studien, die eine solche These bestätigen würden. Da bei vielen Kindern nichts über die biologische Mutter bzw. den biologischen Vater bekannt ist, müssten all diese Adoptierten ohnmächtig durchs Leben gehen. Viele dieser Adoptierten zeigen, dass dem nicht so ist.

➤ **Beispiel:**

Manche bringen es erstaunlich weit in ihrem Leben, wie etwa Steven Jobs, der Mitbegründer und Chef der US-Computerfirma Apple. Kurz nach seiner Geburt kam er als Findelkind zu seinen Adoptiveltern, denen er nicht nur Freude bereitete. In den siebziger Jahren schmiss er sein Studium, ließ sich die Haare wachsen und lebte als Hippie in Indien. Seine Unangepasstheit wurde aber letztlich zum Schlüssel seines Erfolges. Die von ihm mitbegründete Firma Apple wurde wegen der überlegenen Technik ihrer Rechner ein durchschlagender Erfolg und so hatte Jobs bereits als Fünfundzwanzigjähriger 100 Millionen Dollar Vermögen angehäuft und zählte damit zu den reichsten Männern Amerikas.
Später beschloss Jobs ins Musikgeschäft einzusteigen und gründete den virtuellen Plattenladen iTunes Music Store. Auch dieses Geschäft wurde ein voller Erfolg.
Steve Jobs ist bekannt für seinen Ehrgeiz und dafür, dass er sich nicht mit Kompromissen zufrieden gibt. Von sich selbst sagt er: 'Ich bin bereit, Mauern einzureißen und Brücken zu bauen. Ich habe eine große Erfahrung, Visionen und ich habe keine Angst davor, noch einmal von vorn anzufangen'.[145]
Ohnmächtig ist so einer nicht.

Adoptiveltern, Adoptierte und leibliche Eltern sind keine homogenen Gruppen, in denen sich jedes Mitglied gleich verhält.

Das Leben ist sehr vielfältig und so gibt es gute Adoptiveltern und schlechte, es gibt Adoptivkinder, die sich gut entwickeln und andere, die dies leider nicht tun und es gibt leibliche Mütter, die bedauernswert sind, und andere, bei denen nur ihre Kinder zu bedauern sind.

Die Menschen sind verschieden und bestehen nicht nur aus Schurken, Helden und Opfern. Es erleichtert zwar die Sichtweise, wenn man alle leiblichen Mütter als Opfer, alle Adoptiveltern als – je nach Standpunkt des Betrachters – selbstlose Retter oder selbstsüchtige Wohlstandsbürger und alle Adoptierten nur dann als lebensfähig sieht, wenn sich ein Therapeut ihrer annimmt. Mit der Realität hat eine solche Betrachtungsweise allerdings wenig gemein.

Niemand weiß im Voraus, wie sich ein Kind entwickeln wird. Es gibt welche, die wissen alles über ihre leiblichen Eltern und sind dennoch Schulversager, schwierig im Umgang mit anderen und für ihre Eltern eine große Herausforderung. Andere wissen vielleicht nichts über ihre leiblichen Eltern, fühlen sich aber trotzdem wohl, haben Erfolg in Schule, Beruf und Beziehungen und kommen gut mit sich, ihrem Leben und ihrem Schicksal zurecht. Es ist mit Sicherheit leichter zu wissen, wer die biologischen Eltern sind. Aber einem Baby, das in einer Babyklappe oder auf den Stufen eines Heimes in der Dritten Welt abgelegt wird, zu prognostizieren, es sei nun dazu verurteilt, sein restliches Leben selbstunsicher, selbstzweifelnd, gebrandmarkt, tabuisiert und ohnmächtig zu verbringen, ist diskriminierend und schädlich.

'Identität bildet sich wie durch einen Spiegel. Der Mensch sieht sich mit den Augen anderer – und so wie er gesehen wird, wird er sich sein Bild von sich selber machen. Das Fremdbild entscheidet über das Selbstbild. Es ist völlig ausgeschlossen, dass ein Mensch sich anders sehen kann als er von seiner Umwelt wahrgenommen wird.' schreibt Christine Swientek[146].

Wenn das so ist, kann man sich leicht vorstellen, welche Folgen es für die Identitätsbildung von Adoptierten hat, wenn ihnen bescheinigt wird, sie müssten ihr Leben als arme Würstchen verbringen.

In dem Bestreben, Adoptiveltern die Wichtigkeit der Aufklärung ihrer Kinder vor Augen zu führen, wird oft zu deutlichen Formulierungen gegriffen, die klar machen sollen, dass Offenheit der beste Weg ist. Dabei wird regelmäßig vergessen, dass es viele Adoptierte gibt, bei denen völlig ausgeschlossen ist, dass sie jemals Genaueres über ihre biologische Herkunft erfahren. Diesen Adoptierten mitfühlend auf die Schulter zu klopfen und ihnen vollstes Verständnis zuzusichern, ist wenig zielführend. Was bringt es ihnen, wenn sie erfahren, dass sie ohne Wurzeln nicht gedeihen können? Sie wollen ein glückliches und erfülltes Leben führen und nicht mit einer vernichtenden Lebensprognose allein gelassen werden.

Es ist wichtig zu wissen, dass es nicht gleichbedeutend mit Wurzellosigkeit sein muss, wenn man nichts über seine leiblichen Eltern weiß. Es gibt kulturelle Wurzeln, ethnische Wurzeln und Wurzeln, die deutlich werden, wenn man sich näher mit dem Land, der Stadt oder dem Heim, aus dem man kommt, beschäftigt.

Vielleicht gelingt es, frühere Bezugspersonen oder Freunde ausfindig zu machen. Auch diese sind Wurzeln.

Manche entdecken durch psychotherapeutische Methoden wie Rebirthing, Hellinger oder Ähnlichem eine Quelle ihres Ursprungs in sich, die ihnen Halt gibt und manche erfahren ihre Wurzeln in der Liebe zu Gott.

Es ist sicherlich für viele sehr problematisch, nichts darüber zu wissen, weshalb es zur Adoption gekommen ist und nie die Gelegenheit zu haben, mit dem leiblichen Vater oder der leiblichen Mutter zu sprechen, sie zu sehen und sich mit ihnen auszutauschen. Jedem Adoptierten ist zu wünschen, dass er hierzu die Möglichkeit findet und Adoptiveltern hat, die ihn begleiten und unterstützen. Bedauerlicherweise ist dieser Weg für manche nicht möglich. Auch sie müssen allerdings nicht wurzellos leben, denn die leiblichen Eltern sind nicht die einzigen Wurzeln.

Internet:
http://people.freenet.de/Textor/Unbekannt.html

Die Wurzeln – Erinnerungen an früher

➤ Beispiel:

Die kleine 4-jährige Jasmin aus Guatemala ist von Horst und Roswitha adoptiert worden und hat sich schon nach wenigen Wochen sehr gut eingelebt. Bald beginnt sie von ihrer leiblichen Mutter und der anschließenden Zeit im Kinderheim zu erzählen. Ihre neuen Eltern freuen sich darüber, dass Jasmin bereits so viel Vertrauen gefasst hat und völlig unbefangen auch von unangenehmen Erlebnissen berichtet. Dennoch wissen sie manchmal nicht, was sie von diesen Erzählungen zu halten haben. An manchen Tagen berichtet Jasmin, dass sie von ihrer Mutter geschlagen und misshandelt worden ist und ein anderes mal schildert sie dieselbe Frau als überaus liebevolle und fürsorgliche Beschützerin ihrer Kinder.

Immer wieder berichtet sie davon, wie reichhaltig und schmackhaft das Essen im Kinderheim war und dass vor allem das Mittagessen überaus lecker war.

Horst und Roswitha, die Jasmin in deutlich unterernährtem Zustand aufgenommen haben, sind mehr und mehr verwirrt. Könnte es sein, dass Jasmin sie belügt? Und wenn ja – weshalb?

Es ist noch nicht lange her, da nahm die Wissenschaft an, dass Erinnerungen als einzelne Informationsbausteine im Gedächtnis abgespeichert sind. Der griechische Philosoph Plato verglich das Gehirn mit einem Vogelkäfig, in dem jeder einzelne Vogel einen speziellen Teil der Vergangenheit verkörpere. Wer sich erinnert, so Plato, versuche, den passenden Vogel zu fangen, um diesen zu betrachten und den speziellen Moment der Vergangenheit wieder in die Gegenwart zu holen.

Noch vor wenigen Jahren hielt man das Gedächtnis für einen Computer, der völlig objektiv all das aufzeichnet, was in ihn eingespeist wird. Neuere wissenschaftliche Erkenntnisse zeigen jedoch deutlich, dass diese Vorstellung ein Irrtum ist. Das Gedächtnis ist nicht statisch, sondern ständiger Veränderung ausgesetzt. Ein typisches Beispiel sind Liebespaare, die über ihre Gefühle im letzten Jahr befragt werden, und sich korrekt daran erinnern können. Nach einer Trennung wollen allerdings drei von vier Singles nicht mehr wahrhaben, dass sie ihren Partner noch vor kurzem geliebt haben.

Nicht alles, woran wir uns erinnern, ist auch tatsächlich so passiert. Manche Erinnerungen sind wahr, manche sind eine Mischung aus Tatsache und Phantasie und manche sind schlicht falsch. Und da diese Erkenntnis natürlich nicht ohne Bezeichnung bleiben darf, wird sie in der Wissenschaft 'False Memory Syndrome' genannt.

Wie aber kommt es dazu, dass man sich an manche Dinge nicht so erinnert, wie sie tatsächlich stattgefunden haben?

Die Schwierigkeiten beginnen schon damit, dass nicht alle Ereignisse gleichermaßen in die Erinnerung aufgenommen werden. Manche Studien zeigen, dass es sogar möglich ist, in gewissem Rahmen selbst darüber zu entscheiden, was abgespeichert werden soll und was nicht. So wurde von der Universität in Oregon ein Versuch durchgeführt, bei dem sich die teilnehmenden Personen jeweils einen Begriff eines Wortpaares merken sollten. Als die Teilnehmer später aufgefordert wurden, sich auch an das verdrängte Wort zu erinnern, waren sie hierzu auch dann nicht in der Lage, als ihnen Geld dafür geboten wurde.

Doch selbst wenn eine korrekte Abspeicherung ins Gedächtnis stattgefunden hat, bedeutet dies nicht zwangsläufig, dass diese Information später auch so wieder abgerufen werden kann. Ein bestimmtes Ereignis wird nicht in einem 'Block' abgespeichert, sondern an verschiedenen Stellen über ein ganzes Netzwerk an Informationsflüssen. Was man gesehen hat, liegt im Gehirn an einem anderen Ort als das, was man gehört oder gefühlt hat. Wenn die kleine Jasmin sich an eine frühere Begebenheit aus dem Heim erinnert, werden Informationen aus unterschiedlichen Hirnrealen abgerufen und daraus die Erinnerung an früher zusammengesetzt. Bei diesem Prozess kann es zu Fehlern kommen. Manchmal wird ein Informationsbaustein abgerufen, der neben dem korrekten Baustein liegt – es kommt zu einer falschen Erinnerung.

Erinnerungen bleiben auch nicht so, wie sie sind. Wenn sie abgerufen und anschließend neu gespeichert werden, erfolgt jedes Mal eine Aktualisierung. Wenn Jasmin in fröhlicher Stimmung an ein früheres Erlebnis denkt, wird sie dieses Erlebnis beim nächsten Zurückdenken viel fröhlicher in Erinnerung haben. Viele Erinnerungen von Kindern werden stark geprägt von dem, was Erwachsene erzählen. Ein aus dem Ausland adoptiertes Kind, das von seinen neuen Eltern ständig erfährt, wie fürchterlich es in seinem Herkunftsland zugeht, wird bald selbst der Meinung sein, der Hölle entronnen zu sein, obwohl dies vielleicht objektiv nicht den Tatsachen entspricht.

Grundsätzlich neigt der Mensch jedoch eher zur Verklärung seiner Vergangenheit. Dies lässt sich gut bei alten Menschen beobachten, bei denen manchmal selbst die Schrecken von Krieg und Vertreibung im Nachhinein zu glücklichen Momenten mutieren.

Selbst wenn es sich um ein besonders einschneidendes Erlebnis gehandelt hat, kann es zu falschen Erinnerungen kommen und manchmal ist gar keine Erinnerung mehr möglich. In zwei Studien wurden Erwachsene untersucht, die als Kind Opfer sexuellen Missbrauchs geworden sind und deshalb in stationärer Behandlung in einem Krankenhaus waren. In den Untersuchungen, die 17 Jahren nach diesen Vorfällen durchgeführt wurden, konnten sich 38 % der Frauen und 55 % der Männer nicht mehr daran erinnern, als Kind missbraucht worden zu sein[147].

Gerade für Adoptivfamilien, Adoptivkinder und erwachsene Adoptierte ist die Flüchtigkeit des Gedächtnisses ein großes Problem. Manchmal haben sie aus ihrem früheren Leben nichts anderes mitgebracht als ihre Erinnerungen. Aus welchen Gründen kam es zur Adoption? Wie war das Leben davor? Wie war das mit Vater und Mutter? Was habe ich früher erlebt, dass ich jetzt so bin wie ich bin?

Das sind Fragen, die für die betroffenen Personen von größter Wichtigkeit sind.

Jeder Mensch sucht die Bilder der Vergangenheit, weil es dem menschlichen Grundbedürfnis entspricht, seine Wurzeln zu kennen. Jeder will 'ganz' sein und dazu gehört auch die Zeit, in der man an einem ganz anderen Ort gelebt hat. Jeder will wissen, wie sein Leben von Anfang an war.

Wie aber kann man aus seinem Gehirn die Informationen ziehen, die tatsächlich objektiv richtig sind, um nicht falschen Vorstellungen zu erliegen? Wenn die eigene Erinnerung schon so unzuverlässig ist, könnte man dann vielleicht einen Therapeuten aufsuchen, der mittels Hypnose oder ähnlicher Verfahren dem Gehirn die wahren Informationen entlockt. Vielleicht sogar mit medizinischer Hilfe – Wahrheitstropfen beispielsweise?

Jeder Therapeut will erfolgreich sein. Wenn in einer Therapie spektakuläre Erkenntnisse gewonnen werden, so bestärkt das den Therapeuten darin, erfolgreich zu sein. Tatsächlich können Erkenntnisse in einer Therapie ein Erfolg sein – manchmal aber auch nur für den Therapeuten.

Ein guter Therapeut weiß um den Unterschied zwischen subjektiver Wahrheit und objektiver Wahrheit. Er drängt nicht. Er bemüht sich darum, die Therapie nicht mit vorgefassten Meinungen zu beeinflussen. Er fragt nicht bewusst oder unbewusst suggestiv und er kann manche Dinge offen lassen.

Eine gute Therapie kann helfen, die vielen Wahrheiten zu integrieren und sich wieder ganz zu fühlen.

Aber die objektive Wahrheit kennt auch der Therapeut nicht.

Manche Dinge lassen sich auch dann nicht aufklären, wenn man zu Hypnose und Wahrheitsserum greift. In solchen Sitzungen kann es leicht zu falschen Erinnerungen kommen. Manche Therapeuten merken nicht, dass erst sie ihren Patienten mit (unbewusst) suggestiven Fragen auf bestimmte Gedanken gebracht haben, ihm einen Gedanken 'implantiert' haben. In manchen US-Staaten ist es deshalb nicht möglich, nach einer Behandlung mit einer Wahrheitsdroge oder einer Hypnose als Zeuge in einem Straf – oder Zivilverfahren auszusagen. Zu groß sei hier die Gefahr, dass der Zeuge aufgrund der Behandlung eine falsche Erinnerung produziere, so die dortige Rechtsprechung.

Die einzige zuverlässige Möglichkeit zwischen wahrer und falscher Erinnerung zu unterscheiden, liegt darin, sich seine Erfahrungen von unabhängigen Beobachtern bestätigen zu lassen. Bei Adoptionen sind diese Möglichkeiten eher begrenzt. Manchmal kann man einiges über die Adoptionsvermittlungsstelle, über frühere Betreuerinnen und eventuell über Angehörige erfahren. Adoptierte, die sich auf die Suche nach ihrer Vergangenheit machen, stoßen jedoch auf das Problem, dass nicht nur bei ihnen die Erinnerung trügerisch ist. Auch unabhängige Beobachter haben oft Schwierigkeiten, sich genau an das zu erinnern, was damals war.

Verbände, Initiativen, Selbsthilfegruppen

Pfad – Bundesverband der Pflege- und Adoptivfamilien
Pflege und Adoptivfamilien e.V.
Große Seestrasse 27
60486 Frankfurt am Main
Telefon 069 / 979867 - 0
E-Mail: pfad-bv@t-online.de
Internet: www.pfad-bv.de

Landesverbände im Pfad:
PFAD für Kinder, LV Baden-Württemberg e.V.
Am Sportplatz 6,
75334 Straubenhardt,

PFAD FÜR KINDER, LV Bayern e.V.
Hubmannstr. 6
86551 Aichach

PFAD für Kinder, LV Berlin-Brandenburg e.V.
Scheeder Str. 32 a
15711 Königs Wusterhausen

WIR, LV Bremen e.V.
Bahnhofstr. 28-31,
28195 Bremen

Freunde der Kinder, LV Hamburg e.V.
Langenhorner Chaussee 93
22415 Hamburg

PFAD für Kinder, LV Hessen e.V.
Lindenstr. 2A
61440 Oberursel

PFAD-Gruppe
Mecklenburg-Vorpommern, „Mittenmang"
Birkenallee 9
19230 Hagenow

PFAD, LV Niedersachsen e.V.
Kornstr. 18
38640 Goslar

PAN, Pflege- und Adoptivfamilien NRW e.V.
Heimgart 8
40883 Ratingen

PFAD für Kinder, LV Rheinland-Pfalz e.V.
Siedlerstr. 21
76865 Rohrbach

PFAD, LV Saarland e.V.
Im Lupinenfeld 2
66450 Bexbach

PFAD, LV Sachsen e.V.
Jupiterstr. 31
04205 Leipzig

LV Sachsen-Anhalt e.V.
Moskauer Str. 16
39218 Schönebeck

PFAD, LV Schleswig-Holstein e.V.
Feldstr. 3
24354 Rieseby

Pfad, LV Thüringen e.V.
Vorderstr. 76
99610 Wenigensömmern

Netzwerk Herkunftseltern
Marlies Born ,
Keithstr. 17,
10787 Berlin,
Telefon: 0 30 - 2362 8074
E-Mail: info@netzwerk-herkunftseltern.de

NEW – Noch ein Weg e.V.
Jugendliche aus Pflege und Adoptivfamilien
Jessica Degner
Linnenbacher Weg 4 a
64658 Fürth-Ellenbach
Tel: 06253 / 2 32 33
oder:
Albert Bekowies
Douwestr. 14 Whg. 3/14
26721 Emden

Adoptivfamilien
Mit Kindern aus aller Welt
Burbekstr. 14
22523 Hamburg
Telefon/Fax: 01212-5-790-74-824
Vorstand: Peter Seherr - von Thoss
E- Mail: info@adoptivfamilien.de
Internet: www.adoptivfamilien.de/

Selbsthilfegruppe erwachsene Adoptierte
Kontakt:
Anita-Verena Brandsch
Muggensturmer Str. 23
70499 Stuttgart
Tel.: 0711/8873031
Internet: www.erwachsene-adoptierte.de

Bundesverband für Eltern ausländischer Adoptivkinder e.V.
Im Jugendwerk 15
79206 Breisach-Oberrimsingen
Tel. 0173/3191092
Fax 07664/409299
E- Mail: BVEaA@t-online.de

Landesstelle nördl. Bundesländer
Ramlingerstr. 18
31303 Burgdorf-Ehlershausen

Landesstelle NRW
In der Beek 28 F
42113 Wuppertal

Landesstelle Bayern
Pointweg 7
91792 Ellingen

Landesstelle Neue Bundesländer
Bauhausstr. 9
99723 Weimar

Landesstelle Hessen
Gundastrasse 10b
63762 Großostheim

Landesstelle Rheinland Pfalz
Liesenfelderstraße 48
56281 Emmelshausen

Interessengemeinschaft pro Pflege- und Adoptivkind
Daimlerstr. 7,
32312 Lübbecke,
Tel. 05741/41316390,
Fax 05741/413116391

Initiative Kölner Adoptiv- und Pflegeeltern e.V.
Kontakt:
Thomas Reckzeh - Schubert
E-Mail: reckzeh-schubert@netcologne.de

Selbsthilfegruppe für Pflege- und Adoptivfamilien in Kerpen e.V.
Bachstr. 97
50171 Kerpen
E-Mail: kerpaenz@t-online.de

Informationen im Internet

Einführende Informationen:
www.adoption.de
Sehr umfangreiche Homepage rund um das Thema Adoption

www.adoptionsberatung.at
Österreichische Homepage, deren Besuch zum Pflichtprogramm aller Adoptions-
interessierten gehört

www.bundeszentralregister.de
Infoseite der Bundeszentralstelle für Auslandsadoptionen

www.adoption.lu
Homepage aus Luxemburg mit großem Linkverzeichnis

www.blja.bayern.de
Landesjugendamt Bayern mit vielen Informationen zum Thema Adoption

www.home.snafu.de
Netzwerk Herkunftseltern

www.bveaa.de
Homepage des Bundesverbandes der Eltern ausländischer Adoptivkinder

www.elternimnetz.de
Informationen für Schwangere, die sich überlegen, ihr Kind zur Adoption freizugeben

www.adoptivfamilie.de
Adoption in Deutschland

Länderspezifische Informationen im Internet

Rumänien:	www.adoption-in-rumaenien.de.vu/
Haiti:	www.haiti-adoption.de
USA:	www.emmas-adoption-in-usa.de
Weißrussland:	www.belarus-adoption.de
Korea:	www.koreaverband.de/publikatioen/archive/2-99/2-99-art10.pdf
Brasilien:	www.wiese-web.de
Uganda:	www.renavsiegler.de

Homepages der freien Adoptions-vermittlungsstellen

www.iss-ssi.org
Deutscher Verein für öffentliche und private Fürsorge

www.ekir.de/adoption
Evangelischer Verein für Adoptions- und Pflegekindervermittlung Rheinland

www.icco.de
International Child's Care Organisation (ICCO)

www.ada-adoption.de
AdA Adoptionsberatung

www.zentadopt.de
Zentrum für Adoptionen

www.diakonie-ekb.de
Parents Child Bridge

www.eltern-fuer-kinder-ev.de
Eltern für Kinder

www.zukunftfuerkinder.de
Zukunft für Kinder e. V.

www.auslandsadoption.de
Global Adoptions Germany

www.children-and-parents.de
Children and Parents

Internetforen

Adoptionsforum
Große Diskussionsgruppe zu vielen Themen
(Ausland, Inland, Pflege, Adoptierte etc.).
www.adoptionsforum.de

Klein-Putz Forum
Allgemeines Adoptionsforum. Zugang nach vorheriger Anmeldung
www.klein-putz.de/forum

Kolumbien-Forum
Diese Gruppe richtet sich an alle Beteiligten einer Adoption aus Kolumbien. Eltern
die schon adoptiert haben, Paare die auf der Warteliste stehen, die noch Papiere
sammeln oder sich einfach mal ernsthaft mit dem Thema beschäftigen wollen,
sind herzlich willkommen.
http://de.groups.yahoo.com/group/ColAdo

Haiti
Diese Gruppe dient dem Erfahrungsaustausch zwischen Eltern, die bereits Kinder
aus Haiti adoptiert haben, sich gerade im Adoptionsprozess befinden oder ernsthaft an einer Adoption aus Haiti interessiert sind.
Infos und Anmeldung: AdoptionHaiti-owner@yahoogroups.de

Ukraine – Russland – Bulgarien
Erfahrungsaustausch von Adoptiveltern, die bereits Kinder aus der Ukraine, Rus-
sland, Weißrussland sowie Bulgarien adoptiert haben oder gerade adoptieren.
Ebenso hilfreiche Informationen für Paare, die gerne Kinder aus den vorgenannten
Ländern adoptieren wollen.
Infos und Anmeldung: adoption-ukraine-owner@yahoogroups.de

Diskussionsforum
Adoption betrifft sehr viele Leute und ist ein sehr komplexes Thema. Dieses Forum
möchte allen Interessierten eine Diskussionsplattform zu diesem Thema anbieten.
http://de.groups.yahoo.com/group/AdoptionsDiskussionsforum/

Russland
Kleine Gruppe, die sich an Adoptionsfamilien richtet, die adoptiert haben, sich im
Adoptionsprozess befinden oder ernsthaft den Gedanken haben, ein Kind aus
einem russischen Kinderheim zu adoptieren.
http://de.groups.yahoo.com/group/russland-adoptionsforum/

Nepal
Das Forum richtet sich an alle, die aus Nepal adoptieren wollen oder von dort adoptiert haben
http://de.groups.yahoo.com/group/nepaladoption

FAS-Forum
Das FAS-Forum dient dem Erfahrungsaustausch rund um das Thema Fetales Alkoholsyndrom. Es ist für alle, die täglich mit den Folgen von Alkohol in der Schwangerschaft zu tun haben. Jeder ist willkommen, der davon betroffen ist.
http://de.groups.yahoo.com/group/fasae/?yguid=39158443

Afrika
Plattform für Familien, die in Südafrika, Äthiopien (oder einem anderen afrikanischen Land) adoptiert haben oder sich im Adoptionsprozess befinden
http://de.groups.yahoo.com/group/adoptioninafrika/

Indien
Diese Group möchte eine Plattform bieten, sich über die Möglichkeiten und Schwierigkeiten einer Adoption von Kindern aus Indien auszutauschen.
http://de.groups.yahoo.com/group/indienadoption/

ICCO-Forum
Ein von der Vermittlungsstelle ICCO gegründetes Forum, das Adoptiveltern, Adoptivbewerbern, Jugendämtern und Freien Trägern offen steht.
http://de.groups.yahoo.com/group/icco_adoptionsforum

Forum bei adoption.de
Das Adoptionsforum bei www.adoption.de beschäftigt sich mit allen Fragen rund um eine Adoption.
http://11927.board.webtropia.com/board.php?action=index

Äthiopien-Forum
Das Äthiopien-Forum ist für alle Beteiligte und Interessierte an einer Adoption aus Äthiopien.
http://de.groups.yahoo.com/group/ItyAdo/

Englischsprachige Internetforen

Krasnoyarsk
This is a message board for parents, family and friends of children adopted from Krasnoyarsk Krai and the surrounding region.
http://groups.yahoo.com/group/Krasnoyarsk_Adoption/

Kasachstan
For all people interested in the adoption of children from Kazakhstan. This list is an arena for all interested in the Kazakstan adoption procedure, families who are

currently adopting and those who have adopted from Central Asia. This list is rather informal and encourages discussion of all topics in reference to Russia, Central Asia and Eastern Europe and adoption from these countries.
http://groups.yahoo.com/group/Kazakhstan_Adoption/

Romania
This list is an arena for all interested in the Romanian adoption procedure, families who are currently adopting and those who have adopted from Romania. The list is also open to those interested in adopting from Moldova since many of the cultural traditions and heritage is shared between the two countries.
http://groups.yahoo.com/group/Romanian_Adoption/

Russia
This list is an arena for all interested in the Russian adoption procedure, families who are currently adopting and those who have adopted from Russia, Eastern Europe or Central Asia.
http://groups.yahoo.com/group/Russian_Adoption/

Kaliningrad
This is a message board for parents, family and friends of children adopted from Kaliningrad, Russia. It is intended to be a safe and respectful place for people to share their questions, concerns, stories and any other topics they feel are pertinent to an adoption from Kaliningrad.
http://groups.yahoo.com/group/Kaliningrad_Adoption/

Abschied vom Kinderwunsch

Abschied vom Kinderwunsch
von Iris Enchelmaier
Kreuz-Verlag (2004)
3783123755

Wie weit gehen wir für ein Kind?
von Martin Spiewak
Eichborn (2002)
ISBN: 3821839252

Unerfüllter Kinderwunsch
von Jutta Fiegl
Walter-Verlag (2004)
ISBN: 3530401617

Der Traum vom eigenen Kind
von Tewes Wischmann / Heike Stammer
Kohlhammer (2001)
ISBN: 317016838X

Der Traum vom großen Glück
von Ursel Bucher
Kösel (1999)
ISBN: 3466303230

Paarberatung und -therapie bei unerfülltem Kinderwunsch
von Heike Stammer, Rolf Verres, Tewes Wischmann
Hogrefe-Verlag (2004)
ISBN: 3801714586

Adoptions-Ratgeber

Ratgeber Auslandsadoption. Wege, Verfahren, Chancen.
von Barbara Gillig-Riedle, Herbert Riedle
Tivan-Verlag (Februar 2003)
ISBN: 3980866009
Broschiert

Adoption
von Walter Röchling
DTV-Beck (September 2000)
ISBN: 3423580062
Broschiert

Ratgeber Adoptivkinder
von Irmela Wiemann
Rowohlt Tb. (März 1997)
ISBN: 3499195690

Auslandsadoption. Das Findbuch 2003.
von Wolfgang Gerts
Kirchturm (Dezember 2002)
ISBN: 3934117066
Broschiert

Das neue Recht der internationalen Adoption und Adoptionsvermittlung
von Thomas Steiger
Bundesanzeiger (März 2002)
ISBN: 3898171191
Broschiert

Auslandsadoption
von Gesine Lange
Schulz-Kirchner (Dezember 2002)
ISBN: 3824803062
Broschiert

Adoption
von Harald Paulitz
C.H. Beck Verlag (September 2000)
ISBN: 3406468845
Broschiert

Pflegekinder und Adoptivkinder
von Irmela Wiemann, Volker Jablonski
Rowohlt Tb. (1996)
ISBN: 3499188511
Broschiert

Internationale Adoptionen
von Sabina Dörfling, Inge Elsässer
Schulz-Kirchner (2004)
ISBN: 3824803046

Kinderlos – Nein Danke. Geschichte einer Adoption.
von R.S. Nail
BoD GmbH
ISBN: 3831123799

Handbuch für Pflege- und Adoptiveltern
von Heide Küpper, Ines Kurek-Bender, Susanne Huber-Nienhaus
Schulz-Kirchner (2002)
ISBN: 3824800209

Ich dachte, es wäre leichter. Adoption – eine unendliche Herausforderung
von Gerdi G. Wolatz
BoD GmbH
ISBN: 3833416971

Wagnis Adoption
von Brunhilde Ackerman
ISBN: 3936144079

Dokumentationen zu Fachtagungen mit Referaten, Arbeitsgruppenberichten und ergänzenden Beiträgen
Pfad für Kinder
Landesverband Bayern

Erfahrungsberichte

Tochter Indira, Die Geschichte einer Adoption aus Indien
von Bettina Schulz
Schröder, München (September 2003)
ISBN: 3547710383

Leon – Die Geschichte einer Auslandsadoption
von Gabi Dünschede
Kirchturm (Dezember 2002)
ISBN: 3934117058
Broschiert

Wir sind jetzt eine Multikultifamilie
von Elvira Jungblut
Creative Media Verlag
ISBN: 113.937

Sirintra, wunderschöner Mond. Der etwas andere Weg zur Großfamilie
von Andrea Dück-Mertens
Kirchturm Verlag
ISBN: 393411704X

Abenteuer Adoption oder Ein Lebenstraum wird wahr
von Michael Link
Edition Riesenrad (März 2003)
ISBN: 3935746385
Broschiert

Warum wolltest Du mich nicht? Die Geschichte einer Adoption.
von Ulla Giessler
Salzer-Verlag (2000)
ISBN: 3898080056

Johanna und Olivia
von Tanja Fredersdorff
Becker (2003)
ISBN: 3929480263

Mama und Papa sind meine richtigen Eltern
von Charly Kowalczyk
Schulz-Kirchner (1997)
ISBN: 3824803003

Immerhin hatte ich Eltern
von Charly Kowalczyk
Schulz-Kirchner (1998)
ISBN: 382480350X

Zweimal geboren
von Betty J. Lifton
Klett-Cotta
ISBN: 3129350403

Wie sage ich es meinem Kind

Erzähl noch mal, wie wir eine Familie wurden
von Jamie L. Curtis, Laura Cornell
Edition Riesenrad (September 2000)
Gebundene Ausgabe
ISBN: 3933697956

Wie viel Wahrheit braucht mein Kind?
von Irmela Wieman
Rowohlt Taschenbuch (2001)
ISBN: 3499609568

Und dann kamst du, und wir wurden eine Familie...
von Almud Kunert, Anette Hildebrandt
Ravensburger Buchverlag (Februar 2003)
ISBN: 3473330892

Vom Umtausch ausgeschlossen
von Uwe-Jens Schumann
Kreuz-Verlag (2002)
ISBN: 3783121493

Kinderbücher

Paule ist ein Glücksgriff
von Kirsten Boie
Oetinger Verlag (1985)
ISBN: 3789118818

Komm, ich zeig dir meine Eltern
von Michael Link, Sabine Schöneich
Edition Riesenrad (2002)
ISBN: 3935746229

Kleiner Eisbär, nimm mich mit!
von Hans de Beer
Nord Süd-Verlag (1990)
ISBN: 3314003447

Winzig, der Elefant
von Erwin Moser
Beltz (1997)
ISBN: 3407803303

Winzig findet seine Eltern
von Erwin Moser
Beltz (2001)
ISBN: 3407784813

Der Findefuchs
von Irina Korschunow, Reinhard Michl
Broschiert - Dtv
Erscheinungsdatum: Januar 2002
ISBN: 3423075708

Schön, daß du bleibst, Kalle!
von Doris Meißner-Johannknecht,
Patmos (1996)
ISBN: 3491373344

Tim gehört zu uns
von Ann de Bode, Rien Broere
Heinrich Ellermann Verlag (2000)
ISBN: 3770764285

Das grüne Küken
von Adele Sansone, Alan Marks
NEUGEBAUER VERLAG (1999)
ISBN: 3851955951

Herkunftssuche

Adoptierte auf der Suche....
von Christine Swientek
Herder Spektrum (2001)
ISBN: 3451051990
Taschenbuch

Adoption – Die Frage nach der Herkunft
Informationen zu grenzüberschreitender Suche
Schriftenreihe ISD des Deutschen Vereins Nr. 2, Neuerscheinung 6/2003

Die Suche nach dem Vater
Informationen zu grenzüberschreitender Suche und Fragen der Identität
Schriftenreihe ISD des Deutschen Vereins Nr. 3, Neuerscheinung 6/2003

Englischsprachige Literatur

Raising Adopted Children, Revised Edition
Practical Reassuring Advice for Every Adoptive Parent
by Lois Ruskai Melina
Perennial
ISBN: 0060957174

Twenty Things Adopted Kids Wish Their Adoptive Parents Knew
by Sherrie Eldridge
Delta (1999)
ISBN: 044050838X

The Post-Adoption Blues
Overcoming the Unforseen Challenges of Adoption
by Karen J. Foli, John R. Thompson
Rodale Books
ISBN: 1579548660

The Adoption Resource Book
by Lois Gilman
HarperResource (1998)
ISBN: 0062733613

Born in Our Hearts : Stories of Adoption
by Filis Casey, Marisa Catalina Casey
HCI
ISBN: 0757301290

Attaching in Adoption: Practical Tools for Today's Parents
by Deborah D. Gray
Perspectives Press
ISBN: 0944934293

The Essential Adoption Handbook
by Colleen Alexander-Roberts
Taylor Trade Publishing (1993)
ISBN: 0878338403

Talking With Young Children About Adoption
by Mary Watkins, Susan Fisher
Yale University Press (1995)
ISBN: 0300063172

The Complete Idiot's Guide to Adoption
by Christine A. Adamec, Chris Adamec
Alpha Books (1998)
ISBN: 0028621085

The Russian Adoption Handbook: How to Adopt from Russia, Ukraine, Kazakhstan,
Bulgaria, Belarus, Georgia, Azerbaijan and Moldova
by John H. Maclean
iUniverse Star (2004)
ISBN: 0595301150

Adoption Is a Family Affair! What Relatives and Friends Must Know
by Patricia Irwin Johnston
Perspectives Press (2001)
ISBN: 0944934285

Adoption Is for Always
by Linda Walvoord Girard, Judith Friedman
Albert Whitman & Company (1991)
ISBN: 0807501875

Adoption for Dummies
by Tracy Barr, Katrina Carlisle
For Dummies (2003)
ISBN: 0764554883

Wanting a Daughter, Needing a Son: Abandonment, Adoption,
and Orphanage Care in China
by Kay Ann Johnson, Amy Klatzkin
Yeong & Yeong Book Company (2004)
ISBN: 0963847279

Happy Adoption Day!
by John McCutcheon, Julie Paschkis
Little, Brown (1996)
ISBN: 0316554553

Are Those Kids Yours? American Families With Children Adopted From Other Countries
by Cheri Register
Free Press
ISBN: 0029257506

The Day We Met You (Aladdin Picture Books)
by Phoebe Koehler
Aladdin (1997)
ISBN: 0689809646

Adoptionsvorschriften des Bürgerlichen Gesetzbuches

§ 1741
Zulässigkeit der Annahme

(1) Die Annahme als Kind ist zulässig, wenn sie dem Wohl des Kindes dient und zu erwarten ist, dass zwischen dem Annehmenden und dem Kind ein Eltern-Kind-Verhältnis entsteht. Wer an einer gesetzes- oder sittenwidrigen Vermittlung oder Verbringung eines Kindes zum Zwecke der Annahme mitgewirkt oder einen Dritten hiermit beauftragt oder hierfür belohnt hat, soll ein Kind nur dann annehmen, wenn dies zum Wohl des Kindes erforderlich ist.

(2) Wer nicht verheiratet ist, kann ein Kind nur allein annehmen. Ein Ehepaar kann ein Kind nur gemeinschaftlich annehmen. Ein Ehegatte kann ein Kind seines Ehegatten allein annehmen. Er kann ein Kind auch dann allein annehmen, wenn der andere Ehegatte das Kind nicht annehmen kann, weil er geschäftsunfähig ist oder das 21. Lebensjahr noch nicht vollendet hat.

§ 1742
Annahme nur als gemeinschaftliches Kind

Ein angenommenes Kind kann, solange das Annahmeverhältnis besteht, bei Lebzeiten eines Annehmenden nur von dessen Ehegatten angenommen werden.

§ 1743
Mindestalter

Der Annehmende muss das 25., in den Fällen des § 1741 Abs. 2 Satz 3 das 21. Lebensjahr vollendet haben. In den Fällen des § 1741 Abs. 2 Satz 2 muss ein Ehegatte das 25. Lebensjahr, der andere Ehegatte das 21. Lebensjahr vollendet haben.

§ 1744
Probezeit

Die Annahme soll in der Regel erst ausgesprochen werden, wenn der Annehmende das Kind eine angemessene Zeit in Pflege gehabt hat.

§ 1745
Verbot der Annahme

Die Annahme darf nicht ausgesprochen werden, wenn ihr überwiegende Interessen der Kinder des Annehmenden oder des Anzunehmenden entgegenstehen oder wenn zu befürchten ist, dass Interessen des Anzunehmenden durch Kinder des Annehmenden gefährdet werden. Vermögensrechtliche Interessen sollen nicht ausschlaggebend sein.

§ 1746
Einwilligung des Kindes

(1) Zur Annahme ist die Einwilligung des Kindes erforderlich. Für ein Kind, das geschäftsunfähig oder noch nicht 14 Jahre alt ist, kann nur sein gesetzlicher Vertreter die Einwilligung erteilen. Im Übrigen kann das Kind die Einwilligung nur selbst erteilen; es bedarf hierzu der Zustimmung seines gesetzlichen Vertreters. Die Einwilligung bedarf bei unterschiedlicher Staatsangehörigkeit des Annehmenden und des Kindes der Genehmigung des Vormundschaftsgerichts; dies gilt nicht, wenn die Annahme deutschem Recht unterliegt.

(2) Hat das Kind das 14. Lebensjahr vollendet und ist es nicht geschäftsunfähig, so kann es die Einwilligung bis zum Wirksamwerden des Ausspruchs der Annahme gegenüber dem Vormundschaftsgericht widerrufen. Der Widerruf bedarf der öffentlichen Beurkundung. Eine Zustimmung des gesetzlichen Vertreters ist nicht erforderlich.

(3) Verweigert der Vormund oder Pfleger die Einwilligung oder Zustimmung ohne triftigen Grund, so kann das Vormundschaftsgericht sie ersetzen; einer Erklärung nach Absatz 1 durch die Eltern bedarf es nicht, soweit diese nach den §§ 1747, 1750 unwiderruflich in die Annahme eingewilligt haben oder ihre Einwilligung nach § 1748 durch das Vormundschaftsgericht ersetzt worden ist.

§ 1747
Einwilligung der Eltern des Kindes

(1) Zur Annahme eines Kindes ist die Einwilligung der Eltern erforderlich. Sofern kein anderer Mann nach § 1592 als Vater anzusehen ist, gilt im Sinne des Satzes 1 und des § 1748 Abs. 4 als Vater, wer die Voraussetzung des § 1600d Abs. 2 Satz 1 glaubhaft macht.

(2) Die Einwilligung kann erst erteilt werden, wenn das Kind acht Wochen alt ist. Sie ist auch dann wirksam, wenn der Einwilligende die schon feststehenden Annehmenden nicht kennt.

(3) Sind die Eltern nicht miteinander verheiratet und haben sie keine Sorgeerklärungen abgegeben,

1. kann die Einwilligung des Vaters bereits vor der Geburt erteilt werden;
2. darf, wenn der Vater die Übertragung der Sorge nach § 1672 Abs. 1 beantragt hat, eine Annahme erst ausgesprochen werden, nachdem über den Antrag des Vaters entschieden worden ist;
3. kann der Vater darauf verzichten, die Übertragung der Sorge nach § 1672 Abs. 1 zu beantragen. Die Verzichtserklärung muss öffentlich beurkundet werden. § 1750 gilt sinngemäß mit Ausnahme von Absatz 4 Satz 1.

(4) Die Einwilligung eines Elternteils ist nicht erforderlich, wenn er zur Abgabe einer Erklärung dauernd außerstande oder sein Aufenthalt dauernd unbekannt ist.

§ 1748
Ersetzung der Einwilligung eines Elternteils

(1) Das Vormundschaftsgericht hat auf Antrag des Kindes die Einwilligung eines Elternteils zu ersetzen, wenn dieser seine Pflichten gegenüber dem Kind anhaltend gröblich verletzt hat oder durch sein Verhalten gezeigt hat, dass ihm das Kind gleichgültig ist, und wenn das Unterbleiben der Annahme dem Kind zu unverhältnismäßigem Nachteil gereichen würde. Die Einwilligung kann auch ersetzt werden, wenn die Pflichtverletzung zwar nicht anhaltend, aber besonders schwer ist und das Kind voraussichtlich dauernd nicht mehr der Obhut des Elternteils anvertraut werden kann.

(2) Wegen Gleichgültigkeit, die nicht zugleich eine anhaltende gröbliche Pflichtverletzung ist, darf die Einwilligung nicht ersetzt werden, bevor der Elternteil vom Jugendamt über die Möglichkeit ihrer Ersetzung belehrt und nach Maßgabe des § 51 Abs. 2 des Achten Buches Sozialgesetzbuch beraten worden ist und seit der Belehrung wenigstens drei Monate verstrichen sind; in der Belehrung ist auf die Frist hinzuweisen. Der Belehrung bedarf es nicht, wenn der Elternteil seinen Aufenthaltsort ohne Hinterlassung seiner neuen Anschrift gewechselt hat und der Aufenthaltsort vom Jugendamt während eines Zeitraums von drei Monaten trotz angemessener Nachforschungen nicht ermittelt werden konnte; in diesem Falle beginnt die Frist mit der ersten auf die Belehrung und Beratung oder auf die Ermittlung des Aufenthaltsorts gerichteten Handlung des Jugendamts. Die Fristen laufen frühestens fünf Monate nach der Geburt des Kindes ab.

(3) Die Einwilligung eines Elternteils kann ferner ersetzt werden, wenn er wegen einer besonders schweren psychischen Krankheit oder einer besonders schweren geistigen oder seelischen Behinderung zur Pflege und Erziehung des Kindes dauernd unfähig ist und wenn das Kind bei Unterbleiben der Annahme nicht in einer Familie aufwachsen könnte und dadurch in seiner Entwicklung schwer gefährdet wäre.

(4) In den Fällen des § 1626a Abs. 2 hat das Vormundschaftsgericht die Einwilligung des Vaters zu ersetzen, wenn das Unterbleiben der Annahme dem Kind zu unverhältnismäßigem Nachteil gereichen würde.

§ 1749
Einwilligung des Ehegatten

(1) Zur Annahme eines Kindes durch einen Ehegatten allein ist die Einwilligung des anderen Ehegatten erforderlich. Das Vormundschaftsgericht kann auf Antrag des Annehmenden die Einwilligung ersetzen. Die Einwilligung darf nicht ersetzt werden, wenn berechtigte Interessen des anderen Ehegatten und der Familie der Annahme entgegenstehen.

(2) Zur Annahme eines Verheirateten ist die Einwilligung seines Ehegatten erforderlich.

(3) Die Einwilligung des Ehegatten ist nicht erforderlich, wenn er zur Abgabe der Erklärung dauernd außerstande oder sein Aufenthalt dauernd unbekannt ist.

§ 1750
Einwilligungserklärung

(1) Die Einwilligung nach §§ 1746, 1747 und 1749 ist dem Vormundschaftsgericht gegenüber zu erklären. Die Erklärung bedarf der notariellen Beurkundung. Die Einwilligung wird in dem Zeitpunkt wirksam, in dem sie dem Vormundschaftsgericht zugeht.

(2) Die Einwilligung kann nicht unter einer Bedingung oder einer Zeitbestimmung erteilt werden. Sie ist unwiderruflich; die Vorschrift des § 1746 Abs. 2 bleibt unberührt.

(3) Die Einwilligung kann nicht durch einen Vertreter erteilt werden. Ist der Einwilligende in der Geschäftsfähigkeit beschränkt, so bedarf seine Einwilligung nicht der Zustimmung seines gesetzlichen Vertreters. Die Vorschrift des § 1746 Abs. 1 Satz 2, 3 bleibt unberührt.

(4) Die Einwilligung verliert ihre Kraft, wenn der Antrag zurückgenommen oder die Annahme versagt wird. Die Einwilligung eines Elternteils verliert ferner ihre Kraft, wenn das Kind nicht innerhalb von drei Jahren seit dem Wirksamwerden der Einwilligung angenommen wird.

§ 1751
Wirkung der elterlichen Einwilligung, Verpflichtung zum Unterhalt

(1) Mit der Einwilligung eines Elternteils in die Annahme ruht die elterliche Sorge dieses Elternteils; die Befugnis zum persönlichen Umgang mit dem Kind darf nicht ausgeübt werden. Das Jugendamt wird Vormund; dies gilt nicht, wenn der andere Elternteil die elterliche Sorge allein ausübt oder wenn bereits ein Vormund bestellt ist. Eine bestehende Pflegschaft bleibt unberührt. Das Vormundschaftsgericht hat dem Jugendamt unverzüglich eine Bescheinigung über den Eintritt der Vormundschaft zu erteilen; § 1791 ist nicht anzuwenden. Für den Annehmenden gilt während der Zeit der Adoptionspflege § 1688 Abs. 1 und 3 entsprechend. Hat die Mutter in die Annahme eingewilligt, so bedarf ein Antrag des Vaters nach § 1672 Abs. 1 nicht ihrer Zustimmung.

(2) Absatz 1 ist nicht anzuwenden auf einen Ehegatten, dessen Kind vom anderen Ehegatten angenommen wird.

(3) Hat die Einwilligung eines Elternteils ihre Kraft verloren, so hat das Vormundschaftsgericht die elterliche Sorge dem Elternteil zu übertragen, wenn und soweit dies dem Wohl des Kindes nicht widerspricht.

(4) Der Annehmende ist dem Kind vor den Verwandten des Kindes zur Gewährung des Unterhalts verpflichtet, sobald die Eltern des Kindes die erforderliche Einwilligung erteilt haben und das Kind in die Obhut des Annehmenden mit dem Ziel der Annahme aufgenommen ist. Will ein Ehegatte ein Kind seines Ehegatten annehmen, so sind die Ehegatten dem Kind vor den anderen Verwandten des Kindes zur Gewährung des Unterhalts verpflichtet, sobald die erforderliche Einwilligung der Eltern des Kindes erteilt und das Kind in die Obhut der Ehegatten aufgenommen ist.

§ 1752
Beschluss des Vormundschaftsgerichts, Antrag

(1) Die Annahme als Kind wird auf Antrag des Annehmenden vom Vormundschaftsgericht ausgesprochen.

(2) Der Antrag kann nicht unter einer Bedingung oder einer Zeitbestimmung oder durch einen Vertreter gestellt werden. Er bedarf der notariellen Beurkundung.

§ 1753
Annahme nach dem Tode

(1) Der Ausspruch der Annahme kann nicht nach dem Tode des Kindes erfolgen.

(2) Nach dem Tode des Annehmenden ist der Ausspruch nur zulässig, wenn der Annehmende den Antrag beim Vormundschaftsgericht eingereicht oder bei oder nach der notariellen Beurkundung des Antrags den Notar damit betraut hat, den Antrag einzureichen.

(3) Wird die Annahme nach dem Tode des Annehmenden ausgesprochen, so hat sie die gleiche Wirkung, wie wenn sie vor dem Tode erfolgt wäre.

§ 1754
Wirkung der Annahme

(1) Nimmt ein Ehepaar ein Kind an oder nimmt ein Ehegatte ein Kind des anderen Ehegatten an, so erlangt das Kind die rechtliche Stellung eines gemeinschaftlichen Kindes der Ehegatten.

(2) In den anderen Fällen erlangt das Kind die rechtliche Stellung eines Kindes des Annehmenden.

(3) Die elterliche Sorge steht in den Fällen des Absatzes 1 den Ehegatten gemeinsam, in den Fällen des Absatzes 2 dem Annehmenden zu.

§ 1755
Erlöschen von Verwandtschaftsverhältnissen

(1) Mit der Annahme erlöschen das Verwandtschaftsverhältnis des Kindes und seiner Abkömmlinge zu den bisherigen Verwandten und die sich aus ihm ergebenden Rechte und Pflichten. Ansprüche des Kindes, die bis zur Annahme entstanden sind, insbesondere auf Renten, Waisengeld und andere entsprechende wiederkehrende Leistungen, werden durch die Annahme nicht berührt; dies gilt nicht für Unterhaltsansprüche.

(2) Nimmt ein Ehegatte das Kind seines Ehegatten an, so tritt das Erlöschen nur im Verhältnis zu dem anderen Elternteil und dessen Verwandten ein.

§ 1756
Bestehenbleiben von Verwandtschaftsverhältnissen

(1) Sind die Annehmenden mit dem Kind im zweiten oder dritten Grad verwandt oder verschwägert, so erlöschen nur das Verwandtschaftsverhältnis des Kindes und seiner Abkömmlinge zu den Eltern des Kindes und die sich aus ihm ergebenden Rechte und Pflichten.

(2) Nimmt ein Ehegatte das Kind seines Ehegatten an, so erlischt das Verwandtschaftsverhältnis nicht im Verhältnis zu den Verwandten des anderen Elternteils, wenn dieser die elterliche Sorge hatte und verstorben ist.

§ 1757
Name des Kindes

(1) Das Kind erhält als Geburtsnamen den Familiennamen des Annehmenden. Als Familienname gilt nicht der dem Ehenamen oder dem Lebenspartnerschaftsnamen hinzugefügte Name (§ 1355 Abs. 4; § 3 Abs. 2 des Lebenspartnerschaftsgesetzes).

(2) Nimmt ein Ehepaar ein Kind an oder nimmt ein Ehegatte ein Kind des anderen Ehegatten an und führen die Ehegatten keinen Ehenamen, so bestimmen sie den Geburtsnamen des Kindes vor dem Ausspruch der Annahme durch Erklärung gegenüber dem Vormundschaftsgericht; § 1617 Abs. 1 gilt entsprechend. Hat das Kind das fünfte Lebensjahr vollendet, so ist die Bestimmung nur wirksam, wenn es sich der Bestimmung vor dem Ausspruch der Annahme durch Erklärung gegenüber dem Vormundschaftsgericht anschließt; § 1617c Abs. 1 Satz 2 gilt entsprechend.

(3) Die Änderung des Geburtsnamens erstreckt sich auf den Ehenamen des Kindes nur dann, wenn sich auch der Ehegatte der Namensänderung vor dem Ausspruch der Annahme durch Erklärung gegenüber dem Vormundschaftsgericht anschließt; die Erklärung muss öffentlich beglaubigt werden.

(4) Das Vormundschaftsgericht kann auf Antrag des Annehmenden mit Einwilligung des Kindes mit dem Ausspruch der Annahme

1. Vornamen des Kindes ändern oder ihm einen oder mehrere neue Vornamen beigeben, wenn dies dem Wohl des Kindes entspricht;

2. dem neuen Familiennamen des Kindes den bisherigen Familiennamen voranstellen oder anfügen, wenn dies aus schwerwiegenden Gründen zum Wohl des Kindes erforderlich ist.

§ 1746 Abs. 1 Satz 2, 3, Abs. 3 erster Halbsatz ist entsprechend anzuwenden.

§ 1758
Offenbarungs- und Ausforschungsverbot

(1)ÿTatsachen, die geeignet sind, die Annahme und ihre Umstände aufzudecken, dürfen ohne Zustimmung des Annehmenden und des Kindes nicht offenbart oder ausgeforscht werden, es sei denn, dass besondere Gründe des öffentlichen Interesses dies erfordern.

(2) Absatz 1 gilt sinngemäß, wenn die nach § 1747 erforderliche Einwilligung erteilt ist. Das Vormundschaftsgericht kann anordnen, dass die Wirkungen des Absatzes 1 eintreten, wenn ein Antrag auf Ersetzung der Einwilligung eines Elternteils gestellt worden ist.

§ 1759
Aufhebung des Annahmeverhältnisses

Das Annahmeverhältnis kann nur in den Fällen der §§ 1760, 1763 aufgehoben werden.

§ 1760
Aufhebung wegen fehlender Erklärungen

(1) Das Annahmeverhältnis kann auf Antrag vom Vormundschaftsgericht aufgehoben werden, wenn es ohne Antrag des Annehmenden, ohne die Einwilligung des Kindes oder ohne die erforderliche Einwilligung eines Elternteils begründet worden ist.

(2) Der Antrag oder eine Einwilligung ist nur dann unwirksam, wenn der Erklärende

a) zur Zeit der Erklärung sich im Zustand der Bewusstlosigkeit oder vorübergehenden Störung der Geistestätigkeit befand, wenn der Antragsteller geschäftsunfähig war oder das geschäftsunfähige oder noch nicht 14 Jahre alte Kind die Einwilligung selbst erteilt hat,

b) nicht gewusst hat, dass es sich um eine Annahme als Kind handelt, oder wenn er dies zwar gewusst hat, aber einen Annahmeantrag nicht hat stellen oder eine Einwilligung zur Annahme nicht hat abgeben wollen oder wenn sich der Annehmende in der Person des anzunehmenden Kindes oder wenn sich das anzunehmende Kind in der Person des Annehmenden geirrt hat,

c) durch arglistige Täuschung über wesentliche Umstände zur Erklärung bestimmt worden ist,

d) widerrechtlich durch Drohung zur Erklärung bestimmt worden ist,

e) die Einwilligung vor Ablauf der in § 1747 Abs. 2 Satz 1 bestimmten Frist erteilt hat.

(3) Die Aufhebung ist ausgeschlossen, wenn der Erklärende nach Wegfall der Geschäftsunfähigkeit, der Bewusstlosigkeit, der Störung der Geistestätigkeit, der durch die Drohung bestimmten Zwangslage, nach der Entdeckung des Irrtums oder nach Ablauf der in § 1747 Abs. 2 Satz 1 bestimmten Frist den Antrag oder die Einwilligung nachgeholt oder sonst zu erkennen gegeben hat, dass das Annahmeverhältnis aufrechterhalten werden soll. Die Vorschriften des § 746 Abs. 1 Satz 2, 3 und des § 1750 Abs. 3 Satz 1, 2 sind entsprechend anzuwenden.

(4) Die Aufhebung wegen arglistiger Täuschung über wesentliche Umstände ist ferner ausgeschlossen, wenn über Vermögensverhältnisse des Annehmenden oder des Kindes getäuscht worden ist oder wenn die Täuschung ohne Wissen eines Antrags- oder Einwilligungsberechtigten von jemand verübt worden ist, der weder antrags- noch einwilligungsberechtigt noch zur Vermittlung der Annahme befugt war.

(5) Ist beim Ausspruch der Annahme zu Unrecht angenommen worden, dass ein Elternteil zur Abgabe der Erklärung dauernd außerstande oder sein Aufenthalt dauernd unbekannt sei, so ist die Aufhebung ausgeschlossen, wenn der Elternteil die Einwilligung nachgeholt oder sonst zu erkennen gegeben hat, dass das Annahmeverhältnis aufrechterhalten werden soll. Die Vorschrift des § 1750 Abs. 3 Satz 1, 2 ist entsprechend anzuwenden.

§ 1761
Aufhebungshindernisse

(1) Das Annahmeverhältnis kann nicht aufgehoben werden, weil eine erforderliche Einwilligung nicht eingeholt worden oder nach § 1760 Abs. 2 unwirksam ist, wenn die Voraussetzungen für die Ersetzung der Einwilligung beim Ausspruch der Annahme vorgelegen haben oder wenn sie zum Zeitpunkt der Entscheidung über den Aufhebungsantrag vorliegen; dabei ist es unschädlich, wenn eine Belehrung oder Beratung nach § 1748 Abs. 2 nicht erfolgt ist.

(2) Das Annahmeverhältnis darf nicht aufgehoben werden, wenn dadurch das Wohl des Kindes

erheblich gefährdet würde, es sei denn, dass überwiegende Interessen des Annehmenden die Aufhebung erfordern.

§ 1762
Antragsberechtigung; Antragsfrist, Form

(1) Antragsberechtigt ist nur derjenige, ohne dessen Antrag oder Einwilligung das Kind angenommen worden ist. Für ein Kind, das geschäftsunfähig oder noch nicht 14 Jahre alt ist, und für den Annehmenden, der geschäftsunfähig ist, können die gesetzlichen Vertreter den Antrag stellen. Im Übrigen kann der Antrag nicht durch einen Vertreter gestellt werden. Ist der Antragsberechtigte in der Geschäftsfähigkeit beschränkt, so ist die Zustimmung des gesetzlichen Vertreters nicht erforderlich.

(2) Der Antrag kann nur innerhalb eines Jahres gestellt werden, wenn seit der Annahme noch keine drei Jahre verstrichen sind. Die Frist beginnt

a) in den Fällen des § 1760 Abs. 2 Buchstabe a mit dem Zeitpunkt, in dem der Erklärende zumindest die beschränkte Geschäftsfähigkeit erlangt hat oder in dem dem gesetzlichen Vertreter des geschäftsunfähigen Annehmenden oder des noch nicht 14 Jahre alten oder geschäftsunfähigen Kindes die Erklärung bekannt wird;

b) in den Fällen des § 1760 Abs. 2 Buchstabe b, c mit dem Zeitpunkt, in dem der Erklärende den Irrtum oder die Täuschung entdeckt;

c) in dem Falle des § 1760 Abs. 2 Buchstabe d mit dem Zeitpunkt, in dem die Zwangslage aufhört;

d) in dem Falle des § 1760 Abs. 2 Buchstabe e nach Ablauf der in § 1747 Abs. 2 Satz 1 bestimmten Frist;

e) in den Fällen des § 1760 Abs. 5 mit dem Zeitpunkt, in dem dem Elternteil bekannt wird, dass die Annahme ohne seine Einwilligung erfolgt ist.

Die für die Verjährung geltenden Vorschriften der §§ 206, 210 sind entsprechend anzuwenden.

(3) Der Antrag bedarf der notariellen Beurkundung.

§ 1763
Aufhebung von Amts wegen

(1) Während der Minderjährigkeit des Kindes kann das Vormundschaftsgericht das Annahmeverhältnis von Amts wegen aufheben, wenn dies aus schwerwiegenden Gründen zum Wohl des Kindes erforderlich ist.

(2) Ist das Kind von einem Ehepaar angenommen, so kann auch das zwischen dem Kind und einem Ehegatten bestehende Annahmeverhältnis aufgehoben werden.

(3) Das Annahmeverhältnis darf nur aufgehoben werden,

a) wenn in dem Falle des Absatzes 2 der andere Ehegatte oder wenn ein leiblicher Elternteil bereit ist, die Pflege und Erziehung des Kindes zu übernehmen, und wenn die Ausübung der elterlichen Sorge durch ihn dem Wohl des Kindes nicht widersprechen würde oder

b) wenn die Aufhebung eine erneute Annahme des Kindes ermöglichen soll.

§ 1764
Wirkung der Aufhebung

(1) Die Aufhebung wirkt nur für die Zukunft. Hebt das Vormundschaftsgericht das Annahmeverhältnis nach dem Tode des Annehmenden auf dessen Antrag oder nach dem Tode des Kindes auf dessen Antrag auf, so hat dies die gleiche Wirkung, wie wenn das Annahmeverhältnis vor dem Tode aufgehoben worden wäre.

(2) Mit der Aufhebung der Annahme als Kind erlöschen das durch die Annahme begründete Verwandtschaftsverhältnis des Kindes und seiner Abkömmlinge zu den bisherigen Verwandten und die sich aus ihm ergebenden Rechte und Pflichten.

(3) Gleichzeitig leben das Verwandtschaftsverhältnis des Kindes und seiner Abkömmlinge zu den leiblichen Verwandten des Kindes und die sich aus ihm ergebenden Rechte und Pflichten, mit Ausnahme der elterlichen Sorge, wieder auf.

(4) Das Vormundschaftsgericht hat den leiblichen Eltern die elterliche Sorge zurückzuübertragen, wenn und soweit dies dem Wohl des Kindes nicht widerspricht; andernfalls bestellt es einen Vormund oder Pfleger.

(5) Besteht das Annahmeverhältnis zu einem Ehepaar und erfolgt die Aufhebung nur im Verhältnis zu einem Ehegatten, so treten die Wirkungen des Absatzes 2 nur zwischen dem Kind und seinen Abkömmlingen und diesem Ehegatten und dessen Verwandten ein; die Wirkungen des Absatzes 3 treten nicht ein.

§ 1765
Name des Kindes nach der Aufhebung

(1) Mit der Aufhebung der Annahme als Kind verliert das Kind das Recht, den Familiennamen des Annehmenden als Geburtsnamen zu führen. Satz 1 ist in den Fällen des § 1754 Abs. 1 nicht anzuwenden, wenn das Kind einen Geburtsnamen nach § 1757 Abs. 1 führt und das Annahmeverhältnis zu einem Ehegatten allein aufgehoben wird. Ist der Geburtsname zum Ehenamen oder Lebenspartnerschaftsnamen des Kindes geworden, so bleibt dieser unberührt.

(2) Auf Antrag des Kindes kann das Vormundschaftsgericht mit der Aufhebung anordnen, dass das Kind den Familiennamen behält, den es durch die Annahme erworben hat, wenn das Kind ein berechtigtes Interesse an der Führung dieses Namens hat. § 1746 Abs. 1 Satz 2, 3 ist entsprechend anzuwenden.

(3) Ist der durch die Annahme erworbene Name zum Ehenamen oder Lebenspartnerschaftsnamen geworden, so hat das Vormundschaftsgericht auf gemeinsamen Antrag der Ehegatten oder Lebenspartner mit der Aufhebung anzuordnen, dass die Ehegatten oder Lebenspartner als Ehenamen oder Lebenspartnerschaftsnamen den Geburtsnamen führen, den das Kind vor der Annahme geführt hat.

§ 1766
Ehe zwischen Annehmendem und Kind

Schließt ein Annehmender mit dem Angenommenen oder einem seiner Abkömmlinge den eherechtlichen Vorschriften zuwider die Ehe, so wird mit der Eheschließung das durch die Annahme zwischen ihnen begründete Rechtsverhältnis aufgehoben. §§ 1764, 1765 sind nicht anzuwenden.

§ 1767
Zulässigkeit der Annahme, anzuwendende Vorschriften

(1) Ein Volljähriger kann als Kind angenommen werden, wenn die Annahme sittlich gerechtfertigt ist; dies ist insbesondere anzunehmen, wenn zwischen dem Annehmenden und dem Anzunehmenden ein Eltern-Kind-Verhältnis bereits entstanden ist.

(2) Für die Annahme Volljähriger gelten die Vorschriften über die Annahme Minderjähriger sinngemäß, soweit sich aus den folgenden Vorschriften nichts anderes ergibt. § 1757 Abs. 3 ist entsprechend anzuwenden, wenn der Angenommene eine Lebenspartnerschaft begründet hat und sein Geburtsname zum Lebenspartnerschaftsnamen bestimmt worden ist.

§ 1768
Antrag

(1) Die Annahme eines Volljährigen wird auf Antrag des Annehmenden und des Anzunehmenden vom Vormundschaftsgericht ausgesprochen. §§ 1742, 1744, 1745, 1746 Abs. 1, 2, § 1747 sind nicht anzuwenden.

(2) Für einen Anzunehmenden, der geschäftsunfähig ist, kann der Antrag nur von seinem gesetzlichen Vertreter gestellt werden.

§ 1769
Verbot der Annahme

Die Annahme eines Volljährigen darf nicht ausgesprochen werden, wenn ihr überwiegende Interessen der Kinder des Annehmenden oder des Anzunehmenden entgegenstehen.

§ 1770
Wirkung der Annahme

(1) Die Wirkungen der Annahme eines Volljährigen erstrecken sich nicht auf die Verwandten des Annehmenden. Der Ehegatte des Annehmenden wird nicht mit dem Angenommenen, dessen Ehegatte wird nicht mit dem Annehmenden verschwägert.

(2) Die Rechte und Pflichten aus dem Verwandtschaftsverhältnis des Angenommenen und seiner Abkömmlinge zu ihren Verwandten werden durch die Annahme nicht berührt, soweit das Gesetz nichts anderes vorschreibt.

(3) Der Annehmende ist dem Angenommenen und dessen Abkömmlingen vor den leiblichen Verwandten des Angenommenen zur Gewährung des Unterhalts verpflichtet.

§ 1771
Aufhebung des Annahmeverhältnisses

Das Vormundschaftsgericht kann das Annahmeverhältnis, das zu einem Volljährigen begründet worden ist, auf Antrag des Annehmenden und des Angenommenen aufheben, wenn ein wichtiger Grund vorliegt. Im Übrigen kann das Annahmeverhältnis nur in sinngemäßer Anwendung der Vorschrift des § 1760 Abs. 1 bis 5 aufgehoben werden. An die Stelle der Einwilligung des Kindes tritt der Antrag des Anzunehmenden.

§ 1772
Annahme mit den Wirkungen der Minderjährigenannahme

(1) Das Vormundschaftsgericht kann beim Ausspruch der Annahme eines Volljährigen auf Antrag des Annehmenden und des Anzunehmenden bestimmen, dass sich die Wirkungen der Annahme nach den Vorschriften über die Annahme eines Minderjährigen oder eines verwandten Minderjährigen richten (§§ 1754 bis 1756), wenn

a) ein minderjähriger Bruder oder eine minderjährige Schwester des Anzunehmenden von dem Annehmenden als Kind angenommen worden ist oder gleichzeitig angenommen wird oder

b) der Anzunehmende bereits als Minderjähriger in die Familie des Annehmenden aufgenommen worden ist oder

c) der Annehmende das Kind seines Ehegatten annimmt oder

d) der Anzunehmende in dem Zeitpunkt, in dem der Antrag auf Annahme bei dem Vormundschaftsgericht eingereicht wird, noch nicht volljährig ist.

Eine solche Bestimmung darf nicht getroffen werden, wenn ihr überwiegende Interessen der Eltern des Anzunehmenden entgegenstehen.

(2) Das Annahmeverhältnis kann in den Fällen des Absatzes 1 nur in sinngemäßer Anwendung der Vorschrift des § 1760 Abs. 1 bis 5 aufgehoben werden. An die Stelle der Einwilligung des Kindes tritt der Antrag des Anzunehmenden.

Gesetz über die Vermittlung der Annahme als Kind und über das Verbot der Vermittlung von Ersatzmüttern – Adoptionsvermittlungsgesetz – (AdVermiG)

in der ab 1.1.2002 geltenden Fassung (BGBl. 2001, I, S. 2950)

Erster Abschnitt

§ 1
Adoptionsvermittlung

Adoptionsvermittlung ist das Zusammenführen von Kindern unter achtzehn Jahren und Personen, die ein Kind annehmen wollen (Adoptionsbewerber), mit dem Ziel der Annahme als Kind. Adoptionsvermittlung ist auch der Nachweis der Gelegenheit, ein Kind anzunehmen oder annehmen zu lassen, und zwar auch dann, wenn das Kind noch nicht geboren oder noch nicht gezeugt ist. Die Ersatzmuttervermittlung gilt nicht als Adoptionsvermittlung.

§ 2
Adoptionsvermittlungsstellen

(1) Die Adoptionsvermittlung ist Aufgabe des Jugendamtes und des Landesjugendamtes. Das Jugendamt darf die Adoptionsvermittlung nur durchführen, wenn es eine Adoptionsvermittlungsstelle eingerichtet hat; das Landesjugendamt hat eine zentrale Adoptionsstelle einzurichten. Jugendämter benachbarter Gemeinden oder Kreise können mit Zustimmung der zentralen Adoptionsstelle des Landesjugendamtes eine gemeinsame Adoptionsvermittlungsstelle errichten. Landesjugendämter können eine gemeinsame zentrale Adoptionsstelle bilden. In den Ländern Berlin, Hamburg und Saarland können dem Landesjugendamt die Aufgaben der Adoptionsvermittlungsstelle des Jugendamtes übertragen werden.

2) Zur Adoptionsvermittlung sind auch die örtlichen und zentralen Stellen des Diakonischen Werks, des Deutschen Caritasverbandes, der Arbeiterwohlfahrt und der diesen Verbänden angeschlossenen Fachverbände sowie sonstiger Organisationen mit Sitz im Inland berechtigt, wenn die Stellen von der zentralen Adoptionsstelle des Landesjugendamtes als Adoptionsvermittlungsstelle anerkannt worden sind.

(3) Die Adoptionsvermittlungsstellen der Jugendämter und die zentralen Adoptionsstellen der Landesjugendämter arbeiten mit den in Absatz 2 genannten Adoptionsvermittlungsstellen partnerschaftlich zusammen.

§ 2a
Internationale Adoptionsvermittlung

(1) Die Vorschriften dieses Gesetzes über internationale Adoptionsvermittlung sind in allen Fällen anzuwenden, in denen das Kind oder die Adoptionsbewerber ihren gewöhnlichen Aufenthalt im Ausland haben oder in denen das Kind innerhalb von zwei Jahren vor Beginn der Vermittlung in das Inland gebracht worden ist.

(2) Im Anwendungsbereich des Haager Übereinkommens vom 29. Mai 1993 über den Schutz von Kindern und die Zusammenarbeit auf dem Gebiet der internationalen Adoption (BGBl. 2001 II S. 1034) (Adoptionsübereinkommen) gelten ergänzend die Bestimmungen des Adoptionsübereinkommens-Ausführungsgesetzes vom 5. November 2001 (BGBl. I S. 2950).

(3) Zur internationalen Adoptionsvermittlung sind befugt:

1. die zentrale Adoptionsstelle des Landesjugendamtes;
2. die Adoptionsvermittlungsstelle des Jugendamtes, soweit die zentrale Adoptionsstelle des Landesjugendamtes ihr diese Tätigkeit im Verhältnis zu einem oder mehreren bestimmten Staaten allgemein oder im Einzelfall gestattet hat;

3. eine anerkannte Auslandsvermittlungsstelle (§ 4 Abs. 2) im Rahmen der ihr erteilten Zulassung;

4. eine ausländische zugelassene Organisation im Sinne des Adoptionsübereinkommens, soweit die Bundeszentralstelle (Absatz 4 Satz 1) ihr diese Tätigkeit im Einzelfall gestattet hat.

(4) Zur Koordination der internationalen Adoptionsvermittlung arbeiten die in Absatz 3 und in § 15 Abs.2 genannten Stellen mit dem Generalbundesanwalt beim Bundesgerichtshof als Bundeszentralstelle für Auslandsadoption (Bundeszentralstelle) zusammen. Das Bundesministerium für Familie, Senioren, Frauen und Jugend kann im Einvernehmen mit dem Bundesministerium der Justiz durch Rechtsverordnung mit Zustimmung des Bundesrates bestimmen, dass die Bundeszentralstelle im Verhältnis zu einzelnen Staaten, die dem Adoptionsübereinkommen nicht angehören, ganz oder zum Teil entsprechende Aufgaben wie gegenüber Vertragsstaaten wahrnimmt; dabei können diese Aufgaben im Einzelnen geregelt werden.

(5) Die in Absatz 3 und in § 15 Abs.2 genannten Stellen haben der Bundeszentralstelle

1. zu jedem Vermittlungsfall im Sinne des Absatzes 1 von der ersten Beteiligung einer ausländischen Stelle an die jeweils verfügbaren Angaben zur Person (Name, Geschlecht, Geburtsdatum, Geburtsort, Staatsangehörigkeit, Familienstand und Wohnsitz oder gewöhnlicher Aufenthalt) des Kindes, seiner Eltern und der Adoptionsbewerber sowie zum Stand des Vermittlungsverfahrens zu melden,

2. jährlich zusammenfassend über Umfang, Verlauf und Ergebnisse ihrer Arbeit auf dem Gebiet der internationalen Adoptionsvermittlung zu berichten und

3. auf deren Ersuchen über einzelne Vermittlungsfälle im Sinne des Absatzes 1 Auskunft zu geben, soweit dies zur Erfüllung der Aufgaben nach Absatz 4 und nach § 2 Abs.2 Satz 1 des Adoptionsübereinkommens-Ausführungsgesetzes vom 5. November 2001 (BGBl. I S.2950) erforderlich ist.

Die Meldepflicht nach Satz 1 Nr. 1 beschränkt sich auf eine Meldung über den Abschluss des Vermittlungsverfahrens, sofern dieses weder das Verhältnis zu anderen Vertragsstaaten des Adoptionsübereinkommens noch zu solchen Staaten betrifft, die durch Rechtsverordnung nach Absatz 4 Satz 2 bestimmt worden sind.

(6) Die Bundeszentralstelle speichert die nach Absatz 5 Satz 1 Nr. 1 übermittelten Angaben in einer zentralen Datei. Die Übermittlung der Daten ist zu protokollieren. Die Daten zu einem einzelnen Vermittlungsfall sind dreißig Jahre nach Eingang der letzten Meldung zu dem betreffenden Vermittlungsfall zu löschen.

§ 3
Persönliche und fachliche Eignung der Mitarbeiter

(1) Mit der Adoptionsvermittlung dürfen nur Fachkräfte betraut werden, die dazu auf Grund ihrer Persönlichkeit, ihrer Ausbildung und ihrer beruflichen Erfahrung geeignet sind. Die gleichen Anforderungen gelten für Personen, die den mit der Adoptionsvermittlung betrauten Beschäftigten fachliche Weisungen erteilen können. Beschäftigte, die nicht unmittelbar mit Vermittlungsaufgaben betraut sind, müssen die Anforderungen erfüllen, die der ihnen übertragenen Verantwortung entsprechen.

(2) Die Adoptionsvermittlungsstellen (§ 2 Abs.1 und 2) sind mit mindestens zwei Vollzeitfachkräften oder einer entsprechenden Zahl von Teilzeitfachkräften zu besetzen; diese Fachkräfte dürfen nicht überwiegend mit vermittlungsfremden Aufgaben befasst sein. Die zentrale Adoptionsstelle des Landesjugendamtes kann Ausnahmen zulassen.

§ 4
Anerkennung als Adoptionsvermittlungsstelle

(1) Die Anerkennung als Adoptionsvermittlungsstelle im Sinne des § 2 Abs. 2 kann erteilt werden, wenn der Nachweis erbracht wird, dass die Stelle

1. die Voraussetzungen des § 3 erfüllt,

2. insbesondere nach ihrer Arbeitsweise und der Finanzlage ihres Rechtsträgers die ordnungsgemäße Erfüllung ihrer Aufgaben erwarten lässt und

3. von einer juristischen Person oder Personenvereinigung unterhalten wird, die steuerbegünstigte Zwecke im Sinne der §§ 51 bis 68 der Abgabenordnung verfolgt.

Die Adoptionsvermittlung darf nicht Gegenstand eines steuerpflichtigen wirtschaftlichen Geschäftsbetriebs sein.

(2) Zur Ausübung internationaler Adoptionsvermittlung durch eine Adoptionsvermittlungsstelle im Sinne des § 2 Abs.2 bedarf es der besonderen Zulassung, die für die Vermittlung von Kindern aus einem oder mehreren bestimmten Staaten (Heimatstaaten) erteilt wird. Die Zulassung berechtigt dazu, die Bezeichnung "anerkannte Auslandsvermittlungsstelle" zu führen; ohne die Zulassung darf diese Bezeichnung nicht geführt werden. Die Zulassung kann erteilt werden, wenn der Nachweis erbracht wird, dass die Stelle die Anerkennungsvoraussetzungen nach Absatz 1 in dem für die Arbeit auf dem Gebiet der internationalen Adoption erforderlichen besonderen Maße erfüllt; sie ist zu versagen, wenn ihr überwiegende Belange der Zusammenarbeit mit dem betreffenden Heimatstaat entgegenstehen. Die zentrale Adoptionsstelle des Landesjugendamtes und die Bundeszentralstelle unterrichten einander über Erkenntnisse, die die in Absatz 1 genannten Verhältnisse der anerkannten Auslandsvermittlungsstelle betreffen.

(3) Die Anerkennung nach Absatz 1 oder die Zulassung nach Absatz 2 sind zurückzunehmen, wenn die Voraussetzungen für ihre Erteilung nicht vorgelegen haben. Sie sind zu widerrufen, wenn die Voraussetzungen nachträglich weggefallen sind. Nebenbestimmungen zu einer Anerkennung oder Zulassung sowie die Folgen des Verstoßes gegen eine Auflage unterliegen den allgemeinen Vorschriften.

(4) Zur Prüfung, ob die Voraussetzungen nach Absatz 1 oder Absatz 2 Satz 3 weiterhin vorliegen, ist die zentrale Adoptionsstelle des Landesjugendamtes berechtigt, sich über die Arbeit der Adoptionsvermittlungsstelle im Allgemeinen und im Einzelfall, über die persönliche und fachliche Eignung ihrer Leiter und Mitarbeiter sowie über die rechtlichen und organisatorischen Verhältnisse und die Finanzlage ihres Rechtsträgers zu unterrichten. Soweit es zu diesem Zweck erforderlich ist,

1. kann die zentrale Adoptionsstelle Auskünfte, Einsicht in Unterlagen sowie die Vorlage von Nachweisen verlangen;
2. dürfen die mit der Prüfung beauftragten Bediensteten Grundstücke und Geschäftsräume innerhalb der üblichen Geschäftszeiten betreten; das Grundrecht der Unverletzlichkeit der Wohnung (Artikel 13 des Grundgesetzes) wird insoweit eingeschränkt.

(5) Widerspruch und Anfechtungsklage gegen Verfügungen der zentralen Adoptionsstelle haben keine aufschiebende Wirkung.

§ 5
Vermittlungsverbote

(1) Die Adoptionsvermittlung ist nur den nach § 2 Abs.1 befugten Jugendämtern und Landesjugendämtern und den nach § 2 Abs.2 berechtigten Stellen gestattet; anderen ist die Adoptionsvermittlung untersagt.

(2) Das Vermittlungsverbot gilt nicht

1. für Personen, die mit dem Adoptionsbewerber oder dem Kind bis zum dritten Grad verwandt oder verschwägert sind;
2. für andere Personen, die in einem Einzelfall und unentgeltlich die Gelegenheit nachweisen, ein Kind anzunehmen oder annehmen zu lassen, sofern sie eine Adoptionsvermittlungsstelle oder ein Jugendamt hiervon unverzüglich benachrichtigen.

(3) Es ist untersagt, Schwangere, die ihren Wohnsitz oder gewöhnlichen Aufenthalt im Geltungsbereich dieses Gesetzes haben, gewerbs- oder geschäftsmäßig durch Gewähren oder Verschaffen von Gelegenheit zur Entbindung außerhalb des Geltungsbereichs dieses Gesetzes

1. zu bestimmen, dort ihr Kind zur Annahme als Kind wegzugeben,
2. ihnen zu einer solchen Weggabe Hilfe zu leisten.

(4) Es ist untersagt, Vermittlungstätigkeiten auszuüben, die zum Ziel haben, dass ein Dritter ein Kind auf Dauer bei sich aufnimmt, insbesondere dadurch, dass ein Mann die Vaterschaft für ein Kind, das er nicht gezeugt hat, anerkennt. Vermittlungsbefugnisse, die sich aus anderen Rechtsvorschriften ergeben, bleiben unberührt.

§ 6
Adoptionsanzeigen

(1) Es ist untersagt, Kinder zur Annahme als Kind oder Adoptionsbewerber durch öffentliche Erklärungen, insbesondere durch Zeitungsanzeigen oder Zeitungsberichte, zu suchen oder anzubieten. Dies gilt nicht, wenn

1. die Erklärung den Hinweis enthält, dass Angebote oder Anfragen an eine durch Angabe der Anschrift bezeichnete Adoptionsvermittlungsstelle oder zentrale Adoptionsstelle (§ 2 Abs. 1 und 2) zu richten sind und
2. in der Erklärung eine Privatanschrift nicht angegeben wird.

§ 5 bleibt unberührt.

(2) Die Veröffentlichung der in Absatz 1 bezeichneten Erklärung unter Angabe eines Kennzeichens ist untersagt.

(3) Absatz 1 Satz 1 gilt entsprechend für öffentliche Erklärungen, die sich auf Vermittlungstätigkeiten nach § 5 Abs. 4 Satz 1 beziehen.

(4) Die Absätze 1 bis 3 gelten auch, wenn das Kind noch nicht geboren oder noch nicht gezeugt ist, es sei denn, dass sich die Erklärung auf eine Ersatzmutterschaft bezieht.

§ 7
Vorbereitung der Vermittlung

(1) Wird der Adoptionsvermittlungsstelle bekannt, dass für ein Kind die Adoptionsvermittlung in Betracht kommt, so führt sie zur Vorbereitung der Vermittlung unverzüglich die sachdienlichen Ermittlungen bei den Adoptionsbewerbern, bei dem Kind und seiner Familie durch. Dabei ist insbesondere zu prüfen, ob die Adoptionsbewerber unter Berücksichtigung der Persönlichkeit des Kindes und seiner besonderen Bedürfnisse für die Annahme des Kindes geeignet sind. Mit den Ermittlungen bei den Adoptionsbewerbern soll schon vor der Geburt des Kindes begonnen werden, wenn zu erwarten ist, dass die Einwilligung zur Annahme als Kind erteilt wird. Das Ergebnis der Ermittlungen bei den Adoptionsbewerbern und bei der Familie des Kindes ist den jeweils Betroffenen mitzuteilen.

(2) Die örtliche Adoptionsvermittlungsstelle (§ 9a), in deren Bereich sich die Adoptionsbewerber gewöhnlich aufhalten, übernimmt auf Ersuchen einer anderen Adoptionsvermittlungsstelle (§ 2 Abs. 1 und 2) die sachdienlichen Ermittlungen bei den Adoptionsbewerbern.

(3) Auf Antrag prüft die örtliche Adoptionsvermittlungsstelle die allgemeine Eignung der Adoptionsbewerber mit gewöhnlichem Aufenthalt in ihrem Bereich zur Annahme eines Kindes mit gewöhnlichem Aufenthalt im Ausland. Hält die Adoptionsvermittlungsstelle die allgemeine Eignung der Adoptionsbewerber für gegeben, so verfasst sie über das Ergebnis ihrer Prüfung einen Bericht, in dem sie sich über die rechtliche Befähigung und die Eignung der Adoptionsbewerber zur Übernahme der mit einer internationalen Adoption verbundenen Verantwortung sowie über die Eigenschaften der Kinder äußert, für die zu sorgen diese geeignet wären. Der Bericht enthält die zu der Beurteilung nach Satz 2 erforderlichen Angaben über die Person der Adoptionsbewerber, ihre persönlichen und familiären Umstände, ihren Gesundheitsstatus, ihr soziales Umfeld und ihre Beweggründe für die Adoption. Den Adoptionsbewerbern obliegt es, die für die Prüfung und den Bericht benötigten Angaben zu machen und geeignete Nachweise zu erbringen. Absatz 1 Satz 4 gilt entsprechend. Der Bericht wird einer von den Adoptionsbewerbern benannten Empfangsstelle zugeleitet; Empfangsstelle kann nur sein:
1. eine der in § 2 a Abs. 3 und § 15 Abs. 2 genannten Stellen oder
2. eine zuständige Stelle mit Sitz im Heimatstaat.

(4) Auf Antrag bescheinigt die Bundeszentralstelle deutschen Adoptionsbewerbern mit gewöhnlichem Aufenthalt im Ausland, ob diese nach den deutschen Sachvorschriften die rechtliche Befähigung zur Annahme eines Kindes besitzen. Die Bescheinigung erstreckt sich weder auf die Gesundheit der Adoptionsbewerber noch auf deren sonstige Eignung zur Annahme eines Kindes; hierauf ist im Wortlaut der Bescheinigung hinzuweisen. Verweisen die Bestimmungen des Internationalen Privatrechts auf ausländische Sachvorschriften, so ist auch die maßgebende ausländische Rechtsordnung zu bezeichnen.

§ 8
Beginn der Adoptionspflege

Das Kind darf erst dann zur Eingewöhnung bei den Adoptionsbewerbern in Pflege gegeben werden (Adoptionspflege), wenn feststeht, dass die Adoptionsbewerber für die Annahme des Kindes geeignet sind.

§ 9
Adoptionsbegleitung

(1) Im Zusammenhang mit der Vermittlung und der Annahme hat die Adoptionsvermittlungsstelle jeweils mit Einverständnis die Annehmenden, das Kind und seine Eltern eingehend zu beraten und zu unterstützen, insbesondere bevor das Kind in Pflege genommen wird und während der Eingewöhnungszeit.

(2) Soweit es zur Erfüllung der von einem ausländischen Staat aufgestellten Annahmevoraussetzungen erforderlich ist, können Adoptionsbewerber und Adoptionsvermittlungsstelle schriftlich vereinbaren, dass diese während eines in der Vereinbarung festzulegenden Zeitraums nach der Annahme die Entwicklung des Kindes beobachtet und der zuständigen Stelle in dem betreffenden Staat hierüber berichtet. Mit Zustimmung einer anderen Adoptionsvermittlungsstelle kann vereinbart werden, dass diese Stelle Ermittlungen nach Satz 1 durchführt und die Ergebnisse an die Adoptionsvermittlungsstelle im Sinne des Satzes 1 weiterleitet.

§ 9a
Örtliche Adoptionsvermittlungsstelle

Die Jugendämter haben die Wahrnehmung der Aufgaben nach den §§ 7 und 9 für ihren jeweiligen Bereich sicherzustellen.

§ 9b
Vermittlungsakten

(1) Aufzeichnungen und Unterlagen über jeden einzelnen Vermittlungsfall (Vermittlungsakten) sind, gerechnet vom Geburtsdatum des Kindes an, 60 Jahre lang aufzubewahren. Wird die Adoptionsvermittlungsstelle aufgelöst, so sind die Vermittlungsakten der Stelle, die nach § 2 Abs.1 Satz 3 oder Satz 4 ihre Aufgaben übernimmt, oder der zentralen Adoptionsstelle des Landesjugendamtes, in dessen Bereich die Adoptionsvermittlungsstelle ihren Sitz hatte, zur Aufbewahrung zu übergeben. Nach Ablauf des in Satz 1 genannten Zeitraums sind die Vermittlungsakten zu vernichten.

(2) Soweit die Vermittlungsakten die Herkunft und die Lebensgeschichte des Kindes betreffen oder ein sonstiges berechtigtes Interesse besteht, ist dem gesetzlichen Vertreter des Kindes und, wenn das Kind das 16. Lebensjahr vollendet hat, auch diesem selbst auf Antrag unter Anleitung durch eine Fachkraft Einsicht zu gewähren. Die Einsichtnahme ist zu versagen, soweit überwiegende Belange eines Betroffenen entgegenstehen.

§ 9c
Durchführungsbestimmungen

(1) Das Bundesministerium für Familie, Senioren, Frauen und Jugend wird ermächtigt, im Einvernehmen mit dem Bundesministerium der Justiz durch Rechtsverordnung mit Zustimmung des Bundesrates das Nähere über die Anerkennung und Beaufsichtigung von Adoptionsvermittlungsstellen nach § 2 Abs.2 und den §§ 3 und 4, die Zusammenarbeit auf dem Gebiet der internationalen Adoptionsvermittlung nach § 2a Abs.4 und 5, die sachdienlichen Ermittlungen nach § 7 Abs.1, die Eignungsprüfung nach § 7 Abs.3, die Bescheinigung nach § 7 Abs.4, die Adoptionsbegleitung nach § 9 und die Gewährung von Akteneinsicht nach § 9b sowie über die von den Adoptionsvermittlungsstellen dabei zu beachtenden Grundsätze zu regeln. Durch Rechtsverordnung nach Satz 1 können insbesondere geregelt werden:

1. Zeitpunkt, Gliederung und Form der Meldungen nach § 2a Abs.5 Satz 1 Nr. 1 und 2 sowie Satz 2;
2. Anforderungen an die persönliche und fachliche Eignung des Personals einer Adoptionsvermittlungsstelle (§§ 3, 4 Abs.1 Satz 1 Nr. 1);
3. Anforderungen an die Arbeitsweise und die Finanzlage des Rechtsträgers einer Adoptionsvermittlungsstelle (§ 4 Abs.1 Satz 1 Nr. 2);
4. besondere Anforderungen für die Zulassung zur internationalen Adoptionsvermittlung (§ 4 Abs.2);
5. Antragstellung und vorzulegende Nachweise im Verfahren nach § 7 Abs.4;
6. Zeitpunkt und Form der Unterrichtung der Annehmenden über das Leistungsangebot der Adoptionsbegleitung nach § 9 Abs.1.

(2) Durch Rechtsverordnung nach Absatz 1 Satz 1 kann ferner vorgesehen werden, dass die Träger der staatlichen Adoptionsvermittlungsstellen von den Adoptionsbewerbern für eine Eignungsprüfung nach § 7 Abs.3 oder für eine internationale Adoptionsvermittlung Gebühren sowie Auslagen für die Beschaffung von Urkunden, für Übersetzungen und für die Vergütung von Sachverständigen erheben. Die Gebührentatbestände und die Gebührenhöhe sind dabei zu bestimmen; für den einzelnen Vermittlungsfall darf die Gebührensumme 2000 Euro nicht überschreiten. Solange das Bundesministerium für Familie, Senioren, Frauen und Jugend von der Ermächtigung nach Absatz 1 Satz 1 in Verbindung mit Satz 1 keinen Gebrauch gemacht hat, kann diese durch die Landesregierungen ausgeübt werden; die Landesregierungen können diese Ermächtigung durch Rechtsverordnung auf oberste Landesbehörden übertragen.

§ 9d
Datenschutz

(1) Für die Erhebung, Verarbeitung und Nutzung personenbezogener Daten gilt das Zweite Kapitel des Zehnten Buches Sozialgesetzbuch mit der Maßgabe, dass Daten, die für Zwecke dieses Gesetzes erhoben worden sind, nur für Zwecke der Adoptionsvermittlung oder Adoptionsbegleitung, der Anerkennung, Zulassung oder Beaufsichtigung von Adoptionsvermittlungsstellen, der Überwachung von Vermittlungsverboten, der Verfolgung von Verbrechen oder anderen Straftaten von erheblicher Bedeutung oder der internationalen Zusammenarbeit auf diesen Gebieten verarbeitet oder genutzt werden dürfen. Die Vorschriften über die internationale Rechtshilfe bleiben unberührt.
(2) Die Bundeszentralstelle übermittelt den zuständigen Stellen auf deren Ersuchen die zu den in Absatz 1 genannten Zwecken erforderlichen personenbezogenen Daten. In dem Ersuchen ist anzugeben, zu welchem Zweck die Daten benötigt werden.
(3) Die ersuchende Stelle trägt die Verantwortung für die Zulässigkeit der Übermittlung. Die Bundeszentralstelle prüft nur, ob das Übermittlungsersuchen im Rahmen der Aufgaben der ersuchenden Stelle liegt, es sei denn, dass ein besonderer Anlass zur Prüfung der Zulässigkeit der Übermittlung besteht.
(4) Bei der Übermittlung an eine ausländische Stelle oder an eine inländische nicht öffentliche Stelle weist die Bundeszentralstelle darauf hin, dass die Daten nur für den Zweck verarbeitet und genutzt werden dürfen, zu dem sie übermittelt werden.
(5) Fügt eine verantwortliche Stelle dem Betroffenen durch eine nach diesem Gesetz oder nach anderen Vorschriften über den Datenschutz unzulässige oder unrichtige Erhebung, Verarbeitung oder Nutzung seiner personenbezogenen Daten einen Schaden zu, so finden die §§ 7 und 8 des Bundesdatenschutzgesetzes Anwendung.

§ 10
Unterrichtung der zentralen Adoptionsstelle des Landesjugendamtes

(1) Die Adoptionsvermittlungsstelle hat die zentrale Adoptionsstelle des Landesjugendamtes zu unterrichten, wenn ein Kind nicht innerhalb von drei Monaten nach Abschluss der bei ihm durchgeführten Ermittlungen Adoptionsbewerbern mit dem Ziel der Annahme als Kind in Pflege gegeben werden kann. Die Unterrichtung ist nicht erforderlich, wenn bei Fristablauf sichergestellt ist, dass das Kind in Adoptionspflege gegeben wird.
(2) Absatz 1 gilt entsprechend, wenn Adoptionsbewerber, bei denen Ermittlungen durchgeführt wurden, bereit und geeignet sind, ein schwer vermittelbares Kind aufzunehmen, sofern die Adoptionsbewerber der Unterrichtung der zentralen Adoptionsstelle zustimmen.
(3) In den Fällen des Absatzes 1 Satz 1 sucht die Adoptionsvermittlungsstelle und die zentrale Adoptionsstelle nach geeigneten Adoptionsbewerbern. Sie unterrichten sich gegenseitig vom jeweiligen Stand ihrer Bemühungen. Im Einzelfall kann die zentrale Adoptionsstelle die Vermittlung eines Kindes selbst übernehmen.

§ 11
Aufgaben der zentralen Adoptionsstelle des Landesjugendamtes

(1) Die zentrale Adoptionsstelle des Landesjugendamtes unterstützt die Adoptionsvermittlungsstelle bei ihrer Arbeit, insbesondere durch fachliche Beratung,
1. wenn ein Kind schwer zu vermitteln ist,

2. wenn ein Adoptionsbewerber oder das Kind eine ausländische Staatsangehörigkeit besitzt oder staatenlos ist,
3. wenn ein Adoptionsbewerber oder das Kind seinen Wohnsitz oder gewöhnlichen Aufenthalt außerhalb des Geltungsbereichs dieses Gesetzes hat,
4. in sonstigen schwierigen Einzelfällen.

(2) In den Fällen des Absatzes 1 Nr. 2 und 3 ist die zentrale Adoptionsstelle des Landesjugendamtes vom Beginn der Ermittlungen (§ 7 Abs.1) an durch die Adoptionsvermittlungsstellen ihres Bereiches zu beteiligen. Unterlagen der in Artikel 16 des Adoptionsübereinkommens genannten Art sind der zentralen Adoptionsstelle zur Prüfung vorzulegen.

§ 12
Ermittlungen bei Kindern in Heimen

Unbeschadet der Verantwortlichkeit des Jugendamtes prüft die zentrale Adoptionsstelle des Landesjugendamtes in Zusammenarbeit mit der für die Heimaufsicht zuständigen Stelle, für welche Kinder in den Heimen ihres Bereiches die Annahme als Kind in Betracht kommt. Zu diesem Zweck kann sie die sachdienlichen Ermittlungen und Untersuchungen bei den Heimkindern veranlassen oder durchführen. Das Grundrecht der Unverletzlichkeit der Wohnung (Artikel 13 Abs.1 des Grundgesetzes) wird insoweit eingeschränkt. Bei Kindern aus dem Bereich der zentralen Adoptionsstelle eines anderen Landesjugendamtes ist diese zu unterrichten. § 46 Abs.1 Satz 2 des Achten Buches Sozialgesetzbuch gilt entsprechend.

§ 13
Ausstattung der zentralen Adoptionsstelle des Landesjugendamtes

Zur Erfüllung ihrer Aufgaben sollen der zentralen Adoptionsstelle mindestens ein Kinderarzt oder Kinderpsychiater, ein Psychologe mit Erfahrungen auf dem Gebiet der Kinderpsychologie und ein Jurist sowie Sozialpädagogen oder Sozialarbeiter mit mehrjähriger Berufserfahrung zur Verfügung stehen.

Zweiter Abschnitt
Ersatzmutterschaft

§ 13a
Ersatzmutter

Ersatzmutter ist eine Frau, die auf Grund einer Vereinbarung bereit ist,
1. sich einer künstlichen oder natürlichen Befruchtung zu unterziehen oder
2. einen nicht von ihr stammenden Embryo auf sich übertragen zu lassen oder sonst auszutragen und das Kind nach der Geburt Dritten zur Annahme als Kind oder zur sonstigen Aufnahme auf Dauer zu überlassen.

§ 13b
Ersatzmuttervermittlung

Ersatzmuttervermittlung ist das Zusammenführen von Personen, die das aus einer Ersatzmutterschaft entstandene Kind annehmen oder in sonstiger Weise auf Dauer bei sich aufnehmen wollen (Bestelleltern), mit einer Frau, die zur Übernahme einer Ersatzmutterschaft bereit ist. Ersatzmuttervermittlung ist auch der Nachweis der Gelegenheit zu einer in § 13a bezeichneten Vereinbarung.

§ 13c
Verbot der Ersatzmuttervermittlung

Die Ersatzmuttervermittlung ist untersagt.

§ 13d
Anzeigenverbot

Es ist untersagt, Ersatzmütter oder Bestelleltern durch öffentliche Erklärungen, insbesondere durch Zeitungsanzeigen oder Zeitungsberichte, zu suchen oder anzubieten.

Dritter Abschnitt
Straf- und Bußgeldvorschriften

§ 14
Bußgeldvorschriften

(1) Ordnungswidrig handelt, wer
1. entgegen § 5 Abs. 1 oder 4 Satz 1 eine Vermittlungstätigkeit ausübt oder
2. entgegen § 6 Abs. 1 Satz 1, auch in Verbindung mit Abs. 2 oder 3, oder § 13d durch öffentliche Erklärungen
a) Kinder zur Annahme als Kind oder Adoptionsbewerber,
b) Kinder oder Dritte zu den in § 5 Abs. 4 Satz 1 genannten Zwecken oder
c) Ersatzmütter oder Bestelleltern sucht oder anbietet.
(2) Ordnungswidrig handelt auch, wer
1. entgegen § 5 Abs. 1 oder 4 Satz 1 eine Vermittlungstätigkeit ausübt und dadurch bewirkt, dass das Kind in den Geltungsbereich dieses Gesetzes oder aus dem Geltungsbereich dieses Gesetzes verbracht wird, oder
2. gewerbsmäßig oder geschäftsmäßig
a) entgegen § 5 Abs. 3 Nr. 1 eine Schwangere zu der Weggabe ihres Kindes bestimmt oder
b) entgegen § 5 Abs. 3 Nr. 2 einer Schwangeren zu der Weggabe ihres Kindes Hilfe leistet.
(3) Die Ordnungswidrigkeit kann in den Fällen des Absatzes 1 mit einer Geldbuße bis zu zehntausend Deutsche Mark, in den Fällen des Absatzes 2 mit einer Geldbuße bis zu fünfzigtausend Deutsche Mark geahndet werden.

§ 14a
Strafvorschriften gegen Kinderhandel

(aufgehoben)

§ 14b
Strafvorschriften gegen Ersatzmuttervermittlung

(1) Wer entgegen § 13 c Ersatzmuttervermittlung betreibt, wird mit Freiheitsstrafe bis zu einem Jahr oder mit Geldstrafe bestraft.
(2) Wer für eine Ersatzmuttervermittlung einen Vermögensvorteil erhält oder sich versprechen lässt, wird mit Freiheitsstrafe bis zu zwei Jahren oder Geldstrafe bestraft. Handelt der Täter gewerbs- oder geschäftsmäßig, so ist die Strafe Freiheitsstrafe bis zu drei Jahren oder Geldstrafe.
(3) In den Fällen der Absätze 1 und 2 werden die Ersatzmutter und die Bestelleltern nicht bestraft.

Vierter Abschnitt
Übergangsvorschriften

§ 15
Weitergeltung der Berechtigung zur Adoptionsvermittlung

(1) Eine vor dem 1. Januar 2002 erteilte Anerkennung als Adoptionsvermittlungsstelle gilt vorläufig fort. Sie erlischt, wenn nicht bis zum 31. Dezember 2002 erneut die Anerkennung beantragt wird oder, im Falle rechtzeitiger Antragstellung, mit Eintritt der Unanfechtbarkeit der Entscheidung über den Antrag.

(2) Hat eine vor dem 1. Januar 2002 anerkannte Adoptionsvermittlungsstelle internationale Adoptionsvermittlung im Verhältnis zu einem bestimmten Staat ausgeübt und hat sie ihre Absicht, diese Vermittlungstätigkeit fortzusetzen, der zentralen Adoptionsstelle des Landesjugendamtes angezeigt, so gelten Absatz 1 sowie § 4 Abs.2 Satz 4 entsprechend. § 4 Abs.2 Satz 2 dieses Gesetzes sowie § 1 Abs.3 des Adoptionsübereinkommens-Ausführungsgesetzes bleiben unberührt.

(3) Die staatlichen Adoptionsvermittlungsstellen (§ 2 Abs.1) haben sicherzustellen, dass die Anforderungen des § 3 vom 1. Januar 2003 an erfüllt werden.

§ 16
Anzuwendendes Recht

Vom Zeitpunkt des Inkrafttretens einer Änderung dieses Gesetzes an richtet sich die weitere Durchführung einer vor dem Inkrafttreten der Änderung begonnenen Vermittlung, soweit nicht anders bestimmt, nach den geänderten Vorschriften.

§§ 17 bis 22

(aufgehoben)

So adoptiert man in Österreich

Auch in Österreich dürfen Adoptionen nur von staatlich anerkannten Stellen durchgeführt werden.

Bewerber wenden sich zuerst an die Jugendabteilung der jeweiligen Bezirkshauptmannschaft, den Magistrat und in Wien an das Amt für Jugend und Familie

Sowohl verheiratete Paare als auch Singles dürfen adoptieren.

Die Annahme eines Adoptivkindes kann durch ein Ehepaar oder durch eine Einzelperson erfolgen. Der jeweilige Adoptivelternteil tritt an die Stelle des entsprechenden leiblichen Elternteils.

Die Adoption eines Kindes kommt durch schriftlichen Adoptionsvertrag zwischen den Annehmenden und dem Kind und durch gerichtliche Bewilligung auf Antrag eines der Vertragsteile zustande. Der Beschluss über die Bewilligung des Adoptionsvertrags wird vom zuständigen örtlichen Pflegschaftsgericht (Bezirksgericht am Wohnort des Kindes) gefasst.

Voraussetzung der Adoption ist die begründete Aussicht, dass zwischen den Annehmenden und dem Adoptivkind eine dem Verhältnis zwischen leiblichen Eltern und Kindern entsprechende Beziehung besteht oder hergestellt werden soll. Es darf kein entgegenstehendes, überwiegendes Anliegen eines bereits vorhandenen leiblichen Kindes vorliegen. In Österreich gilt ein Mindestalter für Männer von 30 Jahren und für Frauen von 28 Jahren. Eine Unterschreitung dieser Altersgrenze ist dann zulässig, wenn zwischen Kind und Annehmenden bereits eine kindschaftsähnliche Beziehung besteht und entweder ein Ehepaar gemeinsam oder ein Ehegatte das leibliche Kind des anderen Gatten annimmt. Ein Höchstalter ist gesetzlich nicht festgelegt.

Annehmende müssen mindestens 18 Jahre älter als das Adoptivkind sein. Eine geringfügige Unterschreitung dieses Zeitraumes ist unbeachtlich, wenn zwischen dem Annehmenden und dem Kind bereits eine dem Verhältnis zwischen leiblichen Eltern und Kindern entsprechende Beziehung besteht. Ist das Adoptivkind ein leibliches Kind des Ehegatten des/der Annehmenden oder mit dem/der Annehmenden verwandt, genügt ein Altersunterschied von 16 Jahren.

Durch die Adoption erhält das Adoptivkind den Familiennamen der Adoptiveltern, wenn es das 14. Lebensjahr noch nicht vollendet hat. Ab dem 14. Lebensjahr kann das Kind den Familiennamen selbst wählen. Durch einen gerichtlich bewilligten Adoptionsvertrag entstehen einerseits zwischen Adoptivvater und/oder Adoptivmutter und deren Nachkommen und andererseits dem Adoptivkind und dessen im Zeitpunkt der Adoption minderjährigen Nachkommen die gleichen Rechte, wie sie durch die eheliche Abstammung begründet werden. Die Adoption stellt kein Ehehindernis zwischen dem Adoptivkind und einem leiblichen Kind des Annehmenden dar.

Das Adoptivkind wird gegenüber den Wahleltern erbberechtigt und unterhaltsverpflichtet. Das Erbrecht des Wahlkindes ist auf den Nachlass der Adoptiveltern beschränkt. Es besteht deshalb kein Anspruch auf das Erbe von Verwandten der Adoptiveltern. Der Erbanspruch des Adoptierten gegenüber seinen leiblichen Eltern und Verwandten bleibt jedoch erhalten, sodass hier ein doppeltes Erbrecht entsteht.

Auslandsadoptionen

Für jede Adoption eines österreichischen Kindes wird eine Pflegestellenbewilligung benötigt. Dies ist auch für Auslandsadoptionen erforderlich.

Wie bei allen anderen Adoptionen klärt darüber hinaus die zuständige Vermittlungsstelle darüber auf, welche sonstigen Unterlagen (Geburtsurkunden, Strafregisterauszüge, Einkommensnachweise, Referenzschreiben etc.) erforderlich sind.

Folgende Stellen sind für die Vermittlung ausländischer Kinder zugelassen:

Brücke nach Äthiopien (Bridge to Ethiopia)
Adoptionsberatung und -begleitung
Kirlastraße 42g
6840 Götzis
Telefon: 0699-155255 01
Mail: office@bruecke-nach-aethiopien.at
Internet: http://www.bruecke-nach-aethiopien.at
Herkunftsländer: Äthiopien
Zahl der Adoptionen: ca. 50 - 70 Adoptionen jährlich

family for you
Adoptionsvermittlung
Hoffingerg. 16 /3/6, 1120 Wien
Telefon: +43-1-804 48 28
Mail: office@familyforyou.org
Internet: http://www.familyforyou.org/
Herkunftsländer: Äthiopien, Slowakei, Indien, Sri Lanka, Nepal, Südafrika, Polen, Tschechische Republik, Russland, Kasachstan, Kambodscha
Zahl der Adoptionen: ca. 50 Adoptionen jährlich

Eltern für Kinder Österreich
Adoptionsbegleitung und Beratung
Ottakringer Str.217-221/2/R2, 1160 Wien
Telefon: 01/ 368 71 91
Mail: office@efk.at
Internet: http://www.efk.at
Herkunftsländer: Bulgarien, Russland, Äthiopien, Nepal, andere Länder auf Anfrage
Zahl der Adoptionen: ca. 12-20/Jahr

Weiterführende Adressen:
Kinder- und Jugendförderung – Pflegeelternverein Steiermark

Verwaltung:
Herrengasse 7 / Stiege 4
A-8010 Graz
T: 0316/822-433,
F: 0316/822-433-4
http://www.adoptionsberatung.at

Fachdienste:
Kaiser-Franz-Josef-Kai 2
A-8010 Graz
T: 0316/829-633
F: 0316/829-633-4
http://www.saev.ch

Gesetzliche Regelung –
Allgemeines Bürgerliches Gesetzbuch

1. Annahme an Kindesstatt

§ 179.

(1) Eigenberechtigte Personen, die den ehelosen Stand nicht feierlich angelobt haben, können an Kindesstatt annehmen. Durch die Annahme an Kindesstatt wird die Wahlkindschaft begründet.

(2) Die Annahme eines Wahlkindes durch mehr als eine Person, sei es gleichzeitig, sei es, solange die Wahlkindschaft besteht, nacheinander, ist nur zulässig, wenn die Annehmenden miteinander verheiratet sind. Ehegatten dürfen in der Regel nur gemeinsam annehmen. Ausnahmen sind zulässig, wenn das leibliche Kind des anderen Ehegatten angenommen werden soll, wenn ein Ehegatte nicht annehmen kann, weil er die gesetzlichen Voraussetzungen hinsichtlich der Eigenberechtigung oder des Alters nicht erfüllt, wenn sein Aufenthalt seit mindestens einem Jahr unbekannt ist, wenn die Ehegatten seit mindestens drei Jahren die eheliche Gemeinschaft aufgegeben haben oder wenn ähnliche und besonders gewichtige Gründe die Annahme durch nur einen der Ehegatten rechtfertigen.

(3) Personen, denen die Sorge für das Vermögen des anzunehmenden Wahlkindes durch behördliche Verfügung anvertraut ist, können dieses so lange nicht annehmen, als sie nicht von dieser Pflicht entbunden sind. Sie müssen vorher Rechnung gelegt und die Bewahrung des anvertrauten Vermögens nachgewiesen haben.

Form; Eintritt der Wirksamkeit

§ 179a.

(1) Die Annahme an Kindesstatt kommt durch schriftlichen Vertrag zwischen dem Annehmenden und dem Wahlkind und durch gerichtliche Bewilligung auf Antrag eines Vertragsteiles zustande. Sie wird im Fall ihrer Bewilligung mit dem Zeitpunkt der vertraglichen Willenseinigung wirksam. Stirbt der Annehmende nach diesem Zeitpunkt, so hindert dies die Bewilligung nicht.

(2) Das nicht eigenberechtigte Wahlkind schließt den Vertrag durch seinen gesetzlichen Vertreter, dieser bedarf hiezu keiner gerichtlichen Genehmigung. Verweigert der gesetzliche Vertreter seine Einwilligung, so hat das Gericht sie auf Antrag des Annehmenden oder des Wahlkindes zu ersetzen, wenn keine gerechtfertigten Gründe für die Weigerung vorliegen.

Alter
§ 180.

(1) Der Wahlvater muß das dreißigste, die Wahlmutter das achtundzwanzigste Lebensjahr vollendet haben. Nehmen Ehegatten gemeinsam an oder ist das Wahlkind ein leibliches Kind des Ehegatten des Annehmenden, so ist eine Unterschreitung dieser Altersgrenze zulässig, wenn zwischen dem Annehmenden und dem Wahlkind bereits eine dem Verhältnis zwischen leiblichen Eltern und Kindern entsprechende Beziehung besteht.

(2) Wahlvater und Wahlmutter müssen mindestens achtzehn Jahre älter als das Wahlkind sein; eine geringfügige Unterschreitung dieses Zeitraumes ist unbeachtlich, wenn zwischen dem Annehmenden und dem Wahlkind bereits eine dem Verhältnis zwischen leiblichen Eltern und Kindern entsprechende Beziehung besteht. Ist das Wahlkind ein leibliches Kind des Ehegatten des Annehmenden oder mit dem Annehmenden verwandt, so genügt ein Altersunterschied von sechzehn Jahren.

Bewilligung
§ 180a.

(1) Die Annahme ist zu bewilligen, wenn eine dem Verhältnis zwischen leiblichen Eltern und Kindern entsprechende Beziehung besteht oder hergestellt werden soll. Sie muß dem Wohle des nicht eigenberechtigten Wahlkindes dienen. Ist das Wahlkind eigenberechtigt, so muß ein gerechtfertigtes Anliegen des Annehmenden oder des Wahlkindes vorliegen. (2) Die Bewilligung ist, außer bei Fehlen der Voraussetzungen des Abs. 1, zu versagen, wenn ein überwiegendes Anliegen eines leiblichen Kindes des Annehmenden entgegensteht, insbesondere dessen Unterhalt oder Erziehung gefährdet wäre; im übrigen sind wirtschaftliche Belange nicht zu beachten, außer der Annehmende handelt in der ausschließlichen oder überwiegenden Absicht, ein leibliches Kind zu schädigen.

§ 181.

(1) Die Bewilligung darf nur erteilt werden, wenn folgende Personen der Annahme zustimmen: 1. die Eltern des minderjährigen Wahlkindes; 2. der Ehegatte des Annehmenden; 3. der Ehegatte des Wahlkindes.

(2) Das Zustimmungsrecht einer im Abs. 1 genannten Person entfällt, wenn sie als gesetzlicher Vertreter des Wahlkindes den Annahmevertrag geschlossen hat; ferner, wenn sie zu einer verständigen Äußerung nicht nur vorübergehend unfähig oder ihr Aufenthalt seit mindestens sechs Monaten unbekannt ist.

(3) Das Gericht hat die verweigerte Zustimmung auf Antrag eines Vertragsteiles zu ersetzen, wenn keine gerechtfertigten Gründe für die Weigerung vorliegen.

§ 181a.

(1) Ein Recht auf Anhörung haben: 1. das nicht eigenberechtigte Wahlkind ab dem vollendeten fünften Lebensjahr, außer es hat bereits seit diesem Zeitpunkt beim Annehmenden gelebt; 2. die Eltern des volljährigen Wahlkindes; 3. die Pflegeeltern oder der Leiter des Heimes, in dem sich das Wahlkind befindet; 4. der Jugendwohlfahrtsträger.

(2) Das Anhörungsrecht eines im Abs. 1 genannten Berechtigten entfällt, wenn er als gesetzlicher Vertreter des Wahlkindes den Annahmevertrag geschlossen hat; ferner, wenn er nicht oder nur mit unverhältnismäßigen Schwierigkeiten gehört werden könnte.

Wirkungen
§ 182.

(1) Zwischen dem Annehmenden und dessen Nachkommen einerseits und dem Wahlkind und dessen im Zeitpunkt des Wirksamwerdens der Annahme minderjährigen Nachkommen andererseits entstehen mit diesem Zeitpunkt die gleichen Rechte, wie sie durch die eheliche Abstammung begründet werden.

(2) Wird das Wahlkind durch Ehegatten als Wahleltern angenommen, so erlöschen mit den im § 182a bestimmten Ausnahmen die nicht bloß in der Verwandtschaft an sich (§ 40) bestehenden familienrechtlichen Beziehungen zwischen den leiblichen Eltern und deren Verwandten einerseits und dem Wahlkind und dessen im Zeitpunkt des Wirksamwerdens der Annahme minderjährigen Nachkommen andererseits mit diesem Zeitpunkt. Wird das Wahlkind nur durch einen Wahlvater (eine Wahlmutter) angenommen, so erlöschen diese Beziehungen lediglich hinsichtlich des leiblichen Vaters (der leiblichen Mutter) und dessen (deren) Verwandten; insoweit danach diese Beziehungen aufrecht bleiben würden, hat das Gericht, wenn der in Frage kommende Elternteil darin eingewilligt hat, das Erlöschen diesem Elternteil gegenüber auszusprechen; das Erlöschen wirkt vom Zeitpunkt der Abgabe der Einwilligungserklärung, frühestens jedoch vom Zeitpunkt des Wirksamwerdens der Annahme.

§ 182a.

(1) Die im Familienrecht begründeten Pflichten der leiblichen Eltern und deren Verwandten zur Leistung des Unterhaltes, des Heiratsgutes und der Ausstattung gegenüber dem Wahlkind und dessen im Zeitpunkt des Wirksamwerdens der Annahme minderjährigen Nachkommen bleiben aufrecht.
(2) Das gleiche gilt für die Unterhaltspflicht des Wahlkindes gegenüber den leiblichen Eltern, sofern diese ihre Unterhaltspflicht gegenüber dem noch nicht vierzehn Jahre alten Kinde vor dessen Annahme an Kindesstatt nicht gröblich vernachlässigt haben.
(3) Die nach den Abs. 1 und 2 aufrecht bleibenden Pflichten stehen jedoch den durch die Annahme begründeten gleichen Pflichten im Range nach.

§ 182b.

(1) Die im Erbrecht begründeten Rechte zwischen den leiblichen Eltern und deren Verwandten einerseits und dem Wahlkind und dessen im Zeitpunkt des Wirksamwerdens der Annahme minderjährigen Nachkommen andererseits bleiben aufrecht.
(2) Bei der gesetzlichen Erbfolge in das Vermögen des Wahlkindes in der zweiten Linie gehen die Wahleltern und deren Nachkommen einerseits den leiblichen Eltern und deren Nachkommen andererseits vor; ist das Wahlkind nur durch einen Wahlvater (eine Wahlmutter) angenommen worden und sind sowohl der Wahlvater (die Wahlmutter) oder dessen (deren) Nachkommen als auch die leibliche Mutter (der eheliche Vater) oder deren (dessen) Nachkommen vorhanden, so fällt der Nachlaß je zur Hälfte auf den Stamm des Wahlvaters (der Wahlmutter) und den der leiblichen Mutter (des ehelichen Vaters).

§ 183.

(1) Wird das Wahlkind nur von einer Person an Kindesstatt angenommen und erlöschen die familienrechtlichen Beziehungen zum anderen Elternteil im Sinn des § 182 Abs. 2 zweiter Satz, so erhält das Wahlkind den Familiennamen des Annehmenden. Die §§ 162a Abs. 2 bis 162d gelten entsprechend.
(2) Im übrigen gelten für die Ableitung des Familiennamens des wahlkindes von den Wahleltern beziehungsweise von einem Wahlelternteil und demjenigen Elternteil, zu dem familienrechtliche Beziehungen aufrecht geblieben sind, die §§ 139 sowie 162a Abs. 2 bis 162d entsprechend.

§ 183a. aufgehoben.

[(1) Hat das Wahlkind ein bei Wirksamwerden der Annahme noch minderjähriges eheliches, uneheliches oder angenommenes Kind und führt dieses einen von ihm allein abgeleiteten Familiennamen, so geht der vom Wahlkind durch die Annahme erworbene Familienname (Geschlechtsname) auf dieses Kind über.
(2) Leitet dieses Kind aber seinen Familiennamen auch von dem Ehegatten oder einem noch lebenden früheren Ehegatten des Wahlkindes ab, so tritt der Übergang nur ein, wenn dieser Ehegatte dem vor der gerichtlichen Bewilligung zugestimmt hat.]

Widerruf und Aufhebung
§ 184.

(1) Die gerichtliche Bewilligung ist vom Gericht mit rückwirkender Kraft zu widerrufen:

1. von Amts wegen oder auf Antrag eines Vertragsteiles, wenn beim Abschluß des Annahmevertrages der Annehmende nicht eigenberechtigt gewesen ist, außer er hat nach der Erlangung seiner Eigenberechtigung zu erkennen gegeben, daß er die Wahlkindschaft fortsetzen wolle;
2. von Amts wegen oder auf Antrag eines Vertragsteiles, wenn ein nicht eigenberechtigtes Wahlkind selbst den Annahmevertrag geschlossen hat, außer es hat der gesetzliche Vertreter oder nach Erlangung der Eigenberechtigung das Wahlkind nachträglich zugestimmt oder das Gericht die verweigerte nachträgliche Zustimmung des gesetzlichen Vertreters im Sinne des § 179a Abs. 2 ersetzt;
3. von Amts wegen oder auf Antrag eines Vertragsteiles, wenn das Wahlkind durch mehr als eine Person angenommen worden ist, außer die Annehmenden sind im Zeitpunkt der Bewilligung miteinander verheiratet gewesen;
4. von Amts wegen oder auf Antrag eines Vertragsteiles, wenn der Annahmevertrag ausschließlich oder vorwiegend in der Absicht geschlossen worden ist, dem Wahlkind die Führung des Familiennamens des Wahlvaters oder der Wahlmutter zu ermöglichen oder den äußeren Schein einer Wahlkindschaft zur Verdeckung rechtswidriger geschlechtlicher Beziehungen zu schaffen;
5. auf Antrag eines Vertragsteiles, wenn der Annahmevertrag nicht schriftlich geschlossen worden ist und seit dem Eintritt der Rechtskraft des Bewilligungsbeschlusses nicht mehr als fünf Jahre verstrichen sind.

(2) Hat einer der Vertragsteile den Widerrufsgrund (Abs. 1 Z. 1 bis 3 und 5) bei Abschließung des Annahmevertrages nicht gekannt, so gilt in seinem Verhältnis zum anderen Vertragteil der Widerruf insoweit als Aufhebung (§ 184a), als er dies beansprucht.

(3) Einem Dritten, der im Vertrauen auf die Gültigkeit der Annahme an Kindesstatt vor dem Widerruf Rechte erworben hat, kann nicht eingewendet werden, daß die Bewilligung widerrufen worden ist. Zum Nachteil eines der Vertragsteile, der den Widerrufsgrund bei Abschließung des Annahmevertrages nicht gekannt hat, kann ein Dritter nicht die Wirkungen des Widerrufes beanspruchen.

§ 184a.

(1) Die Wahlkindschaft ist vom Gericht aufzuheben:
1. wenn die Erklärung eines Vertragsteiles oder eines Zustimmungsberechtigten durch List oder ungerechte und gegründete Furcht veranlaßt worden ist und der Betroffene die Aufhebung binnen Jahresfrist nach Entdeckung der Täuschung oder Wegfall der Zwangslage beantragt;
2. von Amts wegen, wenn die Aufrechterhaltung der Wahlkindschaft das Wohl des nicht eigenberechtigten Wahlkindes ernstlich gefährden würde;
3. auf Antrag des Wahlkindes, wenn die Aufhebung nach Auflösung oder Nichtigerklärung der Ehe der Wahleltern oder nach dem Tode des Wahlvaters (der Wahlmutter) dem Wohle des Wahlkindes dient und nicht einem gerechtfertigten Anliegen des (der) von der Aufhebung betroffenen, wenn auch bereits verstorbenen Wahlvaters (Wahlmutter) widerspricht;
4. wenn der Wahlvater (die Wahlmutter) und das eigenberechtigte Wahlkind die Aufhebung beantragen.

(2) Besteht die Wahlkindschaft gegenüber einem Wahlvater und einer Wahlmutter, so darf die Aufhebung im Sinne des Abs. 1 nur beiden gegenüber bewilligt werden; die Aufhebung gegenüber einem von ihnen allein ist nur im Falle der Auflösung oder Nichtigerklärung ihrer Ehe zulässig.

§ 185.

(1) Mit dem Eintritt der Rechtskraft des Aufhebungsbeschlusses erlöschen die durch die Annahme zwischen dem Wahlvater (der Wahlmutter) und dessen (deren) Nachkommen einerseits und dem Wahlkind und dessen Nachkommen andererseits begründeten Rechtsbeziehungen.

(2) Mit diesem Zeitpunkt leben die familienrechtlichen Beziehungen zwischen den leiblichen Eltern und deren Verwandten einerseits und dem Wahlkind und dessen Nachkommen andererseits, soweit sie nach dem § 182 erloschen sind, wieder auf.

(3)ÿMit dem im Abs. 1 genannten Zeitpunkt sind hinsichtlich des Wahlkindes und dessen minderjährigen Nachkommen die namensrechtlichen Wirkungen der Annahme so anzusehen, als wären sie nicht eingetreten.

§ 185a.

Ein Widerruf oder eine Aufhebung aus anderen als den in den §§ 184 und 184a angeführten Gründen ist unzulässig; ebenso eine vertragliche Einigung oder ein Rechtsstreit über die Anfechtung des Annahmevertrages.

So adoptiert man in der Schweiz

Auch in der Schweiz ist die Vermittlung von Adoptionen nur zugelassenen Stellen erlaubt. Eine Liste der zugelassenen Adoptionsvermittlungsstellen ist erhältlich beim:

- Bundesamt für Justiz, Sektion Zivilgesetzbuch, 3003 Bern, Tel: 031 322 4182
- Schweizerische Stiftung des Internationalen Sozialdienstes,
  Rue Dr. Alfred-Vincent 10, 1201 Genf, Tel: 022 731 67 00

Bewerber, die sich für die Adoption eines Kindes interessieren, können sich an folgende Stellen wenden:

Bras Kind, Familien für Kinder
Frau Eva Stössel,
Stunnhaldenstraße 32 a,
8600 Dübendorf
Tel: 01820 28 33
Fax: 01820 28 32
Herkunftsländer: Brasilien und Portugal
Zahl der Adoptionen: ca. 20 pro Jahr
Alter der Bewerber: Kein Bewerber darf älter als 50 Jahre sein. Nur Paare, die bereits einige Jahre verheiratet sind, werden akzeptiert.
Kinder: Auch an Familien mit Kindern werden Kinder vermittelt. Bewerber dürfen keine Wünsche hinsichtlich der Hautfarbe des Kindes äußern.
Verfahren: Bewerber fordern zuerst schriftlich oder telefonisch Informationsmaterial an. Anschließend folgt ein Informationsabend. Falls die Bewerber akzeptiert werden, können sie ihre Dossiers zusammenstellen.
Wartezeit: bis ca. 3 Jahre

Emmanuel SOS Adoption
Hilfswerk zur Adoption geistig oder körperlich behinderter Kinder . Emmanuel SOS Adoption möchte, das auch behinderte Kinder in einer Familie leben und sich entfalten können.
"Emmanuel" S.O.S Adoption
Mireille et Charles Udriot
Châlet "Anawim"
Rte d'Outre-Vièze 146
1871 Choëx (VS)
Tel: 024-471 60 74
Fax: 024-471 70 74
E-Mail: emmanuel@sos-adoption.ch
Internet: www.emmanueladoption.ch

Herkunftsländer: Schweiz, Frankreich, Libanon, Portugal
Zahl der Adoptionen: ca. 3 - 5 pro Jahr
Bewerber: Bewerber müssen fünf Jahre verheiratet sein.
Kinder: Vermittelt werden behinderte Kinder aller Altersstufen
Verfahren: Emmanuel SOS Adoption begleitet die Familie auch nach der Adoption
Wartezeit: Bis maximal 1,5 Jahre

Por Ninos Adopt – Inform Oberwallis
Kantonstrasse 8,
3930 Visp
Tel / Fax: 027 946 48 03
Herkunftsländer: Ecuador
Zahl der Adoptionen: 1 - 2 Adoptionen pro Jahr
Alter der Bewerber: Bewerber, die älter als 40 Jahre sind, bekommen kein Kleinkind mehr vermittelt.
Kinder: Die vermittelten Kinder sind meist zwischen einem und fünf Jahre alt.
Verfahren: Es werden nur Kinder in die Region vermittelt.
Wartezeit: ca. 1 - 2 Jahre

Pro Kind
Schaffhauserstrasse 146,
8302 Kloten
Tel. 01 813 05 35, Fax 01 813 05 67
E-mail: kieselbach@bluemail.ch
Herkunftsländer: Chile, Äthiopien, Moldawien
Zahl der Adoptionen: 10 bis 15 Adoptionen pro Jahr
Kinder: Die vermittelten Kinder sind meist zwischen einem und sieben Jahre alt.
Verfahren: Nach der Zustellung des Informationsmaterials erfolgt ein Informationstreffen. Danach wird über die Aufnahme auf die Warteliste entschieden und die Bewerber über die Zusammenstellung des Dossiers beraten.
Wartezeit: 1 bis 4 Jahre je nach Land und Alter des Kindes

Schweizerische Fachstelle für Adoption
Hofwiesenstrasse 3,
Postfach 352,
8042 Zürich
Tel. 01 360 80 90, Fax 01 360 80 99
E-mail: adoption@magiconline.ch
Internet: www.adoption.ch
Herkunftsländer: Schweiz
Zahl der Adoptionen: 20 bis 30 Adoptionen pro Jahr
Alter der Bewerber: Alter beider Partner unter 38 Jahren

Verfahren: Nach dem Erhalt der Informationsunterlagen können sich die Bewerber zu einem der monatlich stattfindenden Informationsnachmittage anmelden. Anschließend entscheiden sie sich über eine Anmeldung. Der Abklärungsprozess und Vermittlungsprozess dauert etwa zwei bis fünf Jahre. Wenn die Abklärung abgeschlossen ist, werden jeweils ca. vier Dossiers von Bewerbern den Vormunden der zur Adoption freigegebenen Kinder unterbreitet. Der Vormund wählt daraus das geeignete Paar aus.

Wartezeit: Ein Erfolg wird nicht garantiert

Terres des Hommes

En Budron C, 1052 Le Mont-sur-Lausanne,
Tel. 021 654 66 66,
Fax 021 654 66 77
E-mail: mho@tdh.ch
Terre des Hommes, Scheunerweg 30,
3063 Bern-Ittigen, Tel. 031 928 00 25,
Fax 031 928 00 27
E-mail: tdh.ag.bera@bluewin.ch
Internet: http://tdh.ch
Herkunftsländer: Terre des Hommes arbeitet aktuell mit Indien und Nigeria zusammen. Eine Zusammenarbeit mit Sri Lanka ist in Vorbereitung.
Zahl der Adoptionen: ca. 20 Adoptionen pro Jahr
Alter der Bewerber: Akzeptiert werden Anfragen von Paaren, die seit mindestens vier Jahren verheiratet sind oder beide Ehepartner mindestens 34 Jahre alt sind. Die Altersdifferenz zwischen dem älteren Partner und dem Adoptivkind sollte nicht größer als 43 Jahre sein; daher dürfen die Kandidaten bei Beginn des Verfahrens das 43. Altersjahr nicht überschritten haben.
Verfahren: Nach einem unverbindlichen und individuellen Informationsgespräch folgen mehrere Gespräche, welche je nach Kanton auch zur Erarbeitung des Sozialberichtes dienen
Wartezeit: unterschiedlich, je nach Alter, Gesundheitszustand und Herkunftsland des Kindes

Vereinigung für Adoptionshilfe

Postfach 828,
3000 Bern 8
Marlène Zoppelletto
Bündenweg 3, 2544 Bettlach
Tel. und Fax 032 645 28 52
E-mail: zoppelletto@datacomm.ch
Herkunftsländer: Kolumbien
Zahl der Adoptionen: ca. 15 Adoptionen pro Jahr

Alter der Bewerber: höchstens 43 Jahre
Verfahren: Erstabklärung durch ein psychologisches. Eintrittsgespräch. Nachdem
die Bewerber anerkannt wurden, erfolgt eine Zusammenstellung der Dossiers
Wartezeit: mindestens 1,5 bis 2 Jahre

Weiterführende Adressen:

Bundesamt für Justiz
Internationaler Kindesschutz
Taubenstrasse 16
3003 Berne
T. 031/3234132
F. 031/3237864
www.adoption.admin.ch

Schweizerische Stiftung des Internationalen Sozialdienstes, SSI
Hofwiesenstrasse 3
8057 Zürich
T. 01/363 98 20
F. 01/363 98 81
www.ssiss.ch

Schweizerische Adoptiveltern - Vereinigung
Strandbadstrasse 8,
8331 Auslikon
T: 01 / 950 32 58
F: 01 / 952 31 11
http://www.saev.ch

Gesetzliche Regelung –
Schweizerisches Zivilgesetzbuch

Art. 264
Adoption Unmündiger

Allgemeine Voraussetzungen
Ein Kind darf adoptiert werden, wenn ihm die künftigen Adoptiveltern während wenigstens eines Jahres Pflege und Erziehung erwiesen haben und nach den gesamten Umständen zu erwarten ist, die Begründung eines Kindesverhältnisses diene seinem Wohl, ohne andere Kinder der Adoptiveltern in unbilliger Weise zurückzusetzen.

Art. 264a
Gemeinschaftliche Adoption

Ehegatten können nur gemeinschaftlich adoptieren; anderen Personen ist die gemeinschaftliche Adoption nicht gestattet.
Die Ehegatten müssen 5 Jahre verheiratet sein oder das 35. Altersjahr zurückgelegt haben.
Eine Person darf das Kind ihres Ehegatten adoptieren, wenn die Ehegatten seit mindestens fünf Jahren verheiratet sind.

Art. 264b
Einzeladoption

Eine unverheiratete Person darf allein adoptieren, wenn sie das 35. Altersjahr zurückgelegt hat.
Eine verheiratete Person, die das 35. Altersjahr zurückgelegt hat, darf allein adoptieren, wenn sich die gemeinschaftliche Adoption als unmöglich erweist, weil der Ehegatte dauernd urteilsunfähig oder seit mehr als 2 Jahren mit unbekanntem Aufenthalt abwesend, oder wenn die Ehe seit mehr als 3 Jahren gerichtlich getrennt ist.

Art. 265
Alter und Zustimmung des Kindes

Das Kind muss wenigstens 16 Jahre jünger sein als die Adoptiveltern.
Ist das Kind urteilsfähig, so ist zur Adoption seine Zustimmung notwendig.
Ist es bevormundet, so kann, auch wenn es urteilsfähig ist, die Adoption nur mit Zustimmung der vormundschaftlichen Aufsichtsbehörde erfolgen.

Art. 265a
Zustimmung der Eltern

Form
Die Adoption bedarf der Zustimmung des Vaters und der Mutter des Kindes.
Die Zustimmung ist bei der Vormundschaftsbehörde am Wohnsitz oder Aufenthaltsort der Eltern oder des Kindes mündlich oder schriftlich zu erklären und im Protokoll vorzumerken.
Sie ist gültig, selbst wenn die künftigen Adoptiveltern nicht genannt oder noch nicht bestimmt sind.

Art. 265b

Zeitpunkt
Die Zustimmung darf nicht vor Ablauf von sechs Wochen seit der Geburt des Kindes erteilt werden.
Sie kann binnen sechs Wochen seit ihrer Entgegennahme widerrufen werden.
Wird sie nach einem Widerruf erneuert, so ist sie endgültig.

Art. 265c

Absehen von der Zustimmung
a. Voraussetzungen
Von der Zustimmung eines Elternteils kann abgesehen werden,

1. wenn er unbekannt, mit unbekanntem Aufenthalt länger abwesend oder dauernd urteilsunfähig ist,
2. wenn er sich um das Kind nicht ernstlich gekümmert hat.

Art. 265d

Entscheid

Wird das Kind zum Zwecke späterer Adoption untergebracht und fehlt die Zustimmung eines Elternteils, so entscheidet die Vormundschaftsbehörde am Wohnsitz des Kindes, auf Gesuch einer Vermittlungsstelle oder der Adoptiveltern und in der Regel vor Beginn der Unterbringung, ob von dieser Zustimmung abzusehen sei.

In den andern Fällen ist hierüber anlässlich der Adoption zu entscheiden.

Wird von der Zustimmung eines Elternteils abgesehen, weil er sich um das Kind nicht ernstlich gekümmert hat, so ist ihm der Entscheid schriftlich mitzuteilen.

Art. 266

B. Adoption Mündiger und Entmündigter

Fehlen Nachkommen, so darf eine mündige oder entmündigte Person adoptiert werden,

1. wenn sie infolge körperlicher oder geistiger Gebrechen dauernd hilfsbedürftig ist und die Adoptiveltern ihr während wenigstens fünf Jahren Pflege erwiesen haben,
2. wenn ihr während ihrer Unmündigkeit die Adoptiveltern wenigstens fünf Jahre lang Pflege und Erziehung erwiesen haben,
3. wenn andere wichtige Gründe vorliegen und die zu adoptierende Person während wenigstens fünf Jahren mit den Adoptiveltern in Hausgemeinschaft gelebt hat.

Eine verheiratete Person kann nur mit Zustimmung ihres Ehegatten adoptiert werden.

Im Übrigen finden die Bestimmungen über die Adoption Unmündiger entsprechende Anwendung.

Art. 267

Wirkung

I. Im Allgemeinen

1 Das Adoptivkind erhält die Rechtsstellung eines Kindes der Adoptiveltern.

2 Das bisherige Kindesverhältnis erlischt; vorbehalten bleibt es zum Elternteil, der mit dem Adoptierenden verheiratet ist.

3 Bei der Adoption kann dem Kind ein neuer Vorname gegeben werden.

Art. 267a

Heimat

Das unmündige Kind erhält anstelle seines bisherigen das Kantons- und Gemeindebürgerrecht der Adoptiveltern.

Art. 268

Verfahren im allgemeinen

1 Die Adoption wird von der zuständigen kantonalen Behörde am Wohnsitz der Adoptiveltern ausgesprochen.

2 Ist das Adoptionsgesuch eingereicht, so hindert Tod oder Eintritt der Urteilsunfähigkeit des Adoptierenden die Adoption nicht, sofern deren Voraussetzungen im Übrigen nicht berührt werden.

3 Wird das Kind nach Einreichung des Gesuches mündig, so bleiben die Bestimmungen über die Adoption Unmündiger anwendbar, wenn deren Voraussetzungen vorher erfüllt waren.

Art. 268a

Untersuchung

Die Adoption darf erst nach umfassender Untersuchung aller wesentlichen Umstände, nötigenfalls unter Beizug von Sachverständigen, ausgesprochen werden.

Namentlich sind die Persönlichkeit und die Gesundheit der Adoptiveltern und des Adoptivkindes, ihre gegenseitige Beziehung, die erzieherische Eignung, die wirtschaftliche Lage, die Beweggründe und die Familienverhältnisse der Adoptiveltern sowie die Entwicklung des Pflegeverhältnisses abzuklären.

Haben die Adoptiveltern Nachkommen, so ist deren Einstellung zur Adoption zu würdigen.

Art. 268b

Adoptionsgeheimnis
Die Adoptiveltern dürfen ohne ihre Zustimmung den Eltern des Kindes nicht bekannt gegeben werden.

Art. 268c

Auskunft über die Personalien der leiblichen Eltern
Hat das Kind das 18. Lebensjahr vollendet, so kann es jederzeit Auskunft über die Personalien seiner leiblichen Eltern verlangen; vorher kann es Auskunft verlangen, wenn es ein schutzwürdiges Interesse hat.

Bevor die Behörde oder Stelle, welche über die gewünschten Angaben verfügt, Auskunft erteilt, informiert sie wenn möglich die leiblichen Eltern. Lehnen diese den persönlichen Kontakt ab, so ist das Kind darüber zu informieren und auf die Persönlichkeitsrechte der leiblichen Eltern aufmerksam zu machen.

Die Kantone bezeichnen eine geeignete Stelle, welche das Kind auf Wunsch beratend unterstützt.

Art. 269

Anfechtung
Gründe
Fehlen der Zustimmung
Ist eine Zustimmung ohne gesetzlichen Grund nicht eingeholt worden, so können die Zustimmungsberechtigten die Adoption beim Gericht anfechten, sofern dadurch das Wohl des Kindes nicht ernstlich beeinträchtigt wird.

Den Eltern steht diese Klage jedoch nicht zu, wenn sie den Entscheid ans Bundesgericht weiterziehen können.

Art. 269a

Andere Mängel
Leidet die Adoption an anderen schwerwiegenden Mängeln, so kann jedermann, der ein Interesse hat, namentlich auch die Heimat- oder Wohnsitzgemeinde, sie anfechten.

Die Anfechtung ist jedoch ausgeschlossen, wenn der Mangel inzwischen behoben ist oder ausschließlich Verfahrensvorschriften betrifft.

Art. 269b

Klagefrist
Die Klage ist binnen sechs Monaten seit Entdeckung des Anfechtungsgrundes und in jedem Falle binnen zwei Jahren seit der Adoption zu erheben.

Art. 269c

Adoptivkindervermittlung
Der Bund übt die Aufsicht über die Vermittlung von Kindern zur Adoption aus.

Wer diese Vermittlung berufsmäßig oder im Zusammenhang mit seinem Beruf betreibt, bedarf einer Bewilligung; die Vermittlung durch vormundschaftliche Organe bleibt vorbehalten.

Der Bundesrat erlässt die Ausführungsbestimmungen und regelt die Mitwirkung der für die Aufnahme von Kindern zum Zweck späterer Adoption zuständigen kantonalen Behörde bei der Abklärung der Bewilligungsvoraussetzungen und bei der Aufsicht.

Verfügungen der Aufsichtsbehörde können mit Beschwerde bei der Rekurskommission für die Adoptionsvermittlung angefochten werden.

Quellenangaben

[1] Hanns-Josef Ortheil, in: Chrismon 01/ 2004

[2] Gaschke, Susanne, Gleichberechtigung allein ist nicht die Lösung in: Die Zeit 19/1999

[3] Christine Swientek, Die abgebenden Mütter in: Adoptionen aus dem Ausland, Hrsg: Bernd Wacker

[4] Christine Swientek, Adoptierte auf der Suche... S. 124

[5] Süddeutsche Zeitung vom 28.7.2003, S. 3

[6] Steven Pinker, Das unbeschriebene Blatt, Berlin Verlag, S. 84

[7] Milner, R, Altruistic Meerkats, Natural History, Vol. 109, No. 8

[8] Monberg, Torben, Determinants of Choice in Adoption and Fosterage on Bellona Island, Ethnology 9: 99-136, 1970

[9] Discover Vol. 22 No. 1 (January 2001)

[10] Palandt, Bürgerliches Gesetzbuch, §1632, Rn. 13

[11] BT- Drucks. 11/6576, S. 149 zitiert nach Salgo, Zentralblatt für Jugendrecht, Heft 10, 2003

[12] Heinrich Nufer, Leiter des Marie-Meierhofer-Instituts, in einem Interview mit kirche.ch am 15.8.2004

[13] zitiert nach W.F. Bonin. Die großen Psychologen. Hermes Handlexikon, Düsseldorf 1983, S. 329

[14] Steven Pinker, Das unbeschriebene Blatt, Berlin Verlag, S. 348

[15] Klauer. K.J., Anlage und Umwelt, in: D.H. Rost (Hrsg.) Handwörterbuch Pädagogische Psychologie, Weinheim Psychologie Verlags Union, 2001

[16] Eley, T.C., Lichtenstein, P. & Stevenson, J., Sex Differences in the Etiologie of Aggressive and non-aggressive Antisocial Behaviour: Results from two Twin Studies in: Child Development, 70, 155-168, 1999

[17] Steven Pinker, Das unbeschriebene Blatt, Berlin Verlag, S. 77

[18] Steven Pinker, Das unbeschriebene Blatt, Berlin Verlag, S. 518

[19] Plomin, R. et al. 1997. Nature, nurture and cognitive development from 1 to 16 years. A parent - offspring adoption study. Psychological Science, 8, 442-447

[20] Bucher Ursel, Der Traum vom großen Glück, Kösel, 1999

[21] Einen ausführlicher Bericht über den Stand der Wissenschaft findet man bei Martin R. Textor, Vergessene Mütter, die nicht vergessen können in: Neue Praxis 1989, 19, S. 323-336 http://www.sgbviii.de/S15.html

[22] weitere ausführliche Nachweise unter http://www.moses-online.org/Infodienst/ Dokumente/Textor/Adoption/inlandsadoptionen.htm

[23] Wittland-Mittag, A., Adoption und Adoptionsvermittlung – Selbstverständnis von Adoptionsvermittlern und Vermittlerinnen, Westarp Wissenschaften, Essen, 1992

[24] Christine Swientek, Die abgebenden Mütter in: Adoptionen aus dem Ausland, Hrsg.: Bernd Wacker

[25] Süddeutsche Zeitung vom 20.08.2002

[26] Rushton A, Minnis H. Transracial family placements, in:. J. Child Psychol Psychiatry 1997; 38: 147 - 59, BrooksD. Barth RP., Adult transracial and inracial adoptees; effects of race, gender, adoptive family structure, and placement history on adjustment outcomes, in: American Journal of Orthopsychiatry 1999; 69; 87-99

[27] Martin R. Textor, Adoptiv- und Pflegefamilien, in: Ingeborg Becker-Textor/Martin R. Textor (Hrsg.): Handbuch der Kinder- und Jugendbetreuung. Neuwied: Luchterhand 1993, S. 147-187

[28] Martin R. Textor, Integration und Entwicklung von ausländischen Adoptivkindern, in: Adoption von Arm nach Reich: Weg – Ausweg - Irrweg? Interdisziplinäre Fachtagung Adoptionen von Kindern aus „Entwicklungsländern" vom 25. November 1991. Wien: Amt der Niederösterreichischen Landesregierung 1993, S. 13-20

[29] Hofer, Wild, Noack, Lehrbuch Familienbeziehungen, 2002, S. 372

[30] http://www.ada-adoption.de/adoption/ tschechien.htm

[31] Süddeutsche Zeitung vom 12. Juli 2003, S. 50

[32] Spektrum der Wissenschaft, Dezember 2003, S. 36ff

[33] Zill, N. 1996. Adopted children in the United States; A profile based on a national survey of child health. Serial 104-33, pp. 104-119. Washington, DC. US Government Printing Office

[34] Hofer, Wild, Noack, Lehrbuch Familienbeziehungen, 2002, S. 369

[35] Rothbaum B.O. und Foa E.B. 1992, Subtypes of posttraumatic stress disorders and duration of symptoms, in: Davidson and Foa Posttraumatic Stress Disorders – DSM – IV and beyond. American Psychiatric Press S. 23-36)

[36] Gould Jay, Der falsch vermessene Mensch, 1981

[37] Mc Learn, et al. Substantial genetic influence on cognitive abilities in twins 80 or more years old, in: Science 276, S. 1560-1563

[38] GEO 4 / 2002, S. 135

[39] Informationen über die Adoption eines Kindes Zentrale Adoptionsstelle Berlin - Brandenburg 1999

[40] Bachrach, C.A. 1993, Children in families: Characteristics of biological, step-, and adopted children, in: Journal of Marriage & the family, 45, 171-179

[41] Hofer, Wild, Noack, Lehrbuch Familienbeziehungen, 2002, S. 364

[42] Schaap, C., Buunk, A.P., & Kekstra, A., Marital conflict resolution, in: P. Noller & M.A. Fitzpatrick (Eds.), Perspectives on marital interaction (pp. 203-244). Clevedon, UK, and Philadelphia: Multilingual Matters, 1988

[43] Bayerische Hausbesitzer-Zeitung 5/2002

[44] Statistik der Kinder- und Jugendhilfe, 2000

[45] Hofer, Wild, Noack, Lehrbuch Familienbeziehungen, 2002, S. 363

[46] Jugendhilfe Report 2003, S.7

[47] Nelson K.A., On the frontier of adoption. A study of special needs adoptive families. Washington, DC: Child Welfare League of America, 1985

[48] Plomin, R. & DeFries, J.C., A parent – offspring adoption study of cognitive abilities in early childhood. Intelligence, 9 (4), 341, 356, 1985 Singer, L.M. Brodzinsky, D.M. Ramsay, Mother – Infant attachment in adoptive families. Child Development 56, 1534-1551, 1985

[49] Hoffmann-Riem, C., Das adoptierte Kind. Familienleben mit doppelter Elternschaft. München: Fink, 1984

[50] Shlomith Cohen, in: Koch-Kneidl / Wiesse (HG) Entwicklung nach früher Traumatisierung, Vandenhoeck 2003

[51] Hoksbergen, Die Folgen von Vernachlässigung

[52] Buch der Richter, 13, 3-4 und 13-14

[53] Overholster, in: Kinder aus alkoholbelasteten Familien, Hogrefe, 2000

[54] Löser, Alkoholembryopathie und Alkoholefekte, Stuttgart 1995

[55] Caspers-Merk Marion, Die Drogenbeauftragte der Bundesregierung zum weltweiten Tag des alkoholgeschädigten Kindes am 9.9.2003

[56] Abel, E. L., & Sokol, R. J., Incidence of fetal alcohol syndrome and economic impact of FAS-related anomalies. Drug Alcohol Dependency, 19, 51-70, 1987

[57] Universität von Minnesota: http://www.peds.umn.edu/iac/for_families/Itissues/alcohol.html

[58] Albers, L. H., Johnson, D. E., Hostetter, M. K., Iverson, S., & Miller, L. C., Health of children adopted from the former Soviet Union and Eastern Europe. Journal of the American Medical Association, 278, 922-924, 1997

Hostetter, M. K., Iverson, S., Thomas, W., McKenzie, D., Dole, K., & Johnson, D. E. Medical evaluation of internationally adopted children. The New England Journal of Medicine, 325, 479-485, 1991

[59] Ruppert Franz, Adoption – was trägt zum Gelingen, was zum Misslingen bei? http://www.franz-ruppert.de/html/haupt teil_adoption.htm

[60] Meaney, M. Effects of neonatal handling on age – related impairments associated with the hippocampus, Science 766-768

[61] Brisch Karl Heinz, Bindungsstörungen und Trauma, in: Bindung und Trauma, Brisch / Hellbrügge (Hrsg.) S. 109

[62] Werner E.E., Looking for Trouble in Paradise: Some Lessons learned from the Kauai Longitudinal Study. (Hrsg.) Landmark Longitudinal Studies of the 20th Century. New York

[63] Werner E.E., Protective Factors and individual Resilience, In: Shonkoff, J.P. und S.J. Meisels (Hrsg.) Handbook of Early Childhood Intervention. Cambridge (Cambridge University Press), S. 115-132

[64] van Ijzendoorn, M. Intergenerational Transmission of Attachment and Trauma: The case of the Holocaust. 8 th Congress of the World Association for Infant Mental Health, Amsterdam, 17.July 2002

[65] Laucht Manfred, Vulnerabilität und Resilienz in der Entwicklung von Kindern, in: Brisch / Hellbrügge (Hrsg.) Bindung und Trauma S. 70

[66] Werner E.E. und Smith R.S. (Hrsg), Vulnerable but invincible: A Study of Resilient Children. New York, 1982

[67] Hausgaard, J., Is adoption a risk factor for the development of adjustment problem? Clinical Psychologie Review, 18, 47-69; 1988

Ingersoll, D., Psychiatric disorders among adopted children: A review and commentary. Adoption Quarterly, 1, 57-74, 1997

Sharma, A.R. McGue, M.K. and Brenson, P.L. The psychological adjustment of United States adopted adolescents and their nonadopted siblings. Child Development, 69, 791-802, 1996

[68] Borders, L.D.; black, L.K. and Pasley. B.K. Are adopted children and their parents at greater risk for negative outcomes? Family Relations, 47, 237-241, 1998

[69] Smyer. M.A. et al. 1998. Childhood adoption; Long term effects in adulthood. Psychiatry: Interpersonal and Biological Processes, 61, 191-205

[70] Süddeutsche Zeitung, Das Kürzel für die letzte Hoffnung, 28.7.2000

[71] Schneewind K.A, The analysis of family and parent child relations in a system – orientated perspective, 1990

[72] Bornstein Marc H., Förderung positiver Eigenschaften und Werte bei Kleinkindern, in: Brisch / Hellbrügge (Hrsg.) Bindung und Trauma S. 264

[73] Bornstein Marc H., Förderung positiver Eigenschaften und Werte bei Kleinkindern, in Brisch / Hellbrügge (Hrsg.) Bindung und Trauma S. 264

[74] Der Spiegel 35 / 2004, S. 46

[75] Pressemitteilungen des Statistischen Bundesamtes für die Jahre 2001 und 2002: jeweils 61 %

[76] Beschl. v. 26.5.2000 - 11 Wx 48/00

[77] BayObLG FamRZ 93, 236

[78] BverfG FamRZ 84, 554

[79] http://www.huberthueppe.de/bio/010808.shtml

[80] AZ 36515/97

[81] http://www.freitag.de/2001/47/01471701.php

[82] Groze, V.K. and Rosenthal. J.A., Single Parents and their adopted children; A psychological analysis. Journal of contemporary Human Service, 130 - 13, 1991

[83] Patterson, C.J. and Chan, R.W. Gay fathers. In M.E. Lamb. The role of the father in child development (3rd ed. Pp. 245 - 260) New York: Wiley and Sons, 1997

[84] BayObLG FamRZ 1997, 839

[85] BVerfG, 1 BvR 1069/01 vom 16.1.2002

[86] Heiderhoff Bettina, Das Erbrecht des adoptierten Kindes nach der Neuregelung des internationalen Adoptionsrechts FamRZ 2002, S. 1682 ff

[87] dafür: Heiderhoff, FamRZ 2002, S. 1682 ff, dagegen: Ludwig RNotZ 2002, 353, 368

[88] Dies ergibt sich aus den schriftlichen Stellungnahmen der Experten sowie den Beratungen in den Ausschüssen Deutscher Bundestag, 12. Wahlperiode: Protokoll Nr. 74 des Finanzausschusses, Anlage S. 233, 237, 238; Protokoll Nr. 76a des Finanzausschusses S. 20-22; Protokoll Nr. 118 des Ausschusses für Arbeit und Sozialordnung S. 11, 12; Plenarprotokoll 12/228 S. 19802

[89] BGH Urteil IV ZR 115/99

[90] BGH ebd.

[91] BSG Urteil vom 28.11.1990 – 4 RA 40/90

[92] Largo R., Babyjahre, Die frühkindliche Entwicklung aus biologischer Sicht. 1995. S.17

[93] Spiegel Spezial, Die Entschlüsselung des Gehirns. Nr. 4/2003

[94] Fraiberg, Adelson and Shapiro, Ghosts in the nursery: A psychophatic aproach to the problem of impaired infant – mother relationship, in: Fraiberg Clinical Studies in Infant mental Health. New York, S. 164-196, 1980

[95] Papousek, M. Vom Schrei zum ersten Wort Bern: Huber, 1994

[96] Hoffmann-Riem, C. (1984): Das adoptierte Kind. Familienleben mit doppelter Elternschaft. München: Fink

[97] Hoksbergen René, Martin Textor (Hg.): Auslandsadoptionen: Grundlagen, Vermittlung, Nachbetreuung, Beratung, Lambertus, 1993

[98] Miall, C.E. The social construction of adoption; Clinical and community perspectives, Family Relations, 45, 309-317, 1996

[99] Lambeck Susanne, Traumatisierte Kinder in Pflegefamilien und Adoptivfamilien Paten extra 14 Seite 46

[100] van IJzendoorn, M.H., & Sagi, A., Cross-cultural patterns of attachment: Universal and contextual dimensions. In J. Cassidy & F.R. Shaver (Eds.), Handbook of Attachment - theory, research and clinical applications (pp. 713-734). New York, London: Guilford., 1999

[101] Brisch Karl Heinz, Bindungsstörungen, S. 83

[102] Psychologisches Wörterbuch von Dorsch

[103] Journal of Family Psychologie, Vol. 16, No. 4, 381-390, 2002

[104] Wolin S.J. u.a., Disrupted Family Rituals, Journal of Studies on Alcohol, Band 41, Nr. 3, 1980

[105] Locke, The Child´s Path To Spoken Language, Harvard Press, S. 217-255, 1993

[106] Dubrovina et al., Psychological development of children in orphanages Moscow, Prosveschenie Press, 1991

[107] Maury, Les mécanismes intrapsychiques de l´adoption internationale et interraciale, L´adoption des enfants coréens en france. Ph.D. theis, Université de Paris VIII, 1995

[108] Pallier, C., Dehaene,S., Poline, J.B., Le Bihan,D., Argenti, A.M., Dupoux, E. & Mehler,J., Brain imaging of language plasticity in adopted adults: can a second language replace the first? *Cerebral Cortex* 13, 155-161, 2003

[109] Knudsen, Capacity for plasticity in the adult owl auditory system expanded by juvenile experiences Science 279: 1531-1533, 1998

[110] Lenneberg, Biological foundations of language, New York: Wiley, 1967

[111] Bordsong, ultimate arrangement in second language acquisition. Language 68: 708 - 755;
Long, Maturational constraints on language development, Stud. Sec. Lang. Acquisition 12: 251- 285; 1990
Strange et al, Speech Perception and Linguistic Experience. Baltimore: York Press 1995

[112] Süddeutsche Zeitung vom 20.8.2002 über Norbert Scheiwe vom Bundesverband für Eltern ausländischer Adoptivkinder

[113] Marquard/Stierle (Hrsg.): Identität. München 1979

[114] So: Wiemann Irmela, in: Babyklappe und anonyme Geburt – ohne Alternative terre des hommes S. 102

[115] http://people.freenet.de/Textor/Inlandsadoptionen.htm Dort auch umfangreiches Verzeichnis über durchgeführte Studien

[116] Harms Edda, Strelov Barbara, Traumkind in der Realität, Schulz-Kirchner, S. 78

[117] The Sydney Morning Herald 22.10.2003

[118] Schulz Bettina, Tochter Indira, Schröder München, S. 176

[119] Cuniberti Betty, 10.11.2003, St. Louis Post Dispatch

[120] Sendung vom 21.1.2004

[121] Brodzinsky / Schechter / Brodzinsky 1986, Children´s knowledge of adoption: Developmental changes and implications for adjustment. In R.D. Ashmore/ D.M. Brodzinsky (Hrsg.) Thinking about family. Views of parents and children (S. 205 - 232) Hilldale: Erlbaum

[122] Hellinger Bernd, Haltet mich dass ich am Leben bleibe, Carl-Auer Systeme Verlag

[123] Schirrmacher Frank, Das Methusalem-Komplott, Blessing, S. 60

[124] Donnelly , B.W. and Voydanoff, P. parenting versus placing for adoption: Consequences for adolescent mothers. Family Relations, 45, 4327-4343, 1996

[125] Donnelly , B.W. and Voydanoff, P, parenting versus placing for adoption: Consequences for adolescent mothers. Family Relations, 45, 4327-4343, 1996

[126] Brodzinsky, Schechter, Marantz, Henig, Being Adopted: The Lifelong Search for Self, S.140ff, 1992

[127] Aumend and Barrett, M.C., Self-concept and attitudes toward adoption: A comparison of searching and nonsearching adult adoptees. Child Welfare, 63, 251-259, 1984

[128] Brodzinsky and Bertocci, The Meaning of the Search, in: The Psychology of Adoption, New York, Oxford University Press, Brodzinsky and Schechter, eds. 1990

[129] Süddeutsche Zeitung vom 7.9.2003, Seite 14

[130] Aumend and Barrett, M.C., Self-concept and attitudes toward adoption: A comparison of searching and nonsearching adult adoptees. Child Welfare, 63, 251-259, 1984

[131] Zeitung Midday, Januar 2004

[132] Bertold Ulsamer, Zum Helfen geboren, Vier Türme Verlag, 2004, S. 62

[133] Bertold Ulsamer, Zum Helfen geboren, Vier Türme Verlag, 2004, S. 63

[134] Sachdev. P. Adoption reunion and after: A study of the search process and experience of adoptees. Child welfare, 71, 53-58, 1992

[135] Sachdev, P. Adoption reunion and after: A study of the search process and experience of adoptees. Child welfare, 71, 53-58, 1992

[136] Textor Martin R., in: Die unbekannten Eltern, Zentralblatt für Jugendrecht 1990, 77 S. 10 - 14

[137] § 1758 BGB

[138] PStG 62

[139] PStG 5

[140] BayObLG, FamRZ 96, 1436

[141] BverfG 79,256; 90, 263; NJW1997, 1769

[142] § 83 Abs. 4 SGB X, § 9b, Abs. 2 S. 2 AdVermitG

[143] Wiemann Irmela, in: Babyklappe und anonyme Geburt, terre des hommes S. 102

[144] Gerts Wolfgang in einer Rezension des Buches 'Die Wiederentdeckung der Schande. Babyklappe und anonyme Geburt' bei Amazon.de

[145] homepage.mac.com/steve/Resume.html

[146] Auslandsadoption. Erfahrungen, Kriterien, Handlungsrichtlinien, 2. Interdisziplinäre Fachtagung, erschienen im Rahmen der Niederösterreichischen Schriften, November 1994

[147] Williams L. M. Recovered memories of abuse in women with documented child sexual victimization histories. Journal of Traumatic Stress, 8, pp. 649-675; Williams, I.M. & Banyard, v.L. (1997) Gender and recall of child sexual abuse: A prospective study. In Read, J.D. & Lindsay. D.S. Recollections of trauma

Stichwortverzeichnis

Impressum

Nachwort

Es gibt viele Menschen, denen wir zu großem Dank verpflichtet sind, denn ohne sie hätte dieses Buch in dieser Form nie geschrieben werden können. Besonders danken wir Fred Maas und Mechthild Born. Sie haben das Manuskript mehrfach gelesen und viele differenzierte Hinweise und kritische Anmerkungen gegeben, die wir in das Manuskript einarbeiten konnten.

Wir freuen uns stets, wenn Sie uns per Brief, Fax oder E-Mail Ihre Gedanken zu diesem Buch mitteilen und uns an Erfahrungen teilhaben lassen, die Sie vor während oder nach der Adoption ihres Kindes gemacht haben.

Korrespondenzadresse:
Barbara Gillig-Riedle und Herbert Riedle
Armin-Knab Straße 1
97074 Würzburg
Fax: 0931-4676509
E-Mail: info@adoptionsinfo.de

Verlag:
TiVan Verlag
Schadewitzstraße 29
97074 Würzburg
www.tivan.de

Erste Auflage, 2005

Cover: Cordula Schaaf, München
Satz: Satzstudio Heimerl, Würzburg
Printed in Germany
ISBN: 3-9808660-1-7

TiVan Verlag
256 Seiten
ISBN: 3-9808660-0-9
Preis: 29,50 Euro

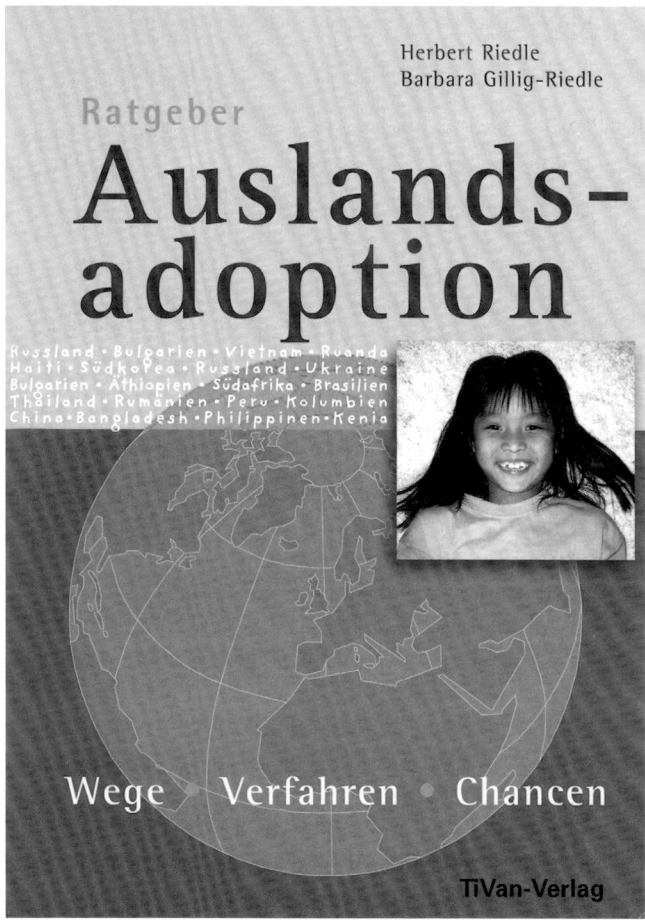

Die Autoren
Dipl.-Psychologin
Barbara Gillig-Riedle
und Rechtsanwalt
Herbert Riedle
Das Ehepaar hat drei
Kinder aus dem Aus-
land adoptiert

Dieses Buch ist der erste umfassende Ratgeber für alle Fragen vor, während und nach einer Auslandsadoption.

Erklärt werden die einzelnen Verfahrensschritte einschließlich der Anforderungen der Vermittlungsstellen, der Besonderheiten im jeweiligen Adoptionsland und der Anerkennung der Adoption in Deutschland.

Der Ratgeber Auslandsadoption beinhaltet unter anderem die notwendigen Informationen zur Eignungsüberprüfung durch die Vermittlungsstellen und detaillierte Informationen über das Adoptionsverfahren in 81 Staaten.

Durch die zahlreichen aufgezeigten Lösungswege macht der Ratgeber all denjenigen Mut, die sich auf den Weg einer Auslandsadoption begeben wollen.

Besuchen Sie uns im Internet:

www.adoptionsinfo.de

Ständig aktuelle Neuigkeiten zum Thema Adoption.
Die neuesten Entwicklungen in den einzelnen Herkunftsländern, Links,
Hinweise auf Fernsehsendungen, Kurse und Vorträge …